eb

**Philipp Ewers** heißt tatsächlich anders. Er ist promovierter Historiker, Slawist und politischer Publizist. Als Russland-Kenner beschäftigt er sich in verschiedenen Publikationen mit der Geschichte sowie der aktuell-politischen Situation des wichtigsten EU-Nachbarn. Zuletzt erschien in der edition berolina: *Putin verstehen? Russische Außen- und Sicherheitspolitik der Ära Wladimir Putin* (umfassend aktualisierte, erweiterte Neuausgabe von 2016).

Philipp Ewers

# MARSCHALL SCHUKOW

## Der Mann, der Hitler besiegte

## Die Biographie



ORIGINALAUSGABE

edition berolina

ISBN 978-3-95841-060-2
1. Auflage
Alexanderstraße 1
10178 Berlin
Tel. 01805/30 99 99
FAX 01805/35 35 42
(0,14 €/Min., Mobil max. 0,42 €/Min.)


Umschlaggestaltung: BEBUG mbH, Berlin
Umschlagabbildung: © BArch, Bild 183-P0402-011
Druck und Bindung: CPI Moravia Books s. r. o.

*www.buchredaktion.de*

*Gewidmet den 64 Mitgliedern des* Alexandrow-Ensembles *(Zweifach mit dem Rotbannerorden ausgezeichnetes Akademisches Gesangs- und Tanzensemble der russischen Armee »A. W. Alexandrow«/ Дважды краснознаменный академический ансамбль песни и пляски Российской армии имени А. В. Александрова), unter der Leitung von Generalleutnant Waleri Chalilow, sowie den übrigen Passagieren, die am 25. Dezember 2016 bei einem Flugzeugabsturz in Sotschi ums Leben gekommen sind.*

# Inhalt

# Vorwort

Es wurde vor etwas mehr als zwanzig Jahren eröffnet, das Schukow-Museum im Städtchen Schukow, am Ugodka-Bach, in der Oblast Kaluga. Die Gemeinde mit ihren 12.000 Einwohnern, etwa hundert Kilometer südwestlich von Moskau gelegen, hieß ursprünglich nach dem dortigen Eisenwerk »Ugodski Fabrik« (*Угóдский Завóд*). Sie erhielt 1974 den Namen des berühmtesten Sohnes der Gegend, des im Dorf Strelkowka geborenen Sowjetmarschalls Georgi Konstantinowitsch Schukow. Der trutzige Bau Ecke Komsomolzen-Straße/Räte-Straße, eine Mischung aus Burg und Kirche, aus Museum und Gedenkstätte, wurde im Jahr 1995 errichtet; also ausgerechnet während der »wilden« Jelzin-Jahre, als die Erinnerung an die russische beziehungsweise sowjetische Vergangenheit mit Füßen getreten wurde, als Jelzin – vom Westen applaudiert – einen Staatsstreich unternahm und das ihm nicht willfährige Parlament in Moskau einfach auseinanderschießen ließ, während der dunklen Jahre, der neuen Wirren, der neuerlichen »Smuta«, die wenig später zum russischen Staatsbankrott und zum Aufstieg Wladimir Putins führten. Das Museum versammelt dessen ungeachtet Devotionalien aus allen Lebensphasen des Sowjet-Militärs, enthält aber auch – im zentralen Rundbau – ein monumentales Diorama der »Schlacht um Berlin« (April 1945). Abgerundet wird der Bau durch einen Turm, der zur Geburts- und Sterbestunde des Generals die schweren Bronzeglocken erklingen lässt, sowie über dem Haupteingang durch ein großes, strahlend weißes Marmorrelief des Heiligen Georg, wie er gerade einen Drachen tötet.
Wer war der Mann, dem dieses für die russische Provinz ungewöhnliche Museum gewidmet ist? Wer war General Georgi Konstantinowitsch Schukow? Sieben Jahrzehnte nach dem Ende des Zweiten Weltkriegs ist diese Frage noch immer nicht abschließend beantwortet. Eines ist sicher: Schukow (1896–1974) polarisiert. Für die einen ist er schlicht »der beste General des Zweiten

Weltkriegs« (Eisenhower) und der Mann, der nach dem deutschen Überfall 1941 die wankende Westfront stabilisierte, Leningrad sicherte und Moskau rettete, die siegreichen Schlachten von Stalingrad und Kursk leitete, Berlin eroberte und die deutsche Kapitulation entgegennahm, 1945 bei der Siegesparade in Moskau auf einem Schimmel über den Roten Platz ritt und die Parade abnahm, zum »Posterboy« des Zweiten Weltkriegs avancierte, als er auf der Titelseite des US-Magazins *Life* abgebildet wurde, schließlich sogar zum Verteidigungsminister der Sowjetunion aufstieg und seine Memoiren veröffentlichte, die sich millionenfach verkauften. Andere wiederum halten ihn für einen »Bluthund«, einen »Schlächter«, der sinnlos das Leben Tausender Soldaten opferte, für die größten Misserfolge der sowjetischen Kriegsführung verantwortlich war, der für den waggonweisen Raub deutscher Antiquitäten bei Kriegsende zu Recht bestraft und degradiert wurde, einen Ehebrecher, der seine Frau regelmäßig betrog. Aus einer ganz finsteren Ecke wird ihm sogar vorgeworfen, er habe im Frühjahr 1941 einen Präventivkrieg gegen Deutschland vorbereitet, und Hitler sei ihm dann mit seinem Überfall auf die Sowjetunion nur zuvorgekommen.

Im vorliegenden Buch wird auf der Basis neuester geschichtswissenschaftlicher Erkenntnisse zu Schukow eine Neubewertung vorgenommen, werden seine Verdienste und Schwächen im Kontext der damaligen historischen Situationen beleuchtet, wird sein Leben und Werk fundiert – gestützt auf Quellen und Zeitzeugnisse – beurteilt und so die Basis für die künftige Beschäftigung mit Schukow gelegt. Also mit jenem Mann, dem, darüber zumindest ist man sich einig, entscheidender Anteil am Sieg über Deutschland zukommt, der den östlichen Kriegsschauplatz dominierte – Hitler, der mit achtzig Prozent der ihm zur Verfügung stehenden Truppen hier am 22. Juni 1941 antrat, das sowjetische Imperium zum Einsturz zu bringen und dem »Großdeutschen Reich« eine gigantische Festlandskolonie im Osten zu verschaffen, verlor hier alles, die Truppen, den Krieg, jegliche Aussicht auf ein Überleben,

sei es seines Regimes, sei es sein persönliches. Die »Ostfront« war der Hauptkriegsschauplatz des europäischen Teiles des Zweiten Weltkriegs. Dort fielen drei Viertel der deutschen Kriegsverluste im Zweiten Weltkrieg an. Westliche Erfolge wie bei El Alamein oder selbst die Landung in der Normandie spielten sich auf deutlich niedrigerem zahlenmäßigen Niveau ab, mit einem Bruchteil der im Osten eingesetzten Soldaten, Panzer, Geschütze, Flugzeuge. Allein in Stalingrad starben mehr Soldaten, als die USA seit ihrer Gründung 1776 überhaupt an Gefallenen zu verzeichnen hat.
Die Hauptattraktion in der Kleinstadt, die den Namen des Generals trägt, das Schukow-Museum, ist alles in allem ein nach wie vor liebevoll gepflegter Bau samt Rasenrabatten, Blumenarrangements und Aufmarschtreppen, der die Erinnerung hochhält an diese Ikone des Zweiten Weltkriegs. Schukow-Postkarten, Tassen und Briefmarken werden im Museumsshop in Schukow allerdings kaum noch verkauft. Dafür wird das Geschäft inzwischen dominiert von Fotos, T-Shirts und sonstigen Andenken des neuen Helden Russlands, der Mütterchen Russland aus den tiefsten Abgründen westlich aufgeschwatzter Privatisierungsexzesse samt Staatsbankrott errettet, die sozialen Sicherungssysteme erneuert, für die pünktliche Auszahlung von Löhnen und Renten gesorgt sowie das Land insgesamt abermals in die Spitzengruppe der Weltpolitik geführt hat, wo Russland heute neben den USA und China nach längerer Pause wieder als Zentralmacht erscheint – im Bereich des Zivilen, aber auch der Geopolitik ein würdiger Nachfolger Schukows: Wladimir Putin.
Übrigens, weil das außerhalb Russlands kaum noch bekannt ist: Der Nachname »Schukow« wird nicht mit scharfem »Sch« wie in »Schule«, sondern mit weichem »Sch« wie in »Journalist« oder »Genie« ausgesprochen.

Sankt Petersburg, Frühjahr 2017
*Philipp Ewers*

# 1. Kindheit und Jugend

Wer war der Mann, der rund ein Drittel der knapp zweihundert militärischen Operationen der Roten Armee während des vierjährigen Kampfes gegen Hitler persönlich direkt oder indirekt leitete? Kein anderer General des Zweiten Weltkriegs – egal auf welcher Seite – hat eine vergleichbare »Ausbeute« vorzuweisen. Aus welchen Verhältnissen stammte, welche Umstände prägten Schukow? Eines ist klar: Dem Feldherrn und schwungvollen Triumphator der Moskauer Siegesparade vom Juni 1945 war ein solcher Aufstieg zur Weltberühmtheit nicht in die Wiege gelegt. Bislang ist über Schukows Kindheit und Jugend nur wenig bekannt. Er selbst hat in seinen Memoiren die ersten Abschnitte seines Lebens nur kurz zusammengefasst und dabei seine harte Jugend, die Herkunft aus ärmsten Verhältnissen betont. Dokumentarische und archivalische Belege aus dieser Zeit sind rar. Dennoch wird im Folgenden zu überprüfen sein, ob seine eigenen Schilderungen nicht etwas übertrieben, ob sie nicht im »sozialistischen« Sinne geschönt waren (regimekonform), was die geradezu programmatische, prototypisch »bolschewistische« Ärmlichkeit seiner Herkunft betrifft.

Fest steht, dass Georgi Konstantinowitsch Schukow am 1. Dezember 1896 im Dorf Strelkowka geboren wird. Sein Geburtsort liegt rund hundert Kilometer südwestlich Moskaus. Für russische Verhältnisse ist Schukow also zumindest geographisch durch die Nähe zur Metropole und heimlichen Hauptstadt (neben der offiziellen Hauptstadt Sankt Petersburg, korrekt transkribiert eigentlich *Sankt Peterburg*) privilegiert, im Gegensatz zu Menschen, die im russischen Fernost aufwachsen oder an den anderen Rändern des Riesenreichs. Sein Vorname wird traditionell nach dem Fest des Heiligen am Tag der Geburt beziehungsweise der wenig später vollzogenen Taufe gewählt, in diesem Fall Sankt Georg der Siegreiche (nach der Nomenklatur der Ostkirche, *Георгий Победоносец*) – und könnte nicht passender für jemanden sein, der auf dem Höhepunkt seines Lebens das ganze Land gleich dem Drachentöter, nach dem er benannt ist, kurz vor dem schon sicher geglaubten Untergang aus den Klauen jenes barbarischen Ungeheuers rettet, das die Nazi-Invasion, der von Berlin aus entfesselte Vernichtungskrieg gegen die Sowjetunion und ihre Einwohner, metaphorisch zusammengefasst darstellt. Nicht zu vergessen, dass er den »Drachen« (Hitler) dann auch noch in seinem Höhlenunterschlupf in Berlin (vulgo »Führerbunker«) zur Strecke bringt.

Auch für andere künftige Protagonisten im Sowjetreich ist 1896 ein ereignisreiches Jahr. Der 26-jährige Wladimir Iljitsch Uljanow, genannt Lenin, schmachtet monatelang hinter Gittern, weil er es gewagt hat, eine zarenkritische Publikation unter die Leute zu bringen. Er nutzt die Zeit hinter Sankt Petersburger Festungsmauern, um sein nächstes Werk, *Über die Entwicklung des Kapitalismus in Russland*, zu Papier zu bringen. Iossif Wissarionowitsch Dschugaschwili, noch keine achtzehn Jahre alt und noch nicht Stalin genannt, sondern nach einem georgischen Märchenräuber »Koba«, besucht das Priesterseminar in der georgischen Hauptstadt Tiflis, verfasst empfindsame Verse über die Liebe und besucht illegale Eisenbahner-Versammlungen. Lew Dawidowitsch Bronstein, der sich bald »Trotzki« nennen wird, ist gerade siebzehn Jahre alt geworden, Zögling der Sekundarschule im südukrainischen Nikolajew und liest erste nonkonforme Untergrundzeitschriften. Woroschilow, künftiger Verteidigungsminister der Sowjetunion, hat gerade das fünfzehnte Lebensjahr vollendet, Tuchatschewski, militärisches Genie und einer der Väter der sowjetischen strategischen Schule, das dritte. Für sowjetische Militärs ist die Zeit um 1896 insgesamt eine fruchtbare – eine ganze Reihe künftiger Mitstreiter gegen die deutschen Invasoren, die allesamt den Rang eines Marschalls der Sowjetunion erreichen werden, werden einige Monate vor oder nach Schukow geboren: Timoschenko (Februar 1895), Wassilewski (September 1895), Rokossowski (Dezember 1896) und Koniew (Dezember 1897).

Geprägt ist das Jahr 1896 von einer Katastrophe, die einen Schatten über die Zarenfamilie wirft und die rückblickend wie ein Menetekel, wie eine Ankündigung des Untergangs des kaiserlichen Russland wirkt: Gemeint ist die Massenpanik auf dem Chodynkafeld. Als Feierlichkeit anlässlich der Krönung des letzten Zaren, Nikolaus II., geplant, kommen am 18. Mai des Jahres bei einem Massenansturm auf die aus diesem Anlass ans Volk zu verteilenden Geschenke über 1.300 Menschen ums Leben. Angeblich, um Frankreich nicht zu düpieren, nimmt der frischgebackene Zar dennoch am selben Abend an einem Ball in der französischen Botschaft teil, was ihm vom Start weg den Ruf eines herzlosen, an seinem Volk denkbar desinteressierten Despoten einbringt. Von einem ähnlichen Ereignis war schon die Hochzeit des Franzosenkönigs Ludwigs XVI. mit Marie Antoinette 1770 überschattet worden (über hundert Tote), mit ähnlicher Menetekel-Wirkung, denn auch hier kamen der Autokrat und seine Gemahlin knapp zwei Jahrzehnte später durch Volkes Willen zu Tode.
Schukows Vorfahren sind nicht besonders weit zurückzuverfolgen. Der Vater wächst als elternloses, ausgesetztes Kind bei einer Witwe im Ort auf. Nach deren Tod wird er von einem Schuster aufgenommen, wo er den Beruf lernt, geht nach Moskau zu einem der bekanntesten Schuhmacher dort, dem Unternehmen Weiss, kehrt 1870, etwa 26-jährig, nach Strelkowka zurück und heiratet die Witwe Anna, adoptiert ihre beiden Kinder. Anna stirbt 1892, Schukows Vater (48 Jahre alt) heiratet nun die zwanzig Jahre jüngere Ustenia, ihrerseits kinderlose Witwe. Schukows Vater verdient den Lebensunterhalt für die kleine Familie weiterhin als Schuster in Moskau, kommt zweimal im Jahr für die Ernte länger nach Strelkowka, und zieht erst 1906 (im Alter von etwa 62 Jahren) dauerhaft wieder nach Strelkowka zurück, als Pensionär. Dort besitzt die Familie eine Isba, ein einfaches Einraum-Holzhaus mit Ofen und Stall. Da die Familie – wie die erhaltenen Unterlagen belegen – zu den Steuerzahlern in Strelkowka gehört, können sie nicht die Ärmsten der Armen gewesen sein, wie es

Schukow in seinen Memoiren zu vermitteln versucht. Zum Einkommen des Vaters kommen die Einnahmen der Mutter, die mit einem Pferdewagen Lebensmittel von Malojaroslawez zum örtlichen Einzelhändler in Strelkowka transportiert. Schukow beschreibt seine Mutter als sehr kräftig, sie sei in der Lage gewesen, Achtzig-Kilo-Säcke zu schleppen. Wenn es stimmt, dann hat Schukow von ihr seine körperliche Stabilität, seine Widerstandsfähigkeit geerbt, die ihm in Kriegszeiten, aber auch später zugutekommt. Gegen die soziale Isolation durch große Armut spricht auch die Tatsache, dass sein Vater wiederholt die Gemeinde Strelkowka als Delegierter in der Regionalversammlung vertritt. Er kann offenbar lesen und schreiben, während Mutter Ustenia Analphabetin ist. 1902 wird er sogar zum Hilfspolizisten ernannt, was ihm ein weiteres kleines Zusatzeinkommen bringt. Und nicht zuletzt ist der Bruder der Mutter, Michail Artjomowitsch Pilichin, ein bekannter Kürschner in Moskau. Die Familie Schukow gehört also zwar nicht zur Bourgeoisie, ist aber doch gegenüber der einfachen Landbevölkerung deutlich bessergestellt. Der Familienname selbst erinnert an das russische Wort für »Käfer« (*Жук*). Die Vokabel wird umgangssprachlich auch als Bezeichnung für einen Tunichtgut benutzt. Georgi ist das zweite Kind, seine Schwester Maria ist zwei Jahre älter. Fünf Jahre nach seiner Geburt ist seine Mutter wieder schwanger, das Kind, ein Junge, stirbt aber bald nach der Geburt. Die Familie trauert Schukow zufolge sehr um das früh verstorbene Baby. Was die religiöse Haltung Schukows betrifft, gibt es während des Zweiten Weltkriegs Gerüchte, dass Schukow eine wundertätige Ikone in seinem Dienstwagen mit sich führe. Sein Fahrer sagt aber Jahrzehnte später aus, ihm sei von einer Ikone im Fahrzeug nichts bekannt gewesen. Es gibt auch keine sonstigen Hinweise darauf, dass Schukow als Erwachsener ein gläubiger Mensch gewesen wäre.

Russland ist zum Zeitpunkt der Geburt Schukows auf dem Höhepunkt seiner imperialen Ausdehnung angekommen – zu keinem Zeitpunkt in der russischen Geschichte vorher oder nachher umfasst das Land ein derart großes Gebiet, das von den russischen Provinzen Finnland und Polen im Westen bis nach Fernost reicht (das russische Alaska ist einige Jahrzehnte zuvor an die USA verkauft worden), von der Arktis im Norden bis in die mittelasiatischen Provinzen an der afghanischen Grenze im Süden. Das »Sammeln russischer Erde«, wie die kontinuierliche Ausdehnung des russischen Machtbereichs seit dem 14. Jahrhundert genannt wurde, endet erst an den natürlichen Grenzen (Küsten) des Landes beziehungsweise an der chinesischen Grenze und Korea. Mehr als hundert Nationalitäten und Ethnien leben in diesem gigantischen, größten Reich der Erde. Die meisten Einwohner sind Russen, die Gesamtbevölkerung beträgt rund 140 Millionen, die meisten davon Bauern.

Die Provinz, in der Georgi aufwächst, Kaluga, stellt eines der frühen Industriezentren Russlands dar (und ist es bis heute geblieben, mittlerweile mit Werken der Automobilhersteller Volkswagen, Peugeot und anderen). Im Gegensatz zu den fruchtbaren Schwarzerdegebieten Südrusslands spielt hier die Landwirtschaft nur eine untergeordnete Rolle, neben der Industrie, der Forstwirtschaft und der Gewässernutzung. Außerdem gibt es damals schon eine gehörige Menge an Pendlern, die mit der einige Jahre zuvor eröffneten Bahnlinie nach Moskau zur Arbeit fahren. Der umfassende soziale Wandel auf dem Land beginnt in Russland im ausgehenden 19. Jahrhundert mit der Eröffnung zahlreicher Schulen im ländlichen Gebiet. Staatliche Institutionen und private Stiftungen (wie die des Schriftstellers Tolstoi) sorgen dafür, dass erstmals die Jugend auf dem Land das Privileg eines Mindestmaßes schulischer Bildung (Volksschule) erhält. Auch Schukow ist in seiner Familie der erste, der eine dreijährige Schulausbildung durchlaufen darf (vorher mussten die Kinder ab frühem Alter mitarbeiten, um die Familie zu ernähren). Da die reguläre Schulzeit für Kinder auf dem Land damals nur zwei Jahre beträgt, ergeben sich hier schon erste Indizien, dass seine Eltern Georgi über das übliche Maß hinaus fördern.

Zu den väterlichen Erziehungsmaßnahmen gehören aber offenbar auch Prügelstrafen mit dem Gürtel, die Schukow eigenen Angaben zufolge stoisch erträgt. Noch in seiner Lehrlings- und Militärzeit gehören Prügelstrafen zum Alltag. Nach insgesamt sogar fünf Schuljahren beginnt der zwölfjährige Georgi dann 1908 in Moskau, bei seinem Onkel Michail Pilichin, eine Lehre als Kürschner. Die tägliche Arbeitszeit beträgt damals zwölf Stunden, mit einer Stunde Pause. Neben der Lehre besucht Georgi zeitweise, gemeinsam mit seinem Cousin Alexander, dem Sohn des Betriebsinhabers, eine Abendschule, um sich weiterzubilden. Zu den Unterrichtsfächern gehören Russische Sprache und Kultur, Mathematik, Geographie und Deutsch. Sein Cousin wird bald schon vom Vater zur weiteren Ausbildung ins ferne Leipzig geschickt, damals die »Pelzhauptstadt« des deutschen Kaiserreichs. Für den auf dem Land aufgewachsenen jungen Georgi ist die Großstadt Moskau natürlich zunächst ein Schock – die hohen Häuser, die gepflasterten Straßen und Gehwege, die Menschenmassen, die vielen Pferdedroschken, erste Automobile, die klingelnden und ratternden Straßenbahnen, das Schienennetz, die tägliche Überfülle des Angebots an Lebensmitteln, Delikatessen, Ablenkungen, Divertissements. Er beschreibt in seinen Memoiren, wie überwältigt er war von seinen Eindrücken innerhalb der ersten Stunden in Moskau.

Michails Sohn Alexander, genau gleich alt wie Georgi, freundet sich schnell mit dem neuen Mitbewohner an. Auch der Onkel ist – im Gegensatz zur Darstellung in Schukows Memoiren, wo er als sadistischer Patron gezeichnet wird – Georgi freundschaftlich zugetan, nimmt ihn schon nach zwei Jahren Lehrzeit in sein Atelier auf, weitere zwei Jahre später, mit sechzehn Jahren, darf Georgi schon erste Geschäftsreisen allein unternehmen, so zu den Messen von Nischni Nowgorod und von Uriupino. Der frischgebackene Geselle hat nun seinerseits drei Untergebene, Lehrjungen, die er herumkommandieren darf. Am Sonntag besucht die gesamte Familie Pilichin die Mariä-Entschlafens-Kathedrale im Kreml und hört die phantastische Chormusik, die dort gepflegt wird. Georgi darf mittlerweile auch – weitere Beförderung – eigenständig Pelze ausliefern. Der jüngste Sohn des Kürschnermeisters, wie sein Vater Michail geheißen, schreibt später seine Erinnerungen an die Zeit in Moskau vor der Revolution auf. Er zeichnet das Bild einer heilen, heiteren Familie, das denkbar stark mit dem düsteren Bild kontrastiert, das Schukow in seinen Memoiren wiedergibt. Wie die anderen Angestellten darf Georgi im Sommer zwei Monate in seinem Heimatdorf verbringen, um der Familie bei den Erntearbeiten zu helfen. 1912 wird der sechzehnjährige Georgi von seinem Onkel zum Ende seiner Ausbildung neu eingekleidet: zwei Mäntel, ein dreiteiliger Anzug, Schuhe, Unterwäsche. Dazu erhält er eine Prämie für den erfolgreichen Abschluss. Georgi verdient jetzt respektable 25 Rubel im Monat (sprich 300 Rubel im Jahr) – sein Vater verdient zur selben Zeit nur 90 Rubel jährlich.

Das Kürschnerhandwerk ist in der waldreichen Region um Moskau mit ihren vielen Pelztieren eine angesehene, einträgliche Tätigkeit. Fotos aus dieser Zeit um 1914 zeigen den modisch gekleideten jungen Gesellen Georgi mit seinem Lehrjungen und den beiden Cousins Alexander (Sascha) und Michail. Georgi bezieht 1913 sogar ein eigenes Zimmer, Ecke Twerskaja Uliza und Ochotni Riad, in einer der schicksten Gegenden des damaligen Moskau. Für drei Rubel kommt er bei der Witwe Malitschewa als Untermieter unter. Wäre der Erste Weltkrieg nicht dazwischengekommen, hätte Schukow vermutlich früher oder später seinen eigenen Pelzladen eröffnet oder einen bestehenden übernommen. Schukow selbst beschreibt sich als damals völlig unpolitischen Jugendlichen, dem die allgemeine Situation egal ist, der an die Strukturen und Funktionalitäten seines Landes noch keine Gedanken verschwendet hat. Damit teilt er das Schicksal eines Großteils der russischen Jugend, die zu diesem Zeitpunkt von jeglichem politischen Engagement unbeleckt ist. Das hat seiner eigenen Sichtweise zufolge mit seiner »kleinbürgerlichen« Herkunft zu tun. In den Kreisen des unter elenden Bedingungen leidenden »Arbeiterproletariats« dagegen ist eine staatskritische Haltung damals weitverbreitet und hat sich in mehreren Krisen und »Revolutionen« – zuletzt 1905 – deutlich gezeigt. Die Abendkurse gibt Schukow nach einigen Monaten auf, um sich den angenehmen Seiten des Moskauer Lebens (und Nachtlebens) intensiver zuzuwenden. Er verliebt sich in den nächsten Monaten in Maria Malitschewa, die Tochter seiner Vermieterin, es ist sogar schon von Hochzeit die Rede.

Doch dann folgt der Kriegsausbruch 1914, das einschneidende Ereignis, das seinem Leben wie dem so vieler anderer Menschen in Europa eine neue Wendung aufzwingt. Das russische Zarenreich, obwohl durch vielfältige verwandtschaftliche Beziehungen eng mit der deutschen und anderen europäischen Herrscherfamilien verbunden, fühlt sich durch die deutsch-österreichische Reaktion auf das Attentat, dem der österreichische Thronfolger zum Opfer fällt (Ultimatum an das von Russland als slawische »Schwesternation« bezeichnete Serbien), provoziert, die langjährige Hochrüstung hat ein Klima gereizter Stimmung erzeugt, geschürt von den Rüstungskonzernen, die entsprechende Lobby- und PR-Gruppen üppigst bezahlen, um in ihrem Sinne Kriegsstimmung zu machen. Nach den schon märchenhaften Profiten der Aufrüstungsphase würde ein siegreicher Krieg noch exorbitantere Gewinne abwerfen. Dass ein Krieg auch verloren gehen kann, lassen die meisten dieser Rüstungsprofiteure in ihren von Gier und Rücksichtslosigkeit geprägten Aktionen völlig außer Acht. In Deutschland sind für derlei Kriegspropaganda beziehungsweise Schüren der Kriegsbegeisterung Tarnorganisationen wie der »Alldeutsche Verband«, der vom Nachrichtenbüro des Reichsmarineamts geführte (und von Krupp und anderen Rüstungsindustriellen finanzierte) »Flottenverein« und ähnliche »kriminelle« Vereinigungen zuständig. Vergleichbare Organisationen gibt es in Frankreich (finanziert vom Rüstungskonzern Schneider-Creusot) und in Großbritannien (unter anderem Vickers, ansonsten dort betrieben von den großen Werftkonzernen, die künftigen Geschäften und märchenhaften Profiten mit immer größeren, immer teureren Kriegsschiffen den Boden bereiten möchten). Sie alle zusammen versetzen mit millionenschweren, nationalistisch-chauvinistischen Hetzkampagnen Europa in einen Zustand der Kriegshysterie, bei dem schon ein kleiner Funke genügt, um das große Massensterben auf den Schlachtfeldern der vermeintlichen »Ehre« auszulösen. Und so kommt es auch.

Auf der einen Seite stehen nun das kaiserliche Deutschland und das kaiserliche Österreich, das Königreich Italien noch an ihrer Seite (bis zum Frontwechsel 1915); auf der anderen Seite das angegriffene Serbien, das russische Zarenreich, die britische Monarchie und das republikanische Frankreich (als »Entente cordiale«, »herzliche Vereinigung«, später nur kurz »Entente« genannte Alliierte), und ab 1917 auch die USA. Das kaiserliche Deutschland hat schon früh, weit vor dem Krieg, im Jahr 1912, in Bezug auf Russland (und Frankreich) Expansionsgelüste formuliert – wenn auch nur in verschwiegenen Hinterzimmern Berlins und der üppigen Landsitze von Hochadel und Großindustrie. Neben den Plänen hinsichtlich der lukrativen französischen Eisenerz- und Kohleregionen sowie der dem britischen Weltreich zu entreißenden Kolonien sind vom Kaiser bis zu den Industriellen alle auch bereit, »umstürzlerische« Umtriebe in Russland zu fördern, um den Gegner im Osten auszuschalten und so »freie Hand im Westen« zu haben. Ziel ist es, zunächst das russische Riesenreich zu zerschlagen, gemäß der einige Jahre zuvor beschlossenen Strategie, ihm orangenschalengleich die »Randstaaten« (Finnland, Polen, Baltikum, Ukraine, Weißrussland etc.) zu entwinden und das Maximum der russischen Bodenschätze und sonstigen nationalen Reichtümer in deutsche Hände zu bringen. Dem deutschen Kaiser Wilhelm II. ist es egal, dass er damit das Todesurteil für seine russische Verwandtschaft ausspricht. Die Pläne werden weiter vorangetrieben. Und welche der staatsfeindlichen (terroristischen) Gruppierungen zwischen Moskau und Wladiwostok verspricht am meisten Durchschlagskraft gegen das zaristische

Russland und seine gefürchtete Geheimpolizei, die Ochrana (*Ochrannoje otdelenie*, russisch: *Охранное отделение*, Sicherheitsabteilung)? Die Bolschewiken, eine verschworene, in langen Jahren der Verfolgung geschmiedete Vereinigung von Revolutionären, die natürlich dankbar für jegliche finanzielle und sonstige Unterstützung ist, egal woher sie kommt.

So nimmt das Deutsche Reich über verschwiegene Kanäle Kontakt mit dem im Züricher Exil vor sich hin brütenden Lenin auf, der seit Jahrzehnten auf eine Chance wartet, den großen Umsturz, die kommunistische Revolution in seinem Heimatland (und dann auch in allen anderen Industrieländern der Welt) ins Werk zu setzen, dem zu diesem Zeitpunkt aber fast alle Voraussetzungen dafür fehlen: die Finanzen, die Waffen, die Massenbasis. All dies kommt nun, dank der deutschen Millionen, die ihm in Aussicht gestellt werden, in Reichweite. Interessanterweise übernimmt der Exil-Russe Alexander Parvus, der im Umfeld des mysteriösen Waffenschiebers Basil Zaharoff das Geschäft gelernt und die ersten Millionen verdient hat, eine Schlüsselrolle in der Finanzierung des russischen Umsturzes. Geboren als Israil Lasarewitsch Helphand in einem Schtetl Weißrusslands, verbringt er seine frühen Jahre im Umfeld der Bolschewiken und speziell Trotzkis, beteiligt sich an den revolutionären Unruhen von 1905, wird zu Zuchthaus und Verbannung verurteilt, flieht ins Exil und finanziert dort seinen Lebenswandel im lukrativen Rüstungshandel. Parvus beginnt, wie sein Lehrherr, jeweils beide Seiten regionaler Konflikte auf dem Balkan und rund um die Türkei zunächst mit Waffensystemen des schwedischen Nordenfeldt-Konzerns zu beliefern, bald aber handelt er auch mit Produkten der Rüstungskonzerne Krupp, Schneider-Creusot und Vickers. Ab 1915 widmet er sich dann gemäß einem vom deutschen Außenministerium genehmigten und mit Millionen Goldmark finanzierten Vorhaben der »Revolutionierung« Russlands, indem er einige linksextreme Vereinigungen mit Geldzuwendungen überschwemmt, speziell die Bolschewiki. Alles Weitere ist Geschichte.

Doch noch ist es nicht so weit. Wir schreiben noch 1914, die von den Rüstungskonzernen künstlich erzeugte »Kriegsbegeisterung« ist auf ihrem Höhepunkt, manche Menschen sehnen sich geradezu nach dem Krieg und den mit ihm verbundenen »Abenteuern«. Mit achtzehn Jahren wäre Georgi alt genug, um sich zur Armee zu melden. Doch er wartet, vermutlich auf Anraten seiner Eltern und Verwandten, bis seine Altersgruppe ohnehin eingezogen wird. Sein Cousin Alexander dagegen meldet sich gleich zu Kriegsbeginn als Freiwilliger, wird 1917 verwundet, tritt dann in die Rote Armee ein und stirbt 1920 bei den Kämpfen um Zarizyn (Stalingrad, heute Wolgograd). In seinen Memoiren berichtet Schukow, dass gleich zu Beginn des Krieges die von deutschen oder deutschklingenden Geschäftsführern geführten Warenhäuser Moskaus geplündert werden. Auch die deutsche Botschaft in Sankt Petersburg wird gestürmt und ausgeräumt. Aus Protest gegen die deutsche Aggression lässt der Zar Sankt Petersburg in Petrograd umbenennen (und den Namen damit russifizieren). Georgi erhält schließlich Anfang August 1915 die offizielle Einberufung. Sein Onkel Michail bietet ihm noch an, ihm ein ärztliches Attest zu besorgen, das ihn für ein Jahr oder mehr vom Kriegsdienst freistellt. Doch seine Bemühungen sind vergebens. Schukow rückt ein.
Georgi Konstantinowitsch, neunzehn Jahre alt, wird dem 5. Reserve-Kavallerieregiment zugewiesen, das in Malojaroslawez (Oblast Kaluga), nahe seinem Geburtsort, stationiert ist. Dies geschieht offenbar ohne sein Zutun, aber zu seiner großen Zufriedenheit, da er – wie er in seinen Memoiren schreibt – schon immer eine Bewunderung für die berittene Truppe hegte. Interessant ist, dass er auch im Rückblick kein Wort über den Korpsgeist verliert, der bei der zaristischen Kavallerie herrschte und den Trotzki als »ultrareaktionär« bezeichnete. Das Offizierskorps besteht hier zumeist aus Aristokraten. Schukow dient insgesamt – unter wechselnden Vorzeichen – zwanzig Jahre in der Kavallerie, der er sich bis an sein Lebensende verbunden fühlt. Die zaristische Kavallerie ist damals mit Abstand die zahlenmäßig stärkste auf der

ganzen Welt. 36 Divisionen zu 240 Regimentern mit insgesamt 240.000 Soldaten umfasst diese Waffengattung. Der logistische Aufwand für eine einzige Kavalleriedivision zu 5.000 Pferden ist rund fünfmal höher als für eine Infanteriedivision. Wo Schukow reiten gelernt hat, ist nicht bekannt, er schreibt darüber auch erstaunlicherweise nichts in seinen Memoiren. Man kann allerdings davon ausgehen, dass die Jugend auf dem Dorf auch kleine private Reitexerzitien umfasste, mit der übrigen Dorfjugend beziehungsweise mit dem familieneigenen Zugpferd. Seine nicht so glücklichen Dorfkameraden werden der Infanterie zugewiesen, die meisten von ihnen sterben in den für Russland immens verlustreichen Schlachten der nächsten beiden Kriegsjahre.
Mit seinem Regiment wird Schukow im September 1915 nach Charkow verlegt, wo sie Teil der neuaufgestellten 10. Kavalleriedivision werden. Sein erstes Pferd ist eine störrische Stute namens Tschaschetschnaja. Schukow hat Mühe, sie einigermaßen zu zähmen. Dafür striegelt er sie aber auch liebevoll dreimal täglich. Seine Kavallerieausbildung ist im Frühjahr 1916 abgeschlossen. Er wird nun für die Unteroffizierslaufbahn ausgewählt und zu diesem Zweck nach Isjum (am Donez) geschickt. Schukow akzeptiert, unter anderem – wie er in den Memoiren schreibt – weil ihn das vor der direkten Verlegung an die Front schützt (er sieht angeblich keinen Zweck mehr darin, das überholte zaristische System militärisch zu unterstützen). Er übersteht allerhand Intrigen und Kalamitäten, und nach weiteren Monaten erhält er dann im Juni 1916 tatsächlich die Beförderung zum Unteroffizier. In der zaristischen Armee kommen nur zwei Unteroffiziere auf eine Kompanie (ähnlich wie im k. u. k. Österreich-Ungarn), während die deutsche Armee zu diesem Zeitpunkt schon zwölf Unteroffiziere pro Kompanie vorsieht. Dieser Mangel an Kaderpersonen zieht sich bis in die Rote Armee durch, wo ähnliche Verhältnisse noch zu Beginn des Zweiten Weltkriegs herrschen werden und eine der wesentlichen strukturellen Schwächen der sowjetischen Streitkräfte zu diesem Zeitpunkt darstellen. Im August 1916 nach

Moldawien, an den Dnjestr, verlegt (bis heute eine Konfliktzone entlang der Bruchlinie zwischen westeuropäischem und russischem Einflussgebiet), kommt er beim Vormarsch am 15. August erstmals unter Feuer, seine Abteilung erleidet Verluste durch Beschuss seitens feindlicher Luftwaffe. Doch schon bald erhält er Gelegenheit, sich aktiv auszuzeichnen. Die Kavallerie wird zu diesem Zeitpunkt an diesem Frontabschnitt hauptsächlich zur Feindaufklärung eingesetzt. Dabei gelingt Schukow die Gefangennahme eines deutschen Offiziers, die ihm seinen ersten Orden einträgt, das kaiserlich-russische Sankt-Georgs-Kreuz (passend zu seinem Namen).
Bei einem weiteren dieser Einsätze gerät er mit seinem Pferd in ein Minenfeld und wird schwer verletzt. Er kommt ins Lazarett nach Charkow und erhält dort sein zweites Georgskreuz. Anschließend wird er Ende 1916 wieder seiner ursprünglichen Einheit, dem 5. Reserve-Kavallerieregiment, zugeteilt, zwecks Rekonvaleszenz, stationiert südlich von Charkow. Er weiß es noch nicht, aber damit ist sein Fronteinsatz im Ersten Weltkrieg schon nach fünf Wochen für immer beendet. In Russland spitzt sich in diesen Monaten die Lage zu, die Unzufriedenheit im Land mit dem negativen Kriegsverlauf, den vielen Toten, und der sich ständig verschlechternden Versorgungslage nimmt zu. Im März 1917 verweigern immer mehr Soldaten den Dienst an der Waffe, Zar Nikolaus II. – zu diesem Zeitpunkt Oberbefehlshaber – erklärt seinen Rücktritt vom Zarenthron. Zunächst soll ein Verwandter nachrücken, aber die Stimmung im Land hat sich schon so weit gedreht, dass dieser die Amtsübernahme verweigert. Daher endet mit dem Rücktritt Nikolaus II. die vierhundertjährige Herrschaft der Familie Romanow über Russland. Schukow widmet den dramatischen Ereignissen im Land gerade einmal zwei Seiten seiner Memoiren. Auf diesen fasst er den Zeitraum zwischen Ende Februar (erste Unruhen auch in der Garnison Balakleja, wo Schukow zu diesem Zeitpunkt stationiert ist) bis zu seiner Rückkehr nach Strelkowka, seinen Geburtsort, Ende No-

vember 1917 zusammen. Man kann darüber spekulieren, warum er sich gegenüber diesem für sein weiteres Leben wie für ganz Russland so entscheidenden Zeitraum so kurz fasst. Sei es, dass er damals als Soldat wenig von den dramatischen Ereignissen mitbekommen hat oder die sowjetische Zensur hier eingegriffen hat oder dass er – diese Zensur einberechnend – keine »anstößigen« Erinnerungen zu Papier bringen will, schließlich noch, weil er möglicherweise etwas verbergen, etwas mit dem Mantel des Schweigens umhüllen möchte.

Schauen wir uns diese Ereignisse an. Ende Februar – nach der Meuterei selbst der zaristischen Leibgarde-Regimenter Wolinski und Preobraschenski – übernehmen zwei neue Kraftzentren die Macht im Land, das nun Republik wird. Auf der einen Seite die Basis in Form der vielen – wie schon während der revolutionären Unruhen 1905 – spontan gebildeten Arbeiter- und Soldatenräte (das russische Wort für »Rat« ist *»Sowjet«/совет*), auf der anderen die alte Elite in Form der Provisorischen Regierung unter Kerenski. Diese setzt sich zusammen aus liberalen und sozialistischen Politikern, die nun die seit langem verlangten Reformen im Land durchführen und die Wahl einer Verfassungsgebenden Versammlung organisieren sollen. Die Räte halten die Macht vor Ort in ihren Händen, die Provisorische Regierung den Regierungs- und Verwaltungsapparat sowie das Militär (zumindest die Kommando-Ebene). In den lokalen Räten (Sowjets) sind die Bolschewiki sehr aktiv, eine linksextreme Abspaltung der Sozialdemokratischen Partei Russlands unter der Führung Lenins. Die Bolschewiki schaffen es, in vielen Räten den Ton anzugeben, mit radikalen Forderungen nach sofortiger Beendigung des Krieges, einer Umverteilung der Reichtümer im Land von oben nach unten und einer Aufteilung des adligen Großgrundbesitzes an die einfachen Bauern. Ihre Forderungen sind zusammengefasst in dem Slogan »Frieden, Brot und Land« – Frieden für Russland, Brot für die Arbeiter, Land für die Bauern. Die Stimmung im Land verschiebt sich immer mehr Richtung Machtwechsel, da sich die alte Elite komplett unfähig zeigt, auf die eingetretene Notsituation durch den schlechten Kriegsverlauf angemessen zu reagieren, sprich: so zu reagieren, dass die breite Masse der Bevölkerung innerhalb angemessener Zeit eine Milderung ihrer Nöte spürt. Daher gibt es auch keinen nachhaltigen Widerstand gegen den Staatsstreich der Bolschewiki im November 1917, als diese mit einer vergleichsweise geringen Anzahl von parteitreuen Soldaten und bewaffneten Arbeitern die Macht in Petrograd (ehemals Sankt Petersburg) an sich reißen.

Auch die Armee hat seit Februar 1917 das Recht, Soldatenräte auf lokaler Ebene zu wählen. Schukows Memoiren zufolge nehmen die Soldaten den Kommandeur von Schukows Kavallerieregiment, einen Baron von der Goltz, gefangen, es werden Wahlen abgehalten. Schukow erhält die meisten Stimmen bei der Wahl zum Vorsitzenden des Soldatenrats seiner Kavallerieschwadron und fungiert als Delegierter im Regimentsrat. Leider gibt es für diese Meuterei in Schukows damaliger Einheit keinen einzigen dokumentarischen Nachweis außerhalb von Schukows Memoiren. Der Ablauf der Ereignisse, wie ihn Schukow schildert, ist zudem einigermaßen unwahrscheinlich. In der Frühphase der Februarrevolution ist die Erhebung auf Petrograd (Sankt Petersburg) beschränkt, die Provinz verhält sich überwiegend abwartend. Zumal selbst die Bolschewiki (in Person von Stalin und Kamenew als die höchsten Repräsentanten vor Ort in Petrograd) sich für eine Fortsetzung des Krieges und eine Unterstützung der Provisorischen Regierung aussprechen. Erst ab Mitte April 1917, nach der vom kaiserlichen Deutschland organisierten Rückkehr Lenins aus dem Schweizer Exil nach Russland, radikalisiert sich (wie von den deutschen Finanziers der Bolschewiki gewünscht) die Position der Partei Lenins mit den Forderungen nach sofortigem Waffenstillstand, Machtübernahme der Bolschewiken, Bodenreform zur Enteignung der Latifundien des russischen Hochadels.

Der berühmte Erlass Nr. 1 der Provisorischen Regierung vom

1. März 1917 ruft zur Bildung von Soldatenräten in Petrograd auf. Diese übernehmen das Kommando über ihre Einheiten. Erst nach und nach verbreitet sich diese Bewegung im restlichen Riesenreich. Gerade der Kommandant des 3. Kavalleriekorps, zu dem Schukows Einheit gehört, General Graf Keller, tritt sofort gegen die »Revolution« auf und verbietet die Wahl von Soldatenräten. Gleiches gilt für den Kommandeur von Schukows 10. Kavalleriedivision (die zum 3. Korps gehört), General Markow (dieser gehört wenig später zu den Gründern der gegenrevolutionären, reaktionären, revanchistischen Weißen Armee um Kornilow). Die Verbote haben zu diesem Zeitpunkt keine Wirkung mehr, die Wahl der Arbeiter- und Soldatenräte auch in der unmittelbaren Umgebung Schukows ist nicht aufhaltbar. Dass er als Delegierter gewählt wird, lässt sich ebenfalls nirgends außer in seinen Memoiren belegen. Zu diesem Zeitpunkt ist noch kein aktives Eintreten für bolschewistische Positionen seitens Schukow nachweisbar. Die Wahl reflektiert eher seine Popularität unter seinen Regimentskameraden als vorbildlicher Unteroffizier. Wir wissen nichts darüber, was der Unteroffizier Schukow zwischen Mai und Oktober 1917 erlebt oder anstellt. Er übergeht in seinen Memoiren die berühmte gescheiterte russische Offensive vom 1. Juli 1917 (»Kerenski-Offensive«), die die bisherige Provisorische Regierung und alle Befürworter einer Fortsetzung des Krieges diskreditiert. Die Zahl der Deserteure erklimmt bislang ungekannte Höhen, die Nachschublager werden geplündert, Züge beschlagnahmt, es kommt zu Judenpogromen. Im September beginnen die deutschen Truppen ihren erneuten Vormarsch, nehmen Riga und Westgalizien ein. Anfang November gelingt dann der bolschewistische Putsch (Oktoberrevolution), der das Land binnen weniger Stunden in die Hand Lenins und seiner Mitstreiter bringt.

Nun schlägt die Stunde der ukrainischen Nationalisten (ebenfalls von Deutschland mit bedeutenden finanziellen Mitteln gefördert – damals wie heute). In einer biographischen Notiz aus dem Jahr 1938 schreibt Schukow (im Gegensatz zu seinen Memoiren) hierüber etwas: Es habe sich um Anhänger des Nationalistenwortführers Petljura gehandelt. Dieser hat mit seinen Leuten bereits im Juni 1917 die Autonome Republik Ukraine ausgerufen, wird jedoch kurz darauf von den deutschen Okkupanten aus Kiew vertrieben, die dort eine Marionettenregierung von eigenen Gnaden installieren (die etwas weniger nationalistisch ist als die Petljuristen). Im Regimentssowjet übernehmen bald die aus der Gegend stammenden ukrainischen Nationalisten die Mehrheit und stimmen dafür, sich den gegenrevolutionären Kräften anzuschließen. Die Nationalisten versuchen, eine größtmögliche Zahl an Kasernen, Soldaten und Nachschublagern in ihren Besitz zu bringen. Die Offiziere von Schukows Einheit werden von ihnen entwaffnet und festgesetzt. Im November wird er zusammen mit den übrigen Soldaten aus der Armee entlassen, durch einen Beschluss des eigenen Regimentsrats. In seinen Memoiren schreibt er, als bekennender Bolschewist habe er sich wochenlang vor den reaktionären Ukrainern verstecken müssen, die Jagd auf Bolschewiken machten und diese meist an Ort und Stelle erschossen. Festzuhalten bleibt, dass sich Schukow zu diesem Zeitpunkt, im Gegensatz zu vielen seiner späteren Generalskollegen der Roten Armee, keineswegs freiwillig zu den Roten Garden (dem Vorläufer der Roten Armee) meldet, sondern zunächst über Moskau nach Hause reist, um sich um seine Familie zu kümmern (was ja nur zu verständlich ist).

Schukow kommt Ende November 1917 in Moskau an. Die Stadt ist seit zwei Wochen in der Hand der Bolschewiken, das wirtschaftliche Leben ist durch die Umbrüche fast komplett zum Erliegen gekommen, es beginnt die Phase, wo es nur noch ums Überleben geht, mitten im russischen Winter. Es mangelt an Lebensmitteln, Heizmaterial und selbst Trinkwasser. Durch die revolutionären Wirren ist zuvor schon der Moskauer Kürschnerbetrieb seines Onkels in wirtschaftliche Schwierigkeiten geraten, Michail Pilichin hat ihn daher Ende 1916 verkauft und sich in seinen Geburtsort Tschornaja Grias (bei Strelkowka) zurückgezogen.

Die Zukunftsperspektiven für den jungen Kürschnergesellen und Soldaten Schukow sind daher schlecht. Eine Armee, die ihm eine Zukunftsperspektive bieten könnte, gibt es nicht mehr, und das Kürschnerhandwerk ist als Luxuswarenherstellung in revolutionären Zeiten ebenfalls für lange Zeit keine Perspektive. Es bleibt nur die Alternative, entweder in sein Heimatdorf zurückzukehren und von den familiären Lebensmittelvorräten zu partizipieren oder sich der Revolution anzuschließen und so in den Genuss staatlicher Rationen zu kommen. Doch wieder entschließt sich Schukow vorerst gegen die Revolution und kehrt in sein Heimatdorf Strelkowka zurück. Dort ist er ab Ende 1917 nachweisbar.

Am 28. Januar 1918 wird dann offiziell die Rote Armee der Arbeiter und Bauern (*Рабоче-крестьянская Красная армия/ Rabotsche-krestjanskaja Krasnaja armija* – RKKA) gegründet, die die bolschewistische Revolution gegen die Feinde im Inneren und Äußeren verteidigen soll. Sofort wird damit begonnen, Armee-Einheiten aufzustellen und zu finanzieren (gestützt auf die deutschen Goldmark-Millionen und die den Bolschewisten mittlerweile zur Verfügung stehenden staatlichen Mittel). Doch Schukow erkrankt – laut Memoiren – Anfang Februar 1918 an Typhus, einer damals grassierenden Krankheit in Russland, und verbringt die nächsten sechs Monate damit, die lebensgefährliche Erkrankung zu überstehen und ihre Folgen zu überwinden. Er wird im kleinen Spital von Ugodski Sawod behandelt und wiederhergestellt, von einem Chefarzt namens Nikolai Wseswiazki, dem Sohn des Popen, der ihn 1896 getauft hat. Das wissen wir aus Erzählungen seiner Tochter Maria, in den Memoiren steht kein Wort davon.

Nach monatelangen Verhandlungen unterschreiben die Bolschewiki schließlich am 3. März 1918 in der westrussischen Festung Brest-Litowsk (die von deutschen Truppen 1915 erobert worden war und die in der weiteren deutsch-sowjetischen Geschichte noch öfter eine Rolle spielen sollte) den von Deutschland diktierten, erpresserischen »Friedensvertrag« (»Siegfrieden«). Russland

tritt damit aus dem Krieg aus, beendet die Kampfhandlungen gegen die deutschen Truppen, gibt weite Teile des bisher russischen Territoriums auf und verpflichtet sich zusätzlich zu umfangreichen Getreidelieferungen von fast einer Million Tonnen. Die Ukraine wird unabhängig und kommt sofort unter deutsches Kommando, das deutsche Kaiserreich will die »Kornkammer« dazu nutzen, die hungernde deutsche Bevölkerung zu ernähren (zulasten der lokalen Einwohner) und ihre Truppen mit zusätzlichen Lebensmitteln zu versorgen. Ebenso erhalten Polen (unter deutscher Vorherrschaft), die baltischen Staaten und Finnland die Unabhängigkeit. Russland schrumpft und wird im Prinzip – gemäß der deutschen Randstaaten-Strategie von 1912 – seiner peripheren Besitztümer, seines Cordon sanitaire, seines Glacis gegenüber Deutschland beraubt, und damit auch künftiger Verteidigungsmöglichkeiten gegen weitere deutsche Aggressionen. Es wird auf die Landmasse reduziert, die ehemals den Kern der moskowitischen Fürstentümer bildete. Einzig der russische Ferne Osten bleibt zunächst von diesem deutsch gesteuerten Landraub unbetroffen.
Die Bolschewiki um Lenin hoffen, durch diese Zugeständnisse Zeit zu gewinnen und ihre Macht im Land weiter zu konsolidieren, um dann später den Kampf um diese russischen Besitztümer wieder aufzunehmen (die Deutschen hoffen gleichzeitig, durch die Ausschaltung Russlands genügend Truppen nach Westen verlegen zu können, um dort doch noch einen weiteren »Siegfrieden« vulgo »Endsieg« zu erreichen – eine irrige Hoffnung, da viel zu viele Truppen im Osten benötigt wurden, um von der Gier diktiert, die zusätzlich okkupierten Gebiete mit deutschen Soldaten zu sichern). Doch die Deutschen auf der einen Seite und ihre Kriegsgegner von der westlichen Entente auf der anderen denken gar nicht daran, den Bolschewiki diese Atempause zuzugestehen. Dutzende westliche Militäreinheiten marschieren im Land ein und bekämpfen die Bolschewiken, wo sie sie finden. Deutsche Truppen, aber auch die von ihren nominellen Kriegsgegnern, also

amerikanische, französische, britische und japanische, streifen durch das Land, zunächst ohne auf großen Widerstand zu stoßen. Die Bolschewiken benötigen einige Zeit, um unter Trotzkis Führung eine schlagkräftige Armee aufzustellen, die in der Lage ist, jedes einzelne dieser feindlichen Kontingente nach und nach zu schlagen und aus dem Land zu treiben (angesichts der allgemeinen Kriegsmüdigkeit in allen vom Krieg betroffenen Ländern werden die Kampfeinheiten nach verlorenen Schlachten dann in der Regel zurückgezogen). Der erste größere Sieg gelingt mit der Rückeroberung Kasans durch die Rote Armee am 10. September 1918. Gleichzeitig wird die allgemeine Wehrpflicht wieder eingeführt und nun Schukows Altersklasse eingezogen. Im Gegensatz zu vielen seiner bäuerlichen Altersgenossen, die froh sind, dem blutigen Krieg entronnen zu sein und sich nun wieder der Ernährung ihrer Familien widmen zu können, kommt Schukow dem Einberufungsbefehl nach. In seinen Memoiren schreibt er, dass er sich als Freiwilliger gemeldet habe und im August 1918 beim 4. Regiment der 1. Kavalleriedivision in Moskau den Dienst aufgenommen habe. Allerdings steht in seiner autobiographischen Skizze von 1938, dass er am 1. Oktober 1918 eingezogen worden sei.

Vermutlich kommt die zweite Variante der Wahrheit näher. Schukow kommt dem Einberufungsbescheid nach und entscheidet sich damals also dafür, seine Karriere in einer Armee (die nun nicht mehr die zaristische, sondern die bolschewistische ist, wenn sich auch die Masse ihrer Offiziere aus der ehemaligen Zaren-Armee rekrutiert – wo hätten sie auch sonst auf die Schnelle herkommen sollen) fortzusetzen. Dabei ist es ihm zu diesem Zeitpunkt vermutlich relativ gleichgültig, welchen ideologischen Prämissen die Armee gehorcht. Allerdings geht er nicht so weit, sich antibolschewistischen Einheiten anzuschließen, hat also weder ein Interesse daran, das Zarenreich wiederherzustellen beziehungsweise für die alte Aristokratie zu kämpfen (wie die weißen Einheiten), noch im Sold fremder Länder für deren Interesse zu streiten. Dann schon eher für die Russland vertretenden Bolschewiki. Wie ihm geht es vielen Unteroffizieren und Offizieren der ehemals zaristischen Streitkräfte, die nun zur Roten Armee einberufen werden und mangels Alternative dieser Einberufung auch nachkommen. Ende 1918 zählt die Rote Armee bereits rund 130.000 Unteroffiziere und 22.000 Offiziere ehemals zaristischer Obödienz in ihren Reihen, auf deren militärische Fachkenntnisse sie verzweifelt – mangels bolschewistischer Alternativen – angewiesen ist. Im Gegensatz dazu kommen die einfachen Soldaten aus bäuerlichem Milieu (die 1914 noch zu sechzig Prozent Analphabeten waren) dem neuerlichen Einberufungsbefehl nur in geringen Teilen nach. Als die Einberufungen mit Zwang durchgesetzt werden sollen, kommt es zu Revolten, auch in der Heimat Schukows, wo am 7. November bewaffnete Zusammenstöße zwischen Militärpolizei und den »Bauernlümmeln« beginnen. Zeitweise wird sogar eine autonome Räterepublik Kaluga ausgerufen, die jedoch von der Roten Armee und ihrer Artillerie (die russische Rüstungsindustrie hatte von 1914 bis 1916 ihren Ausstoß an Munition verzwanzigfacht, und die Rote Armee kann in den Nachschublagern auf einen Bestand an zig Millionen Schuss Munition aller Kaliber, auch der schweren, zurückgreifen) rasch einkassiert wird. Im Gegensatz zu vierzig Prozent der Rekruten seiner Region (anderswo teilweise neunzig Prozent) desertiert Schukow auch nicht, sondern beginnt seine am Ende vier Jahrzehnte umfassende Zeit ununterbrochenen Dienstes als Soldat der Roten Armee. Der Kernbestand der Soldaten der Roten Armee setzt sich aus (echten oder vermeintlich) bekennenden Bolschewiken zusammen, die bei der Einberufung bevorzugt rekrutiert werden. Um die Attraktivität des Militärdienstes zu steigern, werden die Vergünstigungen ständig erweitert. Ab Ende Dezember 1918 erhalten Eltern und Familien von Soldaten staatlich garantierten Anspruch auf eine Wohnung und Lebensmittelrationen. Schukow bleibt bei der Kavallerie – die rote Militärverwaltung benötigt Fachleute für jede Waffengattung, und er selber hat offenbar

auch keinen Antrieb, zu einer anderen Truppe zu wechseln. In der Roten Armee werden die Ränge abgeschafft, es gibt nur noch Soldaten und Kommandeure, deren Rang nur nach der Kommando-Ebene, für die sie zuständig sind, unterschieden wird (Regiments-, Divisions-, Korpskommandeur). Die Offiziere werden von den Soldaten gewählt, das Amt des Politischen Kommissars eingeführt, der für die politische Belehrung und Ausbildung der Soldaten zuständig ist. So drittelt sich die Macht in der Armee zwischen Offizieren, Räten und Politkommissaren.
Trotzkis Ideal ist eine Art Roter Milizenarmee, völlig gereinigt vom »verderblichen« zaristischen Erbe. Doch das lässt sich nicht durchhalten. Daher weist ihn Lenin an, eine traditionelle Armee (die gerade ein Jahr zuvor entlassen wurde, selber Fehler wie im Irakkrieg durch die USA) wiederherzustellen. Gleichzeitig stürzt das Land in eine Wirtschaftskrise ungekannten Ausmaßes, während aus allen vier Himmelsrichtungen feindliche Armeen anmarschieren. In der Not werden die »Errungenschaften« der Roten Armee schnell wieder einkassiert: die Räte aufgelöst, die obligatorische Disziplin wieder eingeführt, die Wahl der Offiziere abgeschafft. Auch die Todesstrafe für bestimmte Vergehen wird wieder eingeführt, ebenso die Militärtribunale. Die Politkommissare sind nur noch für die Divisionen zuständig, darunter können die Kommandeure ohne politische Einmischung entscheiden. Der weitere Ausbau der Roten Armee vollzieht sich in einem atemberaubenden Tempo: Im Oktober noch 650.000 Mann, zählt sie Ende 1918 schon eine Million, drei Millionen 1919 und als Maximum 5,5 Millionen Soldaten 1920. Diese Riesenarmee zu unterhalten, überfordert die noch auf schwachen Beinen stehende Wirtschaft der jungen »Russischen Sowjetrepublik«, was immer wieder zu Massendesertionen hungriger Soldaten führt, die vergeblich auf Lebensmittelnachschub warten. Und noch immer sind dreißig Prozent der Rekruten Analphabeten – die Armee gründet rund 4.000 Schulen, um diesen Bildungsmangel zu beheben.

Für die weitere Karriere in der neuen, »roten« Armee ist natürlich eine Mitgliedschaft in der bolschewistischen Partei hilfreich. Daher überrascht es nicht, dass der ehrgeizige Schukow am 1. März 1919 den Antrag stellt, Parteimitglied zu werden, und zunächst den Kandidatenstatus erhält. Im August 1919 trifft er erstmals den Politkommissar seiner Division, seinen Namensvetter Georgi Wassilijewitsch Schukow. Dieser bietet ihm an, selbst Politkommissar zu werden, doch Georgi Konstantinowitsch entscheidet sich für die Offizierslaufbahn. Im Mai 1920 wird er vollgültiges Parteimitglied. Die Einheit, der er im Oktober 1918 beigetreten ist, ist kurz zuvor, am 19. Juni 1918, aufgestellt worden. Diese 1. Kavalleriedivision des Moskauer Militärbezirks (zusammengestellt aus den verbliebenen Resten der kaiserlichen 2. Kavalleriedivision) wird im Mai 1919 in den Südural verlegt, um dort Einheiten unter dem Kommando des »weißen« Admirals Koltschak zu bekämpfen. Dieser ist zu diesem Zeitpunkt Herr über fast ganz Sibirien, das den Bolschewiken in den ersten Monaten ihrer Herrschaft entglitten war, und entschlossen, dem »roten Spuk« in Moskau ein Ende zu bereiten. Dass Schukows Einheit fast ein halbes Jahr ohne Einsatz bleibt, während die Feinde von allen Seiten gegen das junge Rote Reich anrennen, hat Biographen und Militärhistoriker verblüfft. Und doch gibt es dafür eine einfache Erklärung: Es sind zunächst weder genügend Ausrüstung, genügend Waffen noch genügend Pferde vorhanden (Hunderttausende von Pferden waren gemäß dem »Frieden« von Brest-Litowsk an Deutschland abgeliefert worden). Die traditionellen Pferdezuchtgebiete Russlands (Südrussland, Sibirien, Kaukasus) sind zu diesem Zeitpunkt in der Hand der Weißen. Und die vorhandenen Vorratslager wurden bei der Auflösung der zaristischen Armee Ende 1917 geplündert und leergeräumt. Die Lebensmittelrationen auch für die Armee müssen im Januar 1918 auf vierhundert Gramm Brot pro Tag und Mann herabgesetzt werden. Zudem sind die meisten Kavallerieoffiziere (man erinnere sich an den reaktionären Korpsgeist der zaristischen Truppe) zu den Weißen übergelaufen. Daher werden Infanterieoffiziere zur Kavallerie abgestellt, die aber erst ihren Job dort lernen müssen. Der Rest ruht auf den Schultern von Unteroffizieren wie Schukow, die zwar das Handwerk verstehen, aber noch nicht die höheren Offiziersweihen und die notwendigen Ausbildungen (Kriegsakademie, Generalstab etc.) erhalten haben. Zudem spielt die Kavallerie im militärischen Denken Trotzkis angesichts ihrer Erfolg- beziehungsweise Tatenlosigkeit im Ersten Weltkrieg nur eine untergeordnete Rolle. Erst im September 1919 folgt die Kehrtwende mit dem berühmten Befehl: »Proletarier, aufs Pferd!«

Am 17. Mai 1919 nach Jerschow verlegt, einem der Brennpunkte der Kämpfe, hat Schukows Einheit, das 4. Regiment der Division, im Juni 1919 erste Feindberührung, bei einem Gefecht gegen achthundert Kosaken Koltschaks. Die Kosaken, in der Mehrheit konservativ-prozaristisch eingestellt (traditionsgemäß), sind erfahrene Reiter und Kämpfer, und das Gefecht ist daher eine erste Härteprobe für Schukows Einheit, die sie einigermaßen glimpflich übersteht. Im September 1919 wird sein Kavallerieregiment fünfhundert Kilometer weiter nach Südwesten verlegt, in den Raum Zarizyn an der Wolga (später Stalingrad, heute Wolgograd, daher kennt Schukow das spätere Terrain der Schlacht um Stalingrad 1942/43 recht gut). Während der dortigen Kämpfe stirbt sein Cousin Alexander Pilichin, und auch Schukow selbst wird bei einem heftigen Gefecht im Oktober 1919 bei Achtubinsk von Granatsplittern schwer verletzt. Sein Politkommissar Anton Mitrofanowitsch Ianin, selbst verletzt, rettet ihn vor feindlichen Kosaken und Kalmücken, schafft ihn auf einer Telege (russisches Pferdefuhrwerk) in ein Hospital 150 Kilometer wolgaaufwärts in Saratow und vertraut ihn dort der Pflege einer befreundeten Krankenschwester an, Polina Nikolaiewna Wolchowa. Ihre jüngere Schwester, Maria Wolchowa, noch Schülerin, arbeitet im Hospital als Freiwillige mit. Schukow ist von dem hübschen Mädchen mit den leuchtend blauen Augen sofort angetan, ihr geht es mit dem schneidigen Soldaten Schukow ähnlich. Die beiden werden ein Paar. Sie betreut ihn einen Monat lang, seine Rekonvaleszenz wird allerdings durch einen Typhus-Rückfall unterbrochen. Ende November tritt er dann den ihm zustehenden Erholungsurlaub an, den er bei seinen Eltern in Strelkowka verbringt (er sieht dort seinen Vater, der 1921 stirbt, zum letzten Mal), während die Schwestern Wolchowa ins heimatliche Poltawa in der Ostukraine zurückkehren. Doch die Trennung ist nur vorübergehend. Drei Jahre später trifft er Maria in Minsk wieder, und sie setzen ihre Beziehung fort, obwohl Schukow mittlerweile mit einer anderen Frau verheiratet ist. Maria bringt wenig später Schukows Tochter Margarita zur Welt – so viel vorab zum Thema Schukow und die Frauen beziehungsweise Schukow und die eheliche Treue.

Im Dezember 1919 meldet sich Schukow wieder zum Dienst an der Front. Allerdings sollte er seine Moskauer Kavalleriedivision nicht mehr wiedersehen, seine Laufbahn nimmt jetzt eine andere Richtung. Die medizinische Kommission, bei der er sich vorstellen muss, stellt fest, dass seine Verletzungen und die Krankheit noch nicht richtig ausgeheilt sind, und teilt ihn dem 4. Regiment der 3. Reserve-Kavalleriedivision im nahe Moskau gelegenen Twer (zwischenzeitlich Kalinin) zu. Die Parteizelle des Regiments schlägt Schukow für einen Offizierskurs vor, der in Staroschilow (bei Rjasan) abgehalten wird. Das spricht dafür, dass er sich zwischenzeitlich für die bolschewistische Sache engagiert und auch öffentlich Position bezogen hat. Er trifft am 15. März 1920 in dem (für russische Verhältnisse) nahe Moskau gelegenen Rjasan ein. Dort wird er zunächst einem Einführungskurs zugeteilt. In den dabei gelehrten Schulfächern (Russisch, Arithmetik, Geographie, Gesundheitswesen, Militärverwaltung, Politische Erziehung und Armeevorschriften) erzielt er gute bis herausragende Noten. Daran schließen sich Spezialisierungskurse in Kavallerietaktik an. Aufgrund seiner bereits vorhandenen Militärerfahrung wechselt Schukow schon bald die Seiten und beginnt, seine Mit-Kadetten zu unterrichten. Auch sein Partei-Engagement vernachlässigt er nicht und steigt wenig später zum Sekretär der örtlichen Partei-

zelle auf, gerät dabei aber in eine Auseinandersetzung mit deren Vorsitzendem und gibt den Posten bald wieder auf.
Er wird auch in eine Kommission berufen, die sich mit der Hygiene innerhalb der Ausbildungskasernen beschäftigt. Er erhält aber auch Verweise, so im Juli 1920, die Gründe hierfür sind aber nicht mehr zu eruieren (und werden von ihm in allen Ausgaben seiner Autobiographie, vor und nach dem Ende der Sowjetunion, verschwiegen). Im August 1920 schließt er den Kurs jedenfalls erfolgreich ab und wird gemeinsam mit 120 weiteren Kadetten der 2. Moskauer Schützenbrigade zugeteilt. Diese besteht aus einer Kavallerie- und zwei Infanteriedivisionen. In Moskau trifft er auch seine ehemalige Verlobte Maria Malitschewa wieder (die Tochter der Witwe, bei der er vor dem Krieg gewohnt hatte). Nach einer lautstarken Auseinandersetzung mit ihr ist die Beziehung endgültig beendet. Ende August wird seine Einheit nach Krasnodar ins nördliche Vorland des Kaukasus verlegt, um gegen die weißen Truppen des Barons von Wrangel zu kämpfen, die von der Krim aus den Süden Russlands unsicher machen. Nach einigen kleineren Scharmützeln erhält Schukow eine neue Stellung, diesmal beim 1. Kavallerieregiment der 14. Kavalleriebrigade. Diese ist damit beauftragt, versprengte Wrangel-Einheiten im Raum Nowoschereliewskaja auszuschalten. Ab Oktober 1920 führt Schukow einen Zug seiner Einheit und steigt bald zum Kommandeur einer Schwadron auf. Bei der 14. Kavalleriebrigade trifft er auch seinen Lebensretter wieder, den Politkommissar Anton Ianin.
Bald darauf wird er mit seiner Einheit in den Raum Woronesch verlegt, um dort einen Bauernaufstand gegen die neue Macht im Land niederzuschlagen. Doch der Aufstand lässt sich nicht so leicht zerschlagen, es entwickelt sich hieraus die Tambow-Revolte, bewaffnete Widerstandszellen unter der Leitung der Antonow-Brüder, den beiden Anführern der örtlichen Bauernmilizen. Bei den Kämpfen mit diesen Einheiten hat Schukow einige der erbittertsten Kämpfe während des Bürgerkriegs zu überstehen. Dort kommt es auch zu neuen emotionalen Verwicklungen, da

sich Schukow in die Tochter des Popen verliebt, bei dem Ianin und er einquartiert sind. Die im Jahr 1900 geborene Alexandra Diewna wird seine Geliebte für die nächsten Monate. Er stellt sie als Sekretärin seiner Einheit ein, so kann sie mit ihm weiterziehen, wenn die Einheit wieder verlegt wird. In Tambow trifft die Einheit im Februar 1921 ein. Der Aufstand befindet sich auf dem Höhepunkt, die gesamte Provinz ist in Aufruhr. Rund 30.000 Aufständische kämpfen nun gegen rund 150.000 Soldaten der Roten Armee. Entzündet hat sich der Aufstand durch den Widerstand der Bauern gegen die Zwangsrequisition von Getreide durch Eintreibungstrupps (die Bauern haben die Ablieferungsquoten nicht erfüllt). Bis Mitte Mai dauern die Kämpfe, ohne dass die zahlenmäßig überlegene Rote Armee einen entscheidenden Sieg gegen die hochmobilen Einheiten der Aufständischen erringen kann. Bei einem der Nahkämpfe wird Schukow das Pferd unterm Sattel weggeschossen, er stürzt und wird vom Leichnam des Pferdes eingeklemmt. Einmal mehr ist es ein Politkommissar, diesmal ein Mann namens Notschewka, der ihm das Leben rettet. Für seine Tapferkeit in zahlreichen Kämpfen erhält Schukow am 31. August 1921 seine erste Auszeichnung der Roten Armee, den Rotbannerorden. Gemäß der erhaltenen Ansprache anlässlich der Verleihung wird Schukow dieser verliehen, weil er am 5. März 1921 über mehrere Stunden Angriffen von rund 2.000 feindlichen Kavalleristen standgehalten hatte und diese bei anschließenden Gegenangriffen in sechs Nahkampfgefechten zerschlagen konnte. Nach Recherchen russischer Militärhistoriker lief das Treffen etwas anders ab als in der Ansprache. Demzufolge waren die Einheiten der Roten Armee von den Aufständischen zurückgeschlagen worden, und Schukow zeichnete sich beim Rückzug aus, als er über eine Strecke von zehn Kilometern wiederholte Verfolgungsangriffe der Aufständischen mit seinen Kavalleristen abwehrte.

Im Sommer 1922 bricht der Tambow-Aufstand in sich zusammen. Denn parallel zu den militärischen Erfolgen hat die Füh-

rung in Moskau auch wirtschaftlich Korrekturen am vorherigen Kurs vorgenommen und den Bauern im Rahmen der Neuen Ökonomischen Politik mehr Freiraum zugestanden, so dass diese die Unterstützung für die Aufständischen nach und nach reduzieren. Doch noch monatelang machen Einheiten der Roten Armee Jagd auf versprengte Aufständische. Dabei soll gemäß westlichen Militärhistorikern auch Giftgas zum Einsatz gekommen sein (Tuchatschewski höchstpersönlich leitet diese letzte Phase der Bekämpfung des Aufstands). Doch harrt dieses Detail noch archivalischer Nachweise. Mit der Zerschlagung der letzten Einheiten am 24. Juni 1922 endet die Kampagne gegen die Aufständischen offiziell. Bei diesem Gefecht kommen die Brüder Antonow ums Leben. Die nächsten zwei Jahre steht die Region unter militärischer Besatzung der Roten Armee, mit Kontrollpunkten auf den Straßen, Hausdurchsuchungen und Überprüfung der in der Region eingesetzten Kader. Schukows Einheit bleibt bis Sommer 1922 in der Region. Hatte er im Ersten Weltkrieg nur insgesamt fünf Wochen an der Front verbracht, so sind es jetzt im Bürgerkrieg insgesamt neunzehn Monate, die er im Sattel zubringt, in andauernden Kämpfen. Sechs Monate gegen die Weißen, dreizehn Monate gegen die Aufständischen in der Oblast Tambow.
Schon in dieser Frühzeit seiner Militärkarriere lassen sich bestimmte Charakterzüge Schukows ausmachen: Gleichmut gegenüber Strapazen, Bereitschaft zum Lernen und zur eigenständigen Weiterbildung, Tapferkeit vor dem Feind und die Bereitschaft, Verantwortung und Führung zu übernehmen. Dazu kommt die Eigenschaft, sich bietende Chancen auf sozialen und hierarchischen Aufstieg zu erkennen und zu nutzen. Außerdem hat er sich wertvolle militärische Kenntnisse aneignen können, im Kampf nicht innerhalb eines starren Frontensystems, der Grabenkämpfe, sondern im Kampf in der Fläche gegen einen hochmobilen Feind. Dieses Wissen wird ihm – trotz der anfänglichen Niederlagen – gerade auch im Kampf gegen die deutschen Invasoren ab Sommer 1941 von unschätzbarem Wert sein. Die Erkenntnisse aus

dem Bürgerkrieg sammelt die 1918 geschaffene Historisch-Militärische Abteilung beim Oberkommando, später Militärhistorische Kommission genannt, welche sie auch in Vorträgen und Büchern aufbereitet. Aus diesen Anfängen speist sich die neue Schule des Sowjetischen Militär-Operativ-Lehrgebäudes, das sich im Zweiten Weltkrieg als dem deutschen gleichwertig, zuletzt sogar überlegen zeigen wird.

## 2. Als Offizier in der Roten Armee

Schukows Einheit verlässt die Region Tambow im Juni 1922. Schukow selbst wird zum 38. Regiment der 7. Kavalleriedivision (Samara) versetzt. Sein Stationierungsort ist die Kaserne von Wetka, einem Städtchen zwanzig Kilometer nordöstlich von Gomel (ab 1926 Teil des neugeschaffenen Militärbezirks Weißrussland). In dieser für die Abwehr potentieller Bedrohungen aus westlicher Richtung (Polen, Deutschland) entscheidenden Gegend spielt sich Schukows weitere Karriere der nächsten beiden Jahrzehnte ab. Der nun 26-Jährige ist ein in vielen Kämpfen abgehärteter Soldat, der alle Varianten und Nuancen des Krieges kennengelernt hat. Bald schon zum 40. Regiment der Division versetzt, steigt er am 8. Juli 1923 zum Kommandant des 39. Regiments auf. Schukow hat somit den vergleichbaren Rang eines Oberstleutnants erreicht. Auf diesem Rang bleibt er für die nächsten Jahre. Schukow schreibt in seinen Memoiren, dass die Führung eines Regiments eine ganze neue Stufe der Verantwortung beinhaltete, da man als Kommandant nun faktisch für einen Großbetrieb von tausend Mann zuständig ist, in allen seinen Belangen: von Unterkunft und Verpflegung über die Ausbildung, dem konstanten Training in Manövern und der Überprüfung des Zustands in Spontanmanövern ohne Vorankündigung, bis hin zur allumfassenden Disziplin. Auch der koordinierte Kampf verschiedener Waffensysteme kann auf Regimentsebene schon studiert und eingeübt werden. Als Regimentskommandeur muss man natürlich auch den Gegner genau kennen, die Hauptangriffsrichtung festlegen, die Aufteilung der eigenen Kräfte bestimmen und so weiter. Auf der Basis der Kenntnisse eines Regimentskommandeurs könne man dann auch alle größeren Einheiten (Divisionen, Armeen, Fronten) befehligen.

Das kann er an seinem eigenen, dem 39. Regiment, gleich ausprobieren, das sich in einem denkbar schlechten Zustand befindet, als er es übernimmt. Die Gefechtsbereitschaft ist aus verschiedenen Gründen stark eingeschränkt, und im Offizierskorps herrscht Uneinigkeit über die richtige Führung der Truppe in Friedenszeiten. Einige Offiziere verstehen das so, dass man sich über die tatsächliche Einsatzfähigkeit der Einheit keine übertriebenen Gedanken machen muss, dazu ist in einem künftigen Ernstfall dann ja noch Zeit genug. Aber das treibt ihnen Schukow schnell aus. Er schafft es in kürzester Zeit, seine Einheit wieder nach vorn zu bringen und die generelle Einsatzfähigkeit umfassend wiederherzustellen, was sich auch in seiner eigenen Personalbeurteilung von 1923 niederschlägt. Dort heißt es, er sei in besonderem Maße geeignet, sich schnell auf neue Situationen einzustellen, und habe seine Ernennung zum Regimentskommandeur in vollem Umfang gerechtfertigt. Der Zustand seiner Einheit sei mittlerweile ausgezeichnet. Er sei sowohl von der Theorie als auch von der Praxis her umfassend gebildet, eigne sich in besonderem Maße für die Kavallerie, und sei äußerst diszipliniert. Schlüssel zum Erfolg ist für ihn jeweils die Zustandsanalyse der ihm anvertrauten Einheiten bis ins kleinste Detail. Das betrifft sowohl die Ausbildung als auch die Ausrüstung, Disziplin und politische Bildung seiner Truppen. Einer weiteren Einschätzung aus den 1920er Jahren zufolge ist Schukow als Kommandeur gerade heraus, aber in persönlichen Dingen sehr zurückhaltend. Damit vermeidet er einen weitverbreiteten Fehler, sich mit seinen Untergebenen gemeinzumachen und durch diese Pseudofamiliarität an Autorität zu verlieren. Er habe seine eigene Rolle als Vorgesetzter, Ausbilder, aber auch Lehrer nie aus dem Blick verloren, schreibt ein ehemaliger Untergebener aus diesen Jahren.

Nach dem vorläufigen Ende des Bürgerkriegs in Russland wird ein Großteil der Roten Armee demobilisiert und ins Zivilistendasein entlassen, da die Partei nun den ökonomischen Wiederaufbau des Landes als Priorität festgelegt hat. Zählte die Rote Armee auf dem Höhepunkt der Kämpfe über fünf Millionen Soldaten in ihren Reihen, so schrumpft diese Zahl um neunzig Prozent bis 1925, als nur noch rund 500.000 Soldaten den Kernbestand der

Roten Armee bilden. Wie viele andere Offiziere bleibt auch Schukow »bei der Fahne«. Und das aus gutem Grund, sind doch von 80.000 Offizieren im Bürgerkrieg über 30.000 gefallen. Von den Übriggebliebenen werden die Hälfte, 25.000, in den Dienst der Schrumpf-Rahmen-Armee übernommen, aus dem dann durch Auffüllung im Ernstfall schnell das notwendige Massenheer gebildet werden kann. Die ausscheidenden Offiziere übernehmen Leitungsfunktionen im Zivilleben, sei es in der Verwaltung, sei es in der exponential wachsenden Industrie (Industrialisierungskampagne der Bolschewiki). Schukow selbst erwähnt in seinen Memoiren eine Anweisung der KP/Bolschewiki vom Februar 1921, dass Kommunisten in der Armee bleiben sollen (als Rückgrat für eine künftige Aufrüstung). Schukow bleibt offenbar auch, weil es ihm alles in allem beim Militär gefällt, ob nun zaristisch oder sowjetisch. Gerade die als »schnelle Eingreiftruppe« in ständiger Einsatzbereitschaft gehaltenen Kavallerieeinheiten werden in puncto Ausstattung, Bemannung, Versorgung und Bezahlung deutlich gegenüber den schlechter gestellten Infanteriedivisionen bevorzugt. Die Kavallerie gehört somit zur militärischen Elite innerhalb der Roten Armee. Das erklärt zusätzlich ihre Attraktivität für Offiziere wie Schukow. Kavallerieoffiziere rücken dann auch nach dem Überfall auf die Sowjetunion durch Nazideutschland in die höchsten Führungsränge der Roten Armee auf, sie haben auch die Säuberungen der Stalinschen Schauprozesse Ende der 1930er Jahre (diese zu einem Gutteil befeuert durch Diversionsoperationen nazideutscher Geheimdienste, die in der sowjetischen Führung den Eindruck einer umfassenden inneren Verschwörung innerhalb des Militärs entstehen ließen) relativ unbeschadet überstanden.

Die Rote Armee hat zwar den Bürgerkrieg gewonnen, aber gleichzeitig militärisch gegen das weit kleinere Polen 1920 die Entscheidungsschlacht (an der Weichsel) verloren. Ihr künftiges Schicksal ist noch nicht entschieden. Schukow macht dessen ungeachtet Karriere. Von 1922 als Schwadronskommandeur bis hin bis zum

Ende des Jahrzehnts als Regiments- und Brigadekommandeur. Zwei Faktoren beschleunigen seinen Aufstieg. Einmal die Bevorzugung von »Proletariern« bei der Beförderung, um bürgerliche Elemente möglichst aus den Führungsrängen der Armee zu verdrängen (und so die Möglichkeit eines antibolschewistischen Staatsstreichs zu minimieren). Zum anderen die Entlassung aller zaristischen Offiziere, wie sie Verteidigungskommissar Frunse 1924 befiehlt, die viele Tausend Stellen freimacht für Nachwuchskräfte wie Schukow. Bis 1923 war noch über ein Drittel der Offiziere zaristischer Herkunft. Ein anderer Faktor, der sich zum Wohle Schukows auswirkte, sind die anhaltenden Auseinandersetzungen Ende der zwanziger Jahre in der sowjetischen Führung über den künftigen Charakter der Armee: stehende Armee mit professionellen Kadern versus Milizarmee mit selbstgewähltem Offizierskorps. Hinzu kommt, dass die Fraktion um Stalin die fürs Militär aufgewendeten Mittel lieber in die weitere Kollektivierung und Mechanisierung der Landwirtschaft stecken möchte. Ein Etappensieg ist bereits mit der Degradierung Trotzkis 1924/25 errungen, welcher der letzte Befürworter der Weiterverwendung zaristischer Offiziere gewesen war. Trotzkis großer Gegenspieler Frunse kann sich allerdings nicht lange an der neuen Rolle als zentraler Lenker der Roten Armee erfreuen, da er Ende Oktober 1925 nach einer missglückten Magenoperation stirbt. Die gern auch von westlicher Seite gestreuten Gerüchte, Stalin habe den »aufsteigenden Stern« Frunse per Mordbefehl beseitigen lassen, ermangeln bis heute einer stichhaltigen Beweisführung.

Entscheidend für die Weiterentwicklung der Roten Armee, die sie schließlich in die Lage versetzt, der komplexesten und höchstentwickelten Militärmaschinerie der Welt, der nazideutschen »Wehrmacht«, standzuhalten, ist dieser Generalstabschef Michail Wassiljewitsch Frunse, der in Personalunion auch das Amt des Volkskommissars für Armee und Marine (also den Posten des Verteidigungsministers) versieht. Auf Frunse gehen die wesentlichen Reformen zurück, die die weitere Zukunft der Roten Armee prägen. So die Einführung des Generalstabs, aber auch die Aufteilung der Sowjetunion in acht Militärbezirke. Das gesamte Nachschubwesen obliegt gemäß seiner Order einem beim Generalstab angesiedelten Logistik-Chef. Dies stellt einen wesentlichen Vorteil der Roten Armee gegenüber der »Wehrmacht« dar, der im Laufe des Zweiten Weltkriegs immer stärker zum Tragen kommt: dass Operatives und Nachschub immer zusammengedacht werden, während bei der »Wehrmacht« das Operative im Vordergrund steht und der notwendige Nachschub oft zu kurz kommt. Marine und Luftwaffe werden dank Frunse autonom und können sich stärker entwickeln als während der Unterstellung unter das Landheer. Zudem setzt Frunse eine stärkere Professionalisierung und Ausbildung der Offizierskader durch. Und nicht zuletzt legt er überzeugend dar, dass eine Armee, die in der Lage sein soll, die Revolution gegen die stärksten kapitalistischen Länder zu verteidigen, auch eine Rüstungsindustrie benötigt, die sich auf einem Niveau mit den besten Rüstungskonzernen der kapitalistischen Länder befindet oder im Idealfall diese sogar noch übertrifft. Frunse fasst das zusammen in der »Vereinigten Militärdoktrin«, die alle Bereiche, die militärischen wie die zivilen, die pädagogischen wie die rüstungsindustriellen, einschließt. Nach seinem frühen Tod 1925 wird dieses wichtige Erbe von einem ebenbürtigen Nachfolger weitergetragen, dem bis zu seiner Hinrichtung 1937 für wesentliche Verbesserungen innerhalb der Roten Armee sorgenden Tuchatschewski, dessen Wirken Schukow stark prägen sollte. Frunse hat die Rote Armee auf eiserne Disziplin, umfassendes Training sowie die permanente politische und militärische Weiterbildung des Offizierskorps eingeschworen. Andererseits hat er – aus der Not heraus – aber auch eine umfassende Diskussion über Strategie und Taktik, Ausrüstung und Aufrüstung zugelassen. Er fordert und fördert geradezu eine permanente Innovationskultur. Stalin, seit 1922 Generalsekretär der KP/Bolschewiki, nach Lenins Tod 1924 auf dem Durchmarsch zur absoluten Alleinherrschaft im Staat von Hammer und Sichel, zeichnet sich unter

anderem dadurch aus, dass er unaufhörlich Vorschläge für neue Methoden und Lösungen fordert – angesichts der herkulischen Aufgaben einer umfassenden Industrialisierung des Riesenlands bei gleichzeitiger Rundumverteidigung gegen die feindlich gesonnenen kapitalistischen Länder und Großstaaten wie die USA ein geschickter Zug, um maximale Steigerungsraten bei Effizienz und Produktivität zu erreichen und damit das Überleben des Sowjetstaats, auch angesichts von selbstproduzierten Rückschlägen wie Verteilungsproblemen, Hungersnöten etc., zu sichern.
Im Sommer 1924 wird General Gai, Freund Tuchatschewskis, Kommandeur der Division, zu der Schukows Regiment gehört. Gai kündigt Schukow eine kurzfristige Inspektion seines Regiments an und erscheint drei Tage später, um die tausend Mann Schukows einer Prüfung zu unterziehen. Die Inspektion verläuft zur Zufriedenheit Gais, der daraufhin eine sehr lobende Bewertung Schukows verfasst und an den Generalstab schickt. Zum Abschluss der Sommerübungen wird die 7. Kavalleriedivision nach Orscha verlegt, um dort die ersten Manöver seit dem Ende des Bürgerkriegs zu absolvieren. Hochrangige Beobachter haben sich angesagt, darunter Tuchatschewski höchstpersönlich. Der gute Ausbildungsstand von Schukows Regiment wird so auf höchster Ebene aktenkundig. Speziell eine erfolgreiche kombinierte Durchbruchs- und Umfassungsoperation Schukows, die mit einem Distanzritt über hundert Kilometer verbunden ist, hinterlässt bei den Manöverbeobachtern Eindruck. Diesmal stellt ihm Tuchatschewski persönlich eine Belobigung aus. Im folgenden Winter besucht Kavalleriechef Bljucher (Blücher) Schukows Einheit und verlangt erneut eine Spontanübung, die ebenfalls zur Zufriedenheit ausfällt, so dass Schukow nun zur höheren Kavallerieschule in Leningrad abkommandiert wird. Dort werden die militärischen und politischen Kenntnisse der Offiziere vertieft. Die Ausbildung ist sehr anspruchsvoll und verlangt ein gehöriges Maß an Eigenstudium, um das Pensum zu schaffen. Er trifft dort Ende 1924 ein. Mit 28 Jahren ist er jetzt auf Erfolgskurs.

Zu seinen Kurskollegen an der Kavallerieschule gehören einige der nachmals berühmtesten Generäle des Zweiten Weltkriegs auf sowjetischer Seite, darunter Rokossowski, Baghramjan und Jerjomenko.
Rokossowski, Sohn eines polnischen Vaters und einer russischen Mutter, wie Schukow 1896 geboren, tritt der zaristischen Armee bereits 1914 bei, erreicht bis 1917 den Rang eines Juniorkommandeurs, wird dreimal mit dem Georgskreuz ausgezeichnet und zweimal schwer verwundet. Während der Revolution meldet sich Rokossowski schon im Oktober 1917 (im Gegensatz zu Schukow) zu den Roten Garden, dem Vorläufer der Roten Armee. Im Bürgerkrieg wird er erneut zweimal verwundet und zweimal mit dem Rotbannerorden ausgezeichnet. Während der zwanziger Jahre als Lehrkraft und Inspekteur eingesetzt, übernimmt er auch die Ausbildung der Streitkräfte der mit der Sowjetunion verbündeten Mongolei. Bei einem ersten Zusammenstoß zwischen sowjetischen und mongolischen Truppen auf der einen Seite und chinesischen der Kuomintang-Armee (von Japan unterstützt) erzielt der spätere Sowjetmarschall Bljucher im November 1929 (also fast genau zehn Jahre vor Chalchin Gol) einen ersten Erfolg für die Rote Armee, mit der planmäßigen Umfassung der gegnerischen Truppen durch gepanzerte Fahrzeuge bei gleichzeitiger Luftunterstützung. Rokossowski führt hier eine Kavallerieeinheit und zeichnet sich erneut im Kampf aus, wofür er seinen dritten Rotbannerorden erhält. Seine Persönlichkeit, sein Führungsstil ist demjenigen Schukows genau entgegengesetzt. Während Schukow ein kompromissloser, dominanter Offizier (wie etwa Patton) ist, handelt Rokossowski nach einem höflicheren und intellektuelleren Maßstab (wie Eisenhower) und hält mehr davon, zu überzeugen statt mit Zwang das Maximum aus seinen Truppen herauszupressen. Das erklärt sich auch biographisch: Rokossowski stammt aus einer verarmten polnischen Adelsfamilie mit Offizierstradition, hier wurde auch auf kulturelle Bildung der Kinder Wert gelegt, während das bäuerliche Ambiente der Kindheit

Schukows andere Wertigkeiten vermittelte, insbesondere die körperliche Züchtigung und die brutale Durchsetzung des Willens notfalls auch mit körperlichen Mitteln oder mit Waffengewalt. Rokossowski ist – auch das ist bemerkenswert – schon vor seinem Eintritt in die Rote Armee für seine »linken« Überzeugungen (als Teilnehmer einer regierungsfeindlichen Demonstration in Warschau) bekannt und ins Gefängnis gegangen, während sich Schukow offenbar erst während seinem überwiegend aus Karrieregründen erfolgten Eintritt in die Rote Armee zum Bolschewiken entwickelt und schließlich (im selben Jahr wie Rokossowski) 1919 Mitglied der Partei wird.

Die praktischen Übungen an der Kavallerieschule umfassen Voltigieren, Hindernisrennen, Bahnrennen sowie den Umgang mit Säbeln und Lanzen. Zusätzlich werden noch taktische Übungen im Gelände absolviert, darunter auch das schwimmende Durchqueren des Flusses Wolchow zu Pferde, was als eine der schwierigsten Übungen überhaupt gilt. Am Ende des Kurses entscheiden sich Schukow und zwei Regimentskameraden, den Weg zurück nach Minsk, knapp tausend Kilometer, zu Pferde zurückzulegen. Es handelt sich dabei um die weiteste jemals in einem Gruppenritt zurückgelegte Strecke zu diesem Zeitpunkt. Der Parforceritt dauert sieben Tage. Bei der Ankunft in Minsk werden sie von einer begeisterten Menschenmenge empfangen, erhalten eine Belobigung des Oberkommandos und einen kurzen Sonderurlaub. Anschließend werden das 41. und das 42. Regiment zum neuen erweiterten 39. Regiment zusammengelegt und Schukow zu dessen Kommandeur ernannt. In Personalunion wird er auch Politkommissar des Regiments, erstmals innerhalb der 7. Division (Samara). Das spiegelt das Vertrauen des Oberkommandos in seine Parteitreue wider. Zurück bei seinem Regiment stößt Schukow auf zeittypische Schwierigkeiten. Vom Regiment wird erwartet, zusätzliche Stallungen und Kasernengebäude aus eigener Kraft zu errichten, bei der Ernte zu helfen, landwirtschaftliche Maschinen zu reparieren. Hinzu kommt die hohe Fluktuation bei den Führungskadern. Die Kommandeure der 7. Division, zu der Schukows Regiment gehört, geben sich förmlich die Klinke in die Hand. Aber es gibt auch Positives: Timoschenko, damals Kommandeur des 3. Kavalleriekorps, zu dem Schukows Regiment gehört, wählt ihn als erprobtes Parteimitglied aus für eine neue Führungsstruktur, dem Einheitskommando – da Schukow als Regimentskommandeur Mitglied der KP ist, wird für seine Einheit auf die Bestellung eines Politkommissars verzichtet, er darf die Befehle aus eigener Kraft erlassen (ohne Gegenzeichnung) und ist auch wieder selbst für die Disziplin zuständig (in anderen Einheiten ist dies nach wie vor der Politkommissar). Seit 1923 führt Schukow auch die Beziehung zu Maria Wolchowa weiter, der jungen Schülerin, die ihn im Hospital in Saratow pflegte, während Alexandra Diewna nach einer Fehlgeburt wieder zu ihren Eltern nach Woronesch zurückging. Die erneute Beziehung zu Maria hatte Anton Ianin vermittelt, der auch in Minsk Politkommissar der Division Schukows ist und mittlerweile Marias Schwester Polina geheiratet hat. Sie wohnen nebeneinander. Anton nimmt seine Schwägerin Maria bei sich auf, als deren Eltern sterben. Georgi und Maria sind denn auch die Pateneltern von Anton und Polinas erstem Sohn Wladimir (der 1942 16-jährig in Kertsch sterben wird).

1928 schreibt ihm Alexandra aus Woronesch, dass sie schwanger ist und zu ihm nach Minsk ziehen wird. Das bringt natürlich gewisse Schwierigkeiten für den künftigen Sowjetmarschall, wohnt doch zu diesem Zeitpunkt seine Geliebte Maria bei ihm in der Minsker Dienstwohnung. Angeblich hat er zwischenzeitlich Maria sogar gebeten, ihn zu heiraten (möglicherweise ist er zu diesem Zeitpunkt mit Alexandra noch nicht verheiratet, obwohl er seinen Kindern immer irgendwas von einer Hochzeit 1922 erzählte, wofür es aber keine Dokumente gibt), doch diese lehnt ab. Alexandra kommt dann tatsächlich nach Minsk und zieht bei Schukow ein. Am 16. Dezember 1928 gebärt sie seine erste Tochter Era. Ein halbes Jahr später kommt im Nachbarhaus Maria mit

Schukows Tochter Margarita nieder. Dieser veranlasst sofort alles Notwendige, damit die kleine Margarita seinen Namen tragen kann – erkennt sie also als seine Tochter an. Alexandra, die das natürlich mitbekommt, ist alles andere als erfreut. Sie rastet aus und droht, Maria mit Säure zu verunstalten. Zudem denunziert sie Schukow bei seinem Parteikomitee der Bigamie und des Ehebruchs. Der Parteigruppenleiter bestellt Schukow zu sich – ihm droht konkret die unehrenhafte Entlassung aus der Armee, also das Ende aller seiner Karriereträume als Soldat, falls er nicht die Beziehung zu Alexandra als der historisch länger berechtigten wieder vollumfänglich aufnimmt und die Beziehung zu Maria umgehend beendet. Bevor er sich dieser Alternative stellen kann, nimmt ihm Maria die Entscheidung ab und verlässt mitsamt ihrem Baby Minsk für immer. Mittlerweile ist Marias Schwester Polina 1927 an Typhus gestorben. Witwer Anton zieht mit Maria, Margarita und seinem eigenen kleinen Sohn und Halbwaisen Wladimir nach Mineralnyje Wody (im Nordkaukasus) und gibt damit seine eigenen Moskauer Karriereträume auf.

## Erste Karriereschritte

Ende 1929 wird der 33-jährige Schukow zu einem dreimonatigen Fortgeschrittenenkurs für höhere Kommandeure nach Moskau abkommandiert, der zwar in den Räumen der Generalstabsakademie stattfindet, aber mit deren regulärem Curriculum nichts zu tun hat. Dennoch sind einige Biographen darob darauf verfallen, zu schreiben, dass Schukow die Generalstabsakademie absolviert habe. Dies dauert jedoch viel länger als der dreimonatige Kurs, für den er nach Moskau kommt. Noch ist der Richtungsstreit innerhalb der sowjetischen Kriegsdoktrinäre nicht entschieden. Zur Debatte stehen die »Ermattungsstrategie« auf der einen und die

Vernichtungs- beziehungsweise Niederwerfungsstrategie auf der anderen Seite. Hauptvertreter der ersten Richtung ist der Lehrstuhlinhaber für Kriegsgeschichte an der Militärakademie »M. W. Frunse« in Moskau, Alexander Swetschin. Die »Ermattungsstrategie« soll den Gegner durch eine Kette begrenzter militärischer Aktionen (inklusive defensiven, hinhaltenden Widerstands) über einen längeren Zeitraum schwächen, um ihn dann mit Gegenangriffen zu vertreiben beziehungsweise gefangen zu nehmen. Die Vertreter der Vernichtungsstrategie unter Wortführung des Chefs des Generalstabs der Roten Armee, Michail Tuchatschewski, plädieren für offensive Operationsführung unter Einsatz von Panzern, Flugzeugen und Langstreckenartillerie als bewegliche Gefechtsführung mit dem Ziel der umgehenden Vernichtung der gegnerischen Streitkräfte. Die 1929 verfasste Doktrin des stellvertretenden Generalstabschefs, Wladimir Triandafillow (*Charakter der Operationen moderner Armeen / Характер операций современных армий*), schlägt sich auf Tuchatschewskis Seite und fasst die Idee der Operation in der Tiefe des gegnerischen Raumes zusammen. Angestrebt wird der Durchbruch durch die Verteidigungslinien des Gegners gleich zu Beginn der Auseinandersetzung mit anschließender Operationsfreiheit in der Tiefe des gegnerischen Raumes. Ziel ist dabei eine Kombination aus tiefgestaffelter Schlachtplanung und Operationen in der Tiefe des gegnerischen Raumes (*deep battle* und *deep operations* vulgo *Теория глубокой операции*). Die Kriegsführung – davon ist die Führung der Roten Armee überzeugt – wird künftig aus einer Kette solcher Operationen bestehen, woraus sich die sowjetische Kriegsdoktrin der Operativen Kriegskunst ergibt. Die sowjetische Strategie ist dabei weniger panzerlastig als die deutsche und betont stattdessen das Zusammenspiel der verschiedenen Waffenarten, innerhalb dessen den Panzern sowohl eine unterstützende wie auch eine unabhängige Rolle zugeschrieben wird.

Erst 1935 wird die Doktrin der »tiefen Operation« offiziell von der Roten Armee übernommen. Die demgegenüber in Deutschland vertretene Doktrin der Entscheidungsschlacht (aus sowjetischer Sicht »punktuelle Strategie« genannt) hat zum Ziel, die gegnerischen Truppen in einem möglichst engen Raum zusammenzutreiben, zu umfassen und zu vernichten. Sie ist daher selbst in der Ausprägung als »Blitzkriegsvariante« mit dem Gefecht der verbundenen Waffen (mit Luftwaffe und Artillerie sowie Panzer und Infanterie) weitaus beschränkter als die sowjetische Doktrin der Operation in der Tiefe des gegnerischen Raumes, die demgegenüber vierdimensional ist, weil sie auch noch eine zeitliche Staffelung der einzelnen Operativschritte beinhaltet, die der Doktrin erst ihre Durchschlagskraft verleiht und die sie in der zweiten Kriegshälfte, als die Voraussetzungen für die Operationen in der Tiefe des gegnerischen Raumes auf sowjetischer Seite geschaffen wurden, so erfolgreich macht, bis hin zur größten militärischen Niederlage Deutschlands aller Zeiten auf einem Schlachtfeld (1944). Auch bei diesem Kurs in Moskau trifft Schukow auf Soldaten, die im späteren Kriegsverlauf eng mit ihm zusammenarbeiten sollten. Dazu gehören General Goworow (schon damals mit seinem »Trademark«-Hitlerbärtchen, das sein Gesicht noch bei der Moskauer Siegesparade am 24. Juni 1945 ziert), der die Verteidigung von Leningrad organisiert, und General Tolbuchin, nachmals ein berühmter Panzerkommandant. Schukow erhält zum Abschluss des Kurses ein ausgezeichnetes Zeugnis, das seine Kenntnisse in allen Bereichen der Militärführung rühmt, ihn allerdings statt für die Generalstabsarbeit als eher geeignet für die Führung von Fronttruppen beschreibt. Einer vor allem von westdeutschen Militärhistorikern (ehemaligen Nazi-Generälen) verbreitetem Legende zufolge erhielt Schukow angeblich die wichtigsten Anregungen seiner Ausbildungszeit während eines Aufenthalts in Deutschland in den zwanziger Jahren. Dies kann doppelt ins Reich der freien Erfindung verwiesen werden: Einmal, weil kein solcher Aufenthalt Schukows in seinen Akten vermerkt ist, zum anderen, weil im Militärarchiv des Bundesarchivs eine Übersicht vorhanden ist mit den Namen aller 196 sowjetischen Offiziere, die in den zwanziger Jahren zu Studienaufenthalten in Deutschland waren (darunter ein Namensvetter Schukows, der Leutnant Leonid Schukow) – Georgi Konstantinowitsch ist nicht darunter.

Der Führung der Roten Armee ist bewusst, dass ihr zur Umsetzung der Doktrin von der Operation in der Tiefe des gegnerischen Raumes Ende der zwanziger Jahre noch alle Voraussetzungen fehlen. Schukow schreibt in seinen Memoiren, dass die Rote Armee 1928 gerade einmal über 1.000 Flugzeuge (davon viele veraltete Modelle) sowie 200 Panzer verfügt. Es ist dann die Überzeugungskraft Tuchatschewskis, der in den kommenden sieben Jahren die politische Führung von der Notwendigkeit einer umfassenden Aufrüstung der Roten Armee überzeugt, um diese in die Lage zu versetzen, das Heimatland des Sozialismus auch gegen ernstzunehmende Gegner wie Deutschland nicht nur theoretisch, sondern auch praktisch mit Aussicht auf Erfolg zu verteidigen. Schukow selbst kehrt nach Abschluss des Kurses nach Minsk zurück, wo er im Mai 1930 zum Kommandeur der 2. Brigade der 7. Kavalleriedivision befördert wird. Ihm unterstehen damit zwei Regimenter, das 39. und das 40., mit zusammen 2.500 Soldaten. Einige Wochen später übernimmt Konstantin Rokossowski das Kommando der 7. Division und wird damit Schukows direkter Vorgesetzter. Die beiden haben sich – wie oben geschildert – 1924 bei einem Lehrgang in Leningrad kennengelernt. Ihr Verhältnis scheint auch nach der Übernahme der 7. Division durch Rokossowski noch durchaus freundschaftlich gewesen zu sein, später ändert sich das. Ende 1930 wird Schukow bereits erneut befördert, diesmal zum stellvertretenden Inspekteur der Kavallerie, an der Seite des alten Bürgerkriegs-Haudegens Budjonny. Rokossowski schreibt über seinen Zögling zuvor eine Beurteilung: »Willensstark. Entscheidungsfreudig. Beweist Initiative, Disziplin, verlangt ständig nach Leistung von seinen Leuten. Im persönlichen Umgang kalt und zu wenig rücksichtsvoll. Eigensinnig. Übertrieben stolz. In allen militärischen Dingen wohlbewandert.

Verfügt über reiche praktische Erfahrung. Rechtfertigt die ihm übertragene Verantwortung jederzeit. Eignet sich als Assistent für ein Divisionskommando oder für eine motorisierte Einheit. Stabs- und Lehrtätigkeiten sind ihm zuwider.« Allerdings schreibt Rokossowski in seinen Memoiren aus den sechziger Jahren, dass sich damals (1930) die Beschwerden über die grobe und rücksichtslose Art Schukows bei der Division derart gehäuft hätten, dass er ihn gern wegbefördert habe, um diesen permanenten Unruheherd in seiner Einheit zu beseitigen.

## Stellvertretender Inspekteur der Kavallerie der Roten Armee

Schukow trifft – mit Alexandra und der kleinen, zweijährigen Era – im Februar 1931 in Moskau ein. Er stürzt sich in die Arbeit als Assistent Budjonnys, reorganisiert die Ausbildung der höheren Offizierskader, lässt das Handbuch der Kavalleriewaffe neu schreiben im Lichte der Zusammenarbeit mit anderen Waffengattungen. Schukows Hauptverantwortung besteht darin, das Kampftraining für die ihm unterstellten Einheiten zu verbessern. Außerdem wird er zum Sekretär der Parteizelle der Kommunistischen Allunionspartei (Bolschewiki) in seiner Einheit gewählt. Das Inspekteursamt arbeitet eng mit der Abteilung für Kampftraining des Volkskommissariats der Verteidigung zusammen, die Alexander Wassilewski leitet. Auch mit ihm wird Schukow während des Großen Patriotischen Krieges wieder zusammentreffen, Schukow als Stalins stellvertretender Oberkommandeur und Wassilewski als Chef des Generalstabs. In seinen Memoiren schreibt dieser, dass Schukows militärisches Talent während der Vorkriegszeit jedes Jahr deutlicher erkennbar wurde. Unter seinen Kameraden sei er angesehen gewesen, sowohl während seiner Zeit als Divisionskommandeur wie auch als stellvertretender Kommandeur des Weißrussischen Militärbezirks. Eine weitere Beurteilung Schukows aus dem Jahr 1931 stammt von seinem damaligen Chef, dem Inspekteur der Kavallerietruppen und legendären Haudegen des Ersten Weltkriegs, Semjon Budjonny. Schukow sei mit einer großen Willensstärke ausgestattet, schreibt Budjonny, verlange viel von sich selbst und seinen Untergebenen, sei zeitweise aber unnötig streng und unhöflich. Insgesamt sei er aber ein ausgezeichneter Führungsoffizier, der auch für die Leitung einer Kavallerieschule in Frage komme. Rückblickend schreibt Schukow selbstkritisch, er habe schon immer den Ruf gehabt, sehr fordernd zu sein, und sei dies vermutlich in einem zu starken Maße gewesen und zu wenig tolerant gegenüber den Eigenheiten und Fehlern seiner Untergebenen. Er habe in seiner Umgebung keine Nachlässigkeiten im Persönlichen oder Dienstlichen zu ertragen vermocht.

Schukow ist auch an der Ausarbeitung der neuen Dienstvorschriften der Roten Armee in den 1930er Jahren beteiligt. Zu diesem Zeitpunkt werden der Kavallerie mechanisierte -, Artillerie- und Panzereinheiten eingegliedert. Gleichzeitig stellt die Rote Armee 1932 das weltweit erste motorisierte Korps auf, mit zwei Panzerabteilungen, die 450 Panzer, 1.500 sonstige Fahrzeuge und knapp 9.000 Soldaten umfassen, und das durch Infanterie, Artillerie und Heeresflieger ergänzt wird. Solche Abteilungen sollen in künftigen Kriegen die Hauptlast der Kämpfe tragen. Bis 1936 wird dieses Konzept auf vier motorisierte Korps sowie sechs motorisierte Brigaden ausgeweitet, ergänzt durch sechs eigenständige Panzerregimenter. Doch das Konzept weist noch einige Mängel beziehungsweise offene Fragen auf: Wie sollen die in die Tiefe des gegnerischen Raumes vorstoßenden Panzer mit Treibstoff und Munition (sowie Lebensmitteln für die Besatzung) versorgt werden? Wie soll die deutlich langsamere Infanterie, aber auch die Artillerie mit den schnellen Panzerverbänden Schritt halten? Wie soll das Oberkommando über die weiten Distanzen die Verbindung zu den Angreiftruppen halten, zu einem Zeitpunkt, als die Funkausrüstung für Panzer noch in den Kinderschuhen steckt und nur in Deutschland von der Reichswehr mit Nachdruck vorangetrieben wird? Als Zwischenlösung legt man fest, dass die Panzer eine gewisse Höchstvormarschdistanz und -zeit nicht überschreiten sollen, um weiterhin versorgt werden zu können; außerdem soll vor Ort ein Kommunikationssystem geschaffen werden (durch Melder und Telefonverbindungen), das eine schnelle Befehlsübermittlung sowie die jeweiligen Rückmeldungen von der Front ans Oberkommando sicherstellt.

Doch die Entwicklung verläuft keineswegs linear. In der zweiten Hälfte der dreißiger Jahre wird das Konzept innerhalb der Roten Armee sogar heftig kritisiert. Speziell die Erfahrungen des Spanischen Bürgerkriegs tragen dazu bei, große Teile der Doktrin zu überarbeiten. Zweitausend sowjetische Militärberater hatten sich aufseiten der Republikaner, im Kampf gegen die Franco-Faschisten engagiert, die UdSSR ist der Hauptwaffenlieferant der Franco-Gegner. Unter den gelieferten Waffen ist auch eine verhältnismäßig große Zahl von Panzern. Aus ihrem Abschneiden im Kampfgeschehen auf der spanischen Halbinsel ließen sich zwei Schlüsse ziehen: Panzer sind verwundbar durch Artillerie und Panzerabwehrwaffen, und Panzerverbände laufen in offenen Feldschlachten Gefahr, hohe Verluste zu erleiden. Ohne enge Unterstützung durch Infanterie wird es Panzerverbänden unmöglich sein, gemäß Doktrin in der Tiefe des gegnerischen Raumes zu operieren. Das führt dazu, dass die Panzerverbände enger in das Kernkonzept eingebunden werden und ihre bisherige, teilweise unabhängige Rolle endet. Konkret ergibt sich hieraus, dass 1939 die motorisierten Korps aufgelöst und kleinere Panzerverbände den Infanteriedivisionen beigegeben werden. Bei seiner Arbeit in der Kavallerieinspektion kommt Schukow auch in Kontakt mit den übergeordneten Planungen, so dem Vorhaben, verstärkt in den Ausbau der Artillerie der Roten Armee zu investieren (etwa in die neuen 122-Millimeter-Geschütze mit einer Reichweite von vierzehn Kilometern, einer der Grundsteine für den Sieg im Zweiten Weltkrieg), sowie mit dem »Zweiten Fünfjahresplan zum Ausbau der Roten Armee (1934–1938)«. Die umfassende Motorisierung der Roten Armee – ein weiterer Vorteil, in dem sich die Rote Armee der Nazi-»Wehrmacht« überlegen zeigen wird – ist bereits im ersten Fünfjahresplan (1929–1933) beschlossen worden. Doch Schukows Aufenthalt in Moskau ist nicht von Dauer. Schon im März 1933 wird er zum Kommandeur der 4. Kavalleriedivision ernannt. Stationierungsort ist Sluzk im äußersten Westen, in Weißrussland, fünfzig Kilometer vor der damaligen Grenze zu Polen. Insgesamt bleibt er vier Jahre bei der Division, die 1935 in 4. Donkosaken-Division umbenannt wird (nachdem sie vom 3. Kavalleriekorps herausgelöst und neu dem 6. Kosakenkorps zugeteilt worden ist).

## Kommandeur der 4. Kavalleriedivision

Sein unbescheidenes Ziel ist es damals, seine Einheit zur besten in der Roten Armee zu machen. Zur Division gehören das 19., 20., 21. und 23. Kavallerieregiment, das 4. Motorisierte Artillerieregiment und das 4. Motorisierte Regiment. Schukows Angaben zufolge ist die Division bei Übernahme (natürlich) in einem denkbar schlechten Zustand. Alles andere hätte ja seine eigenen Fähigkeiten und Ergebnisse weniger hell strahlen lassen. Schukows Lösung für das Problem besteht aus den bekannten drei Faktoren: Übungen, Übungen und noch mehr Übungen. Dazu strenge Durchsetzung der Disziplin. Doch eine Inspektion durch den Befehlshaber des Militärbezirks Minsk (Weißrussland), General Uborewitsch, sechs Monate nach der Übernahme durch Schukow fällt negativ aus, die Fortschritte sind noch nicht erkennbar, Schukow erhält eine negative Bewertung, sein Selbstwertgefühl wird dadurch zutiefst verletzt. In seinen Memoiren schildert er, dass er ein wütendes Telegramm an Uborewitsch geschickt habe, diesen der Ungerechtigkeit geziehen und um seine Versetzung in einen anderen Militärbezirk gebeten habe. Uborewitsch gibt ihm daraufhin eine weitere Chance, Schukow nutzt die nächsten achtzehn Monate, um das Training und die Ausbildung seiner Truppe nochmals zu verschärfen, so dass sich bei zwei weiteren Inspektionen endlich die ersehnten Verbesserungen der Bewertungen einstellen. Möglicherweise hat die erste negative Bewertung Uborewitschs zum Hintergrund, dass dieser zum Tuchatschewski-Clan gehört, während Schukow ihm von der Kavallerieinspektion, also vom Budjonny-Woroschilow-Clan entsandt worden zu sein schien. Als Uborewitsch im Lauf der Zeit merkt, dass Schukow kein feindliches »U-Boot« ist, behandelt er ihn wohlwollender. Schukow tut allerdings gut daran, sich dennoch nicht allzu sehr dem – »todgeweihten« – Clan Tuchatschewski-Uborewitsch-Jakir anzuschließen, die alle einige Jahre später im Zuge der Stalinschen Säuberungen der Roten Armee hingerichtet werden (im Gegensatz zu den Vertretern des Stalin aus langer gemeinsamer Bekanntschaft wohlvertrauten, konkurrierenden Budjonny-Woroschilow-Clans, der komplett verschont bleibt).

1935 weist Schukows Truppe schon wieder ausgezeichnete Ergebnisse in Vergleichswettkämpfen aus, hierfür erhalten sie und ihr Kommandeur den Leninorden. Als Teil des Weißrussischen Militärbezirks nimmt seine Division an allen Manövern teil, bei denen speziell die Operation in der Tiefe des Raumes und das Zusammenwirken von Infanterie, Kavallerie und motorisierten Einheiten geübt wird. Sein damaliger Stabschef Leonid Minuk erinnert sich an den Vorkriegs-Schukow als einen energischen, gutorganisierten und äußerst disziplinierten Kommandeur, der jedem Detail seine Aufmerksamkeit schenkte und von seinen Leuten nur so viel verlangte wie von sich selbst. Arroganz und Selbstherrlichkeit seien ihm völlig fremd gewesen. Schukow sei jemand gewesen, der in gleichem Maße Bewunderung und Furcht in seinen Mitmenschen auszulösen vermochte. Die Rote Armee zählt zu diesem Zeitpunkt rund eine Million Soldaten, bereits 3.000 Flugzeuge (darunter viele neue Typen) und rund 10.000 Panzer (allerdings zumeist leichterer Typen, die neuen T-34 kommen erst ab 1940 zur Truppe). Die Rote Armee ist zum damaligen Zeitpunkt die größte Armee der Welt – allerdings hat das allgemeine Aufrüsten noch nicht seinen Höhepunkt erreicht. Im Herbst 1935 nimmt die 4. Kavalleriedivision an einer Übung teil, in der eine Infanteriedivision gegen eine Kavalleriedivision antreten soll. Dabei gehören auch Panzer und Flugzeuge zur Ausrüstung – getestet werden soll neben dem Zusammenspiel der unterschiedlichen Waffengattungen auch die Reaktionsschnelligkeit der Verbände. Manövergegner der 4. Kavalleriedivision ist die 4. Schützendivision, eine Einheit, die gemäß den neuen Bestimmungen aufgebaut ist, mit 13.000 Soldaten, 57 Panzern, 100 Geschützen und 500 automatischen Waffen. Kommandiert wird sie von Georgi Samoilowitsch Isserson. Zwei Jahre jünger als Schukow, ist dieser Sohn jüdischer Eltern aus Kaunas seit dem Tod von Triandafillow der brillanteste Kopf innerhalb der Strategieschule der Roten Armee. Schukow kennt natürlich dessen 1932 erschienenes Werk *Die Entwicklung der Operativkunst*, das in einer damals außergewöhnlich hohen Auflage von 10.000 Exemplaren erschien, sowie auch den Folgeband von 1933, *Grundlagen der Tiefen Operation*. Isserson ist ein Misanthrop sondergleichen, der jedoch als Kommandeur ebenfalls Sonderklasse aufweist. Er spricht neben Russisch auch noch fließend Deutsch, kennt die wesentlichen deutschen Beiträge zur modernen Strategieentwicklung und setzt sich für die Einführung mündlicher und kurzer Befehle in der Roten Armee ein, wie sie bei der Reichswehr üblich sind. Zeitweilig ist er Lehrkraft an der Frunse-Akademie, dann Leiter von deren Operativabteilung. Zu seinen Schülern dort zählen Antonow und Schtemenko, denen wir im Lauf des Zweiten Weltkriegs noch begegnen werden. Aus seiner Feder stammt auch das Kriegshandbuch der Roten Armee von 1935 (veröffentlicht im Dezember 1936). Seit Dezember 1933 ist er Kommandeur der 4. Schützendivision, die er zu einem Modellverband gemäß der neuen Doktrin der Roten Armee umbauen soll. Diese ist ebenfalls in Sluzk stationiert, keine zwei Kilometer von Schukows 4. Kavalleriedivision, die beiden Verbände kennen sich also. Schukow gehört angeblich zu den wenigen Militärs, die gut mit Isserson auskommen, man besucht sich privat, die beiden Männer tauschen sich wiederholt über die Operation in der Tiefe des gegnerischen Raumes aus.

Die Übung geht, glaubt man Schukows Memoiren, eindeutig zu seinen Gunsten aus. Demnach hat er gleich in den ersten Stunden der Übung Issersons Einheit samt dem Generalstab umzingelt und neutralisiert, was Uborewitsch in der Nachbesprechung Isserson in deutlichen Worten vorgehalten habe. Wenige Wochen später sei ihm das bei einer erneuten Übung wiederum gelungen. Bekanntlich benötige der Kommandant, um aus Einkesselungen auszubrechen, besondere Gaben (die Isserson, der ungenannt bleibt, offenbar in den Augen Schukows nicht hatte), besondere Führungsfähigkeiten, Willensstärke und Organisationsfähigkeit (wie sie sich Schukow selbst gern zuschreibt). Tatsächlich wird zu diesem Zeitpunkt – die Doktrin der Roten Armee ist noch ganz auf die Offensive ausgerichtet – die Defensive insgesamt, aber auch der Ausbruch aus Einkesselungen schlicht nicht geübt, von niemandem in der Roten Armee, auch nicht von Schukow. Über die Übung selbst haben sich keine Unterlagen erhalten. Die Tochter Issersons berichtet allerdings in einem Interview 2004, es sei ihr Vater gewesen, der damals die Einheiten Schukows überraschend eingekesselt habe, so dass dieser in Unterhosen fliehen musste.

## Das Herbstmanöver 1936

Im Herbst 1936, ein Jahr später, hat sich die internationale Lage drastisch verschlechtert. Hitler hat das Rheinland militärisch besetzt und die schrankenlose Aufrüstung verkündet. Frankreich zerfällt in politischen Streitigkeiten, die Sowjetunion unterstützt die republikanischen Kräfte im Spanischen Bürgerkrieg, der seit Juli 1936 die Iberische Halbinsel verwüstet. Auf Anforderung Tuchatschewskis setzt die Rote Armee zu diesem Zeitpunkt umfangreiche Manöver in Weißrussland und der Ukraine an, bei denen zum ersten Mal vor den Augen internationaler Beobachter das großformatige Zusammenspiel verschiedener Waffengattungen auf dem Schlachtfeld geübt und vorgeführt werden soll. Infanterie, Panzerverbände, Fallschirmjäger und Artillerieeinheiten treten an, um auf dem Manövergelände gemeinsame Aufgaben zu erfüllen. Es handelt sich dabei um das größte bis dato in Friedenszeiten durchgeführte Manöver. Der britische Militärattaché in Moskau ist ebenso beeindruckt wie die übrigen ausländischen Beobachter. Und das ist ja ein Zweck der Übung – mögliche Angreifer abzuschrecken. Daneben geht es aber auch darum, erstmals in einer wirklichkeitsnahen Größenordnung mit insgesamt 100.000 beteiligten Soldaten, 1.000 Panzern und ebenso vielen Flugzeugen ein solches Zusammenspiel von verschiedensten Einheiten über Hunderte von Kilometern zu üben und auf mögliche Schwachstellen zu überprüfen. Das Manöver stellt somit auch den Höhepunkt des ersten Operativzyklus der Roten Armee dar, der unter Leitung von Tuchatschewski 1929 begann und bis 1937 andauert, bevor er durch die Stalinschen Säuberungen unterbrochen wird. Nach einer Phase der konservativen Rückwärtswendung werden viele der damals erdachten Innovationen erst wieder nach dem deutschen Überfall 1941 aus den Schubladen geholt und nun unter Kriegsbedingungen in einem verzweifelten Wettlauf gegen die Zeit und die deutschen Panzerverbände, die auf Moskau und andere Schaltzentralen des Landes vordringen, weiterentwickelt und in das militärische Alltagsgeschäft eingeführt. Waren zuvor schon »Schlachten in der Tiefe des Raumes« seit 1930 Standard-Manövercurriculum der Roten Armee, so ist es jetzt die komplexe, aus mehreren Einzelschlachten bestehende Operation in der Tiefe des Raumes. Das gegnerische Defensivsystem in seiner gesamten Tiefendimension soll dabei durch eine Serie von Angriffen der »verbundenen Waffen«, also der kombiniert antretenden Waffengattungen Infanterie, Begleitpanzer, Artillerie und Luftwaffe durchstoßen werden. Den Angriffsschwung an der Durchbruchsstelle sollen dabei schnelle Einheiten aus motorisierter Infanterie, Panzern und Kavallerie herstellen, die in kurzer Zeit fünfzig bis sechzig Kilometer vorstoßen, um die gegnerischen Reserven zu umfassen oder niederzukämpfen sowie Fliegerhorste, Nachschublager und Kommandostellen des Gegners zu zerstören. Gleichzeitig werden Luftlandetruppen im Zielgebiet der mobilen Kräfte abgesetzt, um das Heranführen gegnerischer Verstärkungen zu verhindern. In einer dritten Phase werden dann die prädefinierten strategischen Ziele von Infanterie und mobilen Einheiten erobert und schaffen somit die Voraussetzungen für den Beginn der Folgeoperation. Während der Manöverserie beobachten Woroschilow und sein Begleiter, Generalstabschef Schaposchnikow, die Überquerung der Beresina durch Schukows Division. Der Verteidigungskommissar ist von den gezeigten Leistungen der neuen, schnellen BT-5-Panzer beeindruckt, die bis zum Turm im Wasser verschwinden, um dann, geschützt von einem künstlichen Nebelvorhang, mit Höllenlärm am anderen Ufer wieder aufzutauchen und mit Höchstgeschwindigkeit (über fünfzig Stundenkilometer, damals Rekord) Richtung Westen loszuheizen. Schukow selbst, aber auch seine Division erhalten für ihre Leistungen erneut den Leninorden. Während der Wochen im Feld, unter brütender Spätsommerhitze, steckt sich Schukow (vermutlich durch nicht-pasteurisierte Milch) mit Brucellose an, die ihn beinahe das Leben kostet. Einmal mehr rettet ihn seine robuste Kondition, die ihn auch diese schwere Erkrankung überstehen lässt. Nach dem langwierigen Heilungsprozess gibt er das Rauchen auf, das er bis zu diesem Zeitpunkt exzessiv betrieb.

## Die Stalinschen Säuberungen und der »Große Terror« 1937/38

Die weitere Entwicklung der Roten Armee allgemein wie auch Schukows im Speziellen wird im Jahr 1937 durch ein besonderes Ereignis überschattet. Am 11. Juni 1937 gibt die *Prawda* bekannt, dass acht höhere Kommandanten der Roten Armee wegen Verrats verhaftet wurden. Alle hätten sich schuldig bekannt und seien zum Tode verurteilt worden. Ankläger sind die Marschälle Budjonny und Bljucher sowie Generalstabschef Schaposchnikow. Die acht Angeklagten sind: Verteidigungskommissar Tuchatschewski, der Kommandant des Militärbezirks Leningrad, Iona Jakir, der Kommandant des Verteidigungsbezirks Weißrussland, Jeronim Uborewitsch, der Direktor der Frunse-Militärakademie, August Kork, der Präsident der Jugendmilitärausbildungsvereinigung *Osoaviachim*, Robert Eidemann, sowie die Korpskommandeure Feldman, Primakow und Putna. Sie alle werden nach kurzem Prozess wenige Stunden später von einem Erschießungspeloton hingerichtet. Bljucher muss dabei auf Anweisung Stalins die Erschießung seines Freundes Tuchatschewski leiten. Innerhalb der nächsten acht Tage werden tausend weitere höhere Offiziere inhaftiert, von denen 95 Prozent ebenfalls hingerichtet werden. Die weiteren Säuberungen innerhalb der Roten Armee halten im Prinzip, mit Unterbrechungen, bis zum deutschen Überfall 1941 und teilweise noch darüber hinaus an. Von 40.000 verhafteten Soldaten werden rund 10.000 hingerichtet, 20.000 aus dem Militärdienst entlassen und rund 10.000 nach einigem Hin und Her wieder in die Rote Armee aufgenommen. Diese verliert damit

zeitweise vierzig Prozent ihrer Offizierskader. Gleichzeitig werden auch innerhalb des Innenministeriums (NKWD), dem vermeintlichen Instrument der Säuberungen, 25.000 vermeintliche Verräter verhaftet und hingerichtet.
Schukow kehrt kurz vor dem Beginn der Säuberungen in der Roten Armee im Mai 1937 auf seinen Posten in Sluzk zurück, zwanzig Kilogramm leichter, die schwere Brucellose-Erkrankung ist ihm noch anzusehen. Mitte 1937 wird er zum Kommandanten des 3. Kavalleriekorps in Minsk ernannt und schon ein knappes Jahr später zum Kommandanten des 6. Kosaken-Korps, zu dem auch die ehemals ihm unterstellte 4. Kavalleriedivision gehörte. Mitte 1938 dann rückt er vorzeitig auf zum stellvertretenden Kommandeur des Weißrussischen Militärbezirks (Minsk), mit der Aufgabe, das Zusammenspiel von Kavallerieeinheiten und Panzerabteilungen zu verbessern. Er zieht mit seiner Familie nach Smolensk um, wo sich der Generalstab des Militärbezirks befindet. Dort trifft er auf organisatorisches Chaos aufgrund des rapiden Auf- und Ausbaus der Roten Armee zu einer Massenarmee, das er – »natürlich« – mit seinen Mitteln nach und nach in den Griff bekommt. Das Kernproblem, den Mangel an höheren Offizieren, kann er allerdings lokal, im Alleingang, nicht beheben. Insgesamt werden 1937 fast 3.000 jüngere, unerfahrene Offiziere der Roten Armee vorzeitig befördert, was das Chaos noch vergrößert. Da der Chef von Schukows Militärbezirk bis vor kurzem noch Uborewitsch hieß (also einer der Hauptangeklagten bei den Säuberungen innerhalb der Roten Armee), wüten die Verhaftungswellen hier besonders stark.
Schukows schneller Aufstieg in diesen Monaten über mehrere Hierarchiestufen – der unter anderen Umständen eher zehn Jahre statt zwölf Monate gedauert hätte – verdankt sich also unter anderem auch den Stalinschen Säuberungen. Auf diese führt er in seinen Memoiren auch die verheerenden Niederlagen der Roten Armee in den ersten Monaten nach Beginn des deutschen Überfalls auf die Sowjetunion 1941 zurück. Tatsächlich kommt aller-

dings noch ein zweiter Faktor dazu, den Schukow nur kurz streift: der eklatante Mangel an höheren Offizieren innerhalb der Roten Armee. Dieser bestand schon vor den Säuberungen und reicht bis zu Beginn der 1930er Jahre zurück. Durch den schnellen Ausbau der Armee, aber auch durch die Säuberungen verschärft sich dieser Offiziersmangel zum Ende des Jahrzehnts noch. So besagen Schätzungen, dass Anfang 1940 rund zwanzig Prozent der höheren Offiziersstellen vakant und Anfang 1941 rund 75 Prozent aller Offiziere weniger als ein Jahr im Amt waren. Diese beiden Faktoren trugen dazu bei, die unvermeidlichen Verlustzahlen der Roten Armee zu Beginn des Krieges zusätzlich in die Höhe zu treiben.

Schukow ist zu diesem Zeitpunkt hinsichtlich der Säuberungen noch nicht aus dem Schneider. Er fragt sich zu Recht, ob er möglicherweise noch ins Fadenkreuz der Verräterjäger um Berija kommen könnte. Hat er doch zeitweise mit dem hingerichteten Tuchatschewski zusammengearbeitet, noch enger mit Uborewitsch, der längere Zeit sein Divisionskommandeur war und den er sogar einmal zu einem Festessen zu sich nach Hause eingeladen hat. Tatsächlich wird Schukow Mitte 1937 von einem Mitarbeiter des Weißrussischen Militärbezirks denunziert, er habe sich bei Manövern 1932 auffällig herzlich mit deutschen Manövergästen unterhalten. Ähnliches gelte für Uborewitsch, Malinowski und weitere. Forscht man weiter in diese Richtung, stößt man auf ein Manöver der Roten Armee 1932 in Georgien, dem deutsche Manövergäste beiwohnten, zu denen auch Erich von Manstein gehörte, der beim Überfall auf die Sowjetunion innerhalb der deutschen Militärführung eine wesentliche Rolle spielen sollte. Laut den in deutschen Archiven vorhandenen Unterlagen zeichnete sich dabei jedoch Stalins engster Freund Budjonny durch besondere Herzlichkeit gegenüber den Gästen aus.

Die weitere Entwicklung der nächsten Monate, auch hinsichtlich der Auswirkungen der internationalen Krise rund um die deutschen Drohungen gegenüber der Tschechoslowakei (nachdem Hitler sich im Frühjahr 1938 gerade Österreich einverleibt hat), übergeht Schukow in seinen Memoiren mit Stillschweigen. Offenbar wollte er nicht gezwungen sein, zuzugeben, dass die ersten Manöver im Weißrussischen Militärbezirk unter seiner stellvertretenden Leitung keine befriedigenden Resultate bringen. Warum er die Umwandlung des Militärbezirks (ebenso wie des Ukrainischen) in einen Sondermilitärbezirk– was die Erhöhung der Kampfbereitschaft bedeutet und die Verlegung zusätzlicher, vollausgerüsteter Kampfeinheiten in Grenznähe – übergeht, ist unklar, sollten diese Verbände doch im Zweifelsfall, beim Ausbruch eines Krieges zwischen Deutschland und der Tschechoslowakei, dem Prager Kleinstaat zu Hilfe kommen. Zu diesem Zeitpunkt schätzen alle westlichen Militärattachés in der Sowjetunion, mit Ausnahme des amerikanischen (Oberst Faymonville), die militärischen Aktionsmöglichkeiten Stalins gegen null ein. Was natürlich wiederum die Verhandlungsposition Frankreichs und Großbritanniens während der »Münchner Konferenz« zur Vermeidung eines Krieges in Mitteleuropa und zur Lösung der »tschechoslowakischen Frage« beeinflusst.

Die Säuberungen innerhalb der Militärführung der Roten Armee ab Frühjahr 1937 müssen im Zusammenhang mit den in den dreißiger Jahren in der Sowjetunion vorangetriebenen Säuberungen der politischen Führung bis hinunter auf die lokale Ebene von vermeintlichen Oppositionsgruppen und Verrätern (selbst der im fernen Mexiko im Exil weilende Trotzki wird noch als gefährlich genug erachtet, um ihn 1940 mittels Attentat umbringen zu lassen) betrachtet werden. Solche Säuberungswellen führen naturgemäß zu einer steigenden Zahl von Denunziationen, die die Zahl der Verurteilungen weiter erhöht – ein selbstbefeuernder Prozess ab einem bestimmten Zeitpunkt. Phasenweise wird die gesamte sowjetische Gesellschaft von dieser Jagd nach vermeintlichen Verrätern erfasst (die Memoiren der im Moskauer Hotel *Lux* untergebrachten deutschen Emigranten legen ein eindrucksvolles Zeugnis der grassierenden Furcht vor Verhaftungen und Verurteilungen ab). Diese in der zweiten Hälfte der dreißiger Jahre zur Massenepidemie gewordene Entwicklung versuchen die Nazigeheimdienste zu nutzen, indem sie gezielt Gerüchte Richtung Osten streuen, dass sowjetische Generäle heimlich mit der deutschen Seite zusammenarbeiten würden mit dem Ziel, die Sowjetunion zu zerstören.

In der westlichen Militärgeschichte wird mittlerweile die Meinung vertreten, die These, die Ausschaltung der Spitze der Roten Armee beruhe auf einer deutschen Intrige, sei falsch. Reinhard Heydrich, Chef des »Sicherheitsdienstes des Reichsführers SS« (SD), habe also keineswegs Dokumente fälschen lassen, um die Sowjetunion militärisch zu schwächen, des Inhalts, dass Tuchatschewski einen Staatsstreich gegen Stalin plane, und diese nicht über den tschechoslowakischen Präsidenten Edvard Beneš nach Moskau gespielt. Die These eines bevorstehenden Militärcoups der Roten Armee sei von Stalin selbst gekommen, der einen glaubhaften Vorwand gebraucht habe, um gegen Tuchatschewski und die anderen Generäle vorgehen zu können. Über den Doppelagenten Skoblin seien im Gegenteil die sowjetischen Falschmeldungen nach Berlin gespielt worden, wo weitere angebliche Beweise gefälscht und über den französischen Ministerpräsidenten Daladier nach Moskau zurückgespielt worden seien. Der SD habe daher geglaubt, er habe Stalin erfolgreich manipuliert und zur Enthauptung seiner eigenen Armee veranlasst, während er sich in der Realität dagegen zu dessen Werkzeug gemacht habe. Die deutschen Dienste seien gar nicht in der Lage gewesen, so tief ins sowjetische Establishment einzudringen beziehungsweise die entsprechenden Intrigenspiele der deutschen Geheimdienste, die Anzeichen vermeintlicher Unterwanderung den sowjetischen Diensten zuspielten, seien dort mit Leichtigkeit als Täuschungsversuche erkannt worden.

Das ist natürlich Quatsch. Und beruht auf dem Verlangen, die Stalinschen Säuberungen als noch idiotischer dastehen zu lassen, als sie ohnehin schon sind. Dem ist entgegenzuhalten, dass die deutschen Täuschungsversuche hohe Qualität aufwiesen und tatsächlich in den Prozessen als Begründung für Verurteilungen herangezogen wurden. Zudem waren die deutschen Falschmeldungen, die Richtung Osten lanciert wurden, genau zu diesem Zweck angefertigt worden, die bekanntermaßen von einer – begründeten – Umzingelungs- und Unterwanderungsfurcht getriebene Sowjetführung dazu zu bringen, gezielt hohe, fähige, für künftige Auseinandersetzungen unentbehrliche Militärführer der Roten Armee selbst aus dem Weg zu schaffen (Hinrichtung), um im Hinblick auf einen künftigen Krieg gegen die Sowjetunion diese schon vorab so zu schwächen, dass der Kriegsverlauf unweigerlich zu deutschen Gunsten ausgehen würde. Auf dem Höhepunkt der Säuberungen gingen die feindlichen Geheimdienste, vor allem Deutschlands, davon aus, dass die Kampfkraft der Roten Armee tatsächlich drastisch reduziert worden sei. So auch der deutsche Militärattaché (Militärgeheimdienstangehörige) in Moskau, Ernst Köstring. Er schreibt im August 1938 in einem seiner gern auch von Hitler gelesenen Berichte, die massenweise Hinrichtung erfahrener höherer Offiziere habe die Rote Armee ihrer operativen Fähigkeiten beraubt. Das werde sich noch viele Jahre auf die sowjetischen Truppen auswirken. Im »Führer« und seiner Entourage entsteht so das Bild eines »Kolosses auf tönernen Füßen«, den man mit Leichtigkeit und vergleichsweise geringem Aufwand (»Sommerfeldzug«) würde umschubsen und damit zu Fall bringen können. Denn sie überlesen in ihrer selektiven Wahrnehmung der Wirklichkeit (»Wunschdenken«) gleichzeitig warnende Hinweise Köstrings, trotz allem dürfe man die Kampffähigkeit der großen Masse der Einheiten der Roten Armee im Konfliktfall keineswegs unterschätzen.

Rokossowski gerät ebenfalls – aus bis heute unbekannten Gründen (Polnische Herkunft? Adlige Familie?) – in den Strudel der Jagd nach echten und vermeintlichen Verrätern. Er wird zwar nicht zum Tode verurteilt, aber in der Verhörzentrale »verschärften Verhören« unterzogen, bei dem vergeblichen Versuch, ein Geständnis für seine angeblichen sowjetfeindlichen Umtriebe zu erhalten. Aus unerfindlichen Gründen (Zufallsprinzip?) werden manche der nichtgeständigen Offiziere am Leben gelassen. Von ihnen werden rund 10.000 im Nachhinein wieder in die Armee aufgenommen (so wie Rokossowski), aber zwei Drittel der Angeklagten werden erschossen oder verschwinden für viele Jahre in Arbeitslagern. Neben den drei Marschällen Tuchatschewski, Jegorow und Bljucher waren dies 16 Kommandeure im Generalsrang, 264 Oberste, 107 Majore und 71 Leutnants. Die größten Verluste hatte allerdings die Berufsgruppe der Politoffiziere (Kommissare) der Roten Armee zu verzeichnen, von denen Tausende spurlos verschwanden. Teilweise ist dies auch darauf zurückzuführen, dass die Militärs die Gelegenheit benutzten, die ungeliebten Politaufseher mittels entsprechender Denunziationen loszuwerden. Teilweise drängen Mitgefangene Inhaftierte dazu, Schuldanerkenntnisse zu unterschreiben und möglichst viele andere zu denunzieren, entsprechend der (absurden) These, dass, wenn die Zahl der Denunzierten eine absurde Höhe erreiche, der Führung klarwerde, dass der Anführer der Ermittlungsgruppen im Innenministerium, Jeschow, ein bezahlter Provokateur im Sold feindlicher Mächte sei. Schukow selbst entgeht den Säuberungen, sei es, weil er tatsächlich eine weiße Weste hat, sei es, dass es nicht genügend vermeintliche Denunziationen gegen ihn gab, oder weil er aufgrund seiner bisherigen makellosen Einsatzgeschichte nicht im Raster hängenbleibt. Das Einzige, wozu er gezwungen wird, ist eine Selbstkritik vom 28. Januar 1938, in der er sich selbst der übertriebenen Grobheit im Umgang mit Untergebenen bezichtigt. Zudem verfüge er nur in mangelhaftem Grade über die Gabe der Selbstkritik und habe die Bedeutung der politischen Arbeit in der Armee unterschätzt. Er beglaubigt aber einmal mehr, zu keinem Zeitpunkt hätten er und seine Frau Kontakte zu Feinden der Sowjetunion gehabt.

## Die sowjetische Aufrüstung und ihre Hintergründe

Der Ausbau der Roten Armee zwischen 1930 und 1940 von einer Million auf vier Millionen Soldaten spielt sich vor dem Hintergrund der seit 1933 in Deutschland, dem großen Gegenpol der Sowjetunion im Westen, vor sich gehenden stürmischen Aufrüstung ab. Gemäß Hitlers Politik der zeitnahen Kriegsvorbereitung – wollte der deutsche Diktator doch noch idealerweise vor dem Jahr 1940 die Revision des »Versailler Schanddiktats« und anderer für Deutschland ungünstig verlaufener Gebietsveränderungen nach dem Ersten Weltkrieg rückgängig machen und das »arische Deutschland« an die Spitze der Welt bomben – soll, solange die auf das aggressive außenpolitische Verhalten Hitlers folgende Aufrüstung der angrenzenden Länder noch nicht den deutschen Stand erreicht hat beziehungsweise die Soldatenzahl aufgrund der Geburtsdelle in den von den Kriegsverlusten geprägten Ländern Frankreich und Russland noch nicht wieder überwunden worden ist, diese vermeintlich »günstige Situation« ausgenutzt werden. Es ist allgemein bekannt (auch in Moskau), dass Hitler die Sowjetunion speziell im Fadenkreuz hat, da sich Hitler ebenso unmissverständlich wie unaufhörlich hinsichtlich seiner aggressiven Absichten gegenüber dem »auszulöschenden« jüdisch-bolschewistischen Erzfeind seit 1920 geäußert hat.

Nachvollziehbar also, dass sich die Deutschland umgebenden Staaten, die Sowjetunion eingeschlossen, gegen diese ganz offen in Reden und Propaganda vertretene Aggressionspolitik zu wappnen versuchten. Als Endausbaustufe war in den von Hitler gern aufgegriffenen, seit Mitte der zwanziger Jahre konkret vorangetriebenen Planungen der Reichswehr (»Stärke- und Ausrüstungsnachweisung WH 808«, eine Ausarbeitung des Truppenamtes T2 der Reichswehr, die seit den Jahren 1924/25 immer weiter vorangetrieben wurde) für den nächsten deutschen Kriegszug – um die »Scharte« des verlorenen Ersten Weltkriegs auszuwetzen – die

Aufstellung von insgesamt 102 Divisionen mit rund drei Millionen Soldaten vorgesehen (ausgehend von der »Friedensstreitkraft«, die gemäß Versailler Vertrag die Obergrenze von 100.000 Mann nicht überschreiten durfte). Mit dieser Großstreitmacht und Tausenden neuer Panzer, Flugzeuge und Schlachtschiffe hofft die deutsche Militärführung gemeinsam mit Hitler und Konsorten, die deutsche Suprematie weltweit durchzusetzen – ein aberwitziges Unterfangen, wenn man allein das industrielle Potential von USA und UdSSR zusammenzählt, das damals schon weit höher als in Deutschland liegt und aufgrund der geographisch-geologischen Bedingungen von Deutschland auch niemals eingeholt werden könnte. Ein Krieg gegen eines dieser beiden Länder, geschweige denn gegen beide, muss also von vornherein als aussichtsloses Unterfangen erscheinen – für vermutlich alle Welt, außer für die Nazi-Führung samt ihrer Reichswehr-Generalsclique, die sich weiterhin ihren Weltmacht-Träumereien hingeben und bereit sind, dafür einen ganzen Kontinent, wenn nicht sogar die ganze Welt in Brand zu setzen.

In der Sowjetunion füllt man nun die aus Rahmenverbänden bestehenden Territorialdivisionen auf volle Mannschaftsstärke auf und verlängert den Wehrdienst von zwei auf drei Jahre. Gleichzeitig wird – nach deutschem »Vorbild« – die Rüstungsproduktion stark ausgeweitet, zulasten anderer Produktionsbereiche, wie der Konsumgüter. 1939 produziert die Sowjetunion dann schon über 10.000 Flugzeuge pro Jahr (die allerdings ihren deutschen Pendants in puncto Einsatzfähigkeit, Bewaffnung und Flugeigenschaften noch unterlegen sind), knapp 3.000 Panzer (die ebenfalls mit den deutschen größtenteils noch nicht konkurrieren können), 17.000 Artilleriegeschütze und über 100.000 Maschinengewehre. Allein diese Zahlen, die der deutschen Seite vorliegen, hätten Hitler und die Generalität davon abhalten müssen, sich an einem Überfall auf das Land zu versuchen und dabei auch noch zu hoffen, mit einer Blitzkriegstrategie à la Frankreich das Riesenreich mit überschaubarem Aufwand in die Knie zwingen zu können. Selbst bei einer Eroberung Moskaus wäre der Krieg an der Ostfront keineswegs beendet gewesen, wie das Beispiel Napoleon zeigt (deutsche Militärs weisen gern mit ausgestrecktem Finger auf Hitler als den Schuldigen, der die schnelle Eroberung der sowjetischen Hauptstadt im Herbst 1941, und damit den »Endsieg«, durch seine Aufsplitterung der Invasionskräfte ab September 1941 in drei verschiedene Vormarschgruppen verhindert habe, statt mit einem konzentrierten Vorstoß auf Moskau die Sache ein für alle Mal zu entscheiden – ein weiteres Hirngespinst deutscher Militärs).

Die Zahlen von 1939 sind noch keineswegs das Maximum, was die Sowjetunion unter Kriegsbedingungen würde ausstoßen können an Waffensystemen, aber auch an Reservisten – im Gegensatz zu Deutschland, das angesichts der hohen, alle bisherigen Eroberungsfeldzüge der Wehrmacht bei Weitem übertreffenden Verluste an der Ostfront seine Personalreserven und Generationspuffer aller einsatzfähigen Männer im Alter zwischen 16 und 65 Jahren bis Ende 1942 aufbraucht und ab diesem Zeitpunkt eingetretene Verluste an Soldaten nicht mehr ersetzen kann. Nun bleibt nur noch der Raubbau am Arbeitnehmerstamm, was die Rüstungsproduktion linear schmälert, ein Nullsummenspiel, das allerdings dank deutschem Wahnwitz und dem verbrecherischen Einsatz von Sklaven in Form von KZ-Häftlingen und Zwangsarbeitern (fast ausschließlich osteuropäischer Herkunft, die bis 1989 keinen Pfennig Entschädigung erhielten, weil im kommunistischen Machtbereich lebend, und auch seitdem nur sehr zögerlich, so dass das Bild entstand, dass die westdeutsche Industrie, größter und einziger Profiteur des Zwangsarbeitssystems, darauf warte, bis sich das Problem »biologisch« durch den Tod aller möglichen Antragsteller erledigt haben würde) erst am Tag der bedingungslosen Kapitulation, dem 8. Mai 1945, mit Waffengewalt endgültig beendet werden kann. Einsicht in die Vergeblichkeit und Kriminalität des deutschen Vorgehens bleibt bis zu diesem Datum – auch darüber hinaus in der BRD – mangelhaft. Die russischen

»Menschenreserven« werden trotz der immensen Verluste, die die deutsche Vernichtungskriegsführung im Osten, aber auch die militärischen Fehler der Führungsspitze der Roten Armee unter Stalin fordern, nur zu einem geringen Teil aufgebraucht.
Materiell geht es den Offizieren und Soldaten der Roten Armee Ende der dreißiger Jahre deutlich besser. Die Führung der Roten Armee hat den Sold erhöht, speziell für Offiziere, was Schukow in die angenehme Lage versetzt, dass sich sein Monatssold zwischen 1934 und 1940 auf 2.000 Rubel verdreifacht. Zudem werden im unteren und mittleren Ranggefüge auch wieder Dienstgrade eingeführt (die während der Revolution abgeschafft worden waren), allerdings nicht für die Militärführung. Hier gab es nur »Kommandeure« verschiedener Großabteilungen und ab 1935 fünf Sowjet-Marschälle (von denen drei den Mordaktionen der Säuberungen gleich wieder zum Opfer fielen). Die sowjetische Aufrüstung wird neben der Furcht etwa vor einer polnisch-britischen Invasion von den japanischen Expansionskriegen in Ostasien, speziell in China (Mandschurei), ebenso befeuert wie von der explizit antibolschewistischen beziehungsweise antisowjetischen (und antisemitischen) Rhetorik und Praxis des Hitlerregimes. Hitler hat schon in seinem 1924 erschienenen Büchlein schlichter Denkungsart und schwülstiger Formulierungsverrenkungen mit dem ebenso pathetischen wie verlogenen Titel *Mein Kampf* angekündigt, nach einer Machtübernahme in Deutschland einen vermeintlich notwendigen, dem deutschen Volk qua Auserwähltheit zustehenden »Lebensraum« im Osten mit Waffengewalt erobern zu wollen.
Dabei hätte jeder Statistik-Laie leicht die idiotischen Berechnungsfehler Hitlers aufdecken können, die dieser seiner Forderung nach »Lebensraum« für das vermeintlich eingeengte, am Ersticken befindliche, seine Nahrungsmittelgrundlage nicht mehr selber produzieren könnende Deutschland zugrunde legte. Denn Hitler legt dabei willkürlich fest, dass der Einwohnerschlüssel pro Quadratkilometer Landesfläche (für Deutschland

angeblich laut Hitler 140, tatsächlich 1925 erst 133) belege, dass Deutschland überbevölkert sei und daher dringend ausländischer Landesflächen »zum Überleben« bedürfe (»Lebensraum«). Dabei lässt er die weitere Entwicklung der Agrartechnologie, die eine ausreichende Produktion auch bei noch deutlich ungünstigerem Flächen-/Einwohnerschlüssel sicherstellte, ebenso außer Acht wie die Tatsache, dass es noch deutliche Reserven in der deutschen Agrarflächennutzung gab, und blendet nicht zuletzt die Funktion des Welthandels aus – eine überreiche Exportnation, was Deutschland damals schon war, kann sich jederzeit benötigte Lebensmittel auf dem Weltmarkt zukaufen, was aber mit der pathologischen Bedrohungsphobie der Nazi-Führung, die Deutschland mit aller Gewalt »autark« machen wollte, kollidiert. Das alles ist Zeitgenossen vor allem außerhalb Deutschlands bewusst. Der Gedanke, dass Deutschland als übermächtige Exportnation geradezu verpflichtet ist, durch umfangreiche Einkäufe auf dem Weltmarkt das Ungleichgewicht zwischen Aus- und Einfuhr und das überdimensionale Anwachsen der Exportgewinne gegenüber den anderen EU-Staaten (Deutschland profitierte und profitiert am meisten von der Schaffung der EU als Wirtschafts- und Währungsunion 2001, so wie die BRD von der Vereinnahmung der DDR 1989) einzuschränken, ist ja bis heute noch nicht in die Köpfe vieler deutscher Politiker und Manager eingedrungen.
Rund tausend Offiziere aus Schukows Geburtsjahrzehnt gehören zur berühmten »Klasse von 1940«, also zur Gruppe derjenigen Offiziere der Roten Armee, die 1940 den Generalsrang erreichen und aus denen dann die großen Figuren des Krieges gegen Deutschland hervorgehen. Noch seine nun folgende Beauftragung mit der Untersuchung der Niederlagen gegen die japanischen Streitkräfte an der Grenze zur Mongolei ist als eine Art Säuberung der dortigen Einheiten zu verstehen. Mitte der fünfziger Jahre, als Verteidigungsminister, veranlasst Schukow die Rehabilitation von vielen Tausend damals verurteilten sowjetischen Soldaten. Zeitweise gibt es Gerüchte, er selber habe auch andere

denunziert, beispielsweise Alexander Jegorow, Offizier schon zu Zarenzeiten und dann in der Roten Armee, Anfang 1939 hingerichtet. Doch das von einem gewissen Schukow unterschriebene Denunziationsschreiben, das nach 1989 in einem russischen Archiv gefunden worden ist, stammt von seinem Namensvetter, Georgi Wassiljewitsch Schukow.

## Die Schlacht am Chalchin Gol (1939)

Am 23. Mai 1939 befindet sich Schukow im Generalstab des 3. Kavalleriekorps in Minsk und trägt vor dem versammelten Offizierskorps seine Eindrücke der letzten Manöverübung vor, als ihn die Nachricht erreicht, schnellstmöglich nach Moskau zu kommen. In den letzten zwei Jahren waren solche Aufforderungen nach Moskau häufig mit Verhaftungen verbunden, verständlich, dass er – wie er in seinen Memoiren schreibt – einigermaßen verunsichert ist, was ihn wohl in Moskau erwartet. Er steigt in den nächsten Fernzug und kommt am nächsten Morgen in Moskau an. Dort erfährt er von Verteidigungskommissar Woroschilow persönlich, was man mit ihm vorhat: Er soll keineswegs verhaftet werden, sondern sofort in die Äußere Mongolei abreisen. Das Land, über einen Beistandsvertrag mit der Sowjetunion seit 1936 militärisch verbunden, verzeichnete vor kurzem mehrere Grenzverletzungen vonseiten japanischer Soldaten, die auf der anderen Seite der Ostgrenze des Landes, in China, die Besatzungstruppen stellen (Japan hatte im zweiten Krieg gegen China seit 1937 die Mandschurei besetzt). Schukow erhält den Auftrag, die Ursachen für den negativen Ausgang zweier Scharmützel mit japanischen Truppen am 11. und 23. Mai 1939 seitens des sowjetischen 57. Sonderkorps festzustellen, dem Kommandanten und dem Politkommissar des Verbandes zur Hand zu gehen, die

Kampfbereitschaft der Einheiten des Korps zu überprüfen und hierüber schnellstmöglich Bericht an den Verteidigungskommissar direkt zu erstatten.

Im Zentrum der Kritik steht der Kommandeur des betroffenen 57. Sonderkorps, Nikolai Feklenko. Von Schukow erwartet sich das Ministerium konkrete Rückmeldungen beziehungsweise Gegenmaßnahmen angesichts der beiden Niederlagen, die eine numerisch überlegene Sowjetstreitmacht unter Führung von Feklenko zuletzt gegen die japanischen Einheiten hatte hinnehmen müssen. Gerade im offenen, nahezu topfebenen Terrain entlang des mongolischen Grenzflusses wurde von Schukow erwartet, das von ihm so nachdrücklich empfohlene Zusammenwirken von Kavallerie und Panzern in einem erweiterten, tiefgestaffelten Kampfraum mit seinem Potential für ausgreifende Manöver in die Tat umzusetzen. Erste Wahl für den Einsatz in der Mongolei wäre eigentlich Rokossowski gewesen, der sich dort auskennt, weil er zuvor bereits zwei Jahre als Militärberater der Mongolei verbracht hatte – doch der sitzt im Gulag-Lager. Als Panzergeneral wäre Dmitri Pawlow der geeignetere Kandidat, weil er sich schon deutlich länger als Schukow mit der Panzerwaffe beschäftigt. Doch der ist gerade damit beschäftigt, die von Tuchatschewski formierten Panzerarmeen aufzulösen und zerlegt in Panzereinheiten den einzelnen Divisionen beizuordnen.

Schukow erhält den Befehl, am nächsten Morgen per Flugzeug in die Mongolei abzureisen. Der 43-Jährige hat gerade noch Zeit, sich per Brief von seiner Frau zu verabschieden. Er schreibt ihr am 24. Mai 1939, dass er vermutlich für drei Monate auf geheimer Mission sei. Im Übrigen solle sie sich keine Sorgen machen, er werde auf sich aufpassen und ihr auch sonst keinen Anlass zur Sorge geben (was natürlich etwas scheinheilig war, angesichts der vielen außerehelichen Eskapaden in der Vergangenheit, bei denen Schukow bewiesen hatte, dass er eine gute Gelegenheit als passionierter Jäger nicht auszulassen bereit war). Er erwarte von ihr, dass sie sich gut halte und ihm wiederum keinen Anlass gebe,

sich um die Familie Sorgen zu machen, da er sich nun um Dinge äußerster Wichtigkeit für Partei und Armee zu kümmern habe. Er unterschreibt den Brief mit seinem Kosenamen »Schorsch«.
China war in den zurückliegenden Jahrzehnten bereits mehrfach Zankapfel gewesen zwischen der Sowjetunion und dem in China und anderswo expandierenden Japan. Strategische und ökonomische Überlegungen führen beide Länder dazu, sich konfrontativ militärisch im Reich der Mitte zu engagieren. Japan hatte den Reigen der Auseinandersetzungen mit dem Sieg im Chinesisch-Japanischen Krieg von 1894/95 begonnen und dem Kaiser von China die bodenschatzreiche und geopolitisch günstig gelegene Halbinsel Korea abgenommen. Russland zwang damals China beziehungsweise Japan, den am Pazifik gelegenen Hafen Port Arthur (Lischunku/Dalian) samt umgebender Halbinsel abzutreten beziehungsweise an Russland zu vermieten. Damit erhielt die russische Pazifikflotte ihren zweiten eisfreien Hafen an der Ostküste des Landes neben Wladiwostok.
Nachdem die beiden Mächte – Russland und Japan – über die ökonomische Ausgestaltung ihrer chinesischen Besitztümer in Streit geraten waren und entsprechende Verhandlungen ergebnislos endeten, überrascht Japan seinen russischen Gegner im Februar 1904 mit einem völlig unerwarteten Feuerüberfall der unbemerkt herangerückten japanischen Marine auf die in Port Arthur vor Anker liegenden russischen Marine-Einheiten. Der dadurch ausgelöste Krieg zieht sich noch Monate hin und bringt für Russland sowohl an Land wie auch auf See bittere Niederlagen, die auch zum Verlust von Port Arthur führen. Die erheblichen Verluste auf russischer Seite tragen zu den Aufständen 1905 bei, während derer unzufriedene Menschenmassen durch Sankt Petersburg ziehen und von der zaristischen Armee erbarmungslos zusammengeschossen werden. Ein letztes Mal verschafft sich die Romanow-Dynastie mit Waffengewalt eine Atempause, die aber nur wenig mehr als zehn Jahre halten sollte. Russland muss sich im Frieden von Portsmouth zum Rückzug aus Port Arthur

und der gesamten Mandschurei verpflichten, die japanischen Ansprüche auf Korea anerkennen und die Südhälfte der Halbinsel Sachalin abtreten, die es 1875 besetzt hatte. Im gleichen Zug übernehmen die Japaner die von Russland errichtete Bahnstrecke Port Arthur–Wladiwostok (Ostchinesische Eisenbahn).

Japan marschiert nach der Revolution 1917 mit 70.000 Mann in Wladiwostok ein, besetzt Teile von Sibirien und unterstützt dort die antibolschewistischen Kräfte, gemeinsam mit US-, britischen und französischen Einheiten. Nach Niederlagen gegen die Rote Armee unter Führung Trotzkis verlassen die letzten ausländischen Militäreinheiten im April 1920 das Land. Nur die japanischen Verbände bleiben noch zwei weitere Jahre im Land, beim Versuch, ein dauerhaftes japanisches Besatzungsregime in Teilen Sibiriens aufzubauen. Doch der entschlossene Widerstand der Roten Armee lässt auch dieses Vorhaben schließlich scheitern. Die Japaner behalten jedoch Korea und haben in der nominell nach wie vor unabhängigen Mandschurei eine ihnen gewogene Regierung installiert. Sie benutzen einen Anschlag auf die Ostchinesische Eisenbahn im September 1931 als Vorwand, mit eigenen Truppen in die Mandschurei einzumarschieren und dort einen Satellitenstaat namens »Mandschukuo« zu errichten. Die sowjetische Führung betrachtet diese Entwicklung natürlich mit Sorge, rücken damit doch erhebliche japanische Militäreinheiten immer näher an die Südostgrenze des Landes heran. Japan lehnt einen von der Sowjetunion Ende 1932 angebotenen Nichtangriffspakt rundheraus ab, was die sowjetischen Befürchtungen noch verstärkt. Daher werden nun auch die Militärgarnisonen auf der sowjetischen Seite nachhaltig verstärkt. Das noch in sowjetischem Besitz befindliche Teilstück der Ostchinesischen Eisenbahn wird – in einem Versuch, mit den Japanern wieder besseres Einvernehmen herzustellen – im März 1935 an diese verkauft. Umstritten ist weiterhin der genaue Grenzverlauf. Daran entzündet sich eine ganze Reihe von Scharmützeln, bei denen sich sowjetische und japanische Einheiten beschießen. Die Spannungen zwischen beiden

Ländern verstärken sich noch, als Japan im November 1936 den sogenannten Antikomintern-Pakt mit Hitlerdeutschland unterzeichnet. Gerichtet gegen die kommunistische Internationale, seit 1919 ein Instrument sowjetischer Außenpolitik, enthält das Abkommen einen geheimen Zusatz, in dem sich Deutschland und Japan zu gegenseitiger Hilfe verpflichten, sollte eines der Länder in eine bewaffnete Auseinandersetzung mit der Sowjetunion verwickelt werden. Die japanische Rankünе verstärkt natürlich Stalins Spion-Paranoia und führt zu Massenverhaftungen unter der indigenen sibirischen Einwohnerschaft, aber auch unter den dort schon seit Jahrzehnten ansässigen Japanern. Im Juli 1937 rückt Japan in China weiter vor und erobert Peking und Schanghai. Dieser Japanisch-Chinesische Krieg wird von vielen Historikern als unmittelbarer Auftakt des Zweiten Weltkriegs angesehen. Die UdSSR engagiert sich als Waffenlieferant an die chinesische Regierung, die sich vergeblich bemüht, die japanischen Aggressoren wieder zurückzudrängen. Bis 1941 liefert die Sowjetunion rund 1.000 Flugzeuge, 80 Panzer, 600 Traktoren, 1.500 Automobile, 1.100 schwere Geschütze, 10.000 Maschinengewehre, 50.000 Gewehre, 180 Millionen Schuss Munition, 30.000 Bomben und zwei Millionen Artilleriegranaten. Hunderte sowjetischer Militärberater werden entsandt.

Die Sowjetunion hatte die ehemals chinesische Provinz namens »Äußere Mongolei« 1924 besetzt und dort einen abhängigen Sowjetstaat »Volksrepublik Mongolei« ausgerufen. Mit der Verlegung japanischer Truppen unmittelbar an die mongolische Grenze ab 1937 beginnen diese Auseinandersetzungen sich zu verschärfen. Bereits 1938 kommt es zu einem größeren Zwischenfall, als eine Division der Sowjetischen Fernost-Armee unter Führung von Marschall Wassili Bljucher und eine Division der japanischen Kwantung-Armee am Chassan-See aneinandergeraten. Hier im Dreiländereck zwischen UdSSR, China und Korea treten die Japaner nach heftigen Kämpfen zunächst den Rückzug an und akzeptieren die sowjetische Definition des Grenzverlaufs

beziehungsweise der Demarkationslinie formell. Dass die Japaner bei entschlossenem militärischen Widerstand zurückweichen, wird in der sowjetischen Militärführung mit Interesse registriert. Gleichzeitig führen die hohen sowjetischen Verluste (700 Gefallene, Verlust von 90 Panzern) zur Abberufung Bljuchers, der kurz darauf verhaftet und im Zuge der Stalinschen Säuberungen erschossen wird.
Zusätzlich wird nun das neuaufgestellte 57. Spezialkorps in die Mongolei verlegt. Es umfasst unter anderem 35.000 Soldaten und 80 Flugzeuge. Streitpunkt bleibt der genaue Grenzverlauf am etwa zehn Meter breiten und kaum knietiefen Flüsschen Chalchin Gol, das hier an der Grenze in Nord-Süd-Richtung vor sich hin mäandert. Die Japaner stehen an dessen Ostufer, die Rote Armee am Westufer. Die Japaner behaupten, die Grenze liege in der Flussmitte, während die Sowjetunion auf der traditionellen Grenzlinie einige Kilometer östlich davon beharrt. Letztlich geht es um einen wenige Quadratkilometer großen, unbesiedelten, brachliegenden Geländestreifen, der nur von marginalem militärischen beziehungsweise politischen Interesse ist. Doch die anhaltenden japanisch-sowjetischen Spannungen führen dazu, dass die Auseinandersetzung um ein paar unwichtige Flussbrachen innerhalb kurzer Zeit in eine größere militärische Auseinandersetzung mündet, ein Testfall für künftige Auseinandersetzungen.
Zunächst sind es nur ein paar Pferde, welche eine Kavallerieeinheit der mongolischen Volksarmee am 11. Mai 1939 auf dem Ostufer des Chalchin Gol grasen lässt. Eine Vorausabteilung der japanischen Truppen unterstellten chinesischen Mandschukuo-Armee stößt auf die Gruppe und vertreibt sie ans Westufer des Flusses. Die mongolische Volksarmee kehrt mit Verstärkung zurück und befestigt einen Brückenkopf auf dem Ostufer des Chalchin Gol, den Chinesen und Japaner mit den vorhandenen Kräften nicht zu beseitigen vermögen. Daher wird nun die 6. Armee der japanischen Kwantung-Armee alarmiert. Auf japanischer Seite liegt der nächste Bahnhof Nomonhan (heute: Handagai Sumu) güns-

tigerweise nur rund dreißig Kilometer entfernt. Auf sowjetischer Seite sind mehrere Hundert Kilometer bis zum nächsten Bahnhof, sprich zum nächsten Entladeort von Verstärkungen und Nachschub, zurückzulegen. Es kommt zu japanischen Luftangriffen auf die sowjetischen Stellungen, rund tausend japanische Soldaten graben sich auf dem Westufer des Chalchin Gol ein. Zwischenzeitlich trifft Schukow am 25. Mai 1939 zunächst in der sibirischen Stadt Tschita ein, wo sich auch die Nachschubzentrale des 57. Spezialkorps befindet, und reist von dort aus weiter ins über tausend Kilometer entfernte Frontgebiet. Der Kommandant des örtlichen Militärbezirks Transbaikalien ist General Grigori Schtern, der auch für den Nachschub an die Front zuständig ist und damit einen wesentlichen Beitrag zum weiteren Geschehen liefert (auch wenn ihn Schukow in seinen Memoiren nur einmal am Rande erwähnt und erst Jahrzehnte später sich durchringen kann, ein Wort des postumen Dankes an Schtern auszusprechen). Am 27. Mai 1939 erreicht Schukow Tamsagbulag, wo sich das vorgeschobene Hauptquartier des 57. Spezialkorps befindet, rund hundert Kilometer von der Front beziehungsweise dem umstrittenen Grenzgebiet entfernt. Er wird von Korpskommandant Feklenko empfangen, von Politkommissar Nikitschew und von Brigadegeneral Kuschtschew, dem Chef des Korps-Generalstabs. In seinen Memoiren beschreibt Schukow das erste Zusammentreffen als einseitige Angelegenheit: Feklenko habe ihm Bericht erstattet, und er habe diesen dann nach allen Regeln der Kunst zur Schnecke gemacht, weil er sich hier im Hinterland aufhält, über hundert Kilometer von der Front entfernt, statt direkt bei den Kampfeinheiten. Das dürfte weitgehend erfunden sein. Zum einen ist Feklenko ein guter Bekannter Schukows aus dem Weißrussischen Militärbezirk, wo Feklenko vor seinem Frontkommando stationiert war, zum anderen ist er Kandidat des Zentralkomitees der Partei, gehört also der obersten Führungsschicht des Landes an. Zudem wird Schukow im Auftrag Woroschilows von einem gesonderten Aufpasser, dem Armeekommandanten Kulik, begleitet, der über das Verhalten und Vorgehen Schukows separat Bericht erstatten soll. Schukow wird also aller Wahrscheinlichkeit nach seine Worte etwas bedachter gewählt haben, als in den Memoiren bramarbasierend wiedergegeben.

Am 28. Mai 1939 fährt Schukow an die Front, um sich mit eigenen Augen ein Bild von der Lage zu verschaffen. Schukow berichtet am 30. Mai 1939 nach Moskau, die Operationsplanung der letzten Gefechte mit den Japanern sei außerordentlich unorganisiert gewesen. Der örtliche Kommandeur der Roten Armee, Feklenko, sei zwar ein treuer Parteisoldat, aber nur bedingt für die Führung eines militärischen Kommandos geeignet. Parallel zu Schukow trifft auch der stellvertretende Oberkommandierende der Roten Luftwaffe ein, Jakob Smuschkewitsch, der fünfzig Flugzeuge samt Piloten heranführt als Verstärkung für die vor Ort vorhandenen sowjetischen Luftstreitkräfte, welche die japanischen Kampfflieger ausschalten sollen. Es handelt sich dabei um erfahrene Piloten, die bereits im Spanischen Bürgerkrieg Kampfpraxis unter anderem gegen die Piloten der nazideutschen Luftwaffe (»Legion Condor«) gesammelt haben. Smuschkewitsch ist ein alter Bekannter Schukows aus gemeinsamer Dienstzeit im Weißrussischen Militärbezirk und äußert sich in einem gesonderten Bericht ähnlich wie sein Kumpel Schukow: Feklenko sei für die bisherigen militärischen Rückschläge verantwortlich, die Vorbereitung sei überhaupt nicht oder unzureichend organisiert, Schukow jetzt dabei, Ordnung zu schaffen. Er empfehle, Schukow für einige Zeit das Korpskommando zu übertragen, um die Truppe wieder auf Vordermann zu bringen.

Und so kommt es auch. Der 43-jährige Schukow erhält am 12. Juni 1939 das Kommando über das 57. Spezialkorps, Feklenko wird abberufen. Schukow lässt die Aufklärung der feindlichen Truppenansammlungen mit allen Mitteln verstärken, dazu gehören Fernaufklärer, die hinter der gegnerischen Front Lage peilen, Luftaufnahmen und intensivierte Befragung der Gefangenen. Gleichzeitig verschärft und intensiviert er Ausbildung und Training der sowjetischen Truppen vor Ort und sorgt für strengere Disziplin, in Vorbereitung auf die nächste militärische Auseinandersetzung mit den Japanern. Zudem verlegt er sein Hauptquartier ins unmittelbare Hinterland der Frontlinie, nur rund fünf Kilometer von den vordersten japanischen Einheiten entfernt (einigermaßen leichtsinnig). Heute wissen wir, dass Feklenko selbst Woroschilow schon im März 1939 mehrfach um die Erlaubnis bat, sein Hauptquartier näher an die Hauptkampflinie (HKL) heranschieben zu dürfen und Verstärkungen zu erhalten, was jedes Mal abgelehnt wurde. Warum wurde Schukow gewährt, was man Feklenko verwehrte? Das hat mit der geänderten weltpolitischen Lage zu tun. Die Deutschen machen im Sommer 1939 diskrete Annäherungsversuche an Stalin, um freie Hand gegen Polen zu erhalten. Gleichzeitig fahren Franzosen und Briten, mit denen Stalin über ein Beistands- beziehungsweise Garantieabkommen für Polen verhandelt, eine hinhaltende Taktik ihm gegenüber. Die Wahrscheinlichkeit, im Westen in eine kriegerische Auseinandersetzung verwickelt zu werden, steigt, daher liegt Stalin jetzt viel daran, im Osten Klarheit zu schaffen, um einen Zweifrontenkrieg zu vermeiden, der selbst die riesige Sowjetunion überfordern könnte. Ein schneller, spektakulärer und mit hohen Verlusten für den Gegner verbundener Sieg im Hinblick auf die japanischen Einheiten in der Mongolei könnte das Terrain hierfür bereiten. Schukow soll der Kriegsfraktion in Tokio eine Lektion erteilen und sie von weiteren militärischen Abenteuern Richtung Sowjetunion ein für alle Mal abhalten. Schukow wird aber unmissverständlich mit auf den Weg gegeben, dass er sich auf das lokale Kampffeld beschränken und sich nicht einfallen lassen soll, in die Tiefe der Mandschurei vorzustoßen. Stalin möchte keinen großen Krieg im Osten zu diesem Zeitpunkt, sondern nur eine örtliche Bereinigung der Situation, die so überzeugend ist, dass sie den Japanern die Lust auf weitere Abenteuer an diesem Frontabschnitt verleidet.

Damit limitiert sich das Schlachtfeld auf eine Zone von rund siebzig Kilometern Länge entlang des Flüsschens, bei einer Operationstiefe von rund dreißig Kilometern. Schukow ist klar, dass eine Niederlage oder auch nur ein halber Erfolg nicht in Frage kommt. Es geht um alles oder nichts. Stalin erhöht den Druck auf Schukow noch durch eine weitere Maßnahme. Er ordnet erstmals den Einsatz »eingebetteter« Journalisten (der sowjetischen Nachrichtenagentur *Tass*, der *Prawda* und der Armeezeitung *Roter Stern*) an, die vom 27. Juni ab täglich von der Front berichten. Des Weiteren werden auch Schriftsteller an die Front entsandt, darunter Schukows späterer Freund Konstantin Simonow, der Ende August eintrifft. Zwei Fotografen und ein Filmteam sorgen für die bildnerische Dokumentation des Geschehens. Uneinigkeit besteht unter Militärhistorikern darüber, wer den eigentlichen Schlachtplan entwarf, der dann wenige Tage später umgesetzt wird. Angehörige des Stabes Schterns in Tschita berichten nach dem Krieg, die operative Ablaufplanung sei einzig und allein von Schtern erarbeitet und Schukow zur Verfügung gestellt worden. Ein Beleg hierfür ist der erhaltene Entwurf der Operationsplanung, der am 10. August zur Genehmigung an den Generalstab in Moskau geschickt wird und der die Unterschriften Schterns und Bogdanows trägt (Schterns Generalstabschef). Doch darf man Schukow unterstellen, dass er auf alle Fälle bei der Ausarbeitung des endgültigen Planes noch wesentliche Dinge anhand seiner Kenntnis des Terrains vor Ort und des Zustands der eigenen wie der feindlichen Einheiten beigetragen hat.

Während die Japaner gleichzeitig eine schlichte Umzingelung der Hauptmasse der sowjetischen Streitkräfte vor Ort planen, entwickeln die sowjetischen Militärs eine komplexere Operation, die schon an die großen Siege der Roten Armee der Jahre 1943 bis 1945 erinnert. Die Japaner verlassen sich ihrerseits (also nicht nur in der Schlachtplanung, sondern auch ideologisch den Deutschen sehr nahe) auf ihre »rassische« Überlegenheit, was den Kampfgeist und die Willensstärke der eigenen Soldaten angeht, die – wie bei den Deutschen – eine zahlenmäßige und ausrüstungsmäßige Unterlegenheit wettmachen soll. Auf sowjetischer Seite wird großer Wert auf eine bis ins kleinste Detail ausgearbeitete Organisation des Nachschubs gelegt, der auf drei bis vier Monate berechnet und bereitgestellt wird. Was die Japaner ihrerseits eher lässig angehen, da sie ja von einer kurzen, entscheidenden Schlacht ausgehen, bei der sie die sowjetischen »Schwächlinge« binnen einer Woche über den Haufen rennen werden. Schukow studiert sorgfältig die Dislozierung und Ausstattung der von General Komatsubara (dem ehemaligen japanischen Militärattaché in Moskau) kommandierten Truppen vom anderen Flussufer. Dieser wiederum hält eine detaillierte Aufklärung der sowjetischen Truppen für überflüssig, daher entgeht ihm auch, welch massiven Aufmarsch die Rote Armee innerhalb weniger Wochen durchführt. Fast 60.000 Tonnen Material und Nachschub werden über Tausende von Kilometern herangeschafft, Entladebahnhof ist die mongolische Hauptstadt Ulan-Bator, von der HKL über 700 Kilometer entfernt, die mit Lastwagen und Pferdefuhrwerken überbrückt werden müssen. Die Japaner gehen davon aus, dass das nicht möglich sei. Doch die Sowjets schaffen auch fast 6.000 Lastwagen samt Treibstoffvorräten heran, um die Transporte zu bewältigen. Eine Fahrt zur Front dauert dabei fünf Tage.

Da Schukow beziehungsweise Schtern eine Operation in der Tiefe des gegnerischen Raumes planen, wird auch schwere Artillerie mit einer Reichweite über zehn Kilometer herangeschafft sowie zusätzliche Flugzeuge, um die Zone dahinter zu bekämpfen. Außerdem erhält Schukow eine Brigade Fallschirmjäger, die Komatsubara von seinen rückwärtigen Truppenteilen und Nachschublagern abschneiden sollen. Alle sowjetischen Angriffsvorbereitungen werden im Zuge der »Maskirowka« (»Maskierung«) bestmöglich kaschiert und getarnt. Das Überraschungsmoment – entscheidend für den Erfolg – soll so auf alle Fälle gewahrt bleiben. Der Angriff soll sich in mehreren Stufen entwickeln. Im ersten Anlauf sind Luftangriffe auf feindliche Stellungen geplant, die mit örtlichen Infanterieangriffen die Ausgangsposition für den eigenen Hauptangriff verbessern sollen. Darauf folgen Angriffe auf die taktischen Dislozierungen des Gegners, um dann die eigentlichen Durchbruchsversuche anzuschließen. Die vierte Stufe umfasst die doppelte Umzingelung des Gegners, mit einer hauptsächlich von Infanterie gebildeten Front nach innen, zum Kessel, zu den eingeschlossenen feindlichen Truppen, und einer von Panzerkräften gebildeten Front nach außen, zur Abwehr feindlicher Entsatzversuche. Die Gefangennahme beziehungsweise Vernichtung der feindlichen Kräfte im Kessel schließt die Operation ab. Da am 29. Juni 1939 Alexander Kuschtschew, der Generalstabschef des 57. Spezialkorps, von Abgesandten des sowjetischen Innenministeriums verhaftet wird, übernimmt General Bogdanow vom Generalstab des Militärbezirks Transkaukasien (auf den ohnehin ein Großteil der Offensivplanung zurückgeht) dessen Stelle im Hauptquartier Schukows. Anfang Juli 1939 lässt Schukow zwei Soldaten hinrichten, die der Selbstverstümmelung bezichtigt wurden. Schtern verhindert durch sein Veto, dass wenig später weitere fünfzehn Soldaten aus ähnlichen Gründen füsiliert werden.

Der Juni und der Juli dienen der Durchführung des sowjetischen Truppenaufmarschs und der Auffüllung der Nachschubdepots. Außerdem werden 42 Feldflughäfen angelegt, Telefon- und Straßenverbindungen errichtet, Funkstationen aufgebaut. Smuschkewitsch beginnt verabredungsgemäß gleichzeitig mit heftigen Luftangriffen auf die japanischen Stellungen. Dabei soll die Luftherrschaft errungen werden, um den eigenen Angriffen höhere Durchschlagskraft zu verleihen. Es kommt zu Luftkämpfen mit den japanischen Kampffliegern, die Sowjets müssen binnen kurzer Zeit 200 abgeschossene Flugzeuge als Verlust verbuchen, während die Japaner 80 Flugzeuge verlieren. Die Sowjets haben aber noch Dutzende Flieger in der Reserve, während die japanischen Luftwaffeneinheiten in der Region damit nahezu aufgerieben sind. Speziell am 22. Juni 1939 kommt es zu Luftkämpfen mit über 200 beteiligten Flugzeugen. Anfang Juli entschließt sich

Komatsubara, die Initiative zu ergreifen und dem vermuteten sowjetischen Angriffsvorhaben mit einem einfachen Umzingelungsmanöver des sowjetischen Aufmarschzentrums zuvorzukommen. Dafür stehen ihm 38.000 Soldaten, 300 Geschütze, 180 Flugzeuge und 300 Panzer zur Verfügung. Auch auf japanischer Seite herrscht Siegeszuversicht beziehungsweise setzt man die Militärführung dadurch unter Druck, dass Journalisten aus Tokio sowie die deutschen und italienischen Militärattachés an die Front eingeladen werden, um Zeuge eines grandiosen japanischen Sieges zu werden, wie man glaubt. Zu diesem Zeitpunkt ist der sowjetische Aufmarsch noch nicht abgeschlossen, Schukow hat gerade erst 12.000 Mann an der Front sowie 450 Panzer. Am 2. Juli 1939 startet der japanische Überraschungsangriff mit einem nächtlichen Vorstoß über den Fluss. Es gelingt der Durchbruch bei einer am nördlichen Frontverlauf stationierten mongolischen Einheit, anschließend rollen die japanischen Panzer zehn Kilometer durch die unwirtliche Steppenlandschaft, ohne auf Widerstand zu stoßen. Am Vormittag gibt Schukow den Befehl zum Gegenangriff. Die aus den Bereitstellungsräumen heranrollende sowjetische 11. Panzerbrigade nimmt den Kampf gegen die Japaner auf.

Die sowjetischen Panzer treffen rechtzeitig genug ein, um – trotz hoher Verluste – die japanische Offensive zu stoppen. Am Nachmittag werfen sich zwei weitere sowjetische mechanisierte Brigaden ins Getümmel. Die japanische Offensive ist damit gescheitert, der rechte Flügel nicht weit genug vorangekommen, der linke Flügel dank eines heftigen Sperrfeuers der schweren sowjetischen Artillerie überhaupt nicht aus den Stellungen gekommen. Am 5. Juli 1939 zieht Komatsubara seine Truppen wieder aufs Ostufer des Flüsschens zurück. Er hat zwanzig Prozent seiner Soldaten und fünfzig Prozent seiner Panzer verloren. In den folgenden Tagen lässt er dafür mehrfach – vergeblich – den sowjetischen Brückenkopf am Ostufer des Chalchin Gol angreifen. Zwar hat er sich dafür weitere Artillerie herangeholt und lässt auf die sowjetischen Soldaten des kurzen Frontabschnitts über 25.000

Granaten herabregnen. Doch die sowjetische Artillerie antwortet mit über 50.000 Granaten, die auf die japanischen Stellungen und speziell die der Artillerie abgefeuert werden. Bei mehreren kleineren Gegenangriffen schafft es die sowjetische Infanterie, das gesamte Ostufer des Chalchin Gol in diesem Frontabschnitt zu besetzen und den Brückenkopf damit nach Norden und Süden zu erweitern. Doch der Preis ist hoch, und die Verluste ebenso – Schukow wird in einem Telegramm aus Moskau dafür kritisiert, dass er den grenzmäßig geforderten sowjetischen Truppen keine noch so kurze Erholungspause gegönnt hat, um ihnen die Gelegenheit zu geben, dann mit frischen Kräften weiterzukämpfen. Dass er sich über den mangelnden Ausbildungsstand der ihm zur Verfügung gestellten Reserven beklagt, wird ihm nun vorgehalten, immerhin habe er ja selbst nichts dazu getan, daran etwas zu ändern – etwa in einer Gefechtspause Übungen abzuhalten oder Ähnliches. Auch der von Schukow beklagte mangelnde Schlaf während der letzten Tage wird ihm (zu Recht) aus Moskau vorgehalten, das sei kein Verdienst, das sei ein Zeichen schlechter Organisation, wenn er seine Truppen und seinen Generalstab nicht so organisiert habe, dass diese/r für einige Stunden auch ohne seine permanente Überwachung und Korrektur auskäme/n. Exzessiver Offensivgeist sei ebenso schädlich wie Feigheit oder generelle Defensiveinstellung.

Mittlerweile ist der Militärbezirk Transbaikalien unter dem Kommando von Schtern in die Transbaikalische Front umgewandelt worden, sprich er ist in Kriegszustand versetzt worden. Die Verluste auf beiden Seiten sind besorgniserregend – aus dem japanischen Generalstab erhält Komatsubara am 25. Juli den Befehl, alle Angriffsoperationen einzustellen und sich auf die Defensive, die Abwehr möglicher sowjetischer Angriffe, zu beschränken. Man hofft in Tokio, dass sich die Angriffsbemühungen auf beiden Seiten als fruchtlos herausgestellt haben und damit vorbei sind. Doch für Schukow hat die Operation gerade erst angefangen. Das 57. Spezialkorps wird am 19. Juli 1939 aus der Zuständigkeit des Militärbezirks beziehungsweise der Transbaikalischen Front herausgelöst und in 1. Armeegruppe umbenannt. Es darf damit künftig unabhängig von Schtern operieren und ist nun direkt dem Generalstab der Roten Armee in Moskau unterstellt. Schukow wird gleichzeitig vom Divisionskommandeur (KomDiv) zum Korpskommandeur (KomKor) befördert. Am 1. August 1939 beginnt Schukow die nächste Phase der gestaffelten Operation gegen die japanische Gruppierung am Ostufer des Chalchin Gol. Einzelne Regimenter werden aus der Front herausgezogen und dreißig Kilometer ins Hinterland verlegt, wo unauffällige Übungen des Zusammenwirkens der »verbundenen Waffen« stattfinden (die möglichst von den Japanern nicht bemerkt werden sollen). Infanterie, Panzer, Artillerie und Flugzeuge sollen das Zusammenspiel üben, um es wenig später anwenden zu können. Die Masse der japanischen Gruppierung ist im Zentrum der Front aufgestellt. Die Flügel sind demgegenüber schwächer besetzt, wie sowjetische Erkundungstrupps immer wieder feststellen. Das Schema der Schlacht von Cannae drängt sich auf, der wohl bekanntesten Variante des Angriffs über die Flügel bei gleichzeitigem Schein- beziehungsweise Fixierungsangriff im Zentrum. Auch über den Abstand von 2.000 Jahren hinweg hat diese Variante Hannibals nichts von ihrer Attraktivität verloren, wenn die richtigen Voraussetzungen auf der eigenen (numerische Überlegenheit) wie auf der gegnerischen Seite (Massierung im Zentrum mit nur schwachen Kräften auf den Flügeln) vorhanden sind. Wieder kommt die Maskirowka massiv zum Einsatz. Lautsprecher übertragen nachts Geräusche von Erd- beziehungsweise Schanzarbeiten, um den Japanern den Eindruck zu vermitteln, dass die sowjetische Seite ebenfalls nur noch defensiv eingestellt ist. Tagsüber werden Berge von Holzbalken herangefahren, so als ob größere Schanzarbeiten beabsichtigt seien. Zudem wird ein Funkspiel aufgesetzt, in dem mit falschen Funksprüchen bei den Japanern der Eindruck erweckt werden soll, dass die sowjetischen Einheiten vor allem Verteidigungsvorbereitungen wie Bunkerbau und Grabenaushebungen betrieben. Man verteilt sogar ein gefälschtes Handbuch *Über das Verteidigungswesen der Roten Armee* und sorgt dafür, dass es auch in japanische Hände gerät. Die Panzereinheiten, Kern jeglicher Offensivbemühungen, werden ostentativ von der Front abgezogen (und dreißig Kilometer hinter der Front versammelt, um im richtigen Augenblick wieder schnell vorpreschen zu können). Drei Wochen lang fahren nachts immer wieder einzelne Panzergruppen entlang den verschiedenen Frontabschnitten herum, um die Japaner an die Geräusche zu gewöhnen und sie arglos zu machen, wenn dann wirklich die Panzeroffensive losbricht. Ebenso feuert die sowjetische Artillerie jede Nacht Hunderte von Granaten ab, die verstreut auf die japanischen Einheiten gerichtet sind, um die japanischen Einheiten vom Erholungsschlaf abzuhalten und am Umgruppieren zu hindern.

Der japanischen Artillerie geht langsam die Munition aus, sie muss den Munitionsverbrauch bereits einschränken, weil eine so lange Auseinandersetzung nicht vorgesehen war und das Oberkommando keine weiteren Munitionsmengen freigibt. Gleichzeitig graben sich die Japaner ein, verstärken die Befestigung ihrer Stellungen, errichten weitere Bunker und Feuerstellungen, legen Minenfelder an und stellen zusätzliche Panzerabwehrgeschütze auf. In geringem Umfang erhalten die Japaner auch Verstärkungen, die sie nach den eingetretenen Verlusten wieder auf 30.000 Soldaten bringen (nach anderen Darstellungen 75.000 Soldaten), 300 Geschütze und Mörser sowie 135 Panzer. Schukow verfügt zu diesem Zeitpunkt bereits über knapp 60.000 Soldaten, 600 Geschütze, 500 Panzer, 400 gepanzerte Fahrzeuge und 500 Flugzeuge. Um die Koordination der Einheiten zu verbessern, verlegen Schtern, Woronow (Befehlshaber der Artillerie) und Smuschkewitsch ihre Arbeitsplätze in Schukows Hauptquartier. Den nötigen Nachschub für die sowjetischen Einheiten heranzuschaffen, ist eine Meisterleistung der Nachschub- und Eisenbahnbataillone der Roten Armee. Insgesamt werden ab Juni 1939 über 18.000

Tonnen Artilleriegranaten, 6.500 Tonnen Munition für die Flugzeuge, 15.000 Tonnen Treibstoff und Öle, 7.500 Tonnen Brennstoff, 4.000 Tonnen Lebensmittel und 4.000 Tonnen sonstiger Verbrauchsgüter nach vorn an die Front gebracht.
Angriffstermin ist Sonntag, der 20. August 1939. Der Sonntag ist gewählt worden, da aus Gefangenenbefragungen hervorging, dass die japanischen Offiziere sonntags meist weitab von der Front im Hinterland weilen. An einem strahlend sonnigen, heißen Tag mit blauem Himmel und bestem Flugwetter beginnt die sowjetische Luftwaffe um 5.45 Uhr mit 150 Bombern und 100 Jagdflugzeugen, gezielte Angriffe auf die japanischen Stellungen im Hinterland zu fliegen, die Artillerie folgt 30 Minuten später, um 6.15 Uhr, mit konzentriertem Vorbereitungsfeuer auf die japanischen Frontstellungen. Um 8.45 Uhr werden die Frontstellungen gezielt mit schwerer Artillerie beschossen, und um 9.00 Uhr beginnt der eigentliche Angriff. Die Operation verläuft im Prinzip wie geplant. Die Japaner haben nicht bemerkt, dass die Sowjets zwei Stoßgruppen auf den Flügeln nördlich und südlich des Frontzentrums bereitgestellt haben (die sowjetische Frontlinie betrug somit sechzig Kilometer), die nun die vergleichsweise schwachen japanischen Flankierungsgruppen durchbrechen und die Umzingelung der japanischen Einheiten vorantreiben. Schukow hält die Japaner des Mittelabschnitts der Front in ihren bisherigen Stellungen, indem er im Zentrum gleichzeitig einen sogenannten Fixierungsangriff durchführen lässt, der die Japaner davon abhalten soll, Truppen aus dem Zentrum auf die Flügel zu verlegen. Dieser Angriff wird allerdings nur »mit halber Kraft« vorgetragen, man begnügt sich auf sowjetischer Seite mit minimalen Bodengewinnen, geht es doch hier nicht um einen Durchbruch, der ja auf den Flügeln erfolgen soll.
Die Angriffszangen schließen sich östlich der japanischen Frontlinie im Hinterland bei Handagai Sumu (japanisch: Nomonhan), das Gros der japanischen Truppen sitzt in einem Kessel, aus dem es kein Entkommen gibt. Einen japanischen Gegenangriff am

24. August können die sowjetischen Truppen problemlos zurückschlagen, zumal Schukow noch erhebliche Truppen als Reserve zur Verfügung hat. Die Beseitigung der letzten japanischen Widerstandsnester zieht sich noch bis 31. August hin. Die Heftigkeit der Kämpfe und die geistige Verfasstheit der Japaner wird schon an den Zahlen ersichtlich: Nur 3.000 Japaner können gefangen genommen werden, alle anderen müssen bis zum letzten Mann niedergekämpft werden, da sie alle Aufforderungen, sich zu ergeben, ablehnen. Die japanischen Verluste belaufen sich auf insgesamt 18.000 Mann, davon 9.000 Tote, auf sowjetischer Seite (Angriffsseite) 8.000 Tote und 15.000 Verwundete. Am 15. September 1939 wird ein Waffenstillstandsvertrag zwischen der Sowjetunion und Japan unterschrieben, in dem die japanische Seite den von der Sowjetunion geforderten Grenzverlauf anerkennt. Es kommt zu zahlreichen Selbstmorden im japanischen Offizierskorps der Kwantung-Armee (sofern sie überlebt haben). Bereits am 30. August verkündet das sowjetische Oberkommando den Sieg am Chalchin Gol. Schtern, Schukow und 31 weitere Offiziere und Soldaten erhalten den Orden eines »Helden der Sowjetunion«. Besonders herausgestellt wird Schterns Leistung, in der entsprechenden Pressemitteilung als »herausragender Kommandeur, talentierter Schüler des Genossen Woroschilow und Anführer während der Schlacht am Chalchin Gol« beschrieben. Erst an zweiter Stelle wird Schukow genannt, als dessen Leistung hervorgehoben wird, dass er mit seinem unerschöpflichen Willen und seiner beispielhaften Courage seine Truppen zusammengeschweißt habe. Doch das Lob und die erbrachten Leistungen verhindern nicht, dass Schtern und Smuschkewitsch Anfang Juni 1941 aus bis heute mysteriösen Gründen vom Innenministerium der Sowjetunion verhaftet und wenig später hingerichtet werden. Schukows engster Mitarbeiter während der Schlacht, Schterns Generalstabschef Bogdanow, der eigentliche Architekt des Sieges am Chalchin Gol, wird im August 1941 von deutschen Truppen in einer der großen Kesselschlachten gefangen genommen, schließt sich dann der

nazi-unterstützten Russischen Befreiungsarmee des »Verräters« Wlassow an und wird im Mai 1945 in Prag von einem sowjetischen Kriegsgericht zum Tode verurteilt und hingerichtet.

In der ihm eigenen Art, eigene und vermeintliche Verdienste herauszustreichen, schreibt Schukow in seinen Memoiren, Schtern habe ihn am dritten Tag der Offensive idiotischerweise gebeten, den Angriff zu unterbrechen, umzugruppieren und die Vorräte der Angriffstruppen aufzufüllen. Er habe Schtern unmissverständlich klargemacht, dass er damit den Angriffserfolg insgesamt gefährde und dass er jegliche Ansätze von Schtern, ihm in die Angriffsplanung zu pfuschen, sofort nach Moskau melden werde. Daraufhin habe Schtern von weiteren Anweisungen Abstand genommen. Vermutlich kam Schukow ganz gelegen, dass ihm mit der Hinrichtung Schterns ein möglicher Konkurrent beim Aufstieg an die Spitze der Roten Armee vom Hals geschafft wurde. Generell wird heute – wie berechtigt oder unberechtigt auch immer – Schukow der Löwenanteil am Sieg beim Chalchin Gol zugeschrieben, die Operationsplanung gilt als Modell der Zusammenarbeit von Luft- und Landstreitkräften sowie von Infanterie und Panzern bei einem Zangenangriff. Diese werden in allen Armeen der Welt immer wieder als Vorbild angepriesen und eingeübt, so auch von der Wehrmacht, die ihre großen »Erfolge« in den ersten Wochen des »Unternehmens Barbarossa« unter anderem mit großangelegten Zangenoperationen erringt, gegen die die Rote Armee zunächst kein Gegenmittel findet beziehungsweise ihre Truppen nicht schnell genug aus den sich schließenden Kesseln herauszubringen vermag.

Während die Zahl der beteiligten russischen Truppen mit rund 60.000 allgemein akzeptiert ist, gibt es Unstimmigkeiten, was die Zahl der japanischen Truppen angeht. Diese werden mal mit 75.000 angegeben (dann hätte die Rote Armee einen bedeutenden Sieg errungen gegen einen numerisch deutlich überlegenen Gegner), mal mit 30.000 (dann wäre der Sieg eigentlich unvermeidlich, angesichts der deutlichen numerischen Überlegenheit

von knapp zwei zu eins für die sowjetische Seite). Im November 1939 überreicht er Generalstabschef Schaposchnikow seinen Abschlussbericht über die Operation am Chalchin Gol. Schukow hob deutlich hervor, dass er den Löwenanteil am Sieg dem massierten Einsatz der Panzerkräfte zuschrieb. Als deutlich verbesserungswürdig merkte er die mangelhafte Kommunikation mit den Panzertruppen während des Einsatzes (aufgrund fehlender Funkausrüstung) und die daraus entstehende Informationslücke im Hauptquartier, das nicht schnell genug über die aktuelle Entwicklung auf dem Schlachtfeld informiert wurde, an. Teilweise sei die Zusammenarbeit mit der Infanterie noch unzureichend gewesen; wo diese den Panzern nicht hinterherkam, sei es den Japanern teilweise gelungen, sich rechtzeitig zurückzuziehen. Aufseiten der Luftwaffe habe es ebenfalls unzureichende Vorbereitungen gegeben. So sei man auf die feindliche Lufttaktik nicht eingestellt gewesen, zudem habe das Zusammenspiel verschiedener Flugzeugtypen nicht funktioniert. Dennoch sei die Operation der Roten Armee und der Mongolischen Volksarmee als komplexe Angriffsoperation von hohem Tempo ein vorbildhafter Erfolg gewesen, den es zu studieren gelte, wie Schukow nicht anzumerken vergaß (als *best practice sharing*, aber natürlich auch, um den Ruhm des Genossen Schukow zu mehren). Trotz der Verdienste der Panzergruppen beim Sieg am Chalchin Gol werden die sowjetischen Panzerverbände im Herbst 1939 aufgelöst und als Panzereinheiten verkleinert den Infanteriearmeen beigeordnet – und das, obwohl die Nazi-Wehrmacht in Polen gerade ihren ersten, wenn auch nicht als solchen geplanten »Blitzkrieg« geführt hat (der überraschend schnelle polnische Zusammenbruch überraschte auch die Wehrmachtsführung) und vorführte, dass sie, wie die Rote Armee am Chalchin Gol, in der Lage ist, mit den separaten Panzerverbänden spektakuläre Durchbrüche zu erzielen.
Auf japanischer Seite fragt man sich, wie es möglich war, dass bei deutlichen logistischen Vorteilen der japanischen Seite die Niederlage derart eklatant ausfallen konnte, und was vor dem Hinter-

grund dieser Niederlage von den vielen Berichten der japanischen Geheimdienste der letzten Jahre zu halten ist, denen zufolge die Rote Armee insgesamt komplett kampfunfähig und völlig desorganisiert, sprich kein ernstzunehmender Gegner für die kaiserlichen Streitkräfte aus dem Reich der aufgehenden Sonne mehr sei. Die Befürworter einer »südlichen Strategie« erhalten nun Auftrieb, wonach die japanische Expansion hauptsächlich in südwestlicher Richtung vorangetrieben werden solle, Richtung Südostasien und den Pazifikraum, statt in Richtung der Sowjetunion und der Weiten Sibiriens (die als verlockende Beute immer wieder durch japanische Generalitätsgehirne geisterten). Angefeuert wird der Strategiewechsel Richtung Süden zusätzlich durch den ebenfalls wie aus heiterem Himmel abgeschlossenen deutsch-sowjetischen Nichtangriffspakt vom 23. August 1939 – aus japanischer Sicht musste dies als »deutscher Verrat« gewertet werden, alle Hoffnungen auf eine gemeinsame Kriegsführung gegen die verhassten Bolschewiken in der Sowjetunion zerstoben (zumindest offiziell, insgeheim wird Deutschland seinen Allianzpartnern aus dem Reich der aufgehenden Sonne wie auch aus Italien schon bedeutet haben, dass das Ganze nur eine Zwischenlösung war, zur einstweiligen Regelung der westeuropäischen beziehungsweise britischen »Probleme«, bevor man sich dann endgültig gegen das rote Riesenreich im Osten wenden werde, wie seit 1924 angekündigt). Die schnelle Niederlage der europäischen Kolonialmächte Niederlande und Frankreich sowie das am Rand der Niederlage befindliche Großbritannien 1940 macht aus japanischer Sicht einen Angriff auf deren südostasiatische Besitzungen attraktiver, da man keine große Gegenwehr dieser Staaten mehr zu erwarten vermeint. Ob man allerdings den japanischen Angriff auf die US-Marinebasis Pearl Harbor und damit den Beginn des Krieges gegen die USA statt gegen die UdSSR tatsächlich in direkter Linie auf die Niederlage am Chalchin Gol zurückführen kann, wie dies in Teilen der angelsächsischen Militärliteratur geschieht, darf bezweifelt werden, dafür war das Geschehen denn im Angesicht welthistorischer Grundsatzentscheidungen doch zu unbedeutend. Nach dem Ende der Kampfhandlungen am Chalchin Gol zieht Schukow nach Ulan-Bator um, die Hauptstadt der Volksrepublik Mongolei, wo sich nun das Hauptquartier seiner 1. Armeegruppe befindet und wohin er auch seine Familie nachholt. Dort bleibt er die nächsten neun Monate. In dieser Zeit werden die japanisch-sowjetischen Friedensverhandlungen unter der Leitung von Schtern (mit Einbeziehung Schukows) weitergeführt, die erst im Juni 1940 zu einem Vertragsabschluss führen. Aus Schukows Sicht schwer erträglich – denn während er in der tiefsten Mongolei seine Zeit absitzt, geht in Europa die Post ab. Nicht nur was den überraschenden Vertragsschluss zwischen der UdSSR und Nazideutschland Ende August 1939 betrifft, der beiden Ländern eine Atempause hinsichtlich des unausweichlich scheinenden Krieges gegeneinander verschafft, sondern auch im Hinblick auf den deutschen Überfall auf Polen, die anschließende Besetzung Ostpolens und des Baltikums durch die Sowjetunion, welche wieder ansatzweise so etwas wie einen sowjetischen Cordon sanitaire gegen die Nazi-Barbarei entstehen lässt. Dass Frankreich und Großbritannien trotz Garantien für Polens Sicherheit stillhalten und über Monate überhaupt keine Anzeichen für eine militärische Offensive gegen die verbrecherischen Wehrmachtshorden erkennen lassen (die frühestens für 1941 geplant ist), hat bekanntlich Theorien Vorschub geleistet, denen zufolge die westlichen Alliierten ganz bewusst erst den Ausgang des Kampfes der Wehrmacht im Osten abwarten wollten, im Idealfall auch noch einen gleich anschließenden Überfall auf die Sowjetunion. Aber diesen Gefallen taten ihnen weder Hitler noch die Sowjetunion.

Dafür bringt das Abkommen mit Hitler der UdSSR große strategische Vorteile ein. Sie erhält Länder zurück, die ja bekanntlich erst einige Jahre zuvor, genauer gesagt 1918, von den Westalliierten im Zeichen eines »Selbstbestimmungsrechts der Völker« aus dem bisherigen russischen Zarenreich herausgebrochen worden waren. Zu den bitteren Wahrheiten in »postfaktischen« beziehungsweise in Zeiten der »Lügenpresse« gehört auch, dass eben dieses »Selbstbestimmungsrecht« in Westeuropa beziehungsweise von Westpresse und Westblock gern herangezogen wird, wenn es in die westliche Agenda passt (Kroatien, Slowenien, Bosnien-Herzegowina, Kosovo, Litauen, Lettland, Estland, Ukraine etc.), aber mit der gleichen Verve zur abscheulichen Untat erklärt wird, wo dies einmal nicht der Fall ist, wie in Katalonien, im Baskenland, in Korsika, in Schottland beziehungsweise die gesamte britische Insel im Zuge des Brexit, aber natürlich auch auf der Krim, in der Ostukraine und anderswo.

Die weiteren Kriegshandlungen unter dem Zeichen des Hakenkreuzes erfassen bald schon fast ganz Europa, mit Ausnahme der Iberischen Halbinsel, die ja zumindest für Spanien ihren Anteil am Gemetzel schon während des Bürgerkriegs 1936–1939 hatte. Eines nach dem anderen fallen die europäischen Länder (angefangen mit der von den Westalliierten qua »Münchner Abkommen« im Prinzip ohne Not geopferten Tschechoslowakei 1938/39) der beutegierigen Nazi-Hyäne zum Opfer. Und selbst nach der Eroberung Frankreichs im Juni 1940 scheint diese keineswegs gesättigt, sondern wirft schon wieder gierige Blicke auf die Länder Süd- und Osteuropas, die noch nicht dem Hakenkreuz unterworfen sind. Die Besetzung Ostpolens und des Baltikums ist dabei die größte Operation der Roten Armee seit dem Bürgerkrieg, etwas, das man nicht vergessen darf, wenn man auf die überraschenden Siege der deutschen Kriegsmaschinerie in den ersten Monaten nach dem Überfall auf die Sowjetunion 1941 zu sprechen kommt. Die gesamte Westgruppe der Roten Armee ist dadurch komplett umstrukturiert worden. Und diese Neugruppierung hat ihre Auswirkungen noch bis ins Jahr 1941 und schwächt somit zusätzlich die Kampfkraft der durch die Stalinschen Säuberungen großflächig ausgebeinten Roten Armee. Vorteil für Schukow ist, dass er durch das Herumsitzen am östlichen Ende des roten Imperiums davon verschont wird, in irgendeiner Art in eines der größten Debakel der Roten Armee vor dem Zweiten Weltkrieg hineingezogen zu werden: den »Winterkrieg« mit Finnland im Winter 1939/40. Über 50.000 gefallene Rotarmisten, dazu rund 150.000 Verletzte, erhebliche Materialverluste sowie – und fast noch wichtiger – ein gravierender Ansehensverlust im Hinblick auf die militärische Leistungsfähigkeit der Roten Armee, die nach dem Sieg am Chalchin Gol gerade wieder halbwegs in den Kreis ernstzunehmender militärischer Akteure aufrückte. Nun jedoch – und das gilt vor allem für den Generalstab unterm Hakenkreuz – macht sich wieder die übliche Verachtung für »das jüdisch-versippte Bolschewikentum« breit, dem man ohnehin so gut wie nichts zutraut, weder militärisch noch sonst wie.

## Die angebliche »Blitzkriegstrategie« – eine Schimäre?

Die Niederlage der Roten Armee 1939/40 in den finnischen Wäldern trägt erheblich zu Hitlers Überheblichkeit bei, anzunehmen, er könne nach dem Testfall Frankreich (Fläche 600.000 Quadratkilometer) nun auch die gigantische Sowjetunion (Fläche 22 Millionen Quadratkilometer) in dieser lächerlichen Art der Kriegsführung genannt »Blitzkrieg« niederwerfen. Vermittelt der Begriff »Blitzkrieg« so etwas wie eine überlegene Planung, Vorbereitung, Durchführung und Nachbereitung (Sicherung des Sieges), so gab es in der Realität keine solche geniale, den Militärdoktrinen aller anderen entwickelten Staaten überlegene Art der deutschen Kriegsführung. Sondern Pleiten, Pech und Pannen, die zwischen 1938 und 1941 nur dank einer sagenhaften, geradezu aberwitzigen Glückssträhne Hitlers und seiner Generäle nicht schon viel früher als das Strohfeuerchen entlarvt wurden, als das es sich nach dem Krieg herausstellte, als man in Ruhe alle Operationen einmal auf ihren wirklichen Gehalt an Strategie und Taktik hin analysierte.

Die unwahrscheinliche Glückssträhne bis 1941 verwandelt sich gemäß statistischer Wahrscheinlichkeit ab 1942 in eine Pechsträhne, die – zu Hitlers zunehmender Verzweiflung – bis zum 8. Mai 1945 anhält.

Hier eine (keineswegs vollständige) Auswahl an Beispielen für die anfängliche Glückssträhne: 1935 – der Einmarsch ins Rheinland unter Bruch aller bisherigen Verträge, die Wehrmacht rückt ohne Munition vor, ein einziger Schuss gegnerischer Kräfte, beispielsweise der Franzosen, hätte sie zum Rückzug gezwungen; 1938 – die tschechischen Grenzbefestigungen werden von der Wehrmachtsführung selbst als unüberwindlich eingestuft, es gebe keine der Wehrmacht zur Verfügung stehenden Mittel, wie diese Wallanlage überwunden werden könne; Frankreich und Großbritannien schenken Hitler unter Bruch ihrer Beistandsverträge mit dem Opferland die Tschechei (und er nahm sich dann im März 1939 auch noch die Slowakei); ebenfalls 1938 – die »Heimholung« Österreichs; beim Vormarsch auf Wien bleibt ein Großteil der Wehrmachtspanzer mit Motorproblemen liegen, Hitler fährt im Automobil vor, um auf dem Heldenplatz den »Anschluss« der »Ostmark« ans »Altreich« zu verkünden, die Wehrmachtspanzer werden derweil hektisch repariert, treffen aber zu spät ein, um noch an der Zeremonie wie geplant teilnehmen zu können; 1939 – Überfall auf Polen, die Wehrmachtspanzer treffen auf polnische Kavallerie, das Kräftemessen geht wie nicht anders zu erwarten zugunsten der stählernen Kolosse aus; die einzige polnische Panzerbrigade, die den Kampf aufnimmt gegen die deutschen Invasoren, fügt ihnen empfindliche Verluste zu, allerdings endet der überheblich angegangene Großangriff der »Wehrmacht« auf Warschau am 25. September 1939 mit einer schmählichen Niederlage für die deutschen Truppen, die von den polnischen Verteidigern nach allen Regeln der Kunst zusammengeschossen werden, die »Wehrmacht« rächt sich mit einem verheerenden Artillerie- und Luftbombardement, so dass die polnischen Verteidiger, um weitere zivile Opfer zu vermeiden, die Kapitulation anbieten; 1940 –

der Überfall auf Frankreich, das angebliche Paradebeispiel für die neue Hakenkreuz-Erfolgsformel vom »Blitzkrieg«, tatsächlich handelt es sich bei dem »wundersamen Vormarsch«, »wie ein heißes Messer durch Butter«, in der Masse um Eigenmächtigkeiten der »Wehrmachtspanzerkommandanten« (unter ihnen der Haudegen Rommel, der künftige »Wüstenfuchs«; gegen Frankreich wollte sich der bisherige Kommandant des »Führerbegleitkommandos« an der Front vor seinem »Führer« auszeichnen, wie immer durch aberwitzige Tollkühnheit, die dem Vabanquespieler Hitler immer besonders zusagte und die er von seinen Truppen geradezu erwartete, also das Gegenteil von rationaler, durchdachter Truppenführung, die das maximale Auftragsziel bei einem Minimum an eigenen Verlusten zu erreichen trachtet), die sich in einen Vormarsch-Rausch hineinsteigern, ohne Rücksicht auf Nachschub, Verluste, Flankenbedrohung. »Das hätte eigentlich gar nicht klappen dürfen«, so die Worte eines deutschen Generalstäblers.

Die französische Unfähigkeit, die tatsächliche Lage zu erkennen (dass der deutsche Hauptstoß nicht direkt nach Belgien hinein erfolgte, wie im Ersten Weltkrieg, sondern durch die Ardennen von Süden her die Masse der im Dreiländergebiet Frankreich-Belgien-Niederlande eingesetzten französisch-britisch-belgisch-niederländischen Truppen einschließen würde), war der Hauptgrund dafür, dass die »tolle deutsche Panzertruppe« nicht schnurstracks in eine unmittelbar drohende, absolute Katastrophe marschierte (der von de Gaulle geplante, aber vom französischen Oberkommando abgelehnte Gegenstoß in die deutschen Flanken hätte zur unweigerlichen Vernichtung der deutschen Panzerspitzen geführt und somit den Feldzug in seinem Verlauf entscheidend geändert), und sorgte dafür, dass die Wehrmacht nicht bereits hier ein erstes »Stalingrad« im Westen erlebte. Zumal nach vier Feldzugswochen fast die gesamte vorhandene Munition verschossen worden war, die Treibstofflager leer waren – die französische Kapitulation hätte keinen Tag später kommen dürfen; gerechterweise vergab Hitler den ihm unberechtigterweise zugefallenen Sieg ebenso leichtfertig, mit dem ebenso verhängnisvollen wie dämlichen »Haltebefehl« von Dünkirchen, der es der Masse der britischen Landstreitkräfte (rund 400.000 Mann, dem von Berufssoldaten gebildeten Kern der Royal Army) erlaubte, binnen sechs Tagen im Rahmen der britischen Operation Dynamo Richtung britischer Insel zu entkommen und dort künftig jedes deutsche Landungsunternehmen unmöglich zu machen.

Doch auch die Gefangennahme des Großteils der britischen Landstreitkräfte bei Dünkirchen hätte – das ist unumstritten – den Kriegsverlauf nicht wesentlich verändert, da sich die britische Regierung samt König in die Tiefe des *Commonwealth*, des britischen Kolonialreiches (etwa nach Indien) zurückgezogen und den Kampf von dort gemeinsam mit dem übermächtigen Alliierten USA weitergeführt hätte. Der »Diktatwaffenstillstand« von Compiègne vom 22. Juni 1940 (genau ein Jahr vor »Barbarossa«!) kam also, wie gesagt, gerade rechtzeitig, um die Wehrmacht vor einer erneuten Blamage zu bewahren. Die Beispiele für unwahrscheinliche Glücksfälle zugunsten Hitlers lassen sich (Landung in Norwegen, Landung deutscher Fallschirmjäger auf Kreta samt anschließender Kriegsverbrechen dort – Massaker an der Zivilbevölkerung etc.) noch erheblich vermehren. Die nächste, härteste Nagelprobe für die angebliche »Blitzkriegstrategie«, diese Propagandaschimäre aus dem Hause Goebbels, ist dann der Überfall auf die Sowjetunion. Und hier zeigt sich endgültig, dass an dieser angeblichen deutschen Wunder-Strategie nichts dran ist. Zwar gelingen auch hier in den ersten Monaten gegen die mitten in einer gigantischen Umgruppierung befindliche Rote Armee noch einige »wundersame« Erfolge – Hitlers Glückssträhne ist noch nicht zu Ende. Dieses kommt dann allerdings umso härter am 7. Dezember 1941 mit der sowjetischen Gegenoffensive vor Moskau, die die deutschen Front-Divisionen pulverisiert und auf einem knapp tausend Kilometer langen Frontabschnitt die Hakenkreuz-Truppen mehrere Hundert Kilometer nach Westen zurückdrängt. Von diesem Schlag sollte sich die Wehrmacht nie mehr erholen. Schon zuvor hat der unerwartete, erbitterte Widerstand der Roten Armee gegen die deutschen Invasoren diesen in den ersten Wochen höhere Verluste beschert, als bisher seit 1939 insgesamt zu verzeichnen gewesen waren.

## Zurück in Moskau: Der Winterkrieg gegen Finnland 1939/40 und die Folgen

Schukow kann sich also froh und glücklich schätzen, im fernen Ulan-Bator denkbar langweilige Verhandlungen mit den Japanern führen zu dürfen und in keinster Weise mit einem der größten Debakel der Roten Armee in Verbindung gebracht zu werden: dem »Winterkrieg« gegen die zu allem entschlossenen und mit allen Mitteln, fairen und unfairen, kämpfenden Finnen. Im Herbst 1939 hatte die Sowjetunion an das bis 1918 russische Finnland Gebietsforderungen auf der Karelischen Landenge gestellt, um das Glacis von Leningrad gegen künftige (absehbare) Angriffe zu arrondieren – die Finnen hatten arrogant abgelehnt. Also sprachen dann die Waffen. Das Morden in den karelischen Wäldern dauerte vom sowjetischen Angriffsbeginn am 30. November 1939 bis zum Friedensschluss am 13. März 1940. Nachdem der erste Angriff auf die »Mannerheim-Linie«, die quer über die Karelische Landenge verlief, gescheitert war (mangelhafte Vorbereitung), konnte die Rote Armee nach Umgruppierung und besserer Vorbereitung (Aufklärung, Training, Dislozierung von Bunkerbekämpfungstrupps mit Flammenwerfern etc.) ab 1. Februar 1940 eine Wende zu ihren Gunsten herbeiführen.

Schukow selbst wurde im Mai 1940 aus Ulan-Bator nach Moskau zurückversetzt, genau rechtzeitig, um wieder seiner Lieblingsbeschäftigung nachgehen zu können: der Beurteilung von Operationen anderer sowjetischer Militärführer. In diesem Fall ging es darum, Lehren aus dem Winterkrieg zu ziehen. Statt des raschen, mühelosen Sieges (wie Nazideutschland über Polen) hatten sich die numerisch deutlich überlegenen sowjetischen Streitkräfte schwer damit getan, die geringen finnischen Truppen aus ihren Stellungen innerhalb der knapp 140 Kilometer langen »Mannerheim-Linie« zu vertreiben. Diese war seit 1920 errichtet und in den dreißiger Jahren ausgebaut worden. Erst im zweiten Anlauf war den Sowjets der Durchbruch gelungen. Es ging jetzt darum, Schuldige zu finden für den anfänglichen Fehlschlag und dann in einem zweiten Schritt die notwendigen Konsequenzen aus dem anfänglichen Desaster zu ziehen. Wie immer war Schukow eher unwillig, außermilitärische Einflüsse, wie etwa das schlechte Wetter während der ersten Offensive, das ein Zusammenwirken der Roten Armee mit der Roten Luftwaffe verhinderte, anzuerkennen. Stattdessen konstatierte er wie üblich mangelnde Ausbildung, mangelnde Disziplin und letztlich mangelndes militärisches Genie, wie es eigentlich nur ihm persönlich eigen war.

Wichtigstes Ergebnis des letztlich doch noch, wenn auch mit deutlich mehr Mühe als zunächst angenommen, gewonnenen Winterkriegs ist die Tatsache, dass Finnland nun zustimmt, die Grenze zwischen beiden Ländern deutlich nach Norden zu verlegen und damit die Stadt Leningrad von der unmittelbaren Bedrohung durch die mit Deutschland eng zusammenarbeitenden Finnen zu befreien. War die Grenze zuvor nur fünfzig Kilometer von Leningrad entfernt, so rückt sie nun in eine Entfernung von dreihundert Kilometern, was der sowjetischen Kapitale größere Sicherheit vor feindlichen Überraschungsangriffen verschafft. Auch den überaus lästigen finnischen Scharfschützen Simo Häyhä, der während der Kampagne angeblich fünfhundert Rotarmisten tötete, können die sowjetischen Streitkräfte durch den Einsatz von Counter-Snipern am 6. März 1940 stellen und neutralisieren (Durchschuss im Gesicht). Er überlebt die schwere Verletzung und betätigt sich nach dem Zweiten Weltkrieg als Elchzüchter.

## 1940: Kommandeur des Sondermilitärbezirks Kiew

Bei einer Konferenz des sowjetischen Generalstabs im April 1940 beklagt Stalin, dass die Rote Armee noch im Denken des Bürgerkriegs von 1920 gefangen sei und es versäumt habe, sich auf moderne Strategien, Kampfmethoden und Waffensysteme einzustellen. Gleichzeitig wird eine Kommission einberufen, die die Umsetzung der notwendigen Konsequenzen aus dem Winterkrieg überwachen soll. Eine dieser von Verteidigungskommissar Timoschenko angestoßenen Maßnahmen ist, die oberen Kommandeursränge wieder wie in anderen Armeen üblich zu differenzieren, statt einfach nur »Kommandeur« kann man jetzt wieder General beziehungsweise Admiral werden. Im Mai 1940 werden Hunderten kampferprobter Kommandeure die neuen Titel verliehen. Zudem wird eine Amnestie für viele der während der Säuberungen aus ihren Ämtern entfernten Kommandeure erlassen, von der auch der seit 1937 inhaftierte Konstantin Rokossowski profitiert, der im weiteren Verlauf des Zweiten Weltkriegs noch eine prominente Rolle auf sowjetischer Seite spielen wird. Schukow erfährt während der Rückreise aus Ulan-Bator von seiner Beförderung und Ernennung zum Chef des Sondermilitärbezirks Kiew. Sondermilitärbezirk bedeutet, dass dieser Militärbezirk mit voller Mannstärke, einem erweiterten Vorrat an Waffen und Munition sowie weiteren Nachschubgütern ausgestattet ist und im Notfall ohne größere Vorbereitungen (und ohne die Mobilisierung von Reservisten) Militäroperationen starten kann. Am Flughafen in Moskau holt ihn sein Cousin Michail Pilichin ab, der es mittlerweile (vermutlich mit Hilfe von Schukow) zum Chauffeur in der Zentralgarage des Innenministeriums gebracht hat, und fährt ihn ins kurz zuvor eröffnete Luxushotel *Moskau*, wo Familie Schukow einen Monat lang untergebracht ist. Mitte Juni findet dann der Umzug nach Kiew statt.

Ebenfalls im Mai 1940 sind die Übungsregularien der Roten

Armee überarbeitet worden und sollen nun eine realistischere Kampfvorbereitung erlauben. Im Juli 1940 wird das Strafregister der Roten Armee den neuen Gegebenheiten angepasst, um künftig strengere Disziplin einfacher durchsetzen zu können. Auch die Beiordnung der Politkommissare zu den Kommandeuren (mit Vetorecht), die 1937 wieder eingeführt worden war, wird nun wieder abgeschafft (um im Juni 1941 wieder eingeführt und 1943 wieder – und diesmal endgültig – abgeschafft zu werden). Die deutschen »Blitzkrieg«-Erfolge in Polen, Dänemark, Norwegen und Frankreich sind zusätzliche Anreize, die Rote Armee zu reformieren und zu modernisieren. So wird die neun Monate zuvor getroffene Entscheidung, die motorisierten Korps aufzulösen, rückgängig gemacht und neun dieser Korps neu aufgestellt. Geplant ist, jedes dieser Korps mit 1.000 Panzern auszustatten sowie mit motorisierter Infanterie, Kommunikations- und Pioniertruppen. Gleichzeitig wird als neuer Basispanzertyp der T-34 ausgewählt, der nun in großen Stückzahlen in Produktion gehen soll. Mit seinem wassergekühlten Dieselmotor ist er gerade im russischen Winter allen deutschen Motoren bis 1945 deutlich überlegen. Vom Laufwerk her basiert der Panzer auf einem Entwurf des US-Ingenieurs John Walter Christie (1865–1944), der 1928 einen Prototypen der US-Armee vorstellte, die daraufhin zwar fünf Vorserienfahrzeuge orderte, aber anschließend keinen Produktionsauftrag erteilte. 1931 erwarb die Sowjetunion zwei dieser Fahrgestelle ohne Turm und passte sie ihren eigenen Anforderungen an.

Die unglaubliche, geradezu phantastische Erfolgsgeschichte des T-34 im Zweiten Weltkrieg gegen Deutschland wäre aber – abgesehen von der im Lauf der Jahre immer weiter verbesserten Panzerung, Bewaffnung, kommunikationstechnischen Ausstattung etc. – nicht denkbar gewesen ohne den in ihm verbauten »Wundermotor« W-2. Der wassergekühlte Zwölfzylinder-V-Motor mit einem Gewicht von nur 750 Kilogramm ging im Jahr 1939 in Serienproduktion. Während andere panzerbauende Staaten bis weit nach dem Zweiten Weltkrieg nahezu ausschließlich Benzinmotoren verbauten, ist der W-2 als Dieselmotor mit Direkteinspritzung und Mehrventiltechnik (vier Ventile je Zylinder) sowie dem weitgehenden Einsatz von Gussteilen aus Aluminium (Kurbelgehäuse, Kolben, Zylinderköpfe und -bänke) diesen weit überlegen, was Leistungsgewicht und Treibstoffverbrauch angeht. Mit 30 Tonnen wiegt der T-34 auch deutlich weniger als seine deutschen Konterparts. Der Bodendruck beträgt sensationell niedrige 0,64 Kilogramm pro Quadratzentimeter und damit einen Bruchteil der deutschen Kolosse (der Kampfpanzer »Tiger« beispielsweise wog doppelt so viel – knapp 60 Tonnen – und wies einen Bodendruck von 1,03 Kilogramm pro Quadratzentimeter auf; der T-34 hatte, wie erwähnt, nur fünf Laufräder pro Seite, um beim »Schachtellaufwerk« des »Tiger« auch nur ein Laufrad zu wechseln, mussten dreizehn Laufräder gelöst werden). Noch schlechter schneiden die deutschen Panzer im Vergleich der Leistung pro Gewichtseinheit ab: Beim »Panther« betrug das Verhältnis 11,3 PS pro Gewichtstonne, beim »Tiger« 12,3 PS pro Gewichtstonne, beim T-34 jedoch 16,2 PS pro Gewichtstonne (dieser hatte also gegenüber den deutschen Panzern dreißig Prozent beziehungsweise über vierzig Prozent mehr Leistung im Verhältnis zum Gewicht). Das erklärt hinreichend die Überlegenheit des T-34 sowohl auf der Straße wie im Gelände. Die Konstruktionsweise des Motors ist so zukunftsträchtig, dass bis heute nahezu alle seitdem in der Sowjetunion beziehungsweise Russland gebauten Panzer mit Weiterentwicklungen des W-2 motorisiert sind. Die ersten T-34-Beutepanzer, die die Wehrmacht auf dem sowjetischen Kriegsschauplatz kapern konnte, werden sofort nach Deutschland zur Analyse geschickt. Obwohl man gerade auch den Motor intensiv untersucht, gelingt es den berühmten deutschen Rüstungskonzernen und Waffenschmieden (die bekanntlich bis heute existieren, sprich Krupp, Rheinmetall, Krauss-Maffei etc.) bis 1945 nicht, einen gleichwertigen Motor massenweise in Produktion zu bringen. Erst viele Jahre nach dem Krieg war es beim aktuellen

Bundeswehr-Standardpanzer Leopard 2 endlich möglich, einen gleichwertigen V12-Dieselmotor zu produzieren, der vergleichbare Leistungsdaten aufweist (1.100 KW beziehungsweise 1.500 PS mit einem Drehmoment von 4.700 Newtonmeter). Ohne den T-34, das ist heute unumstritten, wäre der Krieg vermutlich Ende 1941 verloren gewesen.

## Verteidigungskommissar Timoschenko

Zentralfigur der Reformen der Roten Armee ab 1940 ist Semjon Konstantinowitsch Timoschenko. Geboren im Jahr 1895, entstammte er ebenfalls dem Arbeitermilieu, diente zunächst in der zaristischen Armee, erhielt dort wegen Tapferkeit vor dem Feind zwei Georgskreuze und trat 1918 der Roten Armee bei. Im Russischen Bürgerkrieg kämpfte er in Zarizyn (später Stalingrad, heute Wolgograd) gegen die Weißen Truppen und lernte dort den künftigen Sowjetchef Stalin kennen. Auch er gehörte zu diesem Zeitpunkt zur Gruppe der von Stalin so geschätzten »Kavallerie-Clique« um Budjonny. Nach dem Bürgerkrieg kommandierte Timoschenko das 3. Kavalleriekorps der Roten Armee, in dem auch Rokossowski und Georgi Schukow dienten, der von Timoschenko 1930 zum Brigadekommandeur befördert worden war. Im Weißrussischen Militärbezirk sind sie anschließend ebenfalls gemeinsam eingesetzt. Timoschenko ist auch beim großen Sowjet-Manöver 1935 dabei, als erstmals der kombinierte Einsatz verschiedener Waffengattungen erprobt wird. Leiter der Übung ist der wenig später während der Stalinschen Säuberungen ermordete Armeekommandant Iona Emmanuilowitsch Jakir, der den verbundenen Einsatz von Infanterie, Panzern, Artillerie und Flugzeugen während seiner Zeit als Befehlshaber des Militärbezirks Kiew weiterentwickelt hatte. Bei dem Manöver 1935 wird erstmals

die neue Doktrin der »Operation in der Tiefe des gegnerischen Raumes« in der Manöverpraxis erprobt. Bei einer Teilnahme von insgesamt 65.000 Soldaten, darunter knapp 2.000 Fallschirmjäger, 1.200 Panzern und 600 Flugzeugen erstreckt sich das Manövergeschehen entlang einer 250 Kilometer langen Front in einer Tiefe von rund 200 Kilometern. Zahlreiche internationale Militärbeobachter verfolgen das Geschehen interessiert. Während der französische Militärattaché den Esprit der übenden Truppe lobt, wird das Konzept vom deutschen Militärattaché sofort nach Berlin gekabelt und fließt direkt in die künftige Kriegsplanung der Wehrmacht ein. Sohn, Frau und weitere Verwandte Jakirs werden nach seiner Ermordung 1937 zu langjährigen Lagerhaftstrafen verurteilt.
Timoschenko übersteht die Säuberungen und übernimmt 1940 von Woroschilow das Amt des Verteidigungskommissars. Gleichzeitig wird der Oberste Militärrat wieder reaktiviert. Timoschenko ist zu diesem Zeitpunkt Kommandeur des Kiewer Militärbezirks und hat von dort aus sowohl die Besetzung Ostpolens wie auch den zweiten Versuch, im Winterkrieg die Mannerheim-Linie zu durchstoßen, organisiert. Stalin ist von beiden Leistungen Timoschenkos ziemlich beeindruckt. Timoschenkos Tochter heiratet in dieser Zeit Stalins Sohn Wassili, was sicher nicht zu Timoschenkos Nachteil ist. Durch Timoschenkos Ernennung zum Verteidigungskommissar ist die Leitung des Kiewer Sondermilitärbezirks zunächst unbesetzt. Nach seiner Abberufung aus Ulan-Bator wird Schukow – der zu den Siegern von Chalchin Gol gehörte – erstmalig direkt zu Stalin eingeladen. Das Treffen findet am 2. Juni 1940 statt, beginnt um 23 Uhr und dauert eine halbe Stunde. Dann ist die Audienz beendet. Schukow schildert Stalin dabei seine Eindrücke vom Kampfgeschehen im Speziellen und von den japanischen Streitkräften im Allgemeinen. Das Gespräch verläuft offenbar zu Stalins Zufriedenheit. Auch Schtern, der Kommandeur der Schlacht von Chalchin Gol, wird befördert, allerdings »nur« zum Generaloberst. Der reaktivierte und re-

habilitierte Rokossowski erhält am 10. Juni 1940 die Beförderung zum Generalmajor.
Der Kiewer Sondermilitärbezirk, den Schukow nun übernimmt, ist als westlicher Grenzbezirk natürlich für die Verteidigung der Sowjetunion gegen potentielle Angreifer aus Mitteleuropa von besonderer Bedeutung. Die Länge der Grenze zu Polen beziehungsweise dem deutschen Besatzungsgebiet beträgt über 800 Kilometer, was der potentiellen Frontlänge im Kriegsfall entspricht. Neben dem Kiewer Militärbezirk gibt es noch zwei weitere herausgehobene Militärbezirke an der Westgrenze der Sowjetunion, den westlichen, mit Hauptquartier in Minsk, und den baltischen, mit Hauptquartier in Riga. Der Kiewer Militärbezirk ist der größte des Landes, hat aber zu diesem Zeitpunkt wie viele andere mit erheblichen Problemen zu kämpfen, die einmal mit den Stalinschen Säuberungen zu tun haben und der Verminderung des Offiziersbestandes dadurch, aber auch mit den Verlusten, die die Einheiten des Militärbezirks während ihres Einsatzes im Winterkrieg erlitten haben. Zudem hat der Bezirk seine erhebliche Vergrößerung nach der Besetzung »Ostpolens« beziehungsweise der Westukraine im Gefolge des deutschen Überfalls auf Polen und des Hitler-Stalin-Abkommens von 1939 zu verkraften, die mit einer Umstrukturierung und Umgruppierung eines erheblichen Teiles seiner Formationen einhergehen. Sicherlich hat die Entsendung Schukows damit zu tun, dass man von ihm erwartet, wieder Ordnung in den Betrieb zu bekommen, die Disziplin wiederherzustellen sowie die Kampffähigkeit der Truppe durch eine Intensivierung von Training und Ausbildung zu erhöhen.
Zu den Schukow nun unterstellten Kommandeuren gehört auch Konstantin Rokossowski, der einige Jahre zuvor Schukows Kommandeur in der 7. Kavalleriedivision gewesen war. Dieser soll nun die Einheit wieder übernehmen, die er schon vor seiner Verhaftung und Verurteilung geführt hat: das 5. Kavalleriekorps. Da die Truppe von ihrem bisherigen Stationierungsort erst im Anmarsch zum Kiewer Militärbezirk ist, hat Rokossowski »freie Kapazi-

täten« und wird Schukow direkt unterstellt. Er arbeitet diesem mit einem Team von Generälen zu bei der genauen Analyse des Ist-Zustandes der Truppen des Bezirks. Rokossowski erhält jedoch bald ein anderes Kommando, jenes des neuen 9. Panzerkorps, das er möglichst schnell in einsatzfähigen Zustand bringen soll. Zu den Soldaten dieses Panzerkorps gehört auch der junge Panzerfahrer Michail Timofejewitsch Kalaschnikow. Kalaschnikow schreibt in seinen Memoiren, dass sofort nach Schukows Dienstantritt in Kiew ein anderer Wind wehte. Kalaschnikow hatte zu diesem Zeitpunkt Vorschläge zur Verbesserung der sowjetischen Panzer ausgearbeitet. Dazu gehörte auch ein Projekt, das die jeweiligen Fahr- und Schussmanöver jedes Panzers aufzeichnen sollte und das Schukows Interesse hervorrief. Bei einer Vorführung ließ sich Schukow das Gerät und seine Funktionsweise zeigen und war so beeindruckt, dass er Kalaschnikow umgehend zur Technischen Panzerschule nach Kiew und anschließend weiter nach Moskau schickte, wo weitere Tests durchgeführt werden sollten. Damit begann Kalaschnikows außerordentliche Karriere als Waffenentwickler, die unter anderem auch die berühmteste Maschinenpistole der Welt hervorbrachte, die AK-47 (*Автомат Калашникова 47*). Der von Schukow in Gang gesetzte Prozess, von seinen Untergebenen ständige Vorschläge für Innovationen zu erhalten, ermöglichte diese und weitere Verbesserungen der Ausrüstung der Roten Armee.

In Kiew begegnet Schukow erstmals auch einer Person, die noch eine unheilvolle Rolle in seinem Leben spielten sollte: Nikita Chruschtschow, der damalige Vorsitzende der KP der Ukraine und als solcher auch im Militärrat des Sondermilitärbezirks. Eineinhalb Jahre älter als Schukow, ist der einer Bauernfamilie entstammende und im Donbass aufgewachsene Chruschtschow zunächst zum Bergarbeiter ausgebildet worden und nahm als Freiwilliger aufseiten der Roten Armee am Bürgerkrieg teil. 1925 wird er Parteisekretär in Stalino (Donezk) und macht fortan als ausgewiesener Stalin-Anhänger weiter Karriere im ukrainischen

Parteiapparat. Bei Besuchen in Moskau freundet sich Chruschtschow mit Stalins Frau Nadeschda an, die ihn künftig fördert. 1931 Parteisekretär in einem Moskauer Stadtbezirk, wird er 1933 schon Mitglied des Gebietsparteikomitees. Seine weiteren Stationen: 1934 Mitglied des ZK, ab 1935 zuständig für die Neubauten in der Sowjet-Hauptstadt (unter anderem die Metro); 1938 Kandidat, 1939 Vollmitglied des Politbüros sowie Parteichef der KP in der Ukraine. Er hat die Stalinschen Säuberungen vorbehaltlos unterstützt und überwacht 1939/40 die Eingliederung der ehemals polnischen Gebiete der Westukraine in die Sowjetunion.

Anfang Juli 1940 versammelt Stalin im Kreml Vertreter des Politbüros und der hohen Generalität (Schukow gehört – noch – nicht dazu), um über die veränderte internationale Lage nach dem überraschend schnellen deutschen Sieg über Frankreich zu sprechen. Von sowjetischer Seite hat man einen längeren Krieg (à la Erster Weltkrieg) erwartet und darauf gehofft, dass beide Seiten sich in diesem Krieg gegenseitig so lange schwächen, bis Deutschland für die Sowjetunion keine Gefahr mehr darstellt. Durch die schnelle Niederlage Frankreichs geht Deutschland dagegen gestärkt, mit einem Triumph aus der Auseinandersetzung hervor und mit Truppen, die zusätzliche Kampferfahrung sammeln konnten, gerade auch was das Zusammenspiel unterschiedlicher Waffengattungen angeht. Die Gefahr für die Sowjetunion (die jahrzehntelangen antibolschewistischen Diatriben Hitlers, nach dem Vertragsschluss vom August 1939 etwas leiser geworden, sind in Moskau keineswegs vergessen) ist also nicht kleiner, sondern deutlich größer geworden, in absehbarer Zeit in eine militärische Auseinandersetzung mit dem höchstgerüsteten Militärapparat Europas hineinzulaufen. Denn trotz pro forma freundschaftlicher Zusammenarbeit mit Moskau hat Hitler seinen Vorsatz, die Sowjetunion zu zerschlagen, nur aufgeschoben, aber niemals aus den Augen verloren. Stalin ist klar, dass der deutsche Angriff so sicher wie das Amen in der Kirche ist, nur die Frage wann, ist jetzt deutlich schwieriger zu beantworten beziehungsweise die Antwort darauf deutlich unangenehmer: vermutlich sehr viel eher als gedacht, also vor 1943, das Jahr, das die sowjetischen Militärführer als wahrscheinlichen Zeitpunkt für einen deutschen Angriff bisher angenommen haben.

Bei dem Treffen im Kreml im Juli 1940 herrscht die einhellige Meinung vor, es sei keine konkrete Kriegsgefahr für die nächsten Wochen und Monate zu erwarten, die deutsche Armee sei auf Urlaub geschickt beziehungsweise teilweise demobilisiert, die Rüstungsproduktion reduziert worden (Letzteres stimmte und beruhte auf Hitlers übersteigertem Triumphgefühl nach dem Sechswochenakt in Frankreich, wurde aber schon wenige Wochen später wieder revidiert zugunsten einer gesteigerten Rüstungsproduktion). Darauf hatten die deutschen Geheimdienste hingearbeitet und sorgsam ausgearbeitete Falschmeldungen lanciert beziehungsweise der gegnerischen Seite zukommen lassen. Tatsächlich wird kein einziger Mann demobilisiert, und die erteilten Urlaube werden bald wieder widerrufen. Hitler hat eine Armee von einer Größe aufgebaut, welche die deutsche Wirtschaftskraft überfordert, und damit die Staatsverschuldung in so atemberaubende Höhen vorgetrieben, dass er jetzt zum Beutemachen gezwungen ist, um sich finanziell zu sanieren. Die Armee einfach zu demobilisieren und die Soldaten großteils nach Hause zu schicken, geht nicht, denn dann müsste er in einigen Monaten Farbe bekennen und Staatsbankrott anmelden. Zudem sind die Spannungen mit Großbritannien keineswegs beigelegt, der Kriegszustand weiterhin gültig, und die Furcht vor einem Präventivschlag der Sowjetunion weiterhin vorhanden (obwohl in der Sowjetunion hierfür keinerlei Planungen vorliegen und die deutschen Geheimdienste auch keinerlei Anzeichen dafür beibringen können, auch wenn das immer wieder von ihnen verlangt wird).

Hitler hat im Herbst 1940 nur noch zwei Möglichkeiten: die britische Insel in einem riskanten Landungsunternehmen, das Gefahr läuft, von der ungeschlagenen und der deutschen Marine weiterhin deutlich überlegenen Royal Navy zusammengeschossen zu werden, zu besetzen – das bringt aber wenig Vorteile. Das Land hat an Bodenschätzen nur Kohle (davon hat Hitler mit Oberschlesien, Ruhrgebiet, Saarland, Lothringen und den belgisch-nordfranzösischen Kohlerevieren mehr als genug) und die Landwirtschaft. Wirtschaftlich ist da nichts zu holen, vor allem kein Erdöl, dem am schmerzlichsten entbehrten Rohstoff in Deutschland. Auf diese Weise kann sich Hitler finanziell nicht sanieren. Damit bleibt nur noch die andere Möglichkeit: der Angriff auf die Sowjetunion, um sich in einer möglichst kurzen Kampagne in den Besitz der unermesslichen Bodenschätze, aber auch der Industriebetriebe des Riesenreichs zu bringen, und mittels dieser jegliche Quantifizierungen übersteigenden Beute sich zum einen wirtschaftlich zu sanieren (also den Staatsbankrott zu vermeiden) und gleichzeitig strategisch über die damit verbundenen Vorteile den weiteren Kampf gegen das britische Empire und die mit ihm verbündeten USA mit Aussicht auf Erfolg wieder aufzunehmen.

Der einzige aus der höheren Generalität der Sowjetunion, der diese Gefahr genau erkennt und vor einer unmittelbar bevorstehenden Kriegsgefahr warnt, ist der 1907 geborene Iwan Proskurow, der 33-jährige Leiter des sowjetischen Militärnachrichtendienstes GRU. Er weist darauf hin, dass alle Anzeichen für eine Deeskalation seitens Deutschlands höchstwahrscheinlich Desinformationskampagnen sind, mit eben dem Ziel, die Sowjetunion in Sicherheit zu wiegen, zu verhindern, dass diese ihre Verteidigungsfähigkeit und ihre Grenzbefestigungen gezielt verstärkt, und so das Überraschungsmoment zu wahren für den Angriff, der für Moskau aus heiterem Himmel kommen und das Land gänzlich unvorbereitet treffen soll, um mit maximaler Aussicht auf Erfolg und minimalem Aufwand an Soldaten und Waffen tief ins Land vorzustoßen. Molotow springt wütend auf, erklärt Proskurow für verrückt, so idiotisch sei nicht mal ein Hitler, dass er nach 1914/18 noch einmal einen Zweifrontenkrieg riskiert, den er nur verlieren kann. Das Establishment um Stalin möchte ganz einfach nicht wahrhaben, dass die Gefahr eines deutschen Überfalls seit der Niederlage Frankreichs stündlich steigt beziehungsweise dass Hitler entgegen allen rationalen Gesichtspunkten aufgrund der oben geschilderten Zwangslage einen Zweifrontenkrieg beginnen wird. Proskurow wird am nächsten Morgen seines Amtes enthoben und im Oktober 1941 hingerichtet.

Wenige Tage später beauftragt Hitler am 31. Juli 1940 den Generalstab des Heeres der »Wehrmacht«, den Operationsplan für einen Angriff auf die Sowjetunion im Frühjahr 1941 vorzubereiten und diese in einem auf fünf Monate geschätzten Feldzug zu zerschlagen. Schon eine Woche später legt Generalmajor Marcks von der 18. Armee eine erste Aufmarschstudie für den »Ostfeldzug« vor. Anfang September 1940 beauftragt das Oberkommando der Wehrmacht (Jodl) das »Amt Ausland/Abwehr«, den Militärgeheimdienst der »Wehrmacht«, den deutschen Aufmarsch im Osten umfassend zu tarnen beziehungsweise falsche Erklärungen dafür Richtung Sowjetunion zu infiltrieren. So soll die Masse der Truppen als in Südpolen, Tschechien und Österreich angegeben werden, die im Nordabschnitt der künftigen Front unerwähnt bleiben. Zudem solle behauptet werden, die zunehmenden Waffen- und Munitionsanhäufungen im Osten des deutschen Besatzungsgebiets dienten dem Flakschutz für Industriebetriebe gegen angloamerikanische Angriffe, der massive Ausbau der Straßen und Bahnanlagen sowie die Anlage neuer Flugplätze im Aufmarschgebiet (unter dem Stichwort »Aufbau Ost« – wie sich die Zeichen gleichen, so hieß ja auch das BRD-Programm nach 1989 mit »Wohltaten« für die Ex-DDR) erfolge im Rahmen »normaler Instandsetzungsarbeiten«. Am 26. Oktober 1940 tritt zudem die neue »Feldgliederung der Wehrmacht« in Kraft, mit der der geheime Aufmarsch im Osten in die Praxis umgesetzt wird: Bis zum Jahresende werden bereits 34 Divisionen zusätzlich dorthin verlegt. Am 29. November 1940 findet im Oberkommando des Heeres das erste »Planspiel« für den Ostfeldzug unter Leitung von Generalleutnant Paulus (seit 3. September 1940 Oberquartiermeister I im Generalstab des Heeres) statt. Bei seiner Vernehmung im Rahmen der Nürnberger Prozesse gibt der in Stalingrad von den Sowjettruppen gefangen genommene Paulus an, bei seinem Amtsantritt Anfang September 1940 schon umfangreiche Vorbereitungen für den »Ostfeldzug« vorgefunden zu haben.

## Die neue sowjetische Verteidigungsdoktrin 1940

Die sowjetische Verteidigungsdoktrin von 1938 benennt Deutschland und seine Verbündeten im Westen sowie Japan im Osten als potentielle Hauptgegner der Sowjetunion. Unter dieser Voraussetzung stehen die sowjetischen Streitkräfte vor der Gefahr, einen Zweifrontenkrieg ausfechten zu müssen. Allerdings wird in der Doktrin Deutschland als der deutlich aggressivere Gegner bezeichnet, und das westliche Staatsgebiet der Sowjetunion beziehungsweise Osteuropa als wahrscheinlichstes Feld künftiger militärischer Auseinandersetzungen definiert. Schaposchnikow geht davon aus, dass Deutschland bei einem Überfall auf die Sowjetunion entweder nördlich der Pripjetsümpfe mit Richtung Minsk-Leningrad-Moskau angreifen werde oder südlich der Sümpfe mit Stoßrichtung Kiew-Ukraine. Welche Variante zum Tragen komme, werde von der generellen politischen Konstellation in Europa abhängen. Zu den möglichen sowjetischen Kriegsgegnern aufseiten Deutschlands wurde auch das von einer konservativen Quasi-Diktatur regierte Polen gezählt. In der Doktrin werden entsprechend zwei verschiedene Verteidigungsstrategien benannt. Bei einem Angriff im Norden würde die Rote Armee hier reagieren und im Süden defensiv bleiben. Bei einem Angriff im Süden genau andersherum. In beiden Varianten soll möglichst frühzeitig das Gros der feindlichen Kräfte eingekesselt und vernichtet werden. Die nächste Version der Verteidigungsdoktrin entsteht im Sommer 1940 unter denkbar anderen Umständen gegenüber 1938. Mittlerweile wird davon ausgegangen, dass die Deutschen die nördliche Variante wählen, mit einem Vorstoß aus Ostpreußen heraus nach Litauen, Lettland und Estland sowie in das westliche Weißrussland hinein, sowie aus dem ehemals polnischen Staatsgebiet heraus ebenfalls in nördlicher Richtung. Daher wird festgelegt, die Masse der kampfbereiten sowjetischen Truppen in den nördlichen Frontabschnitt zu verlegen. Zu den mit der Ausarbeitung beauftragten Offizieren gehört auch der stellvertretende Generalstabschef Wassilewski, der während des Zweiten Weltkriegs, aufgestiegen zum Generalstabschef, engstens mit Schukow zusammenarbeiten sollte.

Diese Version der Doktrin ist noch von Schaposchnikows Stab vorbereitet worden, bevor dieser aus gesundheitlichen Gründen im August 1940 als Generalstabschef zurücktritt. Sein Nachfolger wird Kirill Afanassjewitsch Merezkow, der sich im Spanischen Bürgerkrieg als sowjetischer Militärberater der republikanischen, gegen Franco kämpfenden Truppen erste Sporen verdient hatte. Nach der ersten misslungenen Offensive gegen Finnland im Winterkrieg 1939/40 entzieht das Oberkommando Merezkow das Kommando der dortigen Truppen. Er erhält dafür die 7. Armee, die sich im Februar 1940 während der zweiten sowjetischen Offensive gegen Finnland bei der Einnahme Wiborgs auszeichnet. Hierfür wird Merezkow der Orden »Held der Sowjetunion« verliehen. Als Generalstabschef von August 1940 bis Januar 1941 legt Merezkow im September 1940 die neue Doktrin vor. Auch hier wird Deutschland als mutmaßlicher Hauptgegner angenommen, allerdings eine gleichzeitige Attacke im Nord- und im Südsektor der Front nicht ausgeschlossen und Empfehlungen für Vorbereitungen auf beide Szenarien vorgeschlagen. Bei einem Hauptangriff im Norden soll die Rote Armee daher einen Gegenangriff im Süden starten und über Lublin und Krakau Richtung Breslau beziehungsweise in die Flanke der Angriffsverbände vorstoßen, um

Deutschland von seinen südlichen Verbündeten abzuschneiden, für die Südvariante war eine Invasion Ostpreußens geplant.
Nach eingehender Beratung durch die oberste Generalität und Stalin wird im Oktober 1940 die endgültige Version erstellt: Der zufolge sollen die sowjetischen Streitkräfte ihre Hauptmasse im Süden konzentrieren und für den Fall eines deutschen Angriffs den geplanten Gegenstoß Richtung Breslau ausführen. Gründe werden hierfür im Schriftverkehr dazu nicht angegeben. Vermuten lässt sich, dass – wie Schukow schrieb – Stalin seinem Gegner Hitler unterstellt, bei einem Angriff zunächst die Ukraine mit ihren landwirtschaftlichen und geologischen Ressourcen sowie die Ölquellen im südöstlich der Ukraine liegenden Kaukasus in seinen Besitz bringen zu wollen. Hierfür gibt es aber keine weiteren Anhaltspunkte. Allerdings hat der deutsche Beistandspakt mit Rumänien vom Sommer 1940 die Situation an der Südostflanke der Sowjetunion aus Moskauer Sicht drastisch verschärft. Marschall Sacharow vermutete in einer späteren Analyse der Vorgänge dieser Endphase vor dem Überfall auf die Sowjetunion, dass auch bürokratische und persönliche Gründe den Ausschlag gegeben haben könnten: Denn durch diese Entscheidung für die südliche Vorbereitungsvariante wurde die Rolle des Kiewer Militärbezirks verstärkt, wo Timoschenko, Watutin und Merezkow zuvor gedient hatten. Auch Schukow beeilte sich als Kommandeur des Kiewer Militärbezirks, für eine solche Vorbereitungsvariante zu plädieren, bedeutete diese doch die Zuweisung von mehr Soldaten, Ressourcen und Offizieren sowie einen Prestigezuwachs für den Bezirk.
Etwas abwegig ist die teilweise in der westlichen Militär- und Populärliteratur zu findende Behauptung, die Vorbereitung der Südvariante sei ein Beleg dafür, dass Stalin einen Präventivschlag gegen Deutschland vorbereiten lassen wollte, der allerdings nicht zur Ausführung kam, da ihm Hitler mit dem deutschen Überfall auf die Sowjetunion in die Parade fuhr. Stalin hätte die Südvariante vorgezogen, da die polnischen Ebenen eine wirkungsvollere Entfaltung der sowjetischen Panzerwaffe ermöglicht hätten als

das unübersichtliche, waldige, seenreiche ostpreußische Gebiet. Doch die überzeugendste Erklärung für die Vorbereitung der Südvariante ist auch gleichzeitig die einfachste: Die sowjetische Führung erwartete zu diesem Zeitpunkt einen deutschen Angriff im Südabschnitt der Front. So hatten auch die entsprechenden Berichte der sowjetischen Aufklärer gelautet, die von einem massiven deutschen Aufmarsch im Süden sprachen. Sie waren damit auf eine deutsche Desinformationskampagne hereingefallen, die viel Aufwand betrieb, um die tatsächliche Konzentration der deutschen Truppen im Norden, mit Stoßrichtung Minsk-Smolensk-Moskau, zu tarnen. Die sowjetische Entscheidung für die Südvariante sollte tragische Folgen haben. Beim deutschen Überfall auf die Sowjetunion war die Masse der sowjetischen Truppen im Südwesten konzentriert und musste nun im Durcheinander des raschen Vorstoßes deutscher Panzer in die Tiefe der westlichen Sowjetunion umgruppiert werden (jedenfalls das, was nach den ersten Kesselschlachten noch übrig war). Tatsächlich hatte Hitler anfänglich die Südvariante vorbereiten lassen, war aber von seinen Generälen überzeugt worden, die Ziele anders zu hierarchisieren. Erst im Verlauf der ersten Kriegswochen wurde für die Sowjets erkennbar, dass das eigentliche deutsche Ziel Moskau war. Wobei Hitler sich bekanntlich noch im August wieder umentschied und die deutschen Stoßgruppen auf drei verschiedene Ziele (Leningrad, Moskau und Ukraine) aufteilte, weil er die verschiedenen, eigentlich zeitlich nacheinander anzugehenden Ziele alle gleichzeitig niedergekämpft wissen wollte.

Im Herbst 1940 verschlechtern sich die Beziehungen zwischen Deutschland und der Sowjetunion. Am 1. Oktober 1940 erhält Finnland von Deutschland die Zusage umfangreicher Waffenlieferungen, Deutschland im Gegenzug Konzessionen der finnischen Nickelgruben in Petsamo. In Rumänien trifft am 12. Oktober eine größere deutsche Militärdelegation ein, welche die Aufgabe hat, die rumänische Armee in die Aufmarschplanung gegen die Sowjetunion einzugliedern und vor Ort als verlängerter

Arm des deutschen Generalstabs zu agieren. Die sowjetische Führung nahm an, dass sich Deutschland in Frankreich wie während des Ersten Weltkriegs in einem Stellungskrieg festfahren würde, der dann über Jahre hinweg Deutschland »beschäftigen« und von einem Angriff auf die Sowjetunion abhalten würde. Stattdessen hat Hitler schon nach sechs Wochen wieder freie Hand für neue »Dummheiten«. Großbritannien steht am Rande einer Niederlage beziehungsweise einer deutschen Besetzung der Insel. Die strategische Lage hat sich also drastisch zuungunsten der Sowjetunion verschlechtert, die nun absehbar Gefahr läuft, nächstes Opfer der Hitlerschen Imperialismen zu werden. Im September 1940 wird der militärische Beistandspakt (in Erweiterung des »Antikomintern-Abkommens« von 1936) zwischen Deutschland, Italien und Japan unterschrieben, im Oktober reist Hitler zu einem Staatsbesuch nach Frankreich, wo er den französischen Staatschef Pétain trifft sowie an der französisch-spanischen Grenze den mit deutscher Hilfe ins Amt gehievten spanischen Diktator Franco. Doch von beiden erhält er im Hinblick auf den geplanten Krieg gegen die Sowjetunion beziehungsweise gegen die USA nur ausweichende Antworten, keiner von beiden will sich zu einem offiziellen Schulterschluss mit Deutschland drängen lassen. Hitler steht mit leeren Händen da. Im November 1940 schickt Stalin seinen Außenminister Molotow zu dessen erstem und letztem Besuch nach Berlin. Offiziell, um über die Erweiterung des Handelsvertrags zu sprechen. Inoffiziell, um Molotow sondieren zu lassen, wie aggressiv die Stimmung in Berlin gegenüber der Sowjetunion wirklich sei. Das nachlesenswerte Protokoll der Unterhaltung zwischen beiden lässt wie nur selten ein diplomatisches Dokument aus dieser Zeit offen zutage treten, wie der hochintelligente, gewiefte Diplomat Molotow den etwas tumben Hitler und den noch tumberen Ribbentrop immer wieder auflaufen lässt. Der Besuch endet erwartungsgemäß ergebnislos, für die Sowjetunion steht fest, dass Hitler einen Krieg gegen sie führen wird, die Frage ist nur noch, wann dieser beginnen wird.

## Hitler gibt den Befehl, den Überfall auf die Sowjetunion vorzubereiten

Nach einem weiteren Festbankett in der sowjetischen Botschaft am Abend reist Molotow am 14. November 1940 mit dem Sonderzug wieder nach Moskau zurück. Er reist mit der sicheren Erkenntnis, dass Deutschland in der Finnland-Frage nicht nachgeben wird, weil es die dortigen Rohstoffe nicht aus der Hand geben will, und dass alle Versuche, die Sowjetunion auf andere Interessensgebiete zu lenken wie in Asien, durchschaubare Winkelzüge gewesen sind. Noch am Vorabend hatte Hitler mit der Weisung Nr. 18 intern den klaren Befehl gegeben, unabhängig vom Ausgang der Gespräche mit Molotow die Vorbereitungen für einen Überfall auf die Sowjetunion mit Nachdruck voranzutreiben. Stalin beauftragt Molotow nun, den Entwurf zu einem neuen, weitaus umfassenderen Abkommen zu Papier zu bringen und nach Berlin zu schicken. Darin sollen Europa, Asien und Afrika unter den vier Mächten Deutschland, Sowjetunion, Italien und Japan aufgeteilt werden. Am 25. November 1940, dem Tag, an dem die Sowjetunion Bulgarien gegen die Zusage einer Durchmarscherlaubnis zusagte, dem deutsch-italienisch-japanischen Drei-Mächte-Pakt beitreten zu können, da man selber auch beizutreten beabsichtige, schickt Molotow den Gegenentwurf zu Ribbentrops Vorschlag nach Berlin. Die sowjetische Regierung erklärt sich darin bereit, den Entwurf für einen Vierbund zur politischen Zusammenarbeit und gegenseitiger wirtschaftlicher Unterstützung zu unterzeichnen. Allerdings solle der Anhang statt der von Ribbentrop vorgesehenen zwei Geheimabkommen deren fünf enthalten: 1. Dass Deutschland seine Truppen aus Finnland abziehe, im Gegenzug werde die Sowjetunion die Fortdauer der finnischen Lieferungen an Nickel und Holz nach Deutschland garantieren sowie einen Friedensvertrag mit Finnland abschließen. 2. Dass die Sowjetunion einen gegenseitigen Beistandspakt mit Bulgarien unterzeichnen werde, der die Einrichtung sowjetischer Militärbasen auf bulgarischem Boden zulasse. 3. Dass das Zentrum der sowjetischen Territorialforderungen südlich Baku und Batumi liegen werde (also mit Stoßrichtung Iran und Irak, damals unter britischer Besatzung). 4. Dass Japan seine Ansprüche auf die Öl- und Kohlekonzessionen in Nord-Sachalin aufgebe und dafür von der Sowjetunion eine angemessene Entschädigung erhalten werde. 5. Dass ein sowjetisch-bulgarischer Beistandsvertrag politisch unumgänglich sei.

Dieser Vertragsentwurf wird von einem umfassenden Wirtschaftsangebot der Sowjetunion ergänzt, die sich dazu verpflichten will, nicht nur bis Mai 1941 eine Million Tonnen Getreide zusätzlich, über das bisher vereinbarte hinaus, zu liefern, sondern – erstmals – auch die offenen Forderungen ausgebürgerter Volksdeutscher aus dem Baltikum zu begleichen. Doch das alles interessiert Hitler schon nicht mehr. Wie üblich hat er sich in seiner bekannt wetterwendischen Art angesichts der frustrierenden beziehungsweise verlorenen Luftschlacht um England und der daraus folgenden Unmöglichkeit, die britische Insel mit Aussicht auf Erfolg zu besetzen, sowie seinen frustrierenden Gesprächen mit Pétain und Franco kurzfristig dazu entschlossen, die zweite Option vorzuziehen, die er sich in seinem geisteskranken »Planspiel« für 1941 vorbehalten hatte: wenn schon nicht die Britische Insel, dann wenigstens die »bolschewistische Insel« im politischen Weltmeer, das einzige kommunistische Land der Erde, die Sowjetunion anzugreifen und binnen Wochenfrist als Triumphator in Moskau einzuziehen. Mit der Sowjetunion als europäischer Kolonie will er dann jedem denkbaren Feind widerstehen, also auch der vereinten Wirtschafts- und Militärmacht von Großbritannien und den Vereinigten Staaten von Amerika.

Drei Wochen später erlässt er am 18. Dezember 1940 die (vermutlich vom späteren Generalfeldmarschall Paulus – damals mit den konkreten Planungen für den Überfall auf die Sowjetunion befasst – beziehungsweise von dem Schlattenschammes Lossburg vorformulierte) »Weisung Nr. 21: ›Fall Barbarossa‹«. Darin heißt es: »Die deutsche Wehrmacht muss darauf vorbereitet sein, auch vor Beendigung des Krieges gegen England Sowjetrussland in einem schnellen Feldzug niederzuwerfen. Das Heer wird hierzu alle verfügbaren Verbände einzusetzen haben mit der Einschränkung, dass die besetzten Gebiete gegen Überraschungen gesichert sein müssen.« Also mal wieder das beliebte Spiel Hitlers, das eine zu tun, und das andere dennoch nicht zu lassen, und so seine Kräfte zu verzetteln. »Das Endziel der Operation ist die Abschirmung gegen das asiatische Russland aus der allgemeinen Linie Wolga–Archangelsk. So kann erforderlichenfalls das letzte Russland verbleibende Industriegebiet am Ural durch die Luftwaffe ausgeschaltet werden.« Eine Hauptsorge Hitlers galt der absoluten Geheimhaltung der Angriffsoperationen. Daher heißt es im Weiteren: »Die Zahl der frühzeitig zu den Vorarbeiten heranzuziehenden Offiziere ist so klein wie möglich zu halten, weitere Mitarbeiter sind so spät wie möglich und nur in dem für die Tätigkeit jedes Einzelnen erforderlichen Umfang einzuweisen. Sonst besteht die Gefahr, dass durch ein Bekanntwerden unserer Vorbereitungen, deren Durchführung zeitlich noch gar nicht festliegt, schwerste politische und militärische Nachteile entstehen.« Es ist auch siebzig Jahre später noch erschreckend zu sehen, wie amateurhaft eine solche kriegsentscheidende Offensivoperation vorbereitet wurde, wie sehr sich die laienhafte Art Hitlers hier bis in die einzelnen Formulierungen hinein niederschlägt.

## Die Tagung »Typologie zeitgenössischer Offensivoperationen« im sowjetischen Generalstab

Kurz nach dem Besuch Molotows in Berlin lässt Hitler Ungarn, Rumänien und die Slowakei den Dreimächtepakt unterschreiben, in dem sich Deutschland, Japan und Italien gegenseitigen militärischen Beistand zugesichert hatten (auf der Basis des Antikomintern-Paktes der drei Länder von 1936, nicht zu vergessen, was die Sowjetunion genau wusste). Die Lage verschlechtert sich also für die Sowjetunion geradezu stündlich. Stalin geht trotz allem (Wunschdenken auch auf dieser Seite) davon aus, Hitler noch eine Weile ruhigstellen zu können, so lange, bis die Sowjetunion und die Rote Armee stark genug sein werden, einen deutschen Angriff mit Aussicht auf Erfolg abzuwehren. Selbst wenn Stalin daher die oben beschriebene, am 18. Dezember 1940 ausgestellte »Weisung Nr. 21« mit den konkreten Angriffsvorbereitungen gegen die Sowjetunion in die Hand bekommen hätte, hätte er es nicht geglaubt. Er vermag nicht nachzuvollziehen, wie verblendet und abgehoben von der Realität Hitler agiert, das liegt jenseits seines Vorstellungsvermögens. Doch trotz aller Überzeugung, dass ein Krieg mit Deutschland noch in ziemlicher Entfernung liege und erst nach einem wirklichen deutschen Sieg über Großbritannien wahrscheinlich sei (der in diesem Augenblick weit entfernt ist), trifft Stalin Vorbereitungen für den Fall, dass dem nicht so sein sollte (auch wenn viele westliche Militärhistoriker das nicht wahrhaben wollen: was Stalin glaubt, ist eine Sache, aber er ist Politprofi genug, um sich auch auf Entwicklungen vorzubereiten, die er zwar nicht für wahrscheinlich, aber grundsätzlich für möglich hält).

Bereits im September 1940 erhält Schukow daher die Einladung, im Dezember ein Referat bei einem Treffen der höheren sowjetischen Generalität in Moskau zu halten. Thema: Die Typologie zeitgenössischer Offensivoperationen. Dabei geht es neben der Schlacht am Chalchin Gol auch um eine Analyse der schwer begreiflichen, scheinbar auf spielerische Weise errungenen deutschen Erfolge in Frankreich. Eine erste Fassung soll Schukow Verteidigungskommissar Timoschenko Anfang November 1940 vorlegen. Bei der Vorbereitung unterstützt ihn der Operationschef des Kiewer Militärbezirks, Iwan Bagramian, der mit Schukow im weiteren Verlauf des Zweiten Weltkriegs eng zusammenarbeiten wird. Dieser hat – im Gegensatz zu Schukow – an der sowjetischen Generalstabsakademie studiert und somit die Weihen der höchsten Ebene sowjetischer Militärwissensvermittlung. Auch andere hohe Offiziere aus der Führungsebene des Kiewer Militärbezirks werden von Schukow in die Vorbereitung des Referats einbezogen, was ihm von seinen Kritikern den Vorwurf einträgt, er selbst habe den wenigsten Anteil an diesem Papier, das wesentlich Schukows wachsenden Ruf als Militär- und Offensivexperte verstärkt. Entscheidenden Anteil an der Abfassung der Ausarbeitung hat neben Bagramian vor allem Schukows Stabschef Maxim Alexejewitsch Purkajew. Dieser spricht Deutsch und Französisch (kann also die Literatur und sonstige Unterlagen in der Originalsprache lesen), hat zuletzt in Berlin als sowjetischer Militärattaché gedient und somit aus erster Hand Erfahrungen mit dem deutschen Militär gemacht. In seinen Memoiren erwähnt ihn Schukow mit keinem Wort, macht er ihn doch nachträglich für das Desaster bei der Operation Mars 1942 verantwortlich (Schukows folgenschwerste Niederlage, wie wir noch sehen werden).

Die Konferenz beginnt am 23. Dezember 1940 in Moskau. 270 hohe Offiziere der Roten Armee nehmen teil, darunter die Kommandanten der Militärbezirke, die Leiter der Militärakademien, die Generalinspekteure sowie zahlreiche andere Divisions- und Korpskommandanten. Viele dieser Offiziere verfügen über aktive Kampferfahrung, sei es aus ihrer Zeit in der zaristischen Armee, sei es aus dem Russischen und Spanischen Bürgerkrieg sowie aus dem Winterkrieg und Chalchin Gol. Neben Schukows Analyse zeitgenössischer Offensivoperationen trägt General Rigatschow über verschiedene Aspekte des modernen Luftkriegs vor, General Tulenjew über Defensivstrategien sowie General Pawlow über motorisierte und Panzerstreitkräfte. General Smirnow beschäftigt sich in seinem Beitrag mit der Rolle von Schützendivisionen sowohl bei offensiven wie auch defensiven Operationen. Insgesamt kommen 72 Referate zum Vortrag. Timoschenko fasst zum Abschluss der Tagung die Erkenntnisse zusammen. Schukows Referat dreht sich um das Thema »Geschwindigkeit bei Offensivoperationen«. Das Zusammenspiel moderner Waffensysteme wie der Luftwaffe, der Panzerwaffe, der motorisierten Artillerie sowie der motorisierten Schützenregimenter erlauben ein bisher ungekanntes Tempo bei der Entwicklung von Offensivstrategien. Neben der Schlacht am Chalchin Gol beschäftigt sich Schukow in seinem Beitrag hauptsächlich mit der Vorbereitung, Durchführung und Ergebnissicherung der deutschen Truppen in Frankreich und darüber hinaus speziell mit dem dabei vorgelegten Tempo des deutschen Vormarsches. Dieser hatte sich, begünstigt jeweils durch ein Überraschungsmoment, in atemberaubenden Tempo und nahezu unbeeinträchtigt von gegnerischen Abwehroperationen abgespielt: 18 Tage in Polen, 20 Tage für Holland, Belgien und Nordfrankreich sowie weitere 18 Tage für Südfrankreich. Diese von einem unglaublichen Glück, einem geradezu absurden Dusel begleiteten deutschen Eroberungsunternehmen weckten natürlich in Hitler und dem deutschen Generalstab die – von Hitler Ende 1940 auch explizit geäußerte – Vorstellung, man könne die Sowjetunion entsprechend in rund 60 Tagen niederwerfen bis zur Kapitulation. Es kam bekanntlich anders.

Schukow zieht daraus den Schluss, dass eine ideale, schnelle, überraschende Angriffsoperation entlang eines maximal 500 Kilometer breiten Frontabschnitts durchgeführt werden solle, mit dem Ziel, zwischen 50 und 100 Kilometer hinter die feindliche Front durchzustoßen. Dazu benötige man im Idealfall 85 bis 100 Schützendivisionen, 4 bis 5 motorisierte Korps, 2 bis 3 Kavalleriekorps sowie 30 bis 50 Luftwaffendivisionen. Um diese Zahlenwerte zu errechnen, hatte er einfach die Verhältnisse am Chalchin Gol auf den größeren Maßstab umgerechnet (Faktor 10). Die feindlichen Truppen sollen im Zentrum durch »Fixierungsangriffe« festgenagelt, und gleichzeitig von hochmobilen, schwerbewaffneten Einheiten seitlich umgangen werden, um dort Fronteinbrüche und Einkesselungen herbeizuführen, die von starken Reserven dann abge-

schlossen werden sollen. Um erfolgreich zu sein, müsse man hierfür bereits in der Eröffnungsphase ein Drittel bis die Hälfte der gegnerischen Einheiten zerschlagen und ein Vormarschtempo von zehn bis fünfzehn Kilometern pro Tag aufrechterhalten. Durch die gegenwärtigen Modernisierungsfortschritte der Waffensysteme sowohl bei den Land-, den Panzer- und den Luftstreitkräften sei die Basis dafür gegeben, erfolgreiche, schnelle Offensivoperationen mit hoher Geschwindigkeit, über große Distanzen und mit hoher Aussicht auf Erfolg durchzuführen.
Schukows Beitrag wird laut Protokoll von sechs Teilnehmern kommentiert. Hierbei geht es meist um technische Details, wie viele Truppen genau benötigt würden, wann und wie diese Truppen eingesetzt werden sollten, der zeitliche und räumliche Ablauf solcher Operationen und das tatsächlich nötige Vormarschtempo. Allerdings gibt es einen Beitrag, der sich auch ganz offen kritisch mit Schukows Ausführungen auseinandersetzt. General Romanenko, Kommandeur des 1. Motorisierten Korps des Leningrader Militärbezirks äußert, seiner Meinung nach repräsentieren Schukows Ausführungen den Stand der Dinge zu Beginn der dreißiger Jahre und seien in gegenwärtigen Zeiten so nicht mehr umsetzbar. Gerade die Auswertung der deutschen Operationen auf dem westlichen Kriegsschauplatz im Rahmen des Überfalls auf Frankreich belege dies. Im Gegensatz zu Schukows Ausführungen benötige man, wenn man die dortigen Erfahrungen zugrunde lege, massierte »Stoßtruppen« in Form von 4–5 motorisierten Korps, 1–2 Fallschirmjäger-Divisionen und 9–12 Artillerieregimentern. Diese sollten nicht nur in der Anfangs-, sondern auch in der Durchbruchsphase beteiligt bleiben.
Der kritischste Beitrag kommt von General Schtern, Schukows Oberkommandierendem am Chalchin Gol. Möglicherweise von Schukows Nebenbemerkung aufgebracht, dass während der ersten Phase der Operationen am Chalchin Gol (als Schtern alleiniger Kommandeur war) die 57. Spezialbrigade schlecht auf ihre Aufgaben vorbereitet worden sei, sagt Schtern, er sei der Mei-

nung, sowohl die Erfahrungen des Ersten Weltkriegs wie auch die gegenwärtigen müssten herangezogen werden. Beide Male habe sich gezeigt, dass die Vorbereitungsphase für solche Operationen recht lang bemessen werden müsse, sollte sie Aussicht auf Erfolg haben. Insbesondere kritisiert Schtern den von Schukow vorgeschlagenen zeitlichen Ablauf, speziell was den Zeitpunkt des Einsatzes der Panzerstreitkräfte angeht. Schukow schlug vor, diese zu einem frühen Operationszeitpunkt in Einsatz zu bringen, während Schtern darauf beharrt, dass dies zu einem späteren Zeitpunkt des Ablaufs erfolgen müsse, wenn Infanterie und Artillerie ihre Aufgaben bei der Operationseröffnung erfolgreich abgeschlossen hätten. Dies gelte speziell gegen starke und tiefgestaffelte Gegner. Tatsächlich geht Schukow im weiteren Verlauf des Zweiten Weltkriegs dazu über, gemäß Schterns Anmerkungen zu verfahren und die Panzer erst in einem zweiten Operationsabschnitt, deutlich abgesetzt vom Beginn der Kampfhandlungen, nach erfolgreichen Durchbrüchen der Stoßkräfte zu Beginn, zum Einsatz zu bringen. Während der Tagung nimmt Schukow nicht weiter Stellung zu Schterns Ausführungen und vermerkt in seinem Bericht, es habe keine grundsätzlichen Einwände gegen seine Ausführungen gegeben.

## Die beiden Übungen des sowjetischen Oberkommandos vom Januar 1941

Stalin nimmt an der Offizierstagung im Haus der Roten Armee nicht teil, lädt deren Teilnehmer aber am 2. Januar 1941 zu einem Empfang in einen Besprechungsraum des Kreml und lässt sich dabei innerhalb von zwei Stunden die essentiellen Erkenntnisse der Tagung vortragen. Am selben Tag beginnen im sowjetischen Generalstab zwei Kriegsübungen, bei denen in Planspielen ver-

schiedene Szenarien analysiert werden sollten. Auf großformatigen Karten dürfen jeweils zwei Gruppen (Angreifer und Verteidiger) bestimmte Kräfte aufstellen und dann ihre Operationen durchführen beziehungsweise auf die Operationen des Gegners reagieren. Beides wird von einer neutralen Jury anschließend beurteilt. Die Jury bilden Timoschenko, Merezkow und Schaposchnikow, während Operationschef Watutin vom Generalstab die Spiele vorbereitet hat. Die versammelten höheren Kommandeure sollen so die Gelegenheit erhalten, in einer »Wettbewerbsatmosphäre« unter annähernd realistisch angenommenen Rahmenbedingungen ihre Vorstellungen theoretisch durchzuspielen und aneinander zu messen.
Die erste Übung dauert vom 2. bis zum 6. Januar und legt eine Invasion Russlands durch feindliche Kräfte aus dem Raum Ostpreußen mit Stoßrichtung Weißrussland und Baltikum (nördlich der Pripjetsümpfe) zugrunde. Die blaue, »westliche« Seite wird von einem Team vertreten, dem Kirponos, Schtern, Tolbuchin und Schukow angehören, während Pawlow mit seinem (roten) Team (unter anderem Koniew) die verteidigende sowjetische Seite repräsentiert. »Blau« attackiert nördlich der Pripjetsümpfe und stößt bis zu hundert Kilometer auf sowjetisches Gebiet vor, Pawlow gelingt es jedoch, den feindlichen Vormarsch durch Angriffe auf die Flanken relativ schnell zu stoppen und zur Gegenoffensive auf seiner linken (südlichen) Flanke anzutreten, mit der die Angreifer eingekesselt werden sollten. Schukows Team muss die eigenen Truppen (was er in seinen Memoiren verschweigt) bis zur sowjetischen Grenze zurücknehmen, wo es Pawlows Truppen ins befestigte Vorfeld seiner Stellungen eindringen lässt, gleichzeitig aber eine seegestützte Attacke auf seiner linken (nördlichen) Flanke mit Landungen in Estland und im Raum Riga startet, um Pawlows Truppen nördlich zu umfassen.
Die zweite Übung findet vom 8. bis zum 11. Januar statt und ist im südwestlichen Frontabschnitt (südlich der Pripjetsümpfe) angesiedelt. Angenommen wird eine sowjetische Offensive nach

Polen hinein sowie ein gleichzeitiger Angriff auf die deutschen Verbündeten Rumänien und Ungarn. Bei dieser Übung wechseln die Teams die Seiten. Das Team, dem Schukow angehört, betreut diesmal die sowjetische Position, kann die blauen Angreifer auf der Höhe von Lemberg stoppen und entwickelt eine erfolgreiche Gegenoffensive mit tiefem Eindringen ins deutsch besetzte Polen bis vor Krakau und der Zerschlagung vieler Feinddivisionen. Pawlow, Kusnezow (Kommandeur des baltischen Sondermilitärbezirks Riga) und Koniew spielen diesmal die blauen Angreifer. Keine der beiden Übungen wird bis zu einem formellen Ende durchgespielt, aber das Team mit Schukow hat sich beide Male Vorteile herausgearbeitet, wie die Jury feststellt. Dabei macht sich Schukows Erfahrung in der Durchführung breitangelegter und tiefgestaffelter Großoperationen, wie er sie am Chalchin Gol erlebte, bezahlt. In seinen Memoiren schreibt Schukow, beim Abschlussempfang nach beiden Übungen habe sich Stalin beschwert, warum die »Roten« verloren hätten. Pawlow habe ausweichend geantwortet und sei dafür von Stalin nach allen Regeln der Kunst zusammengefaltet worden. Laut Stalins Terminkalender war Pawlow allerdings bei diesem Empfang am 14. Januar 1941 gar nicht dabei.
Drei Aspekte dieser Kriegsübungen verdienen eine nähere Betrachtung. In der Variante mit einem deutschen Angriff auf die Sowjetunion ist man zu der Auffassung gelangt, dass es nach grenznahen Defensivoperationen innerhalb von zwei Wochen gelingen könne, zur Offensive überzugehen. Beide Varianten zeigen zudem, dass Gegenoffensiven gerade im südlichen Frontabschnitt vielversprechende Möglichkeiten für Durchbruchsaktionen bieten, und tragen so zur Entscheidung bei, künftig das Gros der sowjetischen Defensivkräfte in diesem Raum zu konzentrieren. Die sowjetischen Verluste werden jeweils mit rund 120.000 Mann pro Monat angenommen, eine deutliche Unterschätzung, wie sich zeigen wird. Die von westlicher Seite aus im Nachhinein häufig geäußerte Kritik an der sowjetischen »Vorneverteidigungs-

strategie« lässt außer Acht, dass das Land gerade anderthalb Jahrzehnte zuvor einen verheerenden Bürgerkrieg überstanden hat, mit großräumigen Zerstörungen im ganzen westlichen Russland, aber auch in großen Teilen Sibiriens (von den Verheerungen des Ersten Weltkriegs und dem deutschen Vormarsch bis zum Kaukasus samt Raubzug nach dem »Frieden« von Brest-Litowsk 1918 ganz zu schweigen). Die sowjetische Strategie ist daher zwangsläufig darauf angelegt, das gerade halbwegs wieder aufgebaute Hinterland, die sowjetischen Städte und Dörfer von erneuten Kriegshandlungen möglichst zu verschonen und dafür den Krieg mit allen Kräften und so früh wie möglich ins Territorium des Gegners zu verlagern – ein durchaus nachvollziehbarer Gedanke, wie ich meine. Teilnehmer Kasakow schreibt in seinen Memoiren, dass zahlreiche Mitspieler verblüfft waren, dass eine nur leichte zahlenmäßige Überlegenheit den »Blauen« genügte, um sich operative Vorteile gegenüber den »Roten« zu verschaffen (ab 22. Juni 1941 traten die deutschgeführten Koalitionstruppen dann mit 3,8 Millionen Soldaten, also sogar deutlicher zahlenmäßiger Überlegenheit – wenn auch nicht dem klassischen 3:1-Verhältnis –, gegen die sowjetischen Verteidiger der westlichen Verteidigungsbezirke mit 2,8 Millionen Soldaten an). Zudem seien die Teilnehmer, so etwa Merezkow, von deutlich falschen Voraussetzungen ausgegangen, etwa dass eine sowjetische Division einer deutschen Division im Kampfwert überlegen sei und bei einer direkten Auseinandersetzung jederzeit den Sieg davontragen werde, in der Defensive es sogar jederzeit mit bis zu drei deutschen Divisionen aufnehmen könne etc. Stalin habe das in Zweifel gezogen, Schukows Freund Merezkow habe darauf aber nicht überzeugend zu antworten gewusst und wurde darob von Stalin zurechtgewiesen – also nicht, wie in Schukows Memoiren behauptet, der 1941 hingerichtete Pawlow, der nicht mehr widersprechen konnte, als Schukow seine Memoiren 1969 veröffentlichte. Schukow wiederum betont in seinen Memoiren, er habe in den Nachbesprechungen explizit darauf hingewiesen, dass die befestigten Verteidigungsstellungen in Weißrussland zu nah an der Grenze errichtet worden und daher schlecht zu verteidigen seien. Doch auch das habe Stalin nicht hören wollen.

Schukow übernimmt den ihm zwischenzeitlich übertragenen Posten des Generalstabschefs am 1. Februar 1941. Gleichzeitig wird er stellvertretender Verteidigungsminister und erhält am 15. März 1941 zusätzliche Verantwortlichkeiten hinsichtlich Nachschub, Kommunikation und Luftabwehr und den Betrieb der Generalstabsakademie der Roten Armee, den er verbessern soll. Zudem wird er im Rahmen des 18. Parteitags im Februar 1941 Kandidat für das Zentralkomitee der KPdSU. Damit ist Schukow innerhalb weniger Jahre in den höchsten Sphären der Sowjetgesellschaft angekommen. Er bezieht eine Wohnung in einem Regierungswohngebäude in der Granowski-Straße (heute Wosdwischenka-Straße) unmittelbar westlich des Kreml, zwischen Manegenplatz und Arbat. Zu seinen Nachbarn gehören dort Budjonny und Timoschenko, Woroschilow, der frühere Verteidigungskommissar, wohnt in einem Nachbargebäude. Schukows Familie bleibt während seiner vielen auswärtigen Verpflichtungen die nächsten zwanzig Jahre hier wohnen. Zu den mit dem neuen Job verbundenen Annehmlichkeiten gehören eine Datscha im auch heute noch begehrten Vorort Archangelski (mit Telefon!), Auto mit Chauffeur, Zugang zu den Nomenklatura-Kaufhäusern und Restaurants, reservierte Plätze in den Top-Sanatorien (Ferienhotels) und anderes mehr.

Die ersten Wochen im Generalstab tut Schukow das Naheliegende: Er beschäftigt sich akribisch mit den einzelnen Tätigkeitsbereichen des Generalstabs, führt zahllose Einzelgespräche mit den Mitarbeitern und macht sich so mit dem gesamten Apparat vertraut. Doch über all dem liegt der Schatten des heraufziehenden Krieges. Zwar ist es nach dem Abschluss des Deutsch-Sowjetischen Nichtangriffsvertrags (oder »Hitler-Stalin-Pakt«, wie er in der Westblock-Literatur heißt) und des Deutsch-Sowjetischen Grenz- und Freundschafts(!)-Vertrags im August/September 1939 zu einer scheinbaren Annäherung der beiden Länder gekommen. Der Sowjetführung ist jedoch jederzeit unmissverständlich klar, dass Hitler seine in den zwanzig Jahren zuvor unaufhörlich verkündete Todfeindschaft gegenüber der Sowjetunion und dem »Bolschewismus« nicht von heute auf morgen aufgegeben hatte, sondern dass der Vertragsabschluss für Hitler nur ein taktisches Manöver war, um freie Hand gegen Polen und in Westeuropa zu bekommen. Erstaunlicherweise vertraut Hitler, der selber Verträge bei der erstbesten Gelegenheit ohne jegliche Skrupel brach, auf die Vertragstreue der ihm so verhassten Sowjetunion. Da Stalin nicht daran gelegen ist, den deutschen Diktator von sich aus zu einem Angriff auf die Sowjetunion zu reizen (Stalin weiß, dass die Sowjetunion 1939 noch nicht bereit ist für einen Waffengang gegen die bereits seit 1933 wieder gut geölte und mächtig ausgebaute deutsche Kriegsmaschinerie), hält er sich tatsächlich bis zum 22. Juni 1941 buchstabengetreu an die Verträge (zu denen das bereits am 19. August 1939 abgeschlossene Wirtschaftsabkommen gehört, das Anfang 1940 und Anfang 1941 nochmals erweitert wird). Im Rahmen dieses Wirtschaftsabkommens liefert die Sowjetunion eine Fülle der in Deutschland so dringend für die Aufrüstung benötigten Rohstoffe (darunter Erdöl zur Treibstoffherstellung, aber auch Wolfram für die Munitions- und Panzerstahlherstellung etc.) sowie fast zwei Millionen Tonnen Getreide. Deutschland hat (wie schon 1812 Napoleon) das Problem, dass Großbritannien durch die Kontinentalblockade das Hakenkreuzreich vom Handel mit den für Aufrüstung und Kriegsführung benötigten Rohstoffen fast komplett abzuschneiden wusste. Deutschland ist, so aberwitzig es im Nachhinein erscheint, für die weitere Kriegsführung in Westeuropa, auf dem Balkan und natürlich gegen die Sowjetunion selbst essentiell auf die sowjetischen Lieferungen sowie die sowjetischen Tarnkäufe von Gummi für Deutschland angewiesen. Hitler hofft, dies schon vorweg, nach dem Überfall auf die Sowjetunion kostenlos zu bekommen, wofür er jetzt noch, laut Vertrag, die vereinbarten (allerdings sehr günstigen)

Preise bezahlen soll. Warnungen, wie die von Admiral Raeder, dass man in den künftigen Besatzungsgebieten in der Sowjetunion (Ukraine) nach den Kriegszerstörungen auf Jahre hinaus nicht in der Lage sein wird, den gedachten und schon fest für künftige Aktionen eingeplanten Ertrag beziehungsweise Mehrwert für Hitlerdeutschland herauszupressen, sondern dass diese zu einer zusätzlichen Belastung werden würden (wie es dann auch kam), verhallen ungehört.

Die Sowjetunion hat als Gegenleistung für die Rohstofflieferungen – sehr zum Ärger der deutschen Generalität, ein hervorragendes Verhandlungsergebnis Molotows – neueste deutsche Militärtechnologie in Testexemplaren zu Studienzwecken angefordert, so die neuesten Jagdflugzeuge und Panzertypen. Außerdem den halbfertigen Kreuzer *Lützow* (Hipper-Klasse), die kompletten Baupläne für das Schlachtschiff *Bismarck,* Informationen über deutsche Marinerüstungstests, die komplette Ausstattung für einen großen Zerstörer, schwere Schiffsgeschütze, drei 38.1 Zentimeter-Zwillingsgeschütze zur Verteidigung von Hafenanlagen, Entwurfszeichnungen für ein 40.6 Zentimeter Drillingsgeschütz, Konstruktionszeichnungen für einen 28 Zentimeter Geschützturm, andere Marineausrüstungen sowie Testexemplare von dreißig der neuesten deutschen Luftwaffen-Flugzeuge, darunter eine Me-109 Jäger, einen Me-110 Schlachtflieger und einen Ju-88 Bomber. Stalin hält die *Lützow* für besonders bedeutend wegen ihrer neuen 20.3 Zentimeter Schiffsgeschütze sowie wegen ihrer allgemeinen, alliierte Vergleichsmuster übertreffenden Leistungsdaten. Allerdings verzögert die deutsche Seite die Ablieferung der vereinbarten Gegenleistungen nach Kräften, so dass bis 22. Juni 1941 nicht alle vereinbarten Bestellungen ausgeführt werden. Die Sowjets haben des Weiteren Ausrüstungen für die Ölverarbeitung und die Stromerzeugung, Lokomotiven, Turbinen, Generatoren, Dieselmotoren, weitere Schiffe, Maschinenteile und Musterexemplare deutscher Artilleriegeschütze, Panzer, Sprengstoffe, Ausrüstung zur Abwehr chemischer Kampfstoffe und andere Dinge mehr geordert. Zudem überlässt Hitler der Sowjetunion das Baltikum, Ostpolen, Bessarabien und Finnland als Interessenssphäre.

## Wann greift Hitler an?

Bereits seit Mitte 1940 waren trotz der beabsichtigten strengen Geheimhaltung deutscherseits über eine Vielzahl von Kanälen Nachrichten über mögliche deutsche Angriffsabsichten gegen die Sowjetunion nach Moskau gelangt. Anfang 1941 verdichtet sich der Strom entsprechender Mitteilungen an die Moskauer Zentrale. Speziell der Militärgeheimdienst GRU (*Главное разведывательное управление Генерального штаба Вооружённых Сил – ГРУ / Glawnoje Raswedywatelnoje Uprawlenije Wooruschennych Sil* – GRU, Hauptverwaltung für Aufklärung beim Generalstab, heute: *Главное управление Генерального штаба Вооружённых Сил Российской Федерации / Glawnoje Uprawlenije Generalnogo Staba Wooruschennych Sil Rossijskoj Federazii*, Hauptverwaltung beim Generalstab der Streitkräfte der Russischen Föderation), Teil des Generalstabs unter Führung des stellvertretenden Generalstabschefs, General Golikow, trägt eine Vielzahl von entsprechenden Informationen zusammen, die auch Schukow bekannt gewesen sein dürften (in seinen Memoiren schweigt er hierzu). Im September 1940 ging der sowjetische Militärnachrichtendienst noch davon aus, dass die Wehrmacht insgesamt über 228 Divisionen verfüge, davon 15 bis 17 Panzerdivisionen und 8 bis 10 motorisierte Divisionen. Golikow schickt am 10. März 1941 einen neuen, ausführlichen Report an Stalin. Jetzt geht der GRU davon aus, dass die Wehrmacht mittlerweile auf 263 Divisionen komme, mit 20 Panzer- und 20 motorisierten Divisionen. Zudem habe die Wehrmacht in der Zwischenzeit mehr als zehn Prozent ihrer Gesamtstärke nach Osten verschoben, wo jetzt rund die Hälfte aller Kampfkräfte versammelt sei. Zudem seien diese umgruppiert und jetzt in der Masse im südlichen Frontabschnitt, also im Vorfeld der Ukraine, konzentriert (bis hierhin hat das deutsche Ablenkungsmanöver also funktioniert). Am 20. März 1941 übersendet Golikow eine aktualisierte Fassung, der zufolge konkrete Anhaltspunkte für einen deutschen Angriff im Frühjahr 1941 vorliegen. Die hierfür herangezogenen angloamerikanischen Quellen gehen davon aus, dass der Angriff nach einem Sieg über Großbritannien beziehungsweise nach einem Waffenstillstand dort beginnen werde. Allerdings sei nicht auszuschließen, dass es sich hierbei um Desinformationen angloamerikanischen oder sogar deutschen Ursprungs handle, um die Sowjetunion zu einem Präventivkrieg zu reizen. Schukow gehört zu den sowjetischen Militärführern, die genau davon überzeugt waren – dass es sich um Desinformation handelte. Golikows nächster Report, vom 4. April 1941, berichtet, dass die Verlagerung deutscher Divisionen von der West- in die Osthälfte des von Deutschland besetzten Gebietes (Polen) fortschreite, so seien sechs weitere Infanterie- und drei zusätzliche Panzerdivisionen nach Osten verlegt worden. Zudem werde das Straßen- und Schienennetz dort ständig ausgebaut. Am 16. April 1941 informiert Golikow, dass nunmehr 78 deutsche Divisionen im Raum Ostpreußen / Polen massiert worden seien, zudem würden die Familien deutscher Offiziere aus Warschau evakuiert. Am 26. April 1941 referiert Golikow, dass inzwischen 95 bis 100 deutsche Divisionen vor der Westgrenze der UdSSR stehen. Am 5. Mai 1941 sind es schon 107, am 15. Mai bereits 119, von denen 24 Divisionen gegenüber der Grenze zum sowjetisch besetzten Baltikum aufgestellt seien, 30 gegen den westlichen Sondermilitärbezirk (Minsk) und 36 gegen den Sondermilitärbezirk Kiew. Am 31. Mai 1941 zählt Golikow dann nicht weniger als 122 deutsche Divisionen vor der sowjetischen Westgrenze, zudem werde speziell die rechte Flanke der deutschen Truppen (gegenüber Ukraine) verstärkt, und zwar mit Einheiten, die nach dem Sieg über Jugoslawien und

Griechenland freigeworden seien. Allerdings ständen noch immer 122 Divisionen gegen britische Truppen (in Frankreich, Nordafrika und im Mittelmeer – diese Zahl ist falsch, ebenfalls ein Erfolg der deutschen Desinformationsbemühungen, es sind viel weniger Divisionen im Westen, Hitler verlegt nicht weniger als 75 Prozent seiner Streitkräfte für den Überfall auf die Sowjetunion nach Osten). Doch die Anzeichen mehren sich auch auf anderem Gebiet: Die Zahl der deutschen Verletzungen des sowjetischen Luftraums nimmt im Juni exponentiell zu – immer mehr Flugzeuge überfliegen die Grenze zu Überwachungs- und Kartographierungsflügen, um neueste Luftbilder der sowjetischen Truppenansammlungen zu machen. Stalin will einmal mehr keine Provokation und verbietet daher, auf diese Maschinen zu feuern. Mitte Juni rücken die deutschen Panzerdivisionen in grenznahe Stellungen vor, die Luftwaffe verlegt 2.000 Jagdflugzeuge auf vorgeschobene Fliegerhorste im Grenzgebiet.

Schukow hat zu diesem Zeitpunkt dennoch den Eindruck, dass keine konkrete Kriegsgefahr mit Deutschland besteht. Er begründet dies mit der – falschen – Annahme der sowjetischen Militärführung, die Gesamtstärke der Wehrmacht betrage 300 Divisionen, war also der Auffassung, dass keineswegs das Gros der Wehrmachtsdivisionen gegen die Sowjetunion aufgestellt sei. Tatsächlich waren zu diesem Zeitpunkt jedoch nur rund 200 Divisionen auf deutscher Seite vorhanden, von denen tatsächlich der Großteil bereits gegen die Sowjetunion Aufstellung genommen hat. Trotz aller Fehlschlüsse sind die Sowjets nach 23 Jahren Dauerkampf gegen westliche Insurgierungsbemühungen jedoch vorsichtig genug, gegen die ständigen Verstärkungen der deutschen Seite vor ihrer Grenze auch von sowjetischer Seite aus Verstärkungen in den grenznahen Raum zu verlegen. Stalins einzige Bedingung ist, dass dies in einer Art und Weise erfolgt, die von deutscher Seite aus nicht als Provokation ausgelegt werden kann. Zudem lässt Schukow als eine seiner ersten Maßnahmen als Generalstabschef einen neuen Mobilisierungsplan ausarbei-

ten, genannt »Mobilisierungsplan 1941« (MP41). Er sieht vor, die Truppenstärke der Roten Armee innerhalb eines Jahres von vier auf über acht Millionen Soldaten zu verdoppeln. So sollte eine Parität zu Deutschland mit ebenfalls 300 Divisionen hergestellt werden, von denen 60 Panzer- und 30 motorisierte Divisionen sein sollten. Insgesamt sollten an der Westgrenze 6,5 Millionen Soldaten zusammengezogen werden, um Deutschland von einem Angriff nachhaltig abzuschrecken. Fünf Millionen Reservisten, 600.000 Offiziere und 885.000 Unteroffiziere sollten reaktiviert werden. Im März 1941 erhält Schukow von Stalin endlich die Erlaubnis, Provokation hin oder her, konkret 800.000 Reservisten einzuziehen und 20 neue motorisierte Korps aufzustellen. Diese werden zwar erst Ende 1942 einsatzbereit sein, dann aber 1943 zu den fulminanten Siegen der Roten Armee beitragen.
Natürlich müssen die angeblichen Präventivkriegsvorbereitungen der Sowjetunion an dieser Stelle kurz thematisiert werden, der sogenannte Schukow-Plan vom 15. Mai 1941. Allerdings sei gleich vorweg gesagt, dass auch dieser Plan, wie immer er zu verstehen war, einen Präventivschlag gegen die deutschen Truppenansammlungen im Westen der UdSSR nicht aufgrund von Eroberungsabsichten Stalins vorsah, sondern – und das ist der wichtige Unterschied zu den deutschen Planungen, die ja zum Ziel hatten, das Judentum und den Bolschewismus in einem Zuge auszuradieren – um einem absehbaren deutschen Angriff zuvorzukommen. Der »Schukow-Plan« taugt also gerade nicht als Beleg dafür, dass Hitler recht hatte, als er unmittelbar nach dem Überfall auf die Sowjetunion verkünden ließ, man sei einem beabsichtigten Angriff der »bolschewistischen Untermenschen-Horden« buchstäblich nur um Stunden zuvorgekommen.
Doch was besagte der »Schukow-Plan«, formuliert vom stellvertretenden Operationschef Wassilewski und seinem Vorgesetzten Watutin, denn nun im Einzelnen? Ausgangspunkt war, dass die deutschen Truppen nach dem Sieg über Frankreich keineswegs in der Masse demobilisiert worden waren (wie von Hitler zunächst

angekündigt, im Überschwang des Triumphs), sondern weiterhin in voller Kampfbereitschaft seien und daher innerhalb einer äußerst kurzen Vorbereitungsfrist losschlagen könnten, zumal die Aktionen auf dem Balkan (Unterstützung der in Schwierigkeiten geratenen italienischen Truppen in Jugoslawien und Griechenland) und in Nordafrika (Unterstützung der in Schwierigkeiten geratenen italienischen Truppen in Libyen, gegen die britischen Einheiten, die von Ägypten aus nach Westen vorgerückt waren) binnen kurzem abgeschlossen werden könnten, was zusätzliche kampfbereite und kampferprobte Truppen freimache. Um das zu verhindern und ebenso künftige Bedrohungen von Deutschland aus durch eine Zerstörung eines Großteils der Wehrmacht unmöglich zu machen, halte er es für notwendig, die Initiative unter allen Umständen nicht dem deutschen Oberkommando zu überlassen. Sondern den Aufmarsch der feindlichen Kräfte jetzt zu stoppen und die Wehrmachtseinheiten in dem Augenblick zu zerschlagen, solange sie noch im Aufmarsch begriffen seien und noch keine volle Kampfbereitschaft hergestellt hätten. Ziel der Roten Armee sei es, die Hauptmasse des deutschen Heeres, die südlich von Demblin disloziert sei, zu zerschlagen. Anschließend sei eine Offensive Richtung Krakau und Kattowitz zu unternehmen, um Deutschland (wie in den Kriegsspielen geplant) von seinen südlichen Alliierten Rumänien, Ungarn und Bulgarien zu separieren.

Unterstützend sei ein Angriff auf der rechten Flanke der eigenen Kräfte gegen die Wehrmachtseinheiten im Raum Warschau durch einen Angriff Richtung Demblin und Sedletz vorzunehmen, und so der Südwestfront bei der Zerschlagung der feindlichen Kräfte im Raum Lublin zu helfen. Aktive Verteidigung müsse gegenüber Finnland, Ostpreußen, Ungarn und Rumänien vorgenommen werden bei gleichzeitiger Vorbereitung einer Invasion Rumäniens (für Deutschland strategisch wichtige Erdölfelder), die bei günstigen Bedingungen dann gestartet werden könne. Das Dokument endet mit der Bitte an Stalin, eine zeitnahe und verdeckte Mobilisierung sowie die Konzentration der Truppenreserven des Hauptquartiers zu genehmigen. Dem lässt sich nun gerade nicht eine generelle sowjetische Absicht, Hitler durch einen Präventivschlag im Sommer 1941 aus dem Amt zu jagen, entnehmen. Auch dieses Papier beschäftigt sich ja nur mit denkbaren Re-Aktionen auf den unübersehbaren und seit Dezember 1940 angelaufenen deutschen Aufmarsch gegen die Sowjetunion. Wie man von hier aus auf einen angeblichen umfassenden Angriffsplan Stalins kommen kann, dem Hitler dann am 22. Juni 1941 zuvorgekommen sei, wobei die Rote Armee glücklicherweise mitten im Aufmarsch zum geplanten Angriff erwischt worden sei, bleibt schleierhaft. Dennoch wird diese These bis in jüngster Zeit immer wieder von verschiedenen, meist deutlich rechts angesiedelten Seiten zum Vortrag gebracht. Damit wird nur eins zu eins die Goebbels-Propaganda vom Juni 1941 wiederholt, was sie aber keinen Deut wahrhaftiger oder realer macht. Lüge bleibt nun mal Lüge. Dieser »Schukow-Plan« vom Mai 1941 ist also gerade nicht die »rauchende Pistole«, der endgültige Beweis für finstere sowjetische Absichten. Von allem bereits Gesagten abgesehen, ist dazu nicht einmal klar, ob der – nur handschriftlich vorliegende – Plan Stalin jemals vorgelegt wurde. Zudem hätte der Plan, wie Militärhistoriker bestätigen, mindestens drei bis vier Monate Vorbereitungszeit zur Umsetzung benötigt, wäre also auf alle Fälle zu spät gekommen.

Die Apologeten der angeblichen Präventivkriegsunternehmung Hitlers ziehen zusätzlich meist die Stalin-Rede vor Kadetten der Abschlussklasse der Generalstabsakademie vom 5. Mai 1941 heran, die angeblich sonnenklar die sowjetischen Offensiv-Gedankenspiele belege. Doch was hatte Stalin, der an diesem Tag, das ist weit wichtiger, den Vorsitz des Ministerrats von Molotow übernimmt, und damit erstmals seit 1917 Partei- und Staatsführung in einer Person vereint, wirklich gesagt? Unumstrittene Dokumente hierzu liegen in den verschiedenen Archiven dieser Welt und lassen sich – guter Wille vorausgesetzt – nachlesen. Im Gegensatz zu vielen anderen Stalin-Reden wurde diese nicht komplett veröffentlicht, sondern nur in einem kurzen Bericht der *Prawda* erwähnt. Dort heißt es, Stalin habe gesagt, die Sowjetunion müsse auf alle möglichen Überraschungen gefasst und vorbereitet sein. Hierfür seien die in den letzten Jahren vorgenommenen Reformen der Roten Armee grundlegend gewesen. Auf der Basis der Erkenntnisse zur modernen Kriegsführung habe man bedeutende Veränderungen vorgenommen und die Ausrüstung umfassend modernisiert. Abschließend habe Stalin den frischgebackenen Offizieren zu ihrem neuen Dienstgrad gratuliert und ihnen alles Gute gewünscht. Über weitere Teile der Rede Stalins, die nicht von der *Prawda* erwähnt worden seien, sind viele Spekulationen im Umlauf. So habe er angeblich vor einem unausweichlichen Krieg mit Deutschland gewarnt beziehungsweise eine umfassende sowjetische Offensive zur Vergrößerung des kommunistischen Machtbereichs angekündigt. Der deutschen Botschaft in Moskau teilte man auf Nachfrage mit, Stalin habe über einen neuen Kompromiss mit Hitler gesprochen.

Erst 1995 wurde dann der Originaltext der Stalin-Rede gefunden, für viele enttäuschend. Denn tatsächlich war sein Hauptthema, wie die *Prawda* berichtet hatte, die Reform, die Reorganisation und die Modernisierung der Ausrüstung der Roten Armee. Da die Rede hierzu Details enthielt, ist eigentlich logisch, dass die sowjetische Führung diese nicht rückhaltlos der Öffentlichkeit (und damit auch den Nachbarländern) mitteilen wollte. Nach der Rede fand noch ein Empfang im Kreml statt, bei dem Stalin wie üblich mehrere Toasts ausbrachte. Diese sind von verschiedenen Quellen überliefert worden. So im Tagebuch von Georgi Dimitrow, der festhielt, Stalin sei ausgezeichneter Stimmung gewesen und habe gesagt, »unsere Politik für Frieden und Sicherheit ist natürlich auch eine Politik der Vorbereitung auf mögliche Kriege«. Es gebe keine Defensive ohne Offensive. Die Armee müsse im Geist offensiver Strategien trainiert werden. Es helfe nichts, man müsse sich auf einen Krieg konkret vorbereiten. Ein anderer Zuhörer notierte, Stalin habe gesagt, gute Verteidigung bedeute Angriff. Dem offiziellen Protokoll zufolge sagte Stalin allerdings: »Friedenspolitik ist eine gute Sache. Wir haben bis jetzt hauptsächlich unsere Verteidigung vorbereitet. Jetzt, wenn die Reorganisation unserer Armee abgeschlossen sein wird, sie viele neue, moderne Waffensysteme und Nachschub erhalten hat, wenn sie effektiv stärker geworden ist, ist es notwendig, von der Verteidigung in den Angriff überzugehen. Um unsere Heimat zu verteidigen, müssen wir offensiv vorgehen. Von der reinen Defensive zu einer Militärdoktrin der Offensivaktionen kommen. Wir müssen unser Training, unsere Propaganda, unsere Agitation und unsere Presse dem neuen Offensivgeist anpassen. Die Rote Armee ist eine moderne Armee, und eine moderne Armee ist eine offensive Armee.«

Daraufhin hätten Timoschenko und Schukow den »Schukow-Plan« in Auftrag gegeben. Entweder habe Stalin diesen zurückgewiesen (wie manche behaupten), oder er habe den Plan angenommen und seine Ausführung für den späteren Sommer 1941 angeordnet. Bis heute kann beides nicht mit Sicherheit gesagt werden. Möglicherweise dachten Timoschenko und Schukow nicht an einen sofortigen Präventivschlag. Vielleicht wollten sie einfach nur die Rote Armee in eine Position bringen, die Deutschen zu einem bestimmten Zeitpunkt in der Zukunft, wenn diese fast ihren Aufmarsch abgeschlossen hätten, vorbeugend anzugreifen – aber nicht vorher. Da die GRU-Berichte keine imminente Angriffsgefahr von deutscher Seite gemeldet hätten, sei dieser offenbar zu diesem Zeitpunkt noch nicht gekommen gewesen. Vielleicht diente der Plan ja auch nur dazu, Stalin dazu zu bringen, das Tempo der Mobilisierung zu erhöhen. Jedenfalls geschieht nichts Wesentliches nach der Abfassung des Planes. Die Rote Armee setzt ihren dezenten Aufmarsch parallel zum massiven deutschen Aufmarsch fort. Aber zu keinem Zeitpunkt werden beispielsweise die Reserve-Armeen reaktiviert oder Ähnliches, was auf eine unmittelbare Angriffsabsicht hätte schließen lassen.

Am 20. Mai 1941 erhalten die Grenzmilitärbezirke lediglich den Befehl, die eigene Verteidigungsbereitschaft zu erhöhen und detaillierte Pläne zur Verteidigung der Grenzlinien auszuarbeiten. Dazu sollen auch Feldkommandoposten eingerichtet werden.
Am 12. Juni 1941 werden die Grenzmilitärbezirke endlich aufgefordert, die Verteidigungsstellungen an den Staatsgrenzen zu bemannen. Außerdem sollen mögliche Ziele deutscher Luftangriffe getarnt und vorhandene Flugzeuge auf Hinterlandflugfelder verteilt werden (um deutsche Überraschungsschläge zu verhindern). Alles in allem richtige Maßnahmen, die aber überhaupt nichts mit möglichen Angriffsabsichten zu tun haben. Schukow gehört zu diesem Zeitpunkt zu den regelmäßigen Besuchern Stalins im Kreml. Zwischen Anfang Februar und dem 21. Juni 1941 ist er nicht weniger als sechsundzwanzigmal bei Stalin, meist in Begleitung von Verteidigungskommissar Timoschenko. Das längste dieser Treffen am 24. Mai 1941 dauerte drei Stunden. Auch dieser Umstand wurde von Präventiv-Lügnern dazu herangezogen, zu verbreiten, dass an diesem Tag der Beschluss gefallen sei, Deutschland im Sommer 1941 anzugreifen. Doch anschließend gab es zehn Tage überhaupt kein Treffen Stalins mit den Militärs, was wiederum äußerst merkwürdig wäre, wenn er zuvor den Angriff auf Deutschland befohlen hätte. Letztlich gibt es nicht den kleinsten Anhaltspunkt dafür, dass die Sowjetunion unter Stalin Hitlerdeutschland von sich aus angreifen wollte. Im Gegenteil – Stalin schärft seinen Generälen im Frühjahr 1941 immer wieder ein, alles, aber auch alles zu vermeiden, was von deutscher Seite aus als Provokation oder Feindseligkeit angesehen werden könnte. Dabei schießt er – auch nach Meinung Schukows – übers Ziel hinaus, da Stalin die notwendigen Verteidigungsmaßnahmen, die einen Großteil der Niederlagen und Verluste der ersten Kriegswochen hätten verhindern können, schlicht untersagt.
Im Juni 1941 werden die Hinweise auf einen bevorstehenden deutschen Angriff immer zahlreicher, immer detaillierter. Zudem wird bekannt, dass auch Rumänien und Finnland dabei sind, ihre

Streitkräfte zu mobilisieren, dass also das angenommene Szenario eines gemeinsamen Angriffs deutscher, rumänischer und finnischer Truppen (auf drei Fronten) immer größere Wahrscheinlichkeit erhält. Die sowjetische Presseagentur TASS bringt am 13. Juni 1941 die Meldung, dass die Sowjetunion am deutsch-sowjetischen Nichtangriffspakt festhalte und alles unterlassen werde, was als Bruch dieses Abkommens ausgelegt werden könnte. Alles andere seien Lügen und gezielt gestreute Provokationen. Ein interessanter Vorstoß, der in viele Richtungen interpretierbar ist. An dieser Stelle soll nur auf den Aspekt hingewiesen werden, dass es darum gegangen sein könnte, Deutschland damit einzulullen, dass jeglicher Anschein von Abwehrvorbereitungen zerstreut und Deutschland der Eindruck vermittelt werden soll, dass der Plan eines Überraschungsangriffs aufgeht.

Weitere diplomatische Vorstöße der Sowjetunion Richtung Berlin bleiben unbeantwortet. Golikow berichtet in seiner letzten Vorkriegsanalyse vom 15. Juni 1941, dass sich der deutsche Truppenaufmarsch weiter fortsetze, dass 122 deutsche Divisionen nun unmittelbar an der sowjetischen Westgrenze stünden, ein Großteil davon im Südwesten (dieser Teil der Meldung war, wie gesagt, falsch). Schukow schreibt in seinen Memoiren, er und Timoschenko seien am 14. Juni 1941 nochmals bei Stalin gewesen und hätten diesen dringend aufgefordert, die grenznahen Armee-Einheiten in Alarmzustand zu versetzen und weitere Truppen an die Grenze zu verlegen, um für die im Fall eines deutschen Angriffs notwendige Generalmobilmachung den nötigen Zeitaufschub durch eine grenznahe Verteidigung gegen die ersten Vormarschunternehmen deutscherseits zu erreichen. Stalin habe abgelehnt, da man dies deutscherseits als Provokation auslegen könne, zudem seien die Grenztruppen bereits jetzt stark genug, um eine erste Angriffswelle abzuwehren. Schukow habe damals den Kreml in deprimiertem Zustand verlassen, bedrückt von dem Gedanken an den bevorstehenden Krieg und die entsetzlichen Leiden, die er mit sich bringen würde. Allerdings ist in Stalins Terminkalender am 14. Juni 1941 kein solches Treffen vermerkt, und es ist gut möglich, dass Schukow sich das Ganze ausgedacht hat, um die Schuld für die Serie von Niederlagen in der ersten Kriegsphase noch deutlicher auf Stalin zu schieben.

Alle deutschen Überfälle seit dem 1. September 1939 sind nach dem gleichen Schema abgelaufen: Völlig überraschend, zumindest für die Öffentlichkeit, schlägt die Wehrmacht von der ersten Minute an mit der gesamten zur Verfügung stehenden Kampfkraft los, inklusive Luftwaffe, Panzer, Artillerie, Infanterie bis hin zu Spezialeinheiten, die hinter der feindlichen Front Sabotageakte ausführen. Und genau diese deutschen Angriffsoperationen sind von der sowjetischen Führung sehr genau registriert und analysiert worden. Aber Stalin will letztlich einfach nicht glauben, dass das mächtige Deutschland, diese Kultur- und Handelsnation sich tatsächlich in die Fänge eines Irren begeben hat, der nun das Schicksal dieser Mittlernation in Europa ohne Rücksicht auf Verluste in den Abgrund zu steuern bereit ist. Stalin geht auch davon aus, dass Hitler über die tatsächlichen Kräfteverhältnisse informiert ist (geographische Größe der Sowjetunion, Menschenreserven, bereits eingetretene Verlagerungen von Industrie hinter den Ural, fast unendliche Bodenschätze etc. – was bekanntlich nicht der Fall war, schuld in diesem Fall war einmal Hitler selbst [katastrophaler Mangel an gesundem Menschenverstand] und zum anderen die unfähigen deutschen Geheimdienste, die diese wichtigen Informationen nicht beizubringen in der Lage waren). Zum Dritten geht Stalin davon aus, dass Hitler daher von einem Angriffsunternehmen gegen die Sowjetunion, von dem er so viele Jahrzehnte schwärmte, schon deshalb Abstand nehmen wird, weil er das bisher mit einer nahezu unfasslichen Menge an Glück Erreichte nicht gefährden will. Gefährden durch den Biss nach einem Happen, der so groß ist, dass selbst das mächtige, ideologisch bis zum Exzess zu Menschenhass und Vernichtungsphantasien angestachelte Deutschland daran ersticken wird.

Hitler geht dagegen wie die meisten seiner ebenfalls vom Polen-

und Frankreichsieg sowie der Serie leichter Siege gegen unterklassige Gegner wie Dänemark, Norwegen, Jugoslawien, Griechenland, Albanien etc. verblendeten Generäle davon aus, dass ein massiver Angriffsschlag gegen das »marode Kartenhaus« Sowjetunion genüge, um alle bisherige staatliche Organisation des Bolschewiken-Haufens zusammenfallen zu lassen und dann in einem »Eisenbahn-Vormarsch« wie 1918 (als man schon einmal unter deutschem Heereszeichen tief in die Ukraine beziehungsweise den Kaukasus und zu den Ölquellen von Baku vorgedrungen war) bequem die Ernte in die Scheune zu fahren, ohne größere Anstrengungen oder Verluste. Stalin lässt außer Acht, dass Hitler nach dem Frankreichsieg in eine selbstgestellte Falle gelaufen war. Die hochgerüstete Armee war nun ohne Aufgabe, da Hitler sich nicht entscheiden konnte zwischen den Optionen, die Briten auf ihrer eigenen Insel anzugreifen mittels eines großen, wenn auch sehr riskanten Landungsunternehmens (und dann Gefahr zu laufen, von der Sowjetunion im Moment der Schwäche an der Ostfront angegriffen zu werden) oder die Sowjetunion in das bestehende Dreierbündnis mit Italien und Japan hineinzuziehen, und somit einen anti-angloamerikanischen Block zu schmieden, der dem britischen Empire zumindest tatsächlich hätte gefährlich werden können – eine solche Blockbildung war von Churchill nicht zu Unrecht als »Alptraum« bezeichnet worden. Großbritannien wäre in Europa komplett isoliert worden und auf Gedeih und Verderb auf den letzten verbliebenen Bündnispartner USA angewiesen gewesen, hätte aber zunächst einmal die Insel vor der kontinentalen Übermacht räumen beziehungsweise übergeben müssen und mit Könighaus und politischer Führung den Weg ins Exil angetreten. Andererseits war ein Bündnis der Sowjetunion mit Großbritannien und den USA gegen den von Deutschland beherrschten europäischen Kontinent wiederum für Hitler der schlimmste Alptraum.

Jede Blockbildung zwischen Deutschland und der Sowjetunion wäre natürlich nur eine Allianz auf Zeit gewesen, zu fundamental

die Unterschiede zwischen der Hakenkreuz- und der kommunistischen Großmacht, zu lange hat Hitler seine Anhängerschaft auf Todfeindschaft zu Judentum und Bolschewismus eingeschworen (auch seine Finanziers, nicht zu vergessen) und zu ungläubig wäre die Sowjetunion auf Dauer geworden, wenn sie mit einem nur hauchweise, vom Dekor her nominell national-»sozialistischen«, im Kern aber tatsächlich manchesterkapitalistischen, konzernprofitmaximierenden Hakenkreuzreich ein Bündnis auf Dauer eingegangen wäre. Da Pétain und Franco nicht so wie Hitler wollten, fand der fest eingeplante Angriff auf Gibraltar (»Fall Felix«) samt Sperrung des Mittelmeers für die britische Flotte und Handelsschifffahrt, der Angriff auf den »unsinkbaren Flugzeugträger« Malta (von dem aus die Royal Airforce trotz Nachschubschwierigkeiten dem »Afrikakorps« das Leben schwer machte und es schließlich gemeinsam mit den britischen Bodentruppen aus Ägypten zur Kapitulation zwang) bekanntlich nicht statt. Spanien befürchtete für den Fall einer Kampfhandlung gegen Gibraltar den unmittelbaren Verlust aller Inseln (sowohl der Kanaren wie auch der portugiesischen Kapverden, Madeira, Azoren etc.) und aller sonstigen überseeischen Besitzungen, von denen aus die westlichen Alliierten dann den Luftkrieg auf die neuen Bündnispartner Hakenkreuz-Deutschlands, die ohnehin unter wirtschaftlichen Schwierigkeiten litten (Spanien und Frankreich), intensivieren würden. Frankreich wollte und konnte sich nicht an die Seite der Siegermacht Deutschland stellen und damit zum einen dem »Erbfeind« die Genugtuung geben, die Führungsrolle in Europa einzunehmen, zum anderen sich auf einen nach dem verlorenen Krieg gegen Deutschland höchst unpopulären neuen Waffengang höchst ungewissen Ausgangs einlassen.
Letztlich scheitert Hitlers Gedankenspiel einer temporären weiteren Blockbildung mit der Sowjetunion am Beharren Molotows auf konkreten Zugeständnissen Deutschlands Richtung Finnland, Bulgarien und der Dardanellen während seines Besuchs in Berlin am 12./13. November 1940. Hitlers Versuch, den gewieften

Außenminister mit vagen Aussichten auf Beutestücke aus dem noch gar nicht erlegten britischen Empire (Indien) zu locken und von den konkreten Fragen abzulenken, schlägt, wie gesehen, fehl. Molotow besteht weiter darauf, für die Sowjetunion Richtung Finnland freie Hand zu bekommen, was Hitler wegen der finnischen Nickel- und Holzlieferungen nach Deutschland, aber auch wegen der räumlichen Nähe zu den schwedischen Erzgruben und den norwegischen Häfen nicht will. Man vertagt sich daher auf unbestimmte Zeit. Hitler entschließt sich zu einer letzten Verzweiflungstat, einem Befreiungsschlag, der ihn ein für alle Mal von lästigen Konkurrenten befreien und in den Besitz nahezu unendlicher Bodenschatzreserven bringen soll, die ihn in die Lage versetzt, dem angloamerikanischen Block nicht nur die Stirn zu bieten, sondern eines nicht allzu fernen Tages mit Aussicht auf Erfolg auch auf dem amerikanischen Festland anzugreifen (wenn man dem allerdings nicht besonders zuverlässigen Chronisten Albert Speer glauben darf). Hitler hat in seiner bekannt selektiven Wahrnehmung der Wirklichkeit den falschen Ausschnitt gewählt. Sowohl der Sieg über Frankreich wie auch das nur knapp vermiedene Scheitern der Sowjetunion gegen Finnland waren keine zuverlässigen Indikatoren für deutsche Stärke und sowjetische Schwäche. Der Sieg über Frankreich war nur durch eine absolut unwahrscheinliche und daher als Wiederholung Richtung Sowjetunion undenkbare Kette glücklicher Umstände so vergleichsweise mühelos errungen worden. Und andererseits war die nur knapp vermiedene Niederlage der sowjetischen Truppen im Herbst 1939 vor der Mannerheim-Linie in erster Linie auf unzureichende Vorbereitung und Ausrüstung sowie suboptimale Dislozierung der zu gering bemessenen sowjetischen Truppen zurückzuführen (und daher nicht als Beleg für die generelle Schwäche der Roten Armee belastbar, schließlich hatte dieselbe Rote Armee kurz zuvor im Sommer 1939 einen glänzenden Sieg über eine kampferprobte japanische Armee in der Mongolei, am Chalchin Gol, errungen). Stalin gelingt noch ein letzter diplomatischer Coup. Am

13. April 1941 unterzeichnet er das Nichtangriffsabkommen mit Japan. Das Reich der aufgehenden Sonne war vom deutsch-sowjetischen Vertrag Ende August 1939 völlig überrascht und trotz deutscher Beschwichtigungssignale indigniert über den Vertrauensbruch unter Vertragspartnern des Antikomintern-Paktes (die sich Treue bis in den Tod bei der geplanten Vernichtung der kommunistischen Brut geschworen haben), da vorher keinerlei Konsultation zwischen Berlin und Tokio erfolgte. Zusammen mit dem Scheitern am Chalchin Gol hat sich in Tokio die Stimmungslage gedreht. Die Fraktion, die für ein Zusammengehen mit Deutschland gegen die Sowjetunion ist (es locken die unendlichen Weiten Sibiriens als Beute sowie ein ruhiges Ausschlachten Chinas), gerät in die Minderheit, die Fraktion, die im Gegenteil nach den Niederlagen der Kolonialmächte in Europa jetzt das herrenlose Erbe europäischer Verblendung in Südostasien antritt, und dabei im Fall Philippinen auch noch gleich die Kolonialmacht USA aus dem Weg schaffen will, erhält Oberwasser und kann die politisch-militärische Willensbildung in Tokio im Frühjahr 1941 für sich entscheiden. Japan gibt der Sowjetunion freie Hand gegen Deutschland, Stalin muss seinerseits keinen Zweifrontenkrieg mehr befürchten. Zwar misstraut auch er der Vertragstreue der »Samurai«, aber sein dichtes Aufklärernetzwerk in Japan schickt ihm beruhigende Signale, dass die einmal getroffene Entscheidung (schon mangels militärischer Mittel, den nun eingeschlagenen Weg wieder zu verlassen) von Tokio nicht mehr in Frage gestellt werden wird, unabhängig vom Geschehen auf dem europäischen Schauplatz. Natürlich hätte sich Japan bei einer Niederlage, einem Zusammenbruch der Sowjetunion seinen Anteil aus der Beute gesichert. Da es nicht dazu kommt, konzentrieren sich der Tenno und seine Generäle auf Näherliegendes.

# 3. »Fall Barbarossa« – Der deutsche Überfall auf die Sowjetunion

## Vernichtungskrieg und erste Kesselschlachten

Am Mittwoch, 18. Juni 1941, reisen fast alle Angestellten der deutschen Botschaft in Moskau überstürzt ab. Die Führung in Moskau nimmt das zur Kenntnis, will aber weiterhin nicht den ersten Schritt hin zu einer kriegerischen Auseinandersetzung tun. Die Schuldlage, die Frage, wer den Krieg begonnen hat, soll, nach den Erfahrungen des Ersten Weltkriegs, eindeutig belegbar sein. Daher verbleibt Moskau, verbleibt die Sowjetunion in einem fast friedensähnlichen Zustand. Seit dem 10. Juni versuchen die Deutschen gleichzeitig, immer mehr Saboteure und Fernaufklärer durch die sowjetischen Linien ins sowjetische Hinterland zu schmuggeln, innerhalb weniger Tage gelingt es den auf der Lauer liegenden Greiftrupps des sowjetischen Innenministeriums und des Militärnachrichtendienstes, fast 500 dieser Diversanten zu schnappen. Es kommen aber auch immer mehr Überläufer, die vor einem Angriff ohne Vorwarnung am kommenden Sonntag, dem 22. Juni warnen. Wie schon Schukow am Chalchin Gol, so haben sich auch die Deutschen für einen Sonntag als Angriffstag entschieden, mit ähnlichen Hintergedanken, dass das Offizierskorps am Sonntag fern der Front beziehungsweise der Haupt- und Stabsquartiere weilt und die feindliche Armee so noch besser überrascht werden kann.

Der Vortag, Samstag, der 21. Juni 1941, verläuft für die sowjetische Führung in gespannter Erwartung des fühlbar näherrückenden deutschen Angriffsbeginns. Zu massiv ist der Zustrom solcher

Meldungen aus den verschiedensten nachrichtendienstlichen und diplomatischen Kanälen, die den ganzen Tag über eingehen. Um 21 Uhr abends ruft Stalin Schukow und Watutin zu sich in den Kreml, wo schon Timoschenko, Berija und Marinechef Admiral Kusnezow versammelt sind. Schukow nimmt einen in aller Eile abgefassten Befehl zur Auslösung der höchsten Alarmstufe mit, doch Stalin weigert sich zu unterschreiben. Schukow sagt später in einem Interview, Stalin habe (berechtigte) Angst vor dem Krieg gehabt und ihn so lange wie möglich hinausschieben wollen, selbst wenn es am Schluss nur noch Stunden oder Minuten waren. Später macht er sich Vorwürfe, nicht alles Menschenmögliche getan zu haben, um Stalin von der konkret drohenden Angriffsgefahr im Juni 1941 zu überzeugen. Immerhin haben sie zuvor erreicht, dass 800.000 Reservisten noch eingezogen werden, und damit den Personalbestand der Roten Armee um ein Drittel erhöht, sowie vier Armeen aus dem Hinterland auf die Linie Dnjepr–Düna, die zweite Verteidigungslinie gegen Angriffe aus dem Westen, zu verlegen, wo diese dann in der Lage sein werden, nach den Kesselschlachten der ersten drei Wochen die Deutschen vom ungehinderten Durchbruch in die Tiefe der Sowjetunion abzuhalten.

Nach 90 Minuten geht man wieder auseinander. Die ersten konkreten Maßnahmen zur Abwehr möglicher deutscher Angriffshandlungen sind beschlossen. Die Militärbezirke von Kiew, Leningrad, Minsk und Riga erhalten eine Warnung, dass ein deutscher Angriff am 22. oder 23. Juni erfolgen könne. Alle provozierenden Handlungen sollen in den Militärbezirken unterbleiben, dennoch die Truppen in volle Gefechtsbereitschaft versetzt werden. Diese Anweisung wird kurz nach Mitternacht, also in den ersten Minuten des 22. Juni 1941 verschickt, zusammen mit dem Befehl, höchste Alarmstufe auszulösen, den Stalin genehmigt und Timoschenko unterschrieben hat, wenige Stunden vor dem tatsächlichen Beginn des deutschen Überfalls. Dieser setzt am frühen Sonntagmorgen um 3.30 Uhr ein, kurz vor der Morgendämmerung, mit einem Artilleriefeuerschlag. Gleichzeitig überfliegen alle verfügbaren deutschen Luftwaffen-Maschinen die Grenze Richtung Osten, zerstören Feldflughäfen in Frontnähe und im Hinterland, bombardieren sowjetische Bereitstellungsräume und aufmarschierende Kolonnen, Hauptquartiere und Nachschublager, Bahnhöfe und Transportzüge. Ein gigantischer, mordlüsterner Lindwurm, gebildet von fast vier Millionen Mann, walzt nun auf das verabredete Zeichen hin Richtung Osten los und begräbt die sowjetischen Grenzsicherungstruppen unter sich, die zu überrascht sind, um nennenswerten Widerstand zu leisten. Zu den deutschen kommen noch 14 finnische und ebenso viele rumänische Divisionen, bald sollen noch italienische, spanische, kroatische und slowakische Verbände dazustoßen, sowie Freiwilligenverbände aus vielen anderen europäischen Ländern. Die deutschen Truppen sind in drei Heeresgruppen aufgeteilt. Die nördliche greift aus Ostpreußen heraus nach Norden an, mit Stoßrichtung Leningrad, die mittlere Richtung Minsk, Smolensk und Moskau, und die südliche Richtung Ukraine und Kiew. Entgegen den sowjetischen Erwartungen ist die Masse der Invasionstruppen nördlich der Pripjetsümpfe disloziert, mit Stoßrichtung Moskau und Leningrad. Der Namensgeber der Unternehmung, Mittelalter-Kaiser Barbarossa, hatte seinerseits einen Kreuzzug gen Osten geleitet. Allerdings waren die Geschichtskenntnisse von Hitler & Co. offenbar mangelhaft, sonst hätten sie keinen Namenspatron gewählt, dessen eigener Kreuzzug ein Fiasko war, und der statt wie erhofft in Jerusalem (vulgo Moskau) einzuziehen, auf halbem Weg jämmerlich in einem türkischen Bach ersoff.

Hitlers Plan sieht vor, die Masse der sowjetischen Truppen grenznah in riesigen Umzingelungsangriffen einzukreisen und einzukesseln, und dann zu vernichten. Das von Truppen entblößte sowjetische Kernland sollte dann problemlos besetzt und möglichst schnell der maximalen Ausbeutung durch deutsche Armee und Industrie zugeführt werden. Soweit der äußerst anspruchsvol-

le, durchdachte Plan (*Ironie aus*). Als geographisches Ziel des »Feldzugs« ist vage die Linie Archangelsk (Polarkreis)–Astrachan (Kaspisches Meer) ausgegeben worden. In einem zweiten Schritt soll dann nochmals tausend Kilometer weiter östlich der Ural als Nord-Süd-Grenzlinie in Besitz genommen werden und von dessen Höhen aus über massive Befestigungen das hintere Sowjetland (Sibirien) beherrscht und in regelmäßigen Strafaktionen von SS-Grenzwachtregimentern zur Raison gebracht werden. Doch zunächst laufen die deutschen Operationen auf sowjetischem Gebiet wie im Manöver ab. Das für die Panzerwaffe ideale Gelände im russischen Kernland, weite Ebenen, sanfte Hügel, kaum natürliche Hindernisse (außer den Pripjetsümpfen und den großen Flüssen), erlaubt weit ausgreifende Angriffsunternehmen zur Umzingelung der im grenznahen Gebiet massierten sowjetischen Truppen, denen jeglicher Rückzug verboten wurde, und die daher in den einmal gebildeten Kesselräumen verharren, auch wenn die Chance auf Ausbruch oder Rückzug noch gegeben ist. Die in Polen und Frankreich erfolgreich erprobte Taktik des Zusammenspiels von Panzern, Luftwaffe, Artillerie und Infanterie in verbundenen Angriffsoperationen ist auch hier zunächst der Schlüssel zum deutschen Erfolg. Allerdings ist es kein »normaler« Krieg (sofern Krieg überhaupt als »normal« bezeichnet werden kann), der hier geführt werden soll und geführt wird. Hitler und seine Generäle haben für die militärischen Auseinandersetzungen im Osten anderes im Sinn. Was, das ist so entsetzlich, dass es kaum mit menschlichem Verstand zu begreifen ist.
Schon 1963 wurde der Überfall auf die Sowjetunion und die dort deutscherseits an den Tag gelegte Art der »Kampfführung« rückblickend zurecht als »ungeheuerlichster Versklavungs- und Vernichtungskrieg, den die moderne Geschichte kennt« bezeichnet (Ernst Nolte), wobei Teile dieser entmenschlichten Kriegsführung schon gegen Polen 1939 erprobt worden waren – damals hatte Hitler den Generälen vor Angriffsbeginn am 1. September 1939 mit auf den Weg gegeben, es gehe um die »Vernichtung«

der »Polacken« (wie er sie in einer Rede in der Reichskanzlei vom 17. Oktober 1939 bezeichnete), Mitleid sei fehl am Platz, »brutales Vorgehen« sei angesagt, und das mit »größter Härte«. Dabei war innerhalb der bekannten, rassenideologisch verblendeten und radikalisierten Art und Weise der Nazi-Chargen im Einzelnen nicht weniger das Ziel als die umfassende, ausnahmslose physische Auslöschung der angeblich »jüdisch-bolschewistischen« Elite der Sowjetunion und der jüdischen Bevölkerungsgruppe dort selbst als deren angebliche biologische Wurzel, um die Eroberung von »Kolonial- und Lebensraum« für Deutschland, und um die Unterwerfung und gezielte Dezimierung der slawischen Bevölkerung. Dieser »rassenideologische Vernichtungskrieg« wird von Hitler am 30. März 1941 vor den Generälen der Wehrmacht offen angekündigt (und stößt dabei keineswegs auf Widerspruch, sondern vielfach auf begeisterte Zustimmung innerhalb der Generalität, die seine Denkart größtenteils teilt). Er sagt damals, wie Generalstabschef Franz Halder im Kriegstagebuch des Heeres festhält, der Krieg gegen die Sowjetunion werde ein »Kampf zweier Weltanschauungen gegeneinander« sein. Der »Bolschewismus« sei »asoziales Verbrechertum«, der »Kommunismus eine ungeheure Gefahr für die deutsche Zukunft«. Daher sei an der Ostfront vom »Standpunkt des soldatischen Kameradentums« abzurücken. »Der Kommunist ist vorher kein Kamerad und nachher kein Kamerad.« Es handle sich »um einen Vernichtungskampf«. »Wenn wir es nicht so auffassen, dann werden wir zwar den Feind schlagen, aber in dreißig Jahren wird uns wieder der kommunistische Feind gegenüberstehen. Wir führen also diesen Krieg nicht, um den Feind zu konservieren.« Ziel sei die »Vernichtung der bolschewistischen Kommissare und der kommunistischen Intelligenz«. Der Kampf werde sich sehr vom Kampf im Westen (Frankreich etc.) unterscheiden. Im Osten sei »Härte mild für die Zukunft«. Die Führer müssten von sich »das Opfer verlangen, ihre Bedenken zu überwinden«.

Die Ausrichtung des »Unternehmens Barbarossa« als von vornherein geplanter Vernichtungskrieg wird im Anschluss an die allgemeinen Vorgaben Hitlers vom 30. März 1941 noch vor Beginn des Angriffs mit zusätzlich ausgegebenen Befehlen präzisiert. So im Erlaß über die Ausübung der Kriegsgerichtsbarkeit im Gebiet »Barbarossa« und über besondere Maßnahmen der Truppe vom 13. Mai 1941. Hitler lässt darin in dem von ihm so gern benutzten Verbrecherjargon verkünden, wer alles im »Feindgebiet« rücksichtslos zu erledigen sei. Und natürlich sind es die Sowjets beziehungsweise die Einwohner der Sowjetunion selber schuld (die Absurdität des hier künstlich hergestellten Zusammenhangs ist aberwitzig): 2. Bei der Beurteilung solcher Taten ist in jeder Verfahrenslage zu berücksichtigen, dass der Zusammenbruch im Jahre 1918, die spätere Leidenszeit des deutschen Volkes und der Kampf gegen den Nationalsozialismus mit den zahllosen Blutopfern der Bewegung entscheidend auf bolschewistischen Einfluss zurückzuführen war und dass kein Deutscher dies vergessen hat. Entsprechend fielen denn auch die Richtlinien für das Verhalten der Truppe in Russland vom 19. Mai 1941 aus. Dort wird nochmals festgehalten, der Bolschewismus sei der Todfeind des nationalsozialistischen deutschen Volkes. Dieser zersetzenden Weltanschauung und ihren Trägern gilt Deutschlands Kampf. Dieser Kampf verlangt rücksichtsloses und energisches Durchgreifen gegen bolschewistische Hetzer, Freischärler, Saboteure, Juden und restlose Beseitigung jeden aktiven oder passiven Widerstands. Einzelnen Generälen war das noch nicht deutlich genug. Erich von Manstein formulierte in vorauseilender Radikalität noch schärfer: Das Judentum bildet den Mittelsmann zwischen dem Feind im Rücken und den noch kämpfenden Resten der Roten Wehrmacht und der Roten Führung. Für die Notwendigkeit der harten Sühne am Judentum, dem geistigen Träger des bolschewistischen Terrors, muss der Soldat Verständnis aufbringen [wenn er also mit ansehen musste, wie SS-Einsatzgruppen und ihre Helfer von Wehrmacht und Landespolizei Zehntausende Juden, Männer, Frauen, Kinder, Alte umbrachten]. Sie ist auch notwendig,

um alle Erhebungen, die meist von Juden angezettelt werden, im Keime zu ersticken.
Abgerundet wurden diese verbrecherischen Befehle noch durch die Richtlinien für die Behandlung politischer Kommissare vom 6. Juni 1941. Darin hieß es: Politische Kommissare sind aus den Kriegsgefangenen sofort, das heißt noch auf dem Gefechtsfelde, abzusondern. Dies ist notwendig, um ihnen jede Einflussmöglichkeit auf die gefangenen Soldaten zu nehmen. Sie sind nach durchgeführter Absonderung zu erledigen. Die zusätzlich ausgearbeiteten, mit deutscher Gründlichkeit durchdachten Richtlinien für die Agrarpolitik in den zu erobernden sowjetischen Gebieten sind eines der extremsten Beispiele für die geplante Raub- und Vernichtungsstrategie. In einer Besprechung der Staatssekretäre vom 2. Mai 1941 wurde nichts weniger als das planmäßige Verhungern eines Großteils der Bevölkerung vorbereitet. Hinsichtlich der Maßnahmen, die Lebensmittelvorräte und Ernteerträge im Feindgebiet den Wehrmachtstruppen zur Verfügung zu stellen beziehungsweise ins Reich abzutransportieren, heißt es dann weiter wörtlich: »Hierbei werden zweifellos zig Millionen Menschen verhungern.« Das wird ganz klar mit einkalkuliert, schließlich ist das Ziel von Hitler vorgegeben worden, die planmäßige Dezimierung der »minderwertigen slawischen Bevölkerung« im Zielgebiet. Und bei all dem setzt Hitler auf höheren Beistand, denn im Tagesbefehl vom 22. Juni 1941 heißt es im letzten Satz wörtlich: »Möge uns allen in diesem Kampf der Herrgott helfen!«
Das waren also die Maßgaben, die die Soldaten der Wehrmacht und die SS-Chargen mit auf den Weg bekamen beim Vormarsch in die Sowjetunion. Am Ende standen vermutlich 40 oder gar 50 Millionen tote Sowjetbürger auf der Rechnung.
Doch zurück zum Beginn des »Feldzugs«. Kurz vor sechs Uhr morgens an diesem Sonntag, den 22. Juni 1941 stehen Timoschenko und Schukow wieder vor Stalin. Um kurz nach sieben Uhr morgens wird ein allgemeiner Erlass an die Soldaten der Roten Armee verschickt, diese sollen jetzt – Provokationen sind nicht

mehr zu befürchten, der deutsche Krieg, der seit zwei Jahrtausenden gefürchtete Furor teutonicus, ist mit voller Wucht über die Sowjetunion hereingebrochen – dürfen jetzt, müssen jetzt vordringende feindliche Kolonnen mit allen zur Verfügung stehenden Mitteln bekämpfen. Allerdings sollen die sowjetischen Truppen ihrerseits nach wie vor keinesfalls für den eher unwahrscheinlichen Fall fliehender Feindkräfte bei deren Verfolgung die deutsche Reichsgrenze überschreiten, dazu ist eine gesonderte Erlaubnis des Oberkommandos notwendig. Die rote Luftwaffe wird aufgefordert, die feindlichen Luftstreitkräfte und Bodentruppen zu attackieren, sowie Ziele in einer Tiefe von bis zu hundert Kilometern im Feindland anzugreifen, aber keinesfalls Finnland oder Rumänien ohne gesonderte Genehmigung zu überfliegen. Um neun Uhr morgens geht eine dritte Meldung hinaus, der zufolge der Feind zwar örtliche erste Erfolge erzielt habe, aber an den meisten Grenzabschnitten unter schweren Verlusten zurückgeschlagen worden sei. Bis 24. Juni seien die feindlichen Truppen einzukesseln und gefangen zu nehmen sowie im Gegenstoß bis in den Raum Lublin vorzudringen, um die dort stehenden feindlichen Reserven zu neutralisieren.

In seinen Memoiren distanziert sich Schukow von diesen ersten Direktiven des 22. Juni 1941 deutlich. Er geht sogar so weit, zu behaupten, er sei gar nicht im Kreml gewesen an diesem ersten Kriegstag, sondern von Stalin direkt nach Kiew geschickt worden, um vor Ort als Repräsentant des Oberkommandos nach dem Rechten zu sehen. Allerdings ist in Stalins Terminkalender vom 22. Juni 1941 vormittags sehr wohl Schukows Anwesenheit in Moskau vermerkt. Warum legt Schukow so großen Wert darauf, nicht in diesen ersten Stunden im Kreml gewesen zu sein? Weil die damals erlassenen Direktiven, die sofortige Gegenangriffe befehlen, desaströse Auswirkungen haben, wie bekannt ist. Andererseits ist Schukow ob seiner Vorliebe für Gegenangriffe bekannt, also ist es ziemlich wahrscheinlich, dass er es war, der Stalin dazu aufforderte, entsprechende Befehle zu erlassen, um die deutschen Angriffskeile schon auf den ersten Kilometern zu zerstören – was allerdings den sowjetischen Truppen angesichts des Überraschungsmoments, ihrer noch friedensmäßigen Aufstellung, und der koordinierten Arbeit Hunderter, wenn nicht Tausender ukrainischer und baltischer Saboteure nicht möglich war. Weder gibt es in den ersten Stunden eine klare Übersicht, wo die Deutschen stehen, noch sind die Einheiten kampfbereit. Wo sie ausrücken, ist die Regelung des Nachschubs nicht gesichert, so dass auch einzelne, den Befehlen gehorchende Gegenstöße bald liegenblieben. Bekanntlich ist es nicht möglich, Armee-Einheiten, für die zuvor keine Kampfbereitschaft angeordnet worden war, wo also keine Waffen und Munitionsvorräte, keine Proviant- und Treibstoffvorräte ausgegeben wurden, einfach so zum Kampf an die Front zu schicken.

Schukow bricht später an diesem Sonntag, den 22. Juni 1941 zu einer kurzen Inspektionsreise in den Militärbezirk Kiew auf. Die Ukraine ist bekanntlich in den sowjetischen Planspielen als Hauptschauplatz der Kämpfe angenommen worden, dort ist die Masse der sowjetischen Truppen disloziert. Am Donnerstag, 26. Juni 1941 ist er wieder zurück in Moskau. Tatsächlich ist es im südlichen Frontabschnitt gelungen, den deutschen Vormarsch durch improvisierte Gegenstöße eine Zeitlang aufzuhalten. Das ist auch nicht verwunderlich, stehen hier doch einerseits die meisten sowjetischen Truppen zur Verfügung, und handelt es sich andererseits von deutscher Seite aus beim Südabschnitt um den weniger wichtigen Frontabschnitt, wo nur schwächere Angriffskräfte vorgesehen sind. Im mittleren, westlichen Frontabschnitt, wo General Pawlow (Schukows Gegenspieler aus den Kriegsspielen vom Frühjahr 1941) sich mit deutlich weniger eigenen Truppen der Hauptmasse des deutschen Angriffs zu erwehren hat, sieht es schon anders aus. Schukow zählt später zu den härtesten Kritikern Pawlows. Dabei hat sich Pawlow nur an die aus Moskau eintreffenden (und aus Schukows Feder stammenden) Befehle gehalten, sofort zusätzliche Truppen an die Front zu verlegen. Diese

bestand hier aus dem nach Westen vorspringenden Frontbogen von Białystok, der sich so mit zusätzlichen sowjetischen Truppen füllte, während er beiderseits von starken deutschen Stoßkeilen umgangen und dann umgehend eingekesselt wird. Die Sowjetsoldaten werden also direkt in die Falle geschickt, die ihnen die deutsche Armee – ziemlich vorhersehbar – gestellt hat. Die deutschen Angriffskeile treffen sich kurz vor Minsk. Damit ist die gigantische Einkesselung von nicht weniger als 30 Divisionen der Roten Armee gelungen, samt Gefangennahme von 400.000 Soldaten. Als Minsk Ende Juni 1941 kapituliert, hört Pawlows Westfront auf zu existieren.
Stalin besucht in diesen ersten Tagen zweimal das Oberkommando. Er ist wütend über die an der Westfront entstandene Situation (beziehungsweise darüber, dass die Rote Armee unter seiner Führung so leichtfertig in die Falle ging). Mikojan berichtet in seinen Memoiren, dass Stalin von Schukow Auskunft verlangt habe, wie hoch die Verluste seien, und dass dieser nur herumgestammelt habe, das könne man so auf die Schnelle nicht feststellen, und Stalin dann gesagt habe, wofür denn der gesamte Generalstab da sei, wenn er nicht mal solche einfachen Auskünfte geben könne, und wenn er nicht mal in der Lage sei, die Verbindung zu seinen Truppen aufrechtzuhalten. Schukow sei daraufhin in Tränen ausgebrochen und habe den Raum verlassen. Diese Schilderungen Mikojans stammen aus der Zeit, als Schukow lange nach dem Krieg in Ungnade gefallen war, sind also mit Vorsicht zu genießen. Fakt ist, dass Stalin am 1. Juli 1941 den unglücklichen General Pawlow seines Amtes enthebt und ihn verhaften lässt. Timoschenko übernimmt die Führung der Truppen im westlichen Frontabschnitt. Am 22. Juli 1941 wird Pawlow in einem Kriegsgerichtsverfahren wegen Feigheit, Unfähigkeit, Panikverbreitung, sträflicher Leichtfertigkeit und ungenehmigter Rückzüge (das einzig Sinnvolle angesichts der anbrandenden deutschen Soldatenmassen) zum Tode verurteilt und wenig später hingerichtet. Weitere Verfahren richten sich gegen sowjetische

Luftwaffen- und Luftabwehrkommandeure. Darunter war auch Schukows Chef während der Schlacht am Chalchin Gol, General Schtern, der im Oktober 1941 ohne Gerichtsverfahren erschossen wird, weil er es als Kommandeur der Luftabwehr-Streitkräfte versäumt habe, wirksame Abwehrmaßnahmen zu ergreifen (was Stalin ja bis 21. Juni 1941 ausdrücklich verboten hatte).

Acht Tage nach Kriegsbeginn, am Montag, den 30. Juni 1941, erlässt Stalin den Befehl, das oberste Staatliche Verteidigungskomitee einzurichten, GKO genannt (*Государственный комитет обороны / Gossudarstwenny komitet oborony* – GKO), das von politischer Seite aus die Verteidigungsorganisation übernehmen sollte. Bereits am 23. Juni ist gemäß russischer Militärtradition das Armee-Oberkommando, die Stawka (*Ставка Главного Командования Вооруженных Сил Союза ССР*) eingerichtet worden, unter Vorsitz von Verteidigungskommissar Timoschenko. Die Gesamtfront wird in drei Abschnitte aufgeteilt und je einem Kommandeur zugeordnet. Diese sind Woroschilow (Nordwesten), Timoschenko (Westen) und Budjonny (Süden). Am 19. Juli 1941 übernimmt Stalin auch das Amt des Verteidigungskommissars (damit sich Timoschenko auf die Front konzentrieren kann) sowie am 8. August 1941 das Oberkommando über die sowjetischen Streitkräfte (also auf Augenhöhe mit dem deutschen Oberkommandierenden Hitler). Stalin sucht einen Schuldigen für die Serie verheerender Niederlagen in den ersten Kriegswochen und wirft nun den Frontkommandeuren der Roten Armee vor, diese durch Feigheit und Unfähigkeit herbeigeführt zu haben. Er greift zu dem »bewährten« Mittel, die politische Kontrolle über die Streitkräfte wieder zu verstärken, während er als Warnung für die Übrigen einige ausgewählte »Sündenböcke« erschießen lässt. Die politische Kontrolle der Streitkräfte wird am 16. Juli 1941 der GPU übertragen (Politische Hauptverwaltung der Roten Armee, nicht zu verwechseln mit dem gleichen Akronym, das für den damaligen Geheimdienst steht). Dabei werden die Politischen Kommissare wieder zur Kontrollinstanz der Militärbefehlshaber. Am 16. August 1941 erlässt Stalin den Befehl Nr. 270, in dem allen Feiglingen, Deserteuren und Panikmachern die Todesstrafe angedroht wird. Da Timoschenko an der Westfront beschäftigt war, unterzeichnet Schukow die Befehle des Generalstabs. Sie haben gerade in dieser ersten Phase oftmals einen leicht irrealen Zug, wenn sie Angriffe befehlen, die nichts bringen, Rückzüge längst eingekesselter Einheiten verbieten und Vormärsche dirigieren, die sich längst festgefahren haben. Bis Mitte Juli 1941 dringen die deutschen Invasionskräfte bis zu 300 Kilometer tief in die Sowjetunion ein. Ihr Hauptziel am mittleren Frontabschnitt ist die Landbrücke zwischen Düna und Dnjepr, zwischen den rund 80 Kilometern voneinander entfernten Städten Witebsk im Norden und Orscha im Süden. Durch diese »hohle Gasse« muss gehen, wer auf dem schnellsten Weg Richtung Moskau marschieren will. Allerdings lässt sich dieser Abschnitt gut verteidigen, was schon Napoleon 1812 feststellen musste, der fast zum selben Datum, nur 129 Jahre früher, aufgebrochen ist und fast dieselbe Route wie die Truppen Hitlers nahm.

Mitten in den Wirren dieser ersten Kriegswochen, nach ziemlich genau sechs Monaten im Amt, beruft Stalin Schukow am 30. Juli 1941 als Generalstabschef wieder ab und gibt ihm das Kommando über eine Reserve-Armee, die möglichst schnell einsatzfähig gemacht werden soll, wofür es einen Mann mit den Qualitäten, der Durchsetzungskraft, der Brutalität und Rücksichtslosigkeit Schukows braucht. Der schwer asthmakranke Schaposchnikow übernimmt das ungeliebte Amt ein letztes Mal vor seinem frühen Tod. Die Unterredung, die zu Schukows Versetzung führte, findet angeblich am 29. Juli 1941 statt. Was sich genau abgespielt hat, ist bis heute unklar. Sicher ist, dass Schukows Darstellung aus seinen Memoiren nicht richtig ist. Denn es gibt keine Unterredung zwischen Stalin und Schukow am 29. Juli 1941. Er ist am 20. Juli 1941 bei Stalin, und am 30. Juli 1941 wird seine Versetzung zur Reserve-Armee bekanntgegeben. Am 5. August hat er seine nächste Unterredung mit Stalin. Mit seiner »freien« beziehungs-

weise »märchenhaften« Memoirenschilderung geht es Schukow einmal mehr darum, sich von einem Debakel zu distanzieren, das in seiner unmittelbaren Verantwortlichkeit geschehen ist – die Einkesselung großer sowjetischer Truppenteile bei Kiew. Es ist ihm bei solchen Korrekturen der Realität daran gelegen, sein Bild als erfolgreicher, fehlerfreier Heerführer von den kleinsten Eintrübungen zu reinigen, was allerdings einigermaßen unsinnig und nur mit großer Eitelkeit und der Schwäche, Fehler einzugestehen, zu erklären ist. Noch am 28. Juli 1941 unterzeichnet Schukow den Befehl Stalins, der dem sowjetischen 63. Schützenkorps den Rückzug aufs Ostufer des Dnjepr untersagt. Schukows vehemente Kritik der gesamten Kiew-Operation in seinen Memoiren hat allerdings einen anderen Hintergrund. Parteichef in Kiew war 1941 Chruschtschow, der ihn 1957 als Verteidigungsminister entlässt, kurz bevor Schukow mit der Abfassung seiner Memoiren beginnt. Es geht also um die Begleichung alter Rechnungen, denn auf diese Weise will Schukow die Schuld am Debakel in Kiew nicht nur Stalin, sondern auch Chruschtschow in die Schuhe schieben. Daher die »leicht geschönte« Darstellung in seinen Memoiren.
Am 18. August 1941 erlässt die Stawka einen weiteren Befehl, Kiew nicht zu räumen. Doch Ende August werden die Einheiten der Roten Armee nördlich und südlich der Stadt auf die östliche Seite des Dnjepr zurückgedrängt, nur die Stadt liegt noch als Brückenkopf der Roten Armee auf dem Westufer, gehalten von einigen versprengten Einheiten. Guderian setzt mit seinen Panzertruppen zur großräumigen Einkesselung Kiews an. Stalin hofft zunächst auf einen Gegenstoß von Jerjomenko bei Brjansk, der jedoch nicht zum Erfolg führt. Erst am 17. September 1941 erteilt die Stawka die Erlaubnis zur Räumung Kiews, zu diesem Zeitpunkt haben sich die deutschen Angriffsspitzen allerdings schon östlich Kiews getroffen, der Befehl kommt für die Truppen der Roten Armee zu spät, die Stadt samt großen Truppenansammlungen wird eingekesselt. Insgesamt handelt es sich um nicht weniger

als vier Sowjet-Armeen mit 43 Divisionen, die Verluste steigen auf 750.000 Tote, Verletzte oder Gefangene. Zu den Gefallenen gehören der Kommandeur des Frontabschnitts Kirponos und sein Stabschef Tupikow; der Chef der dortigen Operationsabteilung, Bagramian, entkommt dem Kessel in letzter Minute (was ihm vonseiten der Freunde Kirponos' den bis heute nicht aufgeklärten Vorwurf einhandeln wird, diesen im Stich gelassen zu haben).

## Die Jelnja-Gegenoffensive

Noch während sich die Katastrophe von Kiew abspielt, ist Schukow schon mit einer ganz anderen Operation beschäftigt. Entlastet von seinen Aufgaben als Generalstabschef kann er jetzt unter Beweis stellen, dass der Sieg am Chalchin Gol keine Eintagsfliege war. Seine Unternehmung gehört zu einer ganzen Reihe von Operationen, mittels derer die Rote Armee im Raum Smolensk den Vormarsch der deutschen Truppen auf Moskau aufzuhalten versucht. Smolensk ist bereits Mitte Juli geräumt worden, allerdings baut die Rote Armee im Hinterland der Stadt mehrere Verteidigungslinien auf, um den weiteren Vormarsch der Wehrmacht zu verzögern, aufzuhalten, oder diese gar zurückzudrängen. Dabei sind die Operationen der Roten Armee keineswegs nur defensiver Natur, sondern deutlich offensiv ausgerichtet, mit Gegenangriffen, Gegenstößen, überraschenden Flankenangriffen. Es gelingt, die Deutschen zwei Monate aufzuhalten, zwei Monate, in denen vor Moskau umfangreiche Verteidigungsanlagen eingerichtet werden können; zudem bedeuten diese zwei Monate, dass die deutschen Truppen, als sie endlich vor Moskau stehen, mit der gefährlichsten Waffe im russischen Arsenal konfrontiert werden: dem russischen Winter. Doch dieser Erfolg bei Smolensk ist mit einem hohen Preis verbunden. Erneut stehen rund 750.000

Soldaten der Roten Armee nach acht Wochen auf der Verlustliste, tot, verletzt, gefangen.
Ende Juli 1941 übernimmt Schukow die Reservefront. Sie besteht aus sechs Armeen mit rund fünfzig Divisionen, zumeist Schützendivisionen, dazu Panzer-, Kavallerie- und motorisierte Einheiten. Disloziert ist sie rund hundert Kilometer hinter Timoschenkos Westfront, die sich von Rschew bis Wjasma erstreckt. Die Schukow nun gestellte Aufgabe ist es, einen stark ausgebauten deutschen Brückenkopf auf dem Ostufer des Flusses Desna rund um die Stadt Jelnja, achtzig Kilometer östlich von Smolensk, zu beseitigen. Mitte August führt Schukow seine Einheiten bereits in die Schlacht. Am 21. August muss er Stalin berichten, dass die Bemühungen, die deutschen Einheiten einzukesseln und gefangen zu nehmen, bislang scheitern. Zu geschickt verteidigen sich die Deutschen, zu gut ausgebaut sind ihre Stellungen, zu deutlich war die Luftherrschaft der deutschen Flieger, zu stark die Nachschublinien, die die »Rote Armee« zu unterbrechen bisher nicht geschafft hat. Immerhin stehen einige deutsche Eliteformationen rund um Jelnja, so die 10. Panzerdivision Guderians und die 2. Waffen-SS Panzerdivision »Das Reich«, deren Divisionsabzeichen bekanntlich die Wolfsangel war, die in jüngster Zeit auch von rechtsradikalen Freikorps in der Ukraine wieder als Signet geführt wird. Insgesamt zählt man 70.000 deutsche Soldaten rund um Jelnja, mit sich unter anderem mit 500 Artilleriegeschützen und zahlreichen Sturmgeschützen verteidigen. Während der zehntägigen Schlacht ist Schukow permanent in Frontnähe und visitiert alle Divisionen, die die ihnen gestellten Aufgaben überwiegend sehr gut erfüllten.
Das von den Deutschen gehaltene, in einem zwanzig Kilometer tiefen Frontvorsprung gelegene Jelnja wird durch massierte Flankenangriffe zurückerobert, die Deutschen zu Hitlers großem Ärger gezwungen, sich zurückzuziehen. Dieser erste größere Sieg gegen die ansonsten blindwütig ins Land vorpreschenden und alles ihnen im Weg Stehende überrollenden deutschen Horden ist für

die Moral der sowjetischen Truppen wie auch der Heimatfront wichtig. Um auch international diesen Erfolg der Roten Armee gegen die deutsche Militärmaschinerie, die Frankreich in sechs Wochen niedergewalzt hatte, bekannt zu machen, lädt die Sowjetführung nun westliche Auslandskorrespondenten ein, quasi »embedded« das Schlachtfeld zu besuchen und sich mit eigenen Augen vom sowjetischen Erfolg zu überzeugen, der in der internationalen Presse teilweise angezweifelt worden war, nach deutschen Propagandameldungen, es handle sich um eine Sowjetlüge, und die deutschen Einheiten hätten sich während einer planmäßigen Umgruppierung aus der Stadt zurückgezogen (wie dies von westlichen Militärhistorikern heute wieder gern behauptet wird, auch wenn es im Abstand der Jahre nicht richtiger geworden ist). Unter den Teilnehmern dieser ersten von vielen folgenden Frontreisen einer westlichen Journalistengruppe ist der 40-jährige Alexander Werth (englischer Sohn russischer Emigranten), der für die *Sunday Times* und die BBC berichtet (London), und Henry C. Cassidy, der Moskauer Korrespondent der US-Presseagentur *Associated Press* (AP). Cassidy schreibt über seine Eindrücke, dass die vorgefundenen Zerstörungen auf dem Schlachtfeld umfassender gewesen seien, als alles, was er an der Westfront (Frankreich) gesehen habe. Nach dem Fall von Paris habe er einige französische Schlachtorte besucht, dort aber nur oberflächliche Zerstörungen gesehen, dort ein einzelnes zerstörtes Haus, hier eine zerstörte Brücke. Rund um Jelnja dagegen habe man eine großflächig zerstörte Stadt vorgefunden, um die offenbar äußerst erbittert gekämpft worden sei, gleich den Trümmern, die der Kampf zweier Riesen auf Leben und Tod hinterlassen habe. Alexander Werth notiert, dass die ehemals 15.000 Einwohner zählende Stadt Jelnja komplett zerstört und dem Erdboden gleichgemacht worden sei. Im Laufe der Kämpfe hätten die Deutschen die Einwohner ausnahmslos gefangen genommen und zu Zwangsarbeitseinsätzen ins rückwärtige Frontgebiet verschleppt. Nur noch ein paar alte Menschen und Kinder seien in den Ruinen verblieben. In der

Nacht vor dem Rückzug hatten die deutschen Einheiten nochmals alle verbliebenen Häuser geplündert und anschließend in Brand gesteckt (sofern sie nicht schon vorher von den Kämpfen zerstört worden waren).

Zwar gelingt es den meisten deutschen Einheiten, sich rechtzeitig aus dem Kessel von Jelnja zurückzuziehen, bevor sich der Einkreisungsring schließt, doch kosten die Kämpfe rund 23.000 deutschen Soldaten des XX. Armeekorps das Leben (also etwa so viele, wie der gesamte Frankreichfeldzug forderte), die 4. Armee der Wehrmacht erholt sich lange nicht von den dort eingetretenen Verlusten. Die sowjetischen Verluste während der Jelnja-Offensive belaufen sich auf vergleichsweise maßvolle 30.000 Tote (bei den meisten anderen Sowjetoffensiven ist das Verhältnis deutlich schlechter zuungunsten der Roten Armee beim Vergleich der jeweiligen Verluste beider Seiten). Tatsächlich ist die Jelnja-Offensive die erste Situation im Zweiten Weltkrieg, wo es einer Armee gelingt, gegen die deutsche »Wehrmacht« bereits verloren gegangenes Territorium zurückzuerobern. Als Dank und Anerkennung für die erzielten Erfolge verleiht Stalin den beteiligten Einheiten erstmals den Namenszusatz »Garde«: Aus der 100. und der 127. Schützendivision der Roten Armee werden so die 1. und 2. Garde-Schützendivision. Neben der Ehre gibt es auch handfeste Vorteile dadurch: Die Soldaten dieser Einheiten erhalten künftig höheren Sold und besseren Nachschub. Bereits zuvor ist es Einheiten der Roten Armee unter dem Kommando von Schukows großem Rivalen um den höchsten Ruhm, Konstantin Rokossowski, in den Schlachten von Brody und Jarzewo gelungen, den deutschen Angriffsschwung zu brechen und den heranstürmenden Wehrmachtshorden schmerzhafte Verluste beizubringen. Rokossowski hat bei Jarzewo wochenlang nicht weniger als drei deutsche Panzerdivisionen aufgehalten beziehungsweise dezimiert.

## Leningrad und Moskau

Der Angriff der deutschen Heeresgruppe Nord aus Ostpreußen heraus Richtung Baltikum mit Generalrichtung Leningrad hat in der ersten Phase des Überfalls auf die Sowjetunion bereits erhebliche Fortschritte gemacht. Nach drei Wochen stehen die deutschen Truppen schon teilweise 500 Kilometer tief auf sowjetischem Gebiet. Doch der Widerstand der zunächst mühelos eingekesselten und desorientierten Einheiten der Roten Armee wächst von Tag zu Tag. Erst nach neun Wochen, Anfang September 1941, gelingt es deutschen Einheiten, bis an die Stadtgrenze Leningrads vorzustoßen. Hitlers Absichten bezüglich der Stadt wechseln in den Monaten zuvor so oft wie Tag und Nacht. Mal soll die Stadt erobert werden, dann nur belagert, dann wieder erobert, dann ausgehungert und so fort. Letztendlich sorgt der schon bald absehbare Truppenmangel (die Frontlinie hatte sich durch den Vormarsch in die Weiten des russischen Kernlandes von anfänglich 1.000 Kilometern bei gleichbleibender beziehungsweise durch die erheblichen Verluste abnehmender Personalstärke aufseiten der deutschen und der verbündeten Truppen mittlerweile auf 3.000 Kilometer ausgedehnt, die Divisionen haben immer längere Frontabschnitte zu halten, immer weniger Soldaten stehen pro Kilometer Frontabschnitt zur Verfügung etc.) für die endgültige Entscheidung: kein Häuserkampf in der Millionenmetropole Leningrad mit ungewissem Ausgang und hohen Verlustraten, sondern Eingraben an der Stadtgrenze mit regelmäßigem Artillerie-Terrorbeschuss der Stadt, die – ringsum von ihren Nachschublinien abgeschnitten – langsam ausgehungert werden soll: Der Tod von Millionen Einwohnern wurde von den deutschen Militärs um Hitler nonchalant eingeplant. Massenmord als militärische Operation, mitgetragen von der »hohen« preußischen Generalität, die hiergegen überhaupt nichts einzuwenden hat.
Am 9. September 1941 fällt Schlüsselburg, in der Tat eine Schlüsselstellung für den Vormarsch auf das Stadtzentrum Leningrads,

in die Hand der deutschen Truppen. Damit ist die letzte Landverbindung aus der Stadt zur Roten Armee zum unbesetzten Teil der Sowjetunion gekappt. Zwei Tage später wird Schukow nach Moskau gerufen, um während einer vierstündigen Lagebesprechung von Stalin sein neues Kommando entgegenzunehmen: Verteidigung der Stadt Leningrad um jeden Preis. Schukow erhält Order, per Flugzeug in die Stadt einzufliegen, ein lebensgefährliches Unterfangen angesichts der absoluten deutschen Luftherrschaft in der Region. Der ehemalige Verteidigungskommissar Woroschilow wird gleichzeitig, mit derselben Order, seines Kommandos an der Leningrad-Front enthoben und nach Moskau zurückberufen. Die offizielle Verkündung der Ernennung Schukows zum neuen Befehlshaber in Leningrad erfolgt erst nach seiner Landung in der Stadt. Schukow folgert, dass man offenbar nicht ausschließt, dass er die Stadt gar nicht lebend erreichen werde. Gleichzeitig werden der ebenfalls ehemalige Verteidigungskommissar Timoschenko (Stalin hat das Amt mittlerweile selbst übernommen) zum Befehlshaber der Südwestfront und Koniew zum Befehlshaber der Westfront ernannt. Tatsächlich greifen deutsche Jagdflugzeuge Schukows Flugzeugverband (er wird natürlich von großem Jagdschutz begleitet) an, er erreicht aber dennoch unversehrt einen improvisierten Feldflughafen im Stadtzentrum.

Schukow nimmt einige seiner engsten Mitarbeiter mit in die belagerte Stadt: so die Generäle Feduninski, Chosin und Kokorew. In einer Nachkriegsbiographie, die zu einem Zeitpunkt erschien, als Schukow mal wieder in Ungnade gefallen war, schildert Feduninski den Feldherr recht kritisch, als schlecht informiert, planlos, ohne Vorstellungen, wie er seinen Stab und die ihm anvertrauten Truppen einsetzen solle. Ebenso kritisch äußert sich zur selben Zeit General Bitschewski, Chef der Pionierabteilung der Roten Armee, der Schukow als schurigelnden Choleriker darstellt, der seine Befehle Spucketröpfchen verspeiend herumschrie. Ob diese bäuerlich-unhöflich-minderbemittelte Darstellung Schukows zutrifft oder nicht: Seine ersten Maßnahmen sind, die am Stadtrand

von Leningrad verharrenden deutschen Truppen durch örtliche Gegenstöße beschäftigt zu halten und so eine möglichst große Zahl deutscher Truppen – die damit an anderen Fronten innerhalb der Sowjetunion fehlen – vor der Stadt zu binden. Am 15. September 1941 erlässt Schukow entsprechende Befehle: Der Feind sei mit Artillerie und Mörserfeuer zu beschießen, Schützenbrigaden seien aufzustellen und vierfach gestaffelt als Verteidigungslinie rund um die Stadt aufzustellen, die Belagerungstruppen seien von der Flanke und vom Hinterland aus her anzugreifen.
Einmal mehr droht Schukow Kommandeuren, Politkommissaren und Soldaten (besonders im gefährdeten Südabschnitt der Belagerungsfront) mit der Todesstrafe, sollten sie ohne schriftlichen Befehl ihre Stellungen verlassen oder gar den Rückzug antreten. Zu diesem Zeitpunkt sind die Schukow zur Verteidigung der Stadt zur Verfügung stehenden Truppen noch 450.000 Mann stark und in vier Armeen aufgeteilt. Die deutschen Belagerungstruppen sind ungefähr gleich stark, haben aber zusätzlich zwei Panzerdivisionen zu ihrer Verfügung, und die totale Luftherrschaft über der Stadt. Weitere 14 finnische Divisionen stehen im Norden der Stadt und schneiden sie auf dieser Seite vom sowjetischen Hinterland ab. Ende September 1941 hat sich die sowjetische Abwehrfront stabilisiert, ein Verdienst Schukows, aber auch Folge der deutschen Strategie, nicht in die Stadt vorzurücken. In einem Brief, den er in diesen Tagen an seine kleinen Töchter Ella und Era schreibt, verspricht Schukow ihnen, die Stadt zu halten und die Deutschen bis nach Berlin zurückzutreiben (er hat bekanntlich Wort gehalten).
In den nun folgenden großen Kesselschlachten von Wjasma und Brjansk vermögen es die deutschen Truppen einmal mehr, riesige sowjetische Truppenverbände einzukesseln und im wahrsten Sinne des Wortes zu »vernichten«, oder in Hitlers Verbrecherjargon zu »erledigen«. Eine weitere halbe Million Sowjetsoldaten wandert in deutsche Gefangenschaft und ist damit zum Hungertod in riesigen, stacheldrahtumzäunten Freiluft-Lagern verurteilt,

auf dem nackten Erdboden ohne jegliche Behausung vor sich hin vegetierend, ohne jegliche Nahrungsmittelversorgung durch die deutschen Wachsoldaten, die sich darauf beschränken, bei Hungerrevolten scharf in die Menge der Gefangenen zu schießen, bis diese sich wieder »beruhigen«. Schukow wird nach der Stabilisierung der Verteidigungsfront rund um Leningrad wieder nach Moskau zurückbeordert. Die schlimmste Periode während der deutschen Belagerung Leningrads beginnt damals gerade erst beziehungsweise ist vorerst nur in vagen Umrissen zu erahnen. In den nächsten 900 Tagen werden 650.000 Einwohner einen elenden Hungertod sterben, Kannibalismus wird sich in der Stadt breitmachen, es bald keine Hunde, Katzen und Tauben mehr geben – alle aufgegessen von den verhungernden Menschen in der von allen Nahrungsmittelzufuhren weitgehend abgeschnittenen Stadt. Weitere 400.000 Einwohner kommen bei missglückten Evakuierungsaktionen ums Leben. Die trotz des deutschen Strategiewechsels andauernden Kämpfe rund um die Stadt, die permanenten sowjetischen Versuche, den gnadenlosen Belagerungsring der Deutschen zu durchbrechen, kosten eine Million Sowjetsoldaten das Leben. Insgesamt binden die Kämpfe um die Stadt 1941 nicht weniger als ein Drittel der Invasionstruppen und ermöglichen damit die sowjetischen Erfolge an anderen Fronten beziehungsweise zunächst das reine Überleben des Sowjetstaats.

Dass Schukow nach Moskau zurückgerufen wird, hängt damit zusammen, dass jetzt für die sowjetische Seite absehbar wird, dass die Deutschen ihre Hauptkräfte erneut auf den Vorstoß Richtung Moskau konzentrieren und alles daran setzen, die sowjetische Kapitale zu erobern. Es geht für die sowjetische Seite um nichts weniger, als die ohnehin schon größtenteils gescheiterte »Blitzkriegsstrategie« Hitlers gegenüber der Sowjetunion endgültig zu zertrümmern und die Phase des Abnützungskrieges einzuläuten, welche die deutsche Niederlage besiegeln wird (früher oder später). Der deutsche Vormarsch ist bis zu diesem Zeitpunkt mehr oder weniger planmäßig verlaufen, allerdings mit zwei kleinen, aber langfristig umso bedeutsameren Einschränkungen: Auf der einen Seite waren die deutschen Verluste bedeutend höher gewesen als geplant – schon in den ersten Wochen des Vormarsches fielen mehr als doppelt so viele deutsche Soldaten als während des gesamten Frankreich-Feldzugs, was entgegen der deutschen Propaganda darauf schließen lässt, dass der Widerstand der »östlichen Untermenschen« deutlich stärker war als jener der französischen Soldaten, dass die Sowjetsoldaten nicht »beim ersten Schuss« wegrannten, wie von Hitler und seiner Kamarilla phantasiert, sondern dass diese im Gegenteil selbst in ausweglosen Situationen noch kämpfen, bis zur völligen physischen Vernichtung. Auf der anderen Seite sind aber auch die sowjetischen Verluste – so gigantisch sie im ersten Augenblick erscheinen mögen – nicht so hoch, als dass sie die sowjetische Kriegsführung entscheidend beeinflussen. Die deutsche Strategie der Kesselschlachten hat zwar in der Tat zur Gefangennahme von drei Millionen Sowjetsoldaten geführt, dazu weitere Hunderttausende Sowjetsoldaten das Leben gekostet. Dem stehen aber im Vergleich zu den deutschen Reserven nahezu unerschöpfliche sowjetische Reserven an Soldaten und Ausrüstung gegenüber. Was zu dem von der deutschen Seite unerwarteten Effekt führt, dass die Sowjetunion auch nach den vielen vernichtenden Niederlagen der ersten Wochen und Monaten noch nachhaltigen, ärgerlichen, wirkungsvollen Widerstand leisten und somit all die ach so brillanten, effizienten, phantastischen deutschen Offensiven letztlich wirkungslos macht. Während Hitler und seine Generalskamarilla bei jeder Kesselschlacht jubelnd davon ausgehen, die letzte, alles ausmachende Entscheidungsschlacht bereits geschlagen zu haben (deutsche Obsession seit Friedrich »dem Großen«, vgl. Johannes Seiffert: *Die größten Täuschungen der Geschichte,* Berlin 2016), hat die sowjetische Seite den deutschen Militärapparat unmerklich in den so gefürchteten Abnützungskrieg hineingezogen und verlängert diesen durch die Heranführung immer neuer, für die deutsche Seite unerwarteter Reserven. Ein Abnützungskrieg, den die deutsche Seite zwangs-

läufig verlieren muss, aufgrund der geringeren industriellen und natürlichen Ressourcen des Hakenkreuzreichs.
Hitler kratzt jetzt seine letzten Offensivreserven zusammen und setzt das »Unternehmen Taifun« an. Mit dem Namen des mythischen Sturms soll den sich nurmehr vorwärtsschleppenden deutschen Truppen (nach Tausenden von Kilometern Vormarsch, die sie bereits seit Juni 1941 zurücklegten) letzter Schwung verliehen werden. Fast zwei Millionen Mann, 1.700 Panzer, 14.000 Artilleriegeschütze und knapp 1.000 Flugzeuge raffen sich auf, die Reste der Roten Armee zu überrennen und die sowjetische Hauptstadt zu stürmen. Los geht es am 30. September 1941 mit dem Angriff der Heeresgruppe Mitte gegen die sowjetische West-, Reserve- und Brjansker Front. Währenddessen hat die sowjetische Seite unabhängig vom Kampfgeschehen an der Front eine weitere logistische Meisterleistung vollbracht – die Verlegung von Tausenden Firmen, Unternehmen und Industriefabriken über Tausende von Kilometern aus Westrussland bis hinter den Ural, in Sicherheit vor den deutschen Invasionstruppen. Diese Fabriken nehmen tatsächlich, eine unvorstellbare Leistung der beteiligten Menschen vom einfachen Arbeiter bis hin zum Fabrikchef, schon nach kurzer Zeit erneut die Arbeit auf und versorgen die Front mit allem, was zum Kriegführen gegen die deutschen Invasoren notwendig ist, aber auch die Heimatfront mit Lebensmitteln etc. An vielen frisch von deutschen Truppen besetzten sowjetischen Orten finden daher die beutegierigen Vertreter deutscher Industrieunternehmen, aber auch der Wehrmachtswirtschaftsabteilung, die wie gierige Geier den »Wehrmachtstruppen« auf dem Fuß folgen, nur leere Hallen, geräumte Lager, rauchende Ruinen vor, als sie in die ehemaligen Industriezentren Westrusslands vorrücken, voller Vorfreude auf die unermesslichen Berge an Rohstoffen, Halbfertigprodukten und Fertigprodukten, die sie dort vorzufinden hoffen. Zu ihrer unermesslichen Enttäuschung finden sie buchstäblich nur Krümel, klägliche Reste der erhofften Beute, die sie schon in ihre Produktionsplanung einberechnet haben. Und die

sie jetzt zu ihrem Entsetzen deutlich nach unten korrigieren müssen – die deutsche Industrie, die deutschen Unternehmen sind schon Ende 1941 nicht mehr in der Lage, ausreichenden Nachschub für die Front und die Ausstattung zusätzlicher Divisionen herzustellen (um die eingetretenen Verluste auszugleichen), ganz abgesehen davon, dass die Wiederaufstellung völlig ausgebluteter Einheiten nur noch auf Kosten des dringend für die Produktion benötigten Industriearbeiterstamms erfolgen konnte, womit die Produktion zusätzlich eingeschränkt wurde. Ein Dilemma, aus dem sich der Hakenkreuzstaat noch eine Weile durch die verbrecherische Verschleppung von Millionen Zwangsarbeitern aus Osteuropa ins »Reich« herauszureißen sucht (Zwangsarbeiter, die notabene von der BRD weder vor noch nach 1989 auch nur annähernd entschädigt werden, während die DDR in den 1940er und 1950er Jahren die Reparationen an die Sowjetunion für Gesamtdeutschland bezahlte, auch für die – gleichzeitig im Gegensatz dazu von den USA mit Milliarden Dollar aufgepäppelte – BRD). In seinen Memoiren schreibt Koniew, Schukows Beförderung zum Kommandeur der Westlichen Front sei auf seinen Vorschlag hin erfolgt. Schukow schildert die Abfolge der Ereignisse so, dass ihn Stalin per Telefonanruf an die neue Westliche Front entsandt habe. Gleichzeitig habe Stalin angekündigt, Koniew wegen seiner Fehler und Niederlagen im Kampf gegen die Deutschen vors Kriegsgericht zu bringen. Er, Schukow, habe Stalin darauf hingewiesen, dass Koniew trotz allem ein guter Mann und Kommandeur sei, der es nicht verdient habe, das Schicksal des hingerichteten Pawlow zu teilen. Die überlieferten Dokumente stützen eher Koniews als Schukows Version – eine Anklage vor dem Kriegsgericht gegen Koniew ist nirgends auch nur im Ansatz vermerkt. Klar ist dagegen, dass der Konkurrenzkampf zwischen den beiden so ähnlichen Persönlichkeiten Schukow und Koniew schon früh einsetzte. Beide sind energische, fordernde Kommandeure, die Unzulänglichkeiten ihrer Untergebenen nicht dulden und sich oftmals von ihrem Temperament zu Wutausbrüchen hinreißen lassen. Beide sind für ihre sorgfältige Operationsvorbereitung und -durchführung bekannt. Kommt Schukow von der Kavallerie, so hat sich Koniew seine ersten Sporen bei der Artillerie verdient. Zudem begann er seine Karriere in der Roten Armee als Politkommissar und stieg erst Mitte der 1920er Jahre in die Kommandeursebene auf.

Nach der Doppelschlacht von Wjasma und Brjansk mit ihren sechsstelligen Verlusten für die Rote Armee stehen Schukow Mitte Oktober 1941 nur noch rund 900.000 Mann, 3.000 Panzer, knapp 8.000 Geschütze und 500 Flugzeuge für die Verteidigung der sowjetischen Hauptstadt gegen die aus drei Himmelsrichtungen (Norden, Westen, Süden) anrennenden deutschen Truppen zur Verfügung. Diese umfassen fast zwei Millionen Mann, 1.700 Panzer, 14.000 Artilleriegeschütze und rund 1.000 Flugzeuge. Schon vor Schukows Ankunft genehmigt die Stawka einen Rückzug der an der Westfront stehenden sowjetischen Truppen auf die neue Verteidigungslinie bei Moschaisk. Es handelt sich dabei um ein in aller Eile angelegtes Stellungssystem rund hundert Kilometer westlich Moskaus, das sich von Kalinin (Twer) im Norden bis nach Tula im Süden Moskaus erstreckt. Doch diese Verteidigungslinie ist für die zahlenmäßig zu geringen Truppen der Roten Armee nicht lange zu halten. Schon nach wenigen Tagen durchbrechen die deutschen Truppen sie an mehreren Stellen, setzen ihren Vormarsch Richtung Moskau fort und kommen der sowjetischen Hauptstadt in vergleichsweise atemberaubendem Tempo immer näher. Kalinin im Norden Moskaus wird von den auf dem Rückzug befindlichen sowjetischen Truppen geräumt und den Deutschen überlassen, um die Stadt Tula im Süden entbrennt ein wochenlanger Kampf. Hier stellen sich die Divisionen der Roten Armee den Deutschen nochmals entschieden entgegen und geben keinen Meter Boden ohne Not preis. Moschaisk fällt dennoch am 18. Oktober, die Straße (»Rollbahn«) nach Moskau scheint frei für die deutschen Truppen. Doch die nun eintretende Schlammperiode lässt die Offensive zunächst einmal erlahmen, da keine

weiteren Panzer- und Lkw-Bewegungen mehr möglich sind. Hitler verbietet prophylaktisch (beziehungsweise größenwahnsinnig) bereits am 7. Oktober jegliche Annahme einer eventuell unterbreiteten Kapitulation Moskaus – die Stadt soll militärisch erobert und komplett zerstört werden. Reichspressechef Otto Dietrich teilt freudestrahlend der in- und ausländischen Presse einen Tag später, am 8. Oktober, mit, der »Russlandkrieg« sei mit »der Zertrümmerung der Heeresgruppe Timoschenko« entschieden, die Sowjetunion geschlagen. Der deutsche Plan sieht vor, Moskau nördlich und südlich zu umgehen, wobei sich die beiden Zangenspitzen des Einkesselungsangriffs östlich Moskaus bei Noginsk (an der Straße Moskau-Wladimir-Nischni Nowgorod) treffen sollen.
Während (auch von deutscher Seite bewusst gestreute ) Gerüchte schon im Umlauf sind, Stalin sei aus Moskau geflohen, zeigt sich dieser im Kreml der Presse und lässt im Radio verkünden, er habe keineswegs die Absicht, Moskau zu verlassen, sondern vielmehr werde er die Verteidigung der Stadt persönlich leiten, bis zum Untergang der deutschen Angreifer. In der Stadt wird der Belagerungszustand ausgerufen. Gleichzeitig gibt man die Berufung Schukows zum Oberkommandeur der Moskau verteidigenden Truppen bekannt, was die Moral der Bevölkerung entschieden stärkt. Auf der Titelseite der Armeezeitung *Roter Stern* (*Krasnaja Swesda*) und der *Prawda* wurde – eine absolute Premiere für die sowjetische Presselandschaft – ein Foto Schukows veröffentlicht. Schukow schrieb später, sein Foto sei nur veröffentlicht worden, um später einen eindeutigen Schuldigen für den Fall einer Niederlage der sowjetischen Truppen zu haben. Doch das ist eine nachträgliche Interpretation, die sich mit den überlieferten Quellen nicht belegen lässt. Einmal mehr wendet Schukow als neuer Oberkommandierender sein »Geheimrezept« an: drakonische Strafen für jede Pflichtverletzung, jede Disziplinlosigkeit; Todesstrafe für ungenehmigtes Räumen von Stellungen und Rückzüge; Gegenangriffe, wo immer möglich; Feiglinge und Panikmacher

sollen an Ort und Stelle erschossen werden. Wenige Tage später, am 3. November 1941, lässt Schukow bekanntgeben, dass Oberst Gerassimow, Kommandeur der 133. Schützendivision und sein Politkommissar Schabalow wegen Feigheit vor dem Feind und ungenehmigten Rückzügen erschossen wurden. Angeblich liest Schukow in diesen Wochen Tolstois Monumentalepos *Krieg und Frieden.* Tatsächlich erinnert er seine Truppen im Tagesbefehl vom 1. November 1941 an ihre historischen Vorgänger, die Verteidiger Moskaus gegen Napoleon 1812. Dem Feind droht er völlige Zerstörung an und ruft seine Soldaten am Ende auf, für die Ehre von Vaterland und Freiheit, für das heilige Moskau zu kämpfen. Gleichzeitig muss Schukow, um neue verlustreiche Kesselschlachten zu vermeiden, seine Truppen immer weiter zurückziehen, vorerst auf eine Linie von Klin im Norden über Istra bis Serpuchow im Südwesten Moskaus. Die Frontlinie rückt damit bedrohlich nahe an die Vororte Moskaus heran. Schukows Strategie, Rückzüge erst im letzten Augenblick zu genehmigen und an allen Stellen, wo dies möglich war, Gegenangriffe anzuordnen, verfehlt jedoch ihre Wirkung auf die deutschen Angreifer nicht. Neben dem ungebrochenen Widerstand der sowjetischen Truppen ist dies auch der eingetretenen Rasputiza, der Schlammperiode geschuldet, die auch Fußmärsche zur Tortur werden lässt. Parallel hat das sowjetische Oberkommando frische Truppen mit 100.000 Soldaten aus allen Teilen des Landes zusammengeholt und östlich Moskaus versammelt, dazu 300 neue Panzer (T-34) sowie 2.000 neue Artilleriegeschütze. Die von der deutschen Luftaufklärung und deutschen Fernspähern sowie Überläufern berichteten umfangreichen »Truppenausladungen« der Roten Armee im Moskauer Hinterland werden von Hitler und der Generalität als völlig irrsinnige Falschmeldung verlacht, ebenso vom späteren BRD-Geheimdienstchef Gehlen (BND) und seiner Generalstabsspionagebande FHO (Fremde Heere Ost). Das sei völlig unmöglich, schließlich stehe nach den erfolgreichen Kesselschlachten bekanntlich das letzte Aufgebot, der letzte kümmerliche Rest der Roten Armee vor Moskau, den es jetzt zu überrennen gelte, frische Truppen seien im ganzen Sowjetreich nicht mehr vorhanden, entsprechende Meldungen würden künftig als Falschmeldungen und gezielte Desinformation empfindlich bestraft.

Die eingetretene Pause im deutschen Vormarsch, die deutscherseits – soweit möglich – auch zum Umgruppieren und Auffüllen der Nachschublager genutzt wurde, gibt der sowjetischen Seite Gelegenheit zu einem unglaublichen Propaganda-Coup. Nach einer Rede vor Parteianhängern am Donnerstag, den 6. November 1941, in der Moskauer Metrostation »Majakowski«, befiehlt Stalin – nach Rücksprache mit Schukow – für Freitag, den 7. November, den Jahrestag der Oktoberrevolution, die alljährliche große Armee-Parade abzuhalten, ungeachtet der wenige Kilometer vor der Stadt stehenden feindlichen Kräfte. Um diese Parade samt ausführlicher Stalin-Rede ungefährdet vor den Augen der eigenen Bevölkerung, aber auch der Weltpresse abhalten zu können, zieht die sowjetische Führung alle verfügbaren Kampfflugzeuge sowie Luftabwehr-Geschütze (FlaK) rund um Moskau zusammen mit dem Auftrag, die Parade zu schützen. Und tatsächlich gelingt es – trotz zahlreicher Versuche – keinem einzigen deutschen Flugzeug, den Ablauf der Parade zu stören oder Stalin wie geplant in den Luftschutzbunker zu treiben. Schon Tage zuvor hat die Rote Luftwaffe alle deutschen Feldflughäfen in der Moskauer Region vorsorglich bombardiert und benutzungsunfähig gemacht. Zusätzlich sind zum Zeitpunkt der Parade mehr als fünfhundert sowjetische Jagdflugzeuge über Moskau in der Luft. Für den Tag der Parade sind ohnehin Schneefall und tiefe Wolken angesagt, also definitiv kein Flugwetter, ein weiteres Plus für die Verteidiger der Stadt und die Organisatoren der Parade, die alle Vorbereitungen mit größtmöglicher Geheimhaltung treffen. Um acht Uhr morgens (statt wie üblich um zehn Uhr) beginnt die Parade, die von Stalin auf dem Lenin-Mausoleum stehend abgenommen wird. Dutzende deutscher Flugzeuge, die trotz allem den von der deutschen Luftwaffenführung im Auftrag Hitlers befohlenen

massiven Angriff auf Moskau (mit dem Ziel, die Parade zu zerschlagen) ausführen wollen, werden abgeschossen.
Die Parade zum 24. Jahrestag der Oktoberrevolution wird von Generalleutnant Pawel Artemjew kommandiert, und als Gnadenakt Stalins von Marschall Budjonny inspiziert. Dieser reitet aus dem Spasski-Tor auf den Platz, grüßt die Truppen und ihren Kommandeur. Anschließend hält Stalin eine auch im Radio übertragene kurze Rede vor den versammelten Truppen, den der Parade beiwohnenden Einwohnern Moskaus und der Weltpresse. Zur großen Wut Hitlers kann Stalin diese Rede ungestört zu Ende bringen, trotz aller deutschen Störversuche. Auch ein Eisenbahngeschütz heranzuschaffen, um die Distanz nach Moskau per Fernschuss zu überwinden, schlägt fehl. Stalin erinnert in seiner kurzen Ansprache an die Situation 1918, bei der Parade zum einjährigen Jubiläum der Oktoberrevolution, als sich drei Viertel des Landes in der Hand ausländischer Interventionsarmeen befanden, die Ukraine, der Kaukasus, Zentralasien, der Ural, Sibirien und der Ferne Osten schon für immer verloren schienen und die junge Sowjetunion ohne Alliierte, und noch ohne Rote Armee, dastand, bei heftigem Lebensmittel- und Waffenmangel. Vierzehn Staaten hatten sich damals gegen die Sowjetunion verbündet. Dennoch habe man nicht aufgegeben, habe den aussichtslos scheinenden Kampf aufgenommen. In kurzer Zeit sei die Rote Armee aufgebaut worden und habe anschließend die Feinde des Landes vertrieben. Inspiriert vom Genie Lenins seien alle feindlichen Armeen geschlagen, das verlorene Territorium zurückerobert und der letztendliche Sieg errungen worden. Jetzt sei die Aufgabe, das Land vom schlimmsten Feind zu befreien, der jemals das Land überfallen habe. Im Geiste der großen erfolgreichen russischen Heerführer, die auch übermächtig scheinende Feinde schlugen, wie Alexander Newski (gegen die Schweden), Dimitri Donskoi (gegen die Tataren), Kusma Minin und Dimitri Poscharski (gegen Polen) sowie Alexander Suwarow und Michail Kutusow

(gegen Napoleon), müsse jetzt der Kampf gegen die deutschen Invasoren geführt werden.
Mit diesen Worten, die den Truppen Zuversicht einimpfen sollen in einer erneut aussichtslos scheinenden Lage (der Feind 30 Kilometer vor Moskau), schickt Stalin sie direkt von der Parade an die Front. Die Parade selbst dauert nur eine knappe halbe Stunde. 30.000 Soldaten, 140 schwere Artilleriegeschütze, 160 Panzer und über 200 Kraftfahrzeuge ziehen an der sowjetischen Führung, dem Paradepublikum und den Kameras der Weltpresse vorüber. Sie stellen nur einen Bruchteil der sonst bei der jährlichen Parade üblichen Zahlen dar – aber der propagandistische Erfolg ist umso größer. Die sowjetische Führung unter Stalin beweist Mut, beweist, dass sie Moskau keineswegs verloren gibt, sondern dass sie bis zum letzten Mann kämpfen wird. Und Hitler samt Wehrmacht sind einmal mehr düpiert, da ihnen, obwohl wenige Kilometer vor der Stadt stehend, keine Mittel (mehr) zur Verfügung stehen, um diesen sowjetischen »Affront« zu unterbinden. Doch noch ist Moskau nicht gerettet, die Entscheidungsschlacht nicht geschlagen. Während Schukow noch mit der Abwehr der weiter anrennenden deutschen Offensivkräfte beschäftigt ist, bereitet die Stawka einen massiven Gegenangriff vor, der die unmittelbare Gefahr einer Einnahme Moskaus durch deutsche Truppen nachhaltig bannen soll. Schukow auf dem mittleren Frontabschnitt, Koniew auf dem nördlichen und Rokossowski auf dem südlichen haben alle Hände voll zu tun, die nach dem Ende der Schlammperiode und dem Einsetzen des Bodenfrostes, der Radfahrzeuge und Panzer wieder mobil macht, erneut vorrückenden deutschen Einheiten tunlichst aufzuhalten. Beide Seiten stehen vor dem Problem, bei ständig sinkender Zahl einsatzfähiger Soldaten und Panzer die eigenen Operationen aufrechtzuerhalten und die gegnerischen größtmöglich zu stören. Die inzwischen herangeschafften Truppenreserven auf der sowjetischen Seite (auf der deutschen Seite gibt es keine mehr) werden für einen größeren Gegenschlag zurückgehalten.

Der während der Schlammperiode zum Stillstand gekommene deutsche Vormarsch soll jetzt fortgesetzt werden, die erschöpften und dezimierten Truppen sollen nochmals aus ihren Stellungen getrieben und zum Angriff bewegt werden. Nachschub kann jetzt wieder nach vorne und Fahrzeuge zur Reparatur ins Hinterland gebracht werden. Der neuerliche deutsche Angriff mit den verbliebenen Truppenresten beginnt am 16. November 1941, trifft aber auf unerwartet verbissenen Widerstand der Roten Armee. Die verbliebenen deutschen Truppen kämpfen meist in Sommeruniformen, obwohl die Temperaturen mittlerweile dauerhaft bei unter null Grad liegen. Da die Winteruniformen in rückwärtigen Heereslagern Tausende Kilometer weit weg von der Front lagern (aber auch von der Menge her viel zu wenig waren), stehlen die deutschen Soldaten der einheimischen Bevölkerung alles, was irgendwie wärmt – von Pelzen über Woll- und Filzsachen bis hin zu Decken und Damenhüten: Das kuriose Bild der deutschen Soldaten, die sich so gegen die bittere Kälte zu wappnen versuchen, prägt den in der Sowjetunion bekannten Ausdruck des »Winter-Fritz«, also eines deutschen Soldaten, der durch seine unkonventionelle, zusammengeklaute Kleidung auffällt.
Ab 5. Oktober 1941 beginnt die Stawka unter Stalin, Reserven für eine Gegenoffensive rund um Moskau und im gesamten nördlichen Frontabschnitt zusammenzustellen. Zehn frische Armeen sollen den deutschen Feind von einer Eroberung Moskaus abhalten und ihn wieder deutlich zurückdrängen. Möglich macht dies eine im August 1941 abgesetzte Meldung des später von den Japanern entdeckten und hingerichteten sowjetischen Star-Spions Richard Sorge, der aus Tokio übermittelt, dass Japan sich entschlossen habe, statt in Sibirien gegen die Sowjetunion nunmehr im Pazifik gegen die USA und Großbritannien vorzugehen, dass sich Japan also mit anderen Worten an den im April 1941 mit der Sowjetunion abgeschlossenen Nichtangriffsvertrag zu halten gedenkt. Somit kann ein Großteil der im Osten der Sowjetunion, in Sibirien gegen mögliche japanische Angriffe stationierten

Truppen an den westlichen Kriegsschauplatz verlegt werden (was allerdings viele Wochen in Anspruch nimmt). Im November 1941 treffen diese Truppen im Raum Moskau ein. Nun beginnen die Planungen für die sowjetische Gegenoffensive, die aber wegen der neuerlichen deutschen Angriffsversuche zunächst verschoben wird. Mit buchstäblich den letzten Resten der einstmals so stolzen Divisionen der Wehrmacht gelingt es gerade noch, Istra im Norden Moskaus einzunehmen und einen Erkundungstrupp des Panzerpionierbataillons 62 am 2. Dezember bis zum Vorort Chimki vorzuschicken (acht Kilometer von der Stadtgrenze), von wo aus in den Scherenfernrohren der Beobachter schon die Goldkuppeln des Kreml sichtbar sind, die in der Wintersonne funkeln. Doch damit ist das Maximum, das Apogäum der in einer fernen, fremden, scheinbar lebensfeindlichen Galaxie unterwegs befindlichen, eine Spur der Zerstörung und der Leichenberge hinter sich herziehenden deutschen Soldatenbanden erreicht – von hier aus geht es nur noch zurück, bis Berlin. Und noch eine Anmerkung zum Thema Wetter, das Hitler ab dem 7. Dezember 1941 unaufhörlich für sein Scheitern vor Moskau verantwortlich macht. Der Winter 1941/42 ist in Russland nämlich unverhältnismäßig mild. Natürlich gibt es Tage mit minus 30 Grad, dazwischen aber, wie etwa am 30. November 1941, am 9. Dezember 1941, am 16. und 20. Dezember 1941 Tagestemperaturen von null Grad beziehungsweise Tauwetter (laut Wehrmachtstagebuch). Also so ganz haut das nicht hin mit den monokausalen meteorologischen Erklärungsversuchen Hitlers.

Schukow reicht die angeforderten Pläne für eine Gegenoffensive seines Frontabschnitts am 30. November 1941 bei der Stawka ein, diese werden umgehend genehmigt. Schukow schlägt darin vor, auf seiner rechten Flanke die vor ihm stehenden deutschen Gruppierungen zu umgehen und einzukesseln. Gleichzeitig sollen Gegenangriffe im zentralen Frontabschnitt den Feind davon abhalten, umzugruppieren und so auf den Angriff zu reagieren beziehungsweise den Einkesselungsangriff der Roten Armee im

Ansatz zu zerstören. Während die deutschen Truppen noch in der angeblich »letzten Entscheidungsschlacht« gegen die nördlichen Vororte Moskaus anrennen, beginnt am 5. Dezember 1941 die lange vorbereitete sowjetische Gegenoffensive, die die deutschen Truppen völlig unvorbereitet trifft. Damit hatte niemand gerechnet, weder der einfache Landser an der Front im frostigen Schneetreiben noch der Generalstab im wohlig beheizten Hauptquartier, noch Hitler. Statt innerhalb von wenigen Tagen in die Stadt hineinzurollen, geht es jetzt erstmals rückwärts. Hitler blökt in die Telefone, dass er keinen Meter Rückzug genehmige, der deutsche Soldat sei auch in dieser Situation jederzeit dem östlichen Untermenschen überlegen, auch wenn dieser in überraschend großen Haufen angestürmt komme. Die Truppe solle sich buchstäblich in den (betonhart gefrorenen) Boden krallen und nicht auf den Gedanken kommen, den Rückzug anzutreten. Doch das ist zunächst schlicht unmöglich. Zu schwungvoll ist die sowjetische Offensive, zu druckvoll ihr Vorwärtsdrang, zu überlegen ihre Feuerkraft (während deutsche Artilleristen die noch übrige Munition an einer Hand abzählen können).

Koniews nördlich der Hauptstadt dislozierte Kalinin-Front beginnt die Offensive, Schukows Westfront folgt einen Tag später. 500.000 frische, gut ausgestattete, mit warmer Winterkleidung und neuen Waffen sowie riesigen Munitionsvorräten ausgerüstete Soldaten treten zum Angriff an. Schon eine Woche später sind die deutschen Truppen viele Kilometer weit zurückgeworfen, 400 Städte und Dörfer befreit, darunter auch Schukows Geburtsort Strelkowka (die deutschen Besatzer zünden beim Abzug das gesamte Dorf, darunter auch die Isba, die Holzhütte seiner Eltern, an und fackeln den Ort komplett ab). Ende Dezember 1941 sehen sich die deutschen Truppen auf der gesamten Frontlinie rund um Moskau, aber auch weit nördlich und südlich davon, zwei- bis dreihundert Kilometer nach Westen zurückgedrängt. Stalin hegt zu diesem Zeitpunkt die Hoffnung, der Krieg werde im Lauf des Jahres 1942 beendet werden können – das ist jedoch etwas zu optimistisch gedacht. Hitler und sein neuer Rüstungsminister Speer setzen alles daran, das gesamte Industriepotential Deutschlands und der deutsch besetzten Länder maximal auszupressen, um so viele tausend neue Panzer, Geschütze, Flugzeuge hauptsächlich gegen die Sowjetunion einsetzen zu können. Auch wenn das letztlich nur ein finales Strohfeuer ist, es reicht, um die sowjetischen Truppen noch knapp zweieinhalb Jahre weiter zu beschäftigen, bis diese im Mai 1945 schließlich den Deutschen in Berlin die bedingungslose Kapitulation diktieren.

Doch so weit ist es noch nicht. Mit dem Jahresende 1941 kann die sowjetische Führung aber aufatmen. Die unmittelbare Gefahr einer Eroberung Moskaus und Leningrads ist gebannt. Der Blitzkrieg, den Hitler und seine Generalität siegreich gegen die Sowjetunion zu führen beabsichtigten, ist gescheitert. Wer das nicht zu fassen vermag, ist der »Führer«. Maulheld Hitler weist in seiner Reichstagsrede vom 11. Dezember 1941 – als die sowjetische Offensive bereits in vollem Tempo läuft – nach der endgültig größenwahnsinnigen Kriegserklärung an die USA noch darauf hin, dass der Krieg gar nicht anders als mit einem deutschen Sieg enden könne, da man ja im letzten halben Jahr nicht nur vier Millionen Sowjetsoldaten gefangen genommen habe, sondern auch 20.000 Panzer, 30.000 Geschütze und 17.000 Flugzeuge der Roten Armee vernichtet oder erbeutet habe. Solche Verluste könne keine Armee der Welt ersetzen. Zudem habe man auch den britischen Erzfeind erheblich geschwächt und nicht weniger als 2.000 britische Flugzeuge abgeschossen, zahllose Nachschubschiffe mit Millionen Tonnage versenkt. Die deutschen Verluste seien zwar auch bitter, lägen aber bei nur knapp fünf Prozent dessen, was man im Ersten Weltkrieg an Verlusten gehabt habe. Bereits einen Monat zuvor, bei seiner traditionellen Ansprache vor »Alten Suffköppen-Kämpfern« im Münchner *Löwenbräukeller* am 8. November 1941 hatte er in seiner – inhaltlich weitgehend identischen – Rede angefügt, dass er selbst im Übrigen nie das Wort »Blitzkrieg« verwendet habe, »ein ganz blödsinniges

Wort« – aber wenn man es schon anwenden wolle, dann auf den Russland-Feldzug, noch nie sei ein größeres Reich in kürzerer Zeit vollständig zerschlagen worden. Von den Schlägen, die die deutsche Wehrmacht dem Roten Riesenreich versetzt habe, werde sich dieses niemals mehr erholen.

Wunschdenken à la Hitler. Dass ein Friedensschluss mit »England« 1940 nicht gelingt, sei bekanntlich nur auf das Insinuieren des »wahnsinnigen Säufers« Churchill zurückzuführen, der gemeinsam mit dem »letzten Brandstifter, dem internationalen Juden« (was wäre dann ein »nationaler Jude«?), verhindert habe, dass sich das deutsche und das »englische« Volk brüderlich die Hand reichten. Und dergleichen Schmu à la Hitler mehr. Schließlich noch: Im Osten stehe man »Untermenschen«, »Bestien«, »Tieren« gegenüber, die nur aus »tierisch-fanatischem Wahnwitz« noch kämpften. »Tierische Blutgier« und »Feigheit« seien die Kennzeichen dieser Monster. Es handle sich somit um einen »grausamen, bestialischen, tierischen Feind«. Gemäß dieser Maßgabe behandeln die deutschen Soldaten daher die Sowjetsoldaten, aber auch die sowjetische Zivilbevölkerung – unmenschlich, gnadenlos, furchtbar. Nach dem Erfolg der Gegenoffensive vor Moskau wittert die Stawka unter Stalin wiederum Mitte Dezember 1941 Morgenluft. Ein weiteres Offensivunternehmen soll sich gleich anschließen, um den einmal aufgenommenen Schwung Richtung Westen fortzusetzen. Es haben sich verschiedene Frontvorsprünge gebildet, die nun gezielt eingedrückt und eingekesselt werden sollten. Ziel ist es, einen Großteil, wenn nicht die gesamte Heeresgruppe Mitte, zu zerschlagen. Koniew und Schukow bekommen hierfür den Auftrag. Ziel ist die Rückeroberung der Städte Wjasma und Rschew. Ursprünglich sollte dieses Ziel noch aus der anfänglichen Moskauer Gegenoffensive heraus erreicht werden. Doch der deutsche Widerstand verfestigt sich – nachdem das Überraschungsmoment verflogen ist und die Einheiten auf verkürzte Frontabschnitte zurückgenommen worden sind (Hitler hat am 8. Dezember endlich mit Weisung Nr. 39 die zeitweise

Einstellung der deutschen Angriffsbemühungen und den Übergang zur Verteidigung – aber nicht zum Rückzug! – genehmigt). Ende Januar wird Schukow zum Gesamtleiter der stagnierenden Operation innerhalb der neuen Westfront ernannt. Offenbar in der Hoffnung, so dem Unternehmen nochmals neuen Schwung zu verleihen. Doch auch Schukow kann keine Wunder vollbringen. Ende April wird das aussichtslose Unternehmen endlich abgeblasen, mehr als 750.000 Verluste sowjetischerseits stehen auf der Abschlussrechnung. Das Ziel, die Deutschen in einem einzigen Schwung bis zur westlichen Landesgrenze der Sowjetunion vor sich herzutreiben, ist nicht einmal annähernd erreicht worden. Doch noch geben Stawka und Stalin die Hoffnung nicht auf, mit zusätzlichen Truppen das Unternehmen doch noch zum Erfolg führen zu können. Und so wird im Juli 1942 die zweite Rschew-Wjasma-Offensive der Roten Armee begonnen. Mehr als zwei Monate lang probiert man es erneut mit der Brechstange, doch mit demselben Ergebnis wie bei der ersten Offensive. Nur dass – durch die etwas vorsichtigere Kampfführung – diesmal »nur« 200.000 Verluste zu Buche schlagen. Aber noch immer ist man der Meinung, die ärgerlichen Frontvorsprünge samt den dort versammelten deutschen Truppen einsacken zu können. Daher wird im November 1942 die dritte Offensive in diesem Raum losgetreten, diesmal »Operation Mars« benannt. Während gleichzeitig die Einkesselung der deutschen Truppen bei Stalingrad gelingt, und die deutschen Panzerspitzen, die am Nordrand des Kaukasus nur noch mit minimalem Vortrieb Richtung der Ölquellen von Grosny und Baku unterwegs sind, bei Wladikawkas endgültig zum Stehen gebracht werden, erzielt Mars zwar keinen Geländegewinn, hält aber immerhin die »Wehrmachtsführung« davon ab, Truppen von diesem Kriegsschauplatz zur Befreiung Stalingrads oder zur Fortsetzung des Vorstoßes am Kaukasus freizumachen. Doch diese Leistung der sowjetischen Truppen bezahlen im Hinblick auf Mars 350.000 Soldaten als Verluste, davon 100.000 Gefallene.

Schukow schreibt später in seinen Memoiren bedauernd, die sowjetische Militärführung und auch er selbst hätten die Situation rund um Rschew damals falsch eingeschätzt. Der Kardinalfehler: Man habe sich selbst überschätzt und den Gegner unterschätzt. Zu den bei Rschew verlorenen Einheiten gehört die gesamte sowjetische 33. Armee, die samt ihrem gefallenen Kommandeur General Jefremow untergeht. Man hat nach dem Krieg versucht, Schukow für diese gigantischen Verluste, speziell der 33. Armee, die Schuld in die Schuhe zu schieben. Doch eine Durchsicht der erhaltenen Operationsakten belegt, dass Schukow alles in seiner Kraft stehende tat, um die 33. Armee zu retten und ihr den Ausbruch zu ermöglichen. Doch die ihm zur Verfügung stehenden Truppen sind schlicht nicht groß genug, um die deutsche Gegenoffensive zu zerschlagen. Auch bei der zweiten Rschew-Wjasma-Offensive werden wieder drei sowjetische Divisionen von deutschen Truppen eingekesselt – Stalin besteht diesmal schriftlich darauf, dass Schukow alles daran setzt, sie wieder herauszuhauen. Das Festhalten der Stawka an einer Offensive in diesem Raum spiegelt die Überzeugung wider, dass sich das Hauptkriegsgeschehen hier, auf der Achse Moskau-Smolensk-Warschau-Berlin abspiele, und nicht nördlich (Leningrad) oder südlich (Stalingrad) davon, und dass der Schlüssel zum Erfolg in der Niederkämpfung der Heeresgruppe Mitte der Wehrmacht liegt (wie es dann 1944 in der sowjetischen »Operation Bagration« erfolgreich gezeigt wird, der größten militärischen Niederlage einer deutschen Armee aller Zeiten, mit rund 400.000 gefangenen, gefallenen oder verletzten Soldaten).

Schukow ist zwischenzeitlich – trotz seiner Misserfolge bei Rschew-Wjasma – im August 1942 zum stellvertretenden Oberkommandeur der Roten Armee ernannt worden, also zu Stalins militärischem Stellvertreter. Obwohl sich sein Aufgabengebiet und sein Zuständigkeitsspektrum damit dramatisch ausweiten, bleibt er dennoch dem Kriegsschauplatz vor Moskau weiterhin eng verbunden. In seinen Memoiren schildert er für diesen Zeit-

abschnitt die siegreiche, dramatische, sensationelle Operation rund um Stalingrad ausführlich, während er im Hinblick auf Rschew-Wjasma nur Dinge erwähnt, die belegen, dass er mit dem lokalen Misserfolg dort wenig bis nichts zu tun hat. Auch die weitere Operationsplanung der Stawka in der ersten Jahreshälfte 1942 schildert Schukow in seinen Memoiren mit einer merkwürdigen Art selektiver Wahrnehmung, einmal mehr mit dem deutlich vernehmbaren Unterton, sich von allen Fehlschlägen zu distanzieren und alle Erfolge für sich zu reklamieren. Der Fehlschlag des zweiten Teiles der Winteroffensive bringt Stalin und die Stawka dazu, größere Offensivprojekte zunächst zu verschieben und vorerst zur aktiven Verteidigung überzugehen, um die dramatischen Verluste der letzten Offensiven zu begrenzen. Schukow befindet im Nachhinein, der Fehler habe bei der Stawka gelegen, die ihm für die erste Rschew-Wjasma-Operation eine oder zwei Armeen zu wenig zur Verfügung gestellt habe, um einen wirklichen, nachhaltigen Erfolg gegen die gesamte Heeresgruppe Mitte der »Wehrmacht« zu erzielen. Grund für die mangelhafte Truppenzuweisung sei der Erfolg Timoschenkos gewesen, der für seine eigene Offensivoperation im Raum Charkow zusätzliche Truppen angefordert und erhalten habe.
Stalin reagiert auf die Niederlage bei Charkow, indem er den verantwortlichen Planungschef der Südwestfront, General Bagramian, am 26. Juni 1942 seines Amtes enthebt. Grund: mangelhafte oder falsche Informationsweitergabe an die Stawka. Timoschenko wird an den mittlerweile vergleichsweise ruhigen Frontabschnitt in Leningrad versetzt. Chruschtschow bleibt Parteivorsitzender in der Ukraine und Politkommissar der Südwestfront. Schaut man sich den Nachrichtenfluss einmal genauer an, der von der Südwestfront zur Stawka geht, und zwar im Zeitraum März bis Mai 1942, zeigt sich, dass die Führung der Südwestfront tatsächlich auffallend zuversichtlich war, Charkow mit Sicherheit zurückzuerobern und mit etwas Glück sogar bis zum Dnjepr vorzustoßen, also bis kurz vor Kiew. Auch als die Offensive auf immer größere

Probleme in der Umsetzung stößt, bleiben die Mitteilungen an die Stawka bis zuletzt merkwürdig euphorisch-optimistisch. Auch Stalin selbst lässt sich von diesem Optimismus anstecken (oder bringt ihn selbst in Gang), mit seinem Tagesbefehl vom 1. Mai 1942, in dem er ankündigt, noch 1942 werde das Land endgültig und vollständig vom Abschaum des Hitlerismus befreit. Doch die Schlacht um Charkow beweist einmal mehr, dass die verbliebene Kampffähigkeit der »Wehrmacht« durchaus beachtlich ist und die Sowjets vor nicht unerhebliche Probleme stellt. Doch das nächste Großoffensiv-Projekt, das von den schlauen Köpfen in der Stawka rund um Stalin ausgeheckt wird, wird zeigen, dass es dennoch möglich ist, einen herausragenden Erfolg gegen die zeitweise stärkste Militärmaschinerie der Welt zu erzielen. Stalin beordert Schukow hierfür wieder zurück nach Moskau.

## Stalingrad

Hitlers strategische Optionen für 1942 sind stark eingeschränkt gegenüber den Möglichkeiten, die er noch ein Jahr zuvor hatte. Das erste Jahr des Unternehmens Barbarossa hatte zu Verlusten von über einer Million Soldaten (Verletzte, Gefallene, Gefangene) geführt, also einem Drittel bis einem Viertel (je nach Zählweise) der Streitkraft, mit der die Hakenkreuz-Kreuzritter am 22. Juni 1941 antraten zum Unternehmen »Blitzkrieg gegen die Sowjetunion«. Das »Kartenhaus«, der »tönerne Koloss« im Osten erweist sich als deutlich widerstandsfähiger als erwartet. Statt zur Siegesfeier in Moskau zum Abschluss des Blitzkriegs befindet man sich tief in der endlosen russischen Etappe, mitten im gefürchteten zähen, hin und her wogenden Abnützungskrieg, den Hitler und seine Kamarilla unter allen Umständen vermeiden wollten, weil dieser mit einem hohen Grad an Wahrscheinlichkeit erneut – wie schon im Ersten Weltkrieg – zuungunsten Deutschlands ausgehen wird. Zu den menschlichen Verlusten kommen noch die materiellen, die für Deutschland ebenfalls nicht zu ersetzen sind (mangels Industrieproduktion): 40.000 Lastwagen, 40.000 Motorräder und 30.000 Pkw, also 110.000 Motorfahrzeuge (ein Gutteil der gesamten deutschen Jahresproduktion), die während der vergangenen zwölf Monate auf die eine oder andere Art verloren gegangen sind: in der Masse während des überstürzten Rückzugs vor Moskau, als die Landser ihre Fahrzeuge aufgrund von Treibstoffmangel abstellen und zu Fuß nach Westen flüchten mussten. Tausende von Panzern, Tausende von Flugzeugen stehen ebenfalls auf der Verlustliste. Ein Aderlass, der für das Hakenkreuzreich nicht zu kompensieren ist – da kann Hitler noch so viele »Führer-Erlasse« erlassen. Die einstmals vergleichsweise hochmotorisierte Wehrmacht (allerdings war schon der Vormarsch in die Sowjetunion nur ausnahmsweise und bei wenigen Eliteformationen motorisiert vor sich gegangen, sondern meist zu Fuß, per Fahrrad oder zu Pferd) ist nun auf ihre Millionen eigenen oder requirierten Pferde angewiesen, von denen im ersten Kriegsjahr aber auch über 200.000 den Strapazen erliegen oder bei Kampfhandlungen getötet werden. Hierfür werden gerade einmal 20.000 als Ersatz aus der Heimat herangeführt.

Die Wehrmacht 1942 ist also nicht mehr die Wehrmacht 1941, aber immer noch – und hier tendierten die Sowjets dazu, den Gegner zu unterschätzen – eine mächtige Streitkraft, die viele sowjetische Offensivbemühungen noch immer mehr oder weniger zu konterkarieren in der Lage ist. Doch der Aderlass zwingt Hitler, statt einer umfassenden Sommeroffensive an allen Fronten innerhalb der Sowjetunion, seine Kräfte 1942 auf einen einzigen Frontabschnitt zu bündeln und hierfür alle vorhandenen Nachschub-Volumina zusammenzufassen. Seine Wahl fällt auf den Südabschnitt und die Heeresgruppe Süd. Diese erhält den Auftrag, im Rahmen des »Unternehmen Blau« genannten Offensivunternehmens ab Frühjahr 1942 die restliche, östliche Ukraine, den Donbass zu erobern sowie nach Südosten vorzustoßen, Richtung der unerschöpflichen sowjetischen Ölquellen von Maikop, Grosny und Baku. Hitler will auf diese Weise die Sowjetunion sowohl von ihrem Treibstoffnachschub als auch von den über den »iranischen Korridor« hereinkommenden alliierten Hilfslieferungen abschneiden und damit den sowjetischen Koloss endgültig in die Knie zwingen. Mal wieder mit dem letzten Aufgebot in die letzte Entscheidungsschlacht. Und mal wieder liegt der »Führer« falsch.

Tatsächlich hat Hitler im Hinterkopf, bei einem Erfolg von Unternehmen Blau einmal mehr seine Offensivkräfte zu teilen (wie er das schon so verheerend 1941 vor Moskau machte) und einen Angriffskeil nach Norden abschwenken zu lassen, um Moskau doch noch rückwärtig zu umfassen und einzukesseln, und in einer zweiten Umzingelungsoperation aus dem Kaukasus heraus durch Iran (und Afghanistan sowie Pakistan) im Norden, aus Ägypten (»Afrikakorps« unter Rommel) durch Saudi-Arabien im Süden nach Indien durchzustoßen und sich dort mit den nach Westen vorstoßenden japanischen Truppen zu vereinigen. Die japanischen Truppen erreichen tatsächlich Ende 1942 die indische Ostgrenze (und erbringen damit einen Großteil ihres Beitrags), während die deutschen Truppen Ende 1942 schon wieder auf dem Rückzug ins Reich sind und nie mehr auch nur in die Nähe eines solchen Offensiverfolgs kommen werden. Doch bevor sie irgendwohin abschwenken können, müssen die deutschen Truppen auf der Krim zuerst einer Flankenbedrohung zuvorkommen und die Gefahr sowjetischer Luftangriffe auf die überlebenswichtigen Ölquellen von Rumänien (die einzigen ergiebigen, dauerhaft in deutscher Hand befindlichen) beseitigen. Die Rückeroberung der Krim-Halbinsel Kertsch gelingt im Frühjahr 1942, anschließend werden alle Kräfte auf die Eroberung der letzten Widerstandsinsel auf der Krim, der Hafen- und Heldenstadt Sewastopol, konzentriert. Man bringt buchstäblich alles in Stellung, was die deutschen Arsenale noch hergeben, bis hin zum Eisenbahngeschütz Dora mit seinem 80 Zentimeter Kaliber, dem 32 Meter langen

Rohr und den Sieben-Tonnen(!)-Projektilen, für das extra eine 900 Meter lange doppelgleisige Feuerstellung gebaut werden muss. Von den Projektilen waren insgesamt nur 48 vorhanden, die auch alle innerhalb von zwölf Tagen (5. bis 17. Juni 1942) vollzählig auf die Hafenstadt und ihre letzten, in Häuserruinen, Kellern und Bunkern ausharrenden Verteidiger abgefeuert wurden. Das Rohr der Dora ist eigentlich auf eine Lebensdauer von 100 Schuss ausgelegt. Allerdings zeigen sich schon nach 15 Schuss deutliche Verschleißerscheinungen. Ob die 48 Schuss wesentliche Wirkung erzielen, lässt sich nach der Eroberung Sewastopols nicht mehr feststellen. Denn die deutsche Luftwaffe hat in über 23.000 Einsätzen 20.000 Tonnen Bomben abgeworfen (also so viel wie die US-Luftwaffe bei einem einzigen Luftangriff der Art »1.000 Bomber« auf die Großstädte des Reiches abwirft), die deutsche Artillerie zusätzlich 26.000 Tonnen Munition verschossen. In dem Gewirr der Bombenkrater und Gebäuderuinen sind die einzelnen Treffermarken nicht mehr eindeutig auszumachen. Der geplante Operationsbeginn der großen Sommeroffensive muss erneut um viele Wochen aufgeschoben werden – 1941 im »Fall Barbarossa« wegen der Balkan- und Griechenlandunternehmungen der Wehrmacht, 1942 im »Fall Blau« wegen Sewastopol. Statt direkt im Frühjahr nach der Schneeschmelze und dem Ende der Frühjahrsschlammperiode loszuschlagen, wartet man auch 1942 wieder Woche um Woche, gibt den dankbaren sowjetischen Verteidigern unerwartete Extrazeit, um ihre Defensivstellungen auszubauen und in die Tiefe zu staffeln, Waffen- und Munitionsvorräte aufzustocken etc. Los geht es mit »Fall Blau« konkret erst am 28. Juni 1942. Die Heeresgruppe Süd tritt mit der 6. und der 17. Armee sowie der 1. und 4. Panzerarmee an, zusätzlich noch mit der 11. Armee (von Manstein) von der Krim aus über die Halbinsel Kertsch Richtung Kuban (Taman-Halbinsel). Hilfsdienste leisten die ungarische 2., die italienische 8. sowie die rumänische 3. und 4. Division. Alles in allem 89 Divisionen, darunter 9 Panzerdivisionen, mit rund anderthalb Millionen Soldaten. Und wieder geht es schwungvoll und mit hohem Tempo los. Die sowjetische Seite verlegt sich nämlich darauf, verlustreiche Abwehrschlachten und Einkesselungen zu vermeiden und sich stattdessen variabel und flexibel ins Hinterland zurückzuziehen unter Schonung von Soldaten und Material. Daher lassen sie die deutschen Angreifer ruhig losstürmen, in der Gewissheit, dass es diesmal gelingen wird, die Operation des Gegners zu stoppen, weil dieser – wie die sowjetische Seite nur zu genau weiß – gar nicht mehr die Mannstärke hat, um eine derartige Operation mit einiger Aussicht auf Sieg durchzuführen. Zu überlängt sind einmal mehr die Frontlinien, zu ausgedünnt die abgenutzten Divisionen, zu abgesunken der Panzerbestand (zumeist nur noch dreißig Prozent des Regelbestands), zu lang die Wege für Nachschub und Proviant. Ende Juli 1942 ist dann der Donbass bis zum Donbogen in deutschem Besitz, Stalingrad und der Kaukasus schon in Sichtweite. Einen Monat später, Ende August 1942, stehen die deutschen Truppen an der Wolga und am Fuß des Kaukasus. Stalingrad ist von Westen her deutscherseits eingeschlossen, die Ölfelder von Maikop besetzt – es sind die kleinsten der drei anvisierten, Grosny und Baku werden niemals erreicht, und auch in Maikop gibt es nichts zu holen, weil sowjetische Spezialisten die Quellen nachhaltig unbrauchbar gemacht haben. So nachhaltig, dass es den verzweifelten deutschen Ölbohrspezialisten während der wenigen Monate vor Ort (bevor sie die Region wieder räumen mussten bei der sowjetischen Gegenoffensive) nicht gelingt, nennenswerte Mengen an Erdöl über den Eigenbedarf hinaus zu fördern. Am 21. August wird dafür die Reichskriegsflagge auf dem höchsten Berg des Kaukasus, dem Elbrus (5.600 Meter Höhe), entrollt, sehr zum Missfallen Hitlers, der künftig derlei überflüssige Hobbytouren übermotivierter Gebirgsjäger untersagt – diese sollen lieber den Vormarsch auf der Küstenstraße unterstützen, wo man über Noworossisk hinaus Richtung Süden aufgrund unnachgiebigen sowjetischen Widerstands überhaupt nicht vorankommt, oder den Vormarsch Richtung Grosny, wenn schon.

Im Überschwang der Gefühle teilt Hitler dann tatsächlich am 9. Juli 1942 die Angriffskräfte einmal mehr auf: Aus der Heeresgruppe Süd werden auf wundersame Weise zwei neue Heeresgruppen, die aber natürlich jeweils nur noch halb so stark sind wie die ursprüngliche Heeresgruppe Süd. Die neue Heeresgruppe A unter dem Kommando von Feldmarschall Wilhelm List wird im Süden des Frontabschnitts auf den Kaukasus und Baku angesetzt, die Heeresgruppe B unter dem Kommando von Fedor von Bock im Norden des Frontabschnitts auf Woronesch und Stalingrad. Doch schon am 13. Juli 1942 feuert Hitler von Bock aufgrund divergierender Meinungen über die Fortführung der Operationen seines Kommandos und ersetzt ihn durch Feldmarschall von Weichs (der – Hitler gegenüber nachgiebiger – seinem Namen alle Ehre macht). Am selben Tag muss die Heeresgruppe B die 4. Panzerarmee abgeben, die nun der Heeresgruppe A beigegeben wird für den Vormarsch Richtung Kaspisches Meer. Am 23. Juli 1942 erlässt Hitler Weisung Nr. 45, welche besagt, dass die Heeresgruppe A nun die gesamte Schwarzmeerküste bis zur türkischen Grenze in Besitz nehmen, aber auch Baku besetzen soll, während die Heeresgruppe B Richtung Stalingrad vorstoßen wird, um den Nachschubverkehr auf der Wolga zu unterbinden und das Rüstungszentrum Stalingrad (in dessen Traktorfabriken zu diesem Zeitpunkt noch ein Großteil der sowjetischen T-34 hergestellt wird) zu zerschlagen. Um die Sache kurz zu machen: Die deutschen Kräfte waren zu gering, um beide, durchaus ambitionierten Ziele zu erreichen, die über tausend Kilometer auseinanderlagen. Schon früh im Verlauf von »Fall Blau« war ein Menetekel zu erkennen: Der anfängliche Vorstoß auf die Stadt Woronesch (am gleichnamigen Fluss) kann noch erfolgreich vorgetragen werden, doch die vollständige Eroberung der Stadt zieht sich hin und gelingt bis zu ihrer Befreiung schon ein halbes Jahr später nie ganz. Vom östlichen Woronesch-Ufer erhalten die sowjetischen Verteidiger einiger kleiner Innenstadtbezirke immer wieder Nachschub und auch Personalersatz, binden mit ihrer Abwehrkraft größere »Wehrmachtseinheiten« und legen so den Grundstein für die erfolgreiche Rückeroberung der Stadt im Januar 1943. Die Parallele zum nächsten Etappenziel Stalingrad liegt auf der Hand. Für die Kämpfe um Woronesch wird von der Stawka eine eigene Front geschaffen (Woronesch-Front) und einer der brillantesten Generalstabsoffiziere, Nikolai Watutin, mit ihrem Kommando betraut.

Weiter südlich entwickeln sich die Dinge für die »Wehrmacht« beziehungsweise die »Heeresgruppe B« zunächst positiv. Timoschenko leistet nur geringen Widerstand gegen die zahlenmäßig deutlich überlegenen deutschen Kräfte und erhält am 12. Juli 1942 die Erlaubnis, sich hinter den Don zurückzuziehen. Dieser wird dann im Donbogen für die nächsten Monate zur Hauptkampflinie. Hier bewegt sich die nächste Zeit nicht viel, außer vereinzelten Artillerieduellen und kleineren Landungsversuchen, die aber keineswegs ernsthafter Natur sind. Gleichzeitig wird ebenfalls am 12. Juli die neue Stalingrad-Front gebildet, um die Verteidigung der offenbar im Fadenkreuz der deutschen Angreifer liegenden riesigen, langgestreckten Industriemetropole an der Wolga zu organisieren. Timoschenko wird mit ihrem Kommando beauftragt und erhält nach den Verlusten bei Rostow am Don drei neue Reserve-Armeen: die 62., die 63. und die 64. Armee. Damit stehen ihm insgesamt 38 Divisionen mit rund 500.000 Soldaten für die Verteidigung der Stadt zur Verfügung, dazu 1.000 Panzer und 750 Flugzeuge aller Art. Dann geht es in puncto Kommandostrukturen auf sowjetischer Seite etwas durcheinander. Am 22. Juli 1942 wird Timoschenko als Kommandeur durch Gordow ersetzt, Anfang August entscheidet die Stawka, die Stalingrad-Front in zwei unabhängige Fronten aufzuteilen (Stalingrader und Südwestfront), am 9. August, unter dem Eindruck der nahezu ungebremst heranstürmenden deutschen 6. Armee, werden beide Fronten dem Kommando General Jerjomenkos unterstellt, einem weiteren der brillanten Generalstabsoffiziere, die nun auch Frontkommando-Verantwortung übernehmen.

In der sowjetischen und russischen Militärgeschichtsschreibung gilt Freitag, der 17. Juli 1942, als der erste Tag des Kampfes um Stalingrad, der rund 200 Tage andauern sollte, bis zur Kapitulation der letzten deutschen Truppen im Kessel Anfang Februar 1943. An diesem Juli-Tag 1942 stoßen Vorausabteilungen der deutschen 6. Armee am Tschir, westlich Stalingrads, auf Einheiten der sowjetischen 62. und 64. Armee. Ende Juli geht ganz im Süden des sowjetischen Verteidigungsraums Rostow am Don zum zweiten Mal verloren (im November 1941 war die Stadt bereits kurz von deutschen Truppen besetzt, dann aber von der Roten Armee wieder zurückerobert worden) und der deutsche Vormarsch Richtung Kaukasus setzte sich jenseits des Don durch die Kuban-Halbinsel fort. Weiter nördlich rollen die deutschen Panzer in den sich in nordsüdlicher Richtung erstreckenden Donbogen hinein und überschreiten den Fluss bei Kalatsch gegen geringen sowjetischen Widerstand wenige Tage später. Nun ist der Weg nach Stalingrad frei, das nur noch 60 Straßenkilometer Richtung Osten entfernt liegt. Also eine durchschnittliche Panzer-Tagesetappe. Stalin erlässt vor diesem Hintergrund am 27. Juli 1942 den berühmten Befehl Nr. 227 – »Keinen Schritt zurück«. Darin wird zunächst die verzweifelte Lage der Sowjetunion ziemlich unverblümt geschildert, wie viel Land bereits vom Feind besetzt worden sei, dass 70 Millionen Einwohner schon zu seinen Sklaven geworden seien, dass Fabriken mit einer Jahresproduktion von zehn Millionen Tonnen Stahl verloren gegangen seien. Leider habe dabei die Rote Armee teilweise eine unrühmliche Rolle gespielt, wenn aus grundloser Panik heraus völlig unbegründete Rückzüge angetreten worden seien, wenn Rostow am Don und Nowotscherkassk ohne Not geräumt worden seien, ohne dass hierzu eine Genehmigung der Stawka vorlag. Das sowjetische Volk beginne, das Vertrauen in die Rote Armee zu verlieren, wenn immer mehr Einwohner unter das Joch des Feindes gepresst würden. Weitere Rückzüge seien nicht möglich, ohne das Schicksal des gesamten Landes in Frage zu stellen. Jeder weitere Gebietsverlust werde den

Feind unverhältnismäßig stärken und gleichzeitig die sowjetische Verteidigung überproportional schwächen. Daher gelte jetzt einmal mehr (wie schon vor Moskau): Keinen Schritt zurück! Kommandeure, die ohne Genehmigung einen Rückzug befehlen, seien Verräter und als solche zu behandeln. Das Vaterland rufe – diesem Befehl zu gehorchen, heiße, das Vaterland zu retten und die Feinde zu vernichten. Die deutschen Truppen hätten im letzten Winter unter Disziplinlosigkeit gelitten. Daher seien dort wirksame Maßnahmen ergriffen worden: 100 Strafbataillone, geschaffen für Soldaten, die gegen die Disziplin verstoßen hatten. Diese Strafbataillone seien an besonders gefährlichen Frontabschnitten eingesetzt worden, um sich zu bewähren. Weitere zehn Strafbataillone seien für Offiziere eingerichtet worden, die gegen die Regeln der Disziplin verstoßen hatten. Schließlich habe man noch Rückzugsverhinderungseinheiten geschaffen, die Deserteure erschossen. Es stünde der Roten Armee gut an, in diesem Punkt vom Feind zu lernen, um ihn besser vernichten zu können. Daher sollten jetzt drei Strafbataillone zu je 800 Soldaten geschaffen werden, die sich aus Kommandeuren und Politkommissaren zusammensetzen. Diese sollen an den gefährlichsten Frontabschnitten eingesetzt werden. Kommandeure, die ihre Stellungen ohne Genehmigung aufgeben, werden sofort vors Kriegsgericht gestellt. Außerdem sollen drei Sperrregimenter zu je 200 Soldaten geschaffen werden, deren Aufgabe es sei, Deserteure zu erschießen (sie werden 1943 wieder abgeschafft). Drei bis fünf Strafbataillone zu je 200 Soldaten sollen für Soldaten und Unteroffiziere geschaffen werden, die gegen die Disziplin verstießen. Auch diese sollten an den gefährlichsten Frontabschnitten eingesetzt werden. Gleichzeitig wird der Appell an den Patriotismus von Bevölkerung und Armee deutlich verstärkt. Drei neue Orden werden gestiftet: mit den Namen der großen russischen Feldherren Newski, Suwarow und Kutusow. Gleichzeitig wird das Amt des Politkommissars am 9. Oktober 1942 einmal mehr abgeschafft – Zeichen des gestiegenen Vertrauens Stalins in seine Rote Armee, deren

Kommandeure sich nun nicht mehr mit möglichen Vetos der Politkommissare gegen ihre Befehle herumschlagen mussten. Doch zurück zum Geschehen in Stalingrad: Die deutschen Truppen erreichen am 23. August 1942 die Außenbezirke der Stadt und stehen im Norden, bei Orlowka, bereits direkt am Wolga-Ufer. Die Stadt ist zu diesem Zeitpunkt noch voller Flüchtlinge, deren Evakuierung sich hinzieht. Mitten hinein in diese Menschenmassen fallen die deutschen Luftangriffe ab dem 24. August 1942, die rund 40.000 Menschen das Leben kosten. Einen Tag später wird in der Stadt von den Sowjetbehörden das Kriegsrecht verhängt, um über Chaos und Panik Herr zu werden. Am 26. August beordert Stalin Schukow wieder nach Moskau. Schukows Stelle als Kommandeur der Westfront übernimmt Koniew. Schukow wird nun zum stellvertretenden Oberkommandierenden ernannt sowie zum stellvertretenden Verteidigungsminister.
In der Stadt selbst stehen die Truppen der sowjetischen 62. Armee unter dem Kommando von General Tschuikow, der die Verteidigung der Innenstadt übernimmt. Stalin sendet Schukow nicht direkt nach Stalingrad. Koordinator für die Stawka vor Ort ist der neue Generalstabschef Wassilewski (Nachfolger des kränklichen Schaposchnikow). Erst Ende August 1942 reist Schukow zum Hauptquartier der Stalingrad-Front unter dem Kommando von General Gordow. Zusammen mit Jerjomenkos Südwestfront stellt sie die Masse der zur Verteidigung zur Verfügung stehenden Truppen. Stalin überlässt Schukow die oberste Führung der sowjetischen Verteidigungstruppen vor Ort, hat sich aber tägliche detaillierte Berichte auserbeten. Von dem im südlichen Stadtgebiet mit seinen Truppen stehenden Jerjomenko verlangt Stalin gleichzeitig, jedes Haus im Stadtgebiet in eine Festung zu verwandeln und nicht mehr leichtfertig Häuserblock um Häuserblock aufzugeben. Auf dem Gebiet der sich auf einer Länge von 80 Kilometern am westlichen Wolga-Ufer in Nord-Süd-Richtung erstreckenden Innenstadt Stalingrads gehen die intensiven militärischen Auseinandersetzungen im September und Oktober 1942

weiter. Die Deutschen müssen in einem erbitterten Häuserkampf (auf den sie völlig unvorbereitet waren) jeden Meter Vormarsch tiefer ins Stadtzentrum beziehungsweise näher Richtung Flussufer teuer bezahlen, erobern zeitweilig bis zu neunzig Prozent des Stadtgebietes, schaffen es aber nie, den letzten sowjetischen Kessel von sechzehn Kilometern Länge entlang des Flussufers und einer Breite von teilweise nur fünfzig oder hundert Metern (vom Ufer ins Stadtgebiet hinein) zu vernichten. Gleichzeitig wird von der Stawka schon jene Operation vorbereitet, welche die endgültige Kriegswende herbeiführen sollte: »Operation Uranus«.

Schukow schreibt in seinen Memoiren, er sei am 12. September 1942 nach Moskau zurückgeflogen, um gemeinsam mit Wassilewski die umfassende Entlastungsoperation für Stalingrad vorzubereiten. Nach einem ausführlichen Bericht an Stalin habe er sich ans Werk gemacht. Der Plan sah angeblich vor, im Stadtgebiet den Feind durch aktive Verteidigung weiterhin zu zermürben und gleichzeitig durch eine umfassende Operation gegen die deutschen Truppen auf den Flanken die strategische Situation in diesem Frontabschnitt wie auf dem sowjetischen Kriegsschauplatz allgemein dramatisch zu verändern. Wie so viele andere Episoden aus Schukows Memoiren lässt sich auch diese dokumentarisch nicht belegen. Zwischen 31. August und 26. September gibt es laut den offiziellen Dienstkalendern kein Treffen zwischen Schukow und Stalin. Der für seine »Kompetenz« in Disziplinfragen bekannte General hat aber auch genug damit zu tun, in Stalingrad selbst dazu beizutragen, die erbitterte Verteidigung der Stadt zu organisieren gegen einen Feind, der immer wieder anrennt und buchstäblich seine letzten Reserven ins Gefecht wirft. Nur im Schutz der Dunkelheit ist es den sowjetischen Verteidigern möglich, mit kleinen Booten minimalen Nachschub und Personalersatz für die zu 75 Prozent oder mehr ausgebluteten Einheiten, die sich am westlichen Steilufer der Wolga tief in den Lößboden eingegraben haben, über den Fluss zu bringen. Die Deutschen versuchen mit starken Suchscheinwerfern und Flakgeschützen, die auf die Boote gerichtet werden, diese nächtlichen Fährtransporte zu unterbinden, setzen dadurch aber wiederum ihre Suchscheinwerfer starkem sowjetischen Störfeuer aus, das versucht, eben jene Scheinwerfer samt den Geschützbatterien auszuschalten. Viele dieser kleinen Boote werden von den Deutschen versenkt, die auf ihnen befindlichen sowjetischen Soldaten getötet, der dringend benötigte Nachschub auf den Flussgrund geschickt.

Für den Angriff auf die Flanken der in und um Stalingrad stehenden deutschen Verbände beziehungsweise ihre Verbündeten (Italiener, Ungarn, Rumänen, insgesamt rund 300.000 Soldaten) wurden von der Stawka rund eine Million Soldaten, 15.000 Geschütze, 1.500 Panzer und 1.500 Flugzeuge bereitgestellt. Gegen die durch ihre Dislozierung in der Nähe zu Moskau ungleich gefährlichere und zahlenmäßig deutlich stärkere Heeresgruppe Mitte stellte die Stawka fast zwei Millionen Soldaten bereit, dazu 26.000 Geschütze, 3.500 Panzer und Selbstfahrlafetten sowie 1.200 Flugzeuge. Und auch wenn die Operation Mars nicht annähernd den Erfolg von Operation Uranus hat (die geplante Einkesselung der Heeresgruppe Mitte gelang nicht), so schwächt sie die deutschen Truppen vor Moskau doch so sehr, dass der deutsche Generalstab im Frühjahr 1943 freiwillig den bisher für eine mögliche neue Offensive gegen Moskau gehaltenen Frontvorsprung bei Rschew räumt. Die sowjetische Offensive Uranus zur Neutralisierung der deutschen 6. Armee in und um Stalingrad beginnt in den frühen Morgenstunden am Donnerstag, den 19. November 1942. Es handelt sich um die vereinigte Offensive aller drei beteiligten Fronten der Roten Armee, der Stalingrad-Front, der Don-Front und der Südwestfront. Die Stalingrad-Front steht unter dem Kommando von Jerjomenko, die Don-Front untersteht Rokossowski, und die Südwestfront wird seit 31. Oktober 1942 von Watutin kommandiert. Der Plan sieht vor, dass Watutins Südwestfront von Norden (im Gebiet von Serafimowitsch / Raspopinskaia / Klezkaia, rund 200 Kilometer nordwestlich Stalingrads im Donbogen gelegen) den Übergang über den Don er-

zwingen und in einem kühnen Panzer-Raid rund 200 Kilometer Richtung Süden in den Tschir-Bogen hinein vorstoßen soll, um einen westlichen Wall gegen mögliche deutsche Gegenangriffe zu bilden und dabei gleichzeitig die im nördlichen Donbogen stehende rumänische 3. Armee einzukesseln.
Auf der Landbrücke zwischen Don und Wolga, nördlich Stalingrads, sollte die Don-Front Rokossowskis – ebenfalls Richtung Süden vorstoßend, aber näher an der Stadt – am östlichen Don-Ufer den inneren, nördlichen Umfassungskeil vorantreiben, mit Generalrichtung Südwesten auf Peskowatka und Kalatsch am Don zu, sechzig Kilometer westlich Stalingrads. Dabei soll er den Sperrriegel der in Ost-West-Richtung erbauten Stellungen der Deutschen und ihrer Verbündeten zwischen Don und Wolga durchbrechen. Jerjomenkos Stalingrad-Front schließlich bleibt es vorbehalten, südlich der Stadt die deutschen Stellungen am westlichen Wolga-Ufer zu durchstoßen und sich von hier Richtung Nordwesten bis Kalatsch am Don durchzuschlagen, wo sich die beiden inneren Angriffskeile treffen sollten, gegen Westen abgesichert durch Rokossowskis Truppen, die sich bis zum weit westlich Stalingrads fließenden Tschir heranarbeiten und dessen Ostufer komplett in sowjetische Hände bringen sollten. Es handelt sich also um eine äußerst ambitionierte »tiefe« Operation, die nicht weniger als die gesamte deutsche 6. Armee und die deutsche 4. Panzerarmee neutralisieren soll. Die gesamten Vorbereitungen für die gigantische Gegenoffensive laufen unter strengster Geheimhaltung ab, bei gleichzeitiger Täuschung des Gegners durch umfassende Maskirowka.
Die Offensive beginnt am Donnerstag, den 19. November 1942, mit intensivem Artillerie-Vorbereitungsfeuer aus 3.500 Geschützen. Watutins sowjetische 21. Armee und seine 5. Panzerarmee starten ihren weitausgreifenden Vormarsch, während gleichzeitig im Süden der Stadt Jerjomenkos sowjetische 51. und 57. Armee attackieren. Die Deutschen und ihre Verbündeten (darunter auch ein kroatisches Regiment sowie rechtsextreme griechische Freiwil-

lige) sind von der massiven Angriffsoperation der Sowjets völlig überrascht. Alle Aufklärungsmeldungen der Tage zuvor besagten, dass die Rote Armee im Raum Stalingrad zu keiner größeren Angriffsoperation mehr fähig sei. Zudem fällt das Thermometer einmal mehr auf die üblichen Wintertemperaturen in Russland, und jede Bewegung in der offenen Steppe außerhalb der Stadt ist aufseiten der Deutschen und ihrer Verbündeten zum Stillstand gekommen. Schon nach vier Tagen kann die Rote Armee den Kessel rund um die feindlichen Truppenmassen wie geplant bei Kalatsch schließen. Operation Uranus ist somit das erste erfolgreich abgeschlossene Großkesselunternehmen der Roten Armee. Hitler nimmt die Dinge zunächst auf die leichte Schulter. Die Verteidigung des Kessels rund um das Dörfchen Demjansk (3.000 Einwohner) über drei Monate hinweg im Winter 1941/42 sowie dessen Versorgung aus der Luft machen ihn zuversichtlich, dass eine solche Strategie auch diesmal aufgeht. Daher untersagt er jeglichen Ausbruchsversuch, den der Kommandeur der 6. Armee, General Paulus, unmittelbar nach der Einkesselung beantragte. Grund hierfür ist, dass Hitler den schwer erkämpften Prestigeerfolg, bis an die Wolga vorgestoßen zu sein und die Stadt mit dem Namen seines Erzfeindes Stalin nahezu erobert, jedenfalls in Schutt und Asche gelegt zu haben, nicht leichtfertig preisgeben will. Göring sagt Hitler zu, die Versorgung des Kessels aus der Luft sei kein Problem, damit ist die Sache für Hitler erledigt. Allerdings hat er dabei mehrere Faktoren übersehen, welche die beiden Kessel von Demjansk und von Stalingrad grundlegend unterschieden. In dem räumlich überschaubaren Kesselchen von Demjansk waren am 9. Januar 1942 sechs deutsche Divisionen mit insgesamt rund 90.000 Mann eingeschlossen, bei einer Frontlänge des Kessels von rund 300 Kilometern. Die Luftversorgung lief am 18. Februar an. Die angeforderten 300 Tonnen täglich wurden schon hier an keinem Tag erreicht, bis zum Ende der Luftversorgung am 18. Mai 1942. Auch nach diesem Zeitpunkt wurde noch bis Oktober Nachschub auch auf dem Luftweg nach

Demjansk geflogen, obwohl schon wieder eine Landverbindung bestand. Insgesamt gehen bei dem Lufttransporteinsatz für Demjansk nicht weniger als 500 Flugzeuge und 1.000 Besatzungsmitglieder verloren, geschuldet der immer besser werdenden sowjetischen Flak und den Jagdfliegerverbänden der Roten Luftwaffe. In Stalingrad sind dagegen 22 Divisionen mit 330.000 deutschen und verbündeten Soldaten, also mehr als dreimal so viele Soldaten auf einer Fläche von knapp 2.000 Quadratkilometern eingekesselt. Göring sagt großspurig eine tägliche Luftversorgungsleistung von 500 Tonnen zu. Es gelingt nur ein einziges Mal, am 19. Dezember 1942, eine Tagesmenge von knapp 300 Tonnen in den Kessel zu fliegen, an den meisten anderen Tagen deutlich weniger, an vielen Tagen aufgrund des schlechten Winterwetters überhaupt nichts. Zudem sind große Teile des Lufttransportraums mit der Evakuierung des »Afrikakorps« blockiert. Nachdem mehrere Kapitulationsaufforderungen der sowjetischen Seite von Paulus auf Befehl Hitlers jeweils abgelehnt wurden und auch die »Fall Wintergewitter« genannte Operation, mittels Entsatzangriff von außen (durch die 4. Panzerarmee) Mitte Dezember 1942 den Kessel zu sprengen, scheitert, beginnt am Sonntag (mal wieder!), den 10. Januar 1943, die letzte Phase des Kampfes um Stalingrad mit der sowjetischen Offensivoperation »Ring« (Kolzo), die den verbliebenen Minikessel im Stadtzentrum Stalingrads endgültig erobern soll. Erst kurz zuvor hat Hitler der Heeresgruppe A den Befehl gegeben, den ohnehin festgefahrenen Vormarsch Richtung Grosny am Stadtrand von Wladikawkas zu stoppen und den Rückzug Richtung Rostow am Don anzutreten. Die These, Hitler habe den Ausbruch aus dem Stalingrader Kessel verweigert, um die weit südlich am mittleren Kaukasus stehende Heeresgruppe A vor einer sowjetischen Umzingelung »zu retten«, greift zu kurz. Ein früherer Rückzugsbefehl für die Heeresgruppe A hätte die 6. Armee retten und zumindest die Front im südlichen Bereich stabilisieren können. Aber auch ohne Stalingrad ist die Heeresgruppe A in der Lage, den ganzen Sommer 1943 über den geordneten Rückzug durchzuführen, ohne größere Verluste von Menschen und Material. Da die »Tür« nach Westen bei Rostow am Don schon zu ist (die Rote Armee hatte die Stadt in Fortsetzung der Operation Uranus bei einer erweiterten Offensive Richtung Süden, Richtung Asowsches Meer, am 14. Februar 1943 zurückerobert), verlagert man den Rückzug Richtung Kuban-Brückenkopf, von wo aus man auf die Halbinsel Kertsch (Teil der noch deutsch besetzten Krim) übersetzt. Hitlers Lieblingsarchitekt (seit 1933) und Rüstungsminister (seit Februar 1942) Albert Speer ließ von der ihm mittlerweile unterstehenden Organisation Todt extra noch eine Materialseilbahn über die Meerenge bauen, auch eine Straßenbrücke wird begonnen, die jedoch entweder nicht völlig fertig wird oder im Winter 1944/45 bei extremem Eisgang zerstört wird (hier widerstreiten sich die Berichte). Nach der »Heimholung« der Krim durch Wladimir Putin 2014 wurde 2016 erneut mit dem Bau einer kombinierten Straßen- und Eisenbahnbrücke begonnen, um die ansonsten ringsum von ukrainischem Gebiet umgebene Krim direkt ans russische Mutterland anzubinden. Die neue Brücke soll 2018 fertiggestellt werden.

Die »Rettung« der tief im Kaukasus stehenden Heeresgruppe A kann bei der Entscheidung, keinen Ausbruch aus dem Kessel von Stalingrad zuzulassen, keine Rolle gespielt haben, da die Heeresgruppe auch nach der Eroberung Rostows am Don durch sowjetische Truppen Mitte Februar 1943 (dadurch war der Landweg nach Westen am Nordufer des Asowschen Meeres für die Wehrmachtseinheiten versperrt) noch ein halbes Jahr ganz gemächlich, und zur Abwehr aller sowjetischen Flankenangriffe jederzeit in der Lage, sich über den Kuban-Brückenkopf auf die Krim zurückzieht. Also hätte man auch den Ausbruch aus Stalingrad wagen können, ohne die Heeresgruppe A dadurch stärker zu gefährden. Die letzten deutschen Einheiten verlassen die Taman-Halbinsel (Kuban-Brückenkopf) Richtung Kertsch am Samstag, den 9. Oktober 1943. Insgesamt sind auf diesem Weg 240.000 Soldaten, 16.000 Verwundete, 27.500 Zivilisten sowie

115.500 Tonnen Munition und sonstiges Militärgut, 21.000 Kraftfahrzeuge, 74 Panzer, 1.800 Geschütze und 75.000 Pferde auf die Krim übergesetzt worden. Die Luftwaffe fliegt weitere 15.500 Mann aus. Der Rückzug aus dem nördlichen Kaukasusvorland 1943 ist somit eine der wenigen militärischen Rückzugsoperationen der Wehrmacht, bei der kaum Soldaten beziehungsweise schweres Gerät verloren ging.

Nach der Kapitulation aller Teilkessel von Stalingrad bis zum 2. Februar 1943 (einzelne versprengte Gruppen kämpfen noch bis März in der Stadt) gehen neben Generalfeldmarschall Paulus 24 weitere deutsche Generäle in Gefangenschaft. 50 Divisionen stehen auf der deutschen Verlustliste, mit ungefähr 1,5 Millionen Mann Verlusten (Gefallene, Verwundete, Vermisste). Anfang 1943 ist die Wehrmacht damit wieder auf ihre Ausgangspositionen vom Sommer 1942 zurückgeworfen, als sie den »Fall Blau« begann, in der optimistischen Annahme, damit den Krieg endgültig zu gewinnen. Stattdessen ist der Krieg nun für alle neutralen Beobachter erkennbar für Deutschland endgültig verloren gegangen. Die strategische Initiative liegt bei der Roten Armee, es wird der Wehrmacht nicht mehr gelingen (trotz des punktuellen Vorstoßes beim Kurs im Sommer 1943), die Initiative auf breiter Front zurückzugewinnen. Von jetzt an geht es nur noch rückwärts, bis Berlin.

Die Kosten für die Rote Armee liegen als angreifende Partei naturgemäß höher, die Verluste belaufen sich auf 2,5 Millionen Mann (Gefallene, Verletzte, Vermisste). Dennoch reicht der Schwung, um Woronesch im Januar und Charkow im Februar zurückzuerobern (auch wenn letztere Stadt im Frühjahr 1943 nochmals kurzfristig geräumt werden muss, bevor sie endgültig in sowjetische Hand kommt). Nach der üblichen Pause rund um die Frühjahrsschlammperiode wird auch hier der Vormarsch wieder aufgenommen. Schukow hat sich auf Befehl Stalins Anfang Januar jedoch bereits wieder einem ganz anderen Kriegsschauplatz innerhalb der Sowjetunion zugewandt. Er ist seit Anfang Januar 1943 in Leningrad, um die letzten Vorbereitungen der umfassenden sowjetischen Offensive zur Befreiung der Stadt zu überwachen. »Operation Iskra« beginnt am Dienstag, den 12. Januar 1943, mit einem massiven Ausfall der Verteidiger Leningrads bei gleichzeitigem Vorstoß der im Osten der Stadt stehenden Einheiten der Roten Armee, die hier die letzten achtzehn Monate nur durch einen acht Kilometer schmalen, von der Wehrmacht gehaltenen Frontstreifen von der Verbindungsaufnahme mit ihren Kameraden in der Stadt abgehalten wurden. Schon nach sechs Tagen ist das strategische Ziel erreicht und die Eisenbahn- und Straßenverbindung in die belagerte Stadt wieder hergestellt. Zwar liegt dieser Verbindungskorridor noch in Reichweite der deutschen Artillerie und ist daher nur bei Lebensgefahr zu benutzen, aber nun gibt es diese Verbindung wieder (und die ebenfalls lebensgefährlichen Nachschubtransporte nach Leningrad hinein über die »Straße des Lebens« auf dem zugefrorenen Ladogasee können reduziert werden). Schukow wird nach Abschluss der von ihm überwachten Operation zum Marschall der Sowjetunion befördert (zwei Monate vor Stalin). Zusammen mit den Namen der anderen neuen Marschälle wird in der Presse nachdrücklich verbreitet, welch brillanten Führungsstab die Rote Armee unter Schukow zur Verfügung habe. Am 28. Januar 1943 erhält Schukow für die erfolgreiche Gegenoffensive bei Stalingrad zusammen mit einigen anderen Kommandeuren zusätzlich den Suwarow-Orden erster Klasse verliehen.

Mitte März 1943 beordert Stalin Schukow wieder zurück nach Moskau. Er beauftragt ihn jetzt mit einer Analyse der Situation rund um Charkow, das nach kurzer sowjetischer Eroberung bei einem massiven Gegenstoß der »Wehrmacht«- und SS-Truppen in der Region wieder verloren gegangen war. Schukow reicht daraufhin am 8. April 1943 eine längere Denkschrift ein, in der er die mutmaßlichen operativen Vorhaben der Deutschen für das restliche Jahr 1943 auflistet. Ausgeschlossen ist aus Schukows Sicht eine erneute deutsche Offensive am südlichen Frontabschnitt

Richtung Kaukasus. Überhaupt seien die bekannten deutschen Reserven mittlerweile so gering, dass eine größere Offensivoperation über einen breiteren Frontabschnitt hinweg ausgeschlossen werden könne. Punktuelle Vorstöße (wie dann in Kursk) seien dagegen noch möglich. Er geht davon aus, dass die Deutschen ihre Reserven zusammenkratzen, um erneut auf Moskau vorzustoßen und so wenigstens ein strategisches Ziel des gesamten Überfalls zu erreichen. Daher sei ein Vorstoß im Gebiet des sowjetischen Frontbogens bei Kursk als wahrscheinlich anzunehmen – eine brillante Analyse, die genau so eintraf. Dieser wurde von der Zentral-, der Woronesch- und der Südwestfront verteidigt. Es sei davon auszugehen, dass die Deutschen noch einmal ihr Glück mit einem massierten Panzervorstoß versuchen werden, wofür sie voraussichtlich bis zu 2.500 Panzer aufbieten. Daher sollen in diesem Gebiet umgehend gigantische Panzerabwehrstellungen angelegt beziehungsweise verstärkt werden, Munitionsvorräte aufgestockt, Verteidigungsstellungen in die Tiefe gestaffelt, großräumige Minenfelder angelegt werden und so weiter. Außerdem müssen alle entbehrlichen Flugzeuge dorthin verlegt werden, um die sowjetische Luftherrschaft während des Angriffs sicherzustellen. Ein Präventivschlag sei nicht notwendig, besser sei es, den Feind mit aktiver Verteidigung zu ermüden und auszubluten und dann den geschwächten Feind mit der geplanten Gegenoffensive zu zerschlagen.

## Von Kursk bis Warschau

Die dichte Folge schwieriger, komplexer Operationen, die Schukow als Koordinator der Stawka zu betreuen hat, lassen wenig Zeit für das Familienleben. Ehefrau Alexandra samt den Töchtern Era und Ella ist bereits im August 1941 wie viele andere Angehö-

rige von Regierungsmitgliedern ins 700 Kilometer entfernte Kuibischew evakuiert worden. Dort treffen sie auf Schukows Mutter und seine Schwester Maria, die im Herbst 1941 aus dem von Deutschen besetzten Strelkowka herausgeschleust worden waren. Erst 1943 kehrt Schukows Familie wieder nach Moskau zurück – als jegliche Gefahr eines deutschen Angriffs auf die Stadt endgültig gebannt ist. In den Monaten dazwischen hat Schukow seine Familie nur bei einer einzigen Gelegenheit gesehen, bei der Neujahrsfeier 1942 in seinem Hauptquartier Perchuschkin, während seiner Zeit als Kommandeur der Westfront. Die Familie wird nachts mit einem Flugzeug in Kuibischew abgeholt und wohnt dann in der für ihn requirierten Hütte, wo Schukow für die Kinder Süßigkeiten, soweit organisierbar, hatte bereitstellen lassen. Die Atmosphäre sei entspannt-fröhlich gewesen, erinnert sich seine Tochter Ella, was dem glänzenden Sieg in der Gegenoffensive bei Moskau zu diesem Zeitpunkt zu verdanken gewesen sei.
Schukows Fahrer Buchin erwähnt in seiner Biographie die Ärztin Lida Sacharowa, die während der Schlacht um Moskau zum Betreuungsteam für Schukow stößt. Die junge, äußerst attraktive, liebenswürdige, zurückhaltende Frau scheint gleich großen Eindruck auf Schukow gemacht zu haben. Buchin deutet an, dass Schukow ein Verhältnis mit Sacharowa gehabt habe. Sie seien phasenweise unzertrennlich gewesen und hätten auch in der Öffentlichkeit nicht mit gegenseitigen Liebkosungen gespart. Lida folgt Schukow während der Nachkriegszeit nach seinem Sturz in den Militärbezirk Odessa und nach seiner zweiten Verbannung bis nach Swerdlowsk (Jekaterinburg) im Ural. Erst als sich Schukow erneut in eine andere Frau verliebt, seine zweite und letzte Ehefrau, Dr. Galina Semjonowa, habe die Beziehung geendet. Mit Semjonowa hat er auch seine vierte Tochter, Margarita genannt. Lida heiratet daraufhin einen anderen Mann und zieht nach Moskau. Schukow ist ihr noch dabei behilflich, dort eine Wohnung zu finden, dann endet der Kontakt. Auch einer von Schukows Adjutanten, Leutnant Semotschkin, erinnert sich an

die Beziehung Schukows zu Lida Sacharowa. Er klagt ihn an, Lida ungerechtfertigt vorgezogen und mit Geschenken überhäuft zu haben. Diesmal entschließt sich Schukow zur Gegenwehr und schreibt 1948 an das Parteidisziplinarkomitee, er weise diese Anschuldigungen rundheraus zurück. Ja, er habe eine Affäre mit Lida Sacharowa gehabt, aber das habe sich alles in einem diskreten und üblichen Rahmen abgespielt.

Während des Krieges war es durchaus üblich, dass sich die höheren Offiziere Mätressen hielten, sogenannte »mobile Feldfrauen«, mit der russischen Abkürzung PPSch (*Polevaia Pochodnaia Schena*), ein armeeinterner Witz, da die verbreitetste sowjetische Infanteriewaffe des Zweiten Weltkriegs, die *Pistolet-pulemyot Shpagina* (*Пистолет-пулемёт Шпагина* – Schpagin Maschinenpistole, Kaliber 7,62 mm), ebenfalls die Abkürzung PPSch trug. Schukow kennt diesen Witz sicherlich, doch ist nicht sicher, ob er es auch lustig findet, wenn er auf ihn selbst angewendet wird. Jedenfalls ist er gern dabei, andere höhere Offiziere für deren Umgang mit ihren Mätressen öffentlich zu kritisieren und zu bestrafen. Buchin berichtet, dass Schukow noch weitere Affären gehabt habe – bei dem gutaussehenden, autoritären, erfolgreichen Armeeführer kein Wunder. Trotzdem scheint er alle Damen gut behandelt zu haben. Jedenfalls sind bis heute keine Klagen von Frauen bekannt geworden, mit denen Schukow ein Verhältnis hatte, weder von seinen Ehefrauen noch von seinen Geliebten.

Die Führung der Roten Armee legt sich im April 1943 erstmals darauf fest, im Vorfeld des erwarteten Angriffs einzig eine aktive Verteidigung zu betreiben und keine eigenen Angriffsoperationen durchzuführen. Diese sollen erst nach dem deutschen Vorstoß als Gegenoffensive vorgetragen werden, gegen einen dann hoffentlich dezimierten und in seiner Siegeszuversicht geschwächten Gegner. Stalin, Schukow, Wassilewski und der stellvertretende Generalstabschef Antonow übernehmen die Gesamtleitung der Operation, die als Ausgangspunkt für weit ausgreifende Vorstöße im weiteren Jahr 1943 und im darauffolgenden Jahr 1944 geplant

sind, von Kursk aus Richtung Kiew, von Wjasma aus Richtung Smolensk und von Minsk Richtung Warschau. Doch zunächst wird Schukow im April 1943 in den Nordkaukasus entsandt, wo er gemeinsam mit Schtemenko eine Angriffsoperation gegen die auf der Taman-Halbinsel (deutscherseits als Kuban-Brückenkopf bekannt) stehende deutsche 17. Armee koordinieren soll. Sie dient der Beseitigung der letzten deutschen Brückenköpfe östlich von Rostow am Don, die eine Gefahr für die Flanke der Südfront darstellen. Doch der Angriff läuft sich in den tiefgestaffelten deutschen Verteidigungsstellungen auf der Taman-Halbinsel fest und muss abgebrochen werden. Erst im Herbst 1943 gelingt es, die letzten Reste der 17. Armee vom russischen Ufer des Asowschen Meeres zu vertreiben.
Zurück in Moskau konzentriert sich Schukow jetzt auf die Vorbereitung der Zentral- und der Woronesch-Front auf den geplanten deutschen Angriff bei Kursk und den darauffolgenden sowjetischen Gegenstoß. Da der deutsche Angriff bei Kursk zunächst auf sich warten lässt (Hitler verschiebt den Angriffstermin einmal mehr von Woche zu Woche, da er unbedingt noch die ersten Lieferungen der neuen Panther- und Tiger-Panzer abwarten und diese »Wunderwaffen« beim Angriff auf Kursk einsetzen will), nutzt die Rote Armee die Zeit, um ihr Stellungssystem immer weiter auszubauen (wovor die deutsche Generalität Hitler warnte, was ihn aber nicht davon abhielt, immer weiter zu warten). Bis zu acht sowjetische Abwehrlinien werden in die Tiefe gestaffelt und erreichen teilweise eine Ausdehnung von bis zu 300 Kilometern ins Hinterland der Front. Hunderte von Kilometern Schützengräben werden ausgehoben, befestigte Maschinengewehrstellungen betoniert, Stacheldraht-Hindernisse angelegt. Besonderes Augenmerk wird auf die Einrichtung von Panzerabwehrstellungen gelegt, da bekannt ist, dass die Deutschen massierte Panzervorstöße planen. Die Zentral- und die Woronesch-Front umfassen insgesamt 1,3 Millionen Soldaten, 20.000 Geschütze, 3.500 Panzer sowie 2.600 Flugzeuge. Als strategische Reserve steht im Hinterland des

Kampfgebietes die Steppen-Front mit insgesamt 500.000 Soldaten und weiteren 1.500 Panzern bereit, um deutsche Durchbrüche abzuriegeln und zu zerschlagen. Besondere Aufmerksamkeit wird bei der Operationsvorbereitung von sowjetischer Seite einmal mehr der Maskirowka, dem Täuschen und Tarnen, gewidmet. Truppenverstärkungen werden ausschließlich nachts ins Frontgebiet gebracht, Kommandozentralen streng geheim gehalten, falsche Funksprüche abgesetzt, Feldflughäfen, Verteidigungsanlagen und Truppenansammlungen sorgfältig getarnt. Die deutsche Feindaufklärung bekommt daher zwar sowjetische Aufmarschbewegung mit, ist aber nicht in der Lage, den gesamten Umfang der sowjetischen Operationsvorbereitungen, speziell die Zahl der für die Gegenoffensive bereitgestellten Truppen zu erkennen. Erstmals spielen auch die sowjetischen Partisanen eine wichtige Rolle bei der Vorbereitung und Durchführung einer Großoperation der Roten Armee. Partisanen klären nun im Vorfeld die Dislozierung der deutschen Einheiten auf, stören den deutschen Aufmarsch mit Hunderten kleiner Angriffe und Anschläge, die vor allem das Transportnetzwerk der »Wehrmacht« treffen. Bei Beginn der sowjetischen Gegenoffensive schalten Partisanen gezielt deutsche Kommando- und Kommunikationsanlagen aus.

Die Zentral-Front in Kursk untersteht Rokossowski, der damit einmal mehr auf seinen »Lieblingskommandeur« Schukow trifft. Da die Rote Armee keine Informationen darüber besitzt, wann der deutsche Angriff genau erfolgen soll (das wusste zu diesem Zeitpunkt nicht mal die »Wehrmachtsführung«, also kein Wunder), herrscht über viele Wochen gespannte Unsicherheit, kommt es zu zahllosen Fehlalarmen im Mai und Juni. Das zerrt an den Nerven und stärkt den Befürwortern eines Präventivschlags gegen die Deutschen den Rücken, zu denen auch Watutin zählt, der Kommandeur der Woronesch-Front. »Wir verpassen das Schiff noch«, habe er zu Wassilewski gesagt, erinnert sich dieser, meinend, den richtigen Zeitpunkt zum Angreifen. Bald sei der Sommer vorbei, dann käme schon wieder die Herbstschlammperiode, und all die schönen Offensiv-Vorhaben könnten sie dann in die Tonne kloppen. Doch Stalin und die Stawka untersagen jegliche Angriffe auf deutsche Positionen im Vorfeld. Am 2. Juli 1943 läuft endlich die ersehnte Meldung ein, dass der Angriff nunmehr unmittelbar bevorstehe und zwischen 3. und 6. Juli erfolgen könne. Tatsächlich beginnt das Unternehmen »Zitadelle« am 5. Juli 1943 mit den erwarteten Angriffen auf den beiden Flanken. Die Deutschen planen, mit zwei Zangenangriffen von Norden und Süden die Masse der im Frontbogen stehenden sowjetischen Einheiten zu umfassen und zu vernichten. Für den Angriff stehen deutscherseits 18 Infanteriedivisionen, drei motorisierte Divisionen und 17 Panzerdivisionen, teilweise mit den langerwarteten neuen Panther- und Tiger-Panzern bereit. Bei Angriffsbeginn befindet sich Schukow im Hauptquartier von Rokossowskis Zentral-Front. Durch Überläufer und Partisanen haben die Sowjets zuletzt sogar die genaue Uhrzeit des Angriffs erfahren und daher eine böse Überraschung für die in Bereitstellung stehenden deutschen Truppen vorbereitet. Exakt dreißig Minuten vor dem geplanten deutschen Angriff schlägt ein massives Artillerie-Sperrfeuer der Roten Armee auf die Bereitstellungsräume der »Wehrmacht« los, das einen Großteil der deutschen Verbände schon in heillose Unordnung bringt, bevor diese auch nur einen Meter zurücklegen.

Die beiden deutschen Angriffsspitzen machen zunächst Fortschritte, laufen sich dann jedoch schon nach wenigen Kilometern im tiefgestaffelten sowjetischen Abwehrsystem fest. Auf dem Höhepunkt der Operation kommt es am 11./12. Juli 1943 zur Panzerschlacht bei Prochorowka, als General Rotmistrows 5. Garde-Panzerarmee mit zwei deutschen Panzerkorps um die Vorherrschaft auf dem Schlachtfeld ringt – auch hier setzt sich die sowjetische Seite letztlich durch. Auf beiden Seiten kommen über 1.000 Panzer zum Einsatz, von denen Hunderte abgeschossen werden. Die sowjetischen Verluste liegen höher, aber das spielt für den Ausgang der Schlacht keine Rolle, da auch die Reserven ungleich größer sind. Angesichts einer anlaufenden großen sowjetischen

Offensive im Norden gegen die Flanken der Angriffsverbände im Raum Orjol sowie der alliierten Landung auf Sizilien am 10. Juli 1943 (Operation Husky) entschließt sich Hitler, die Angriffsbemühungen bei Kursk abzubrechen, Teile der angreifenden Einheiten zur Flankensicherung abzugeben und im Übrigen zahlreiche Truppen auf den italienischen Kriegsschauplatz zu verlegen. Einige westliche Militärhistoriker beharren darauf, dass Hitler sich damit um durchaus bestehende Siegchancen bei Kursk gebracht habe, gerade nach der »eigentlich« für die Wehrmacht siegreichen Panzerschlacht von Prochorowka, übersehen dabei aber gern, dass die Sowjets noch weitere 1.500 Panzer in der Reserve hatten (Steppen-Front), die Wehrmacht jedoch keinen einzigen.
Nach dem Sieg bei Kursk ist klar, dass der einzige Sieger auf dem östlichen Kriegsschauplatz die Sowjetunion sein wird. Dem deutschen Invasoren stehen schlicht keine Truppen mehr zur Verfügung, mit denen er den sowjetischen Vormarsch aufhalten, geschweige denn noch in einen eigenen Sieg verwandeln könnte. Die Verluste sind zu hoch, die »Wehrmacht« ihrerseits ist nicht mehr in der Lage, sie zu ersetzen. An den Sieg von Kursk schließt sich wie geplant sofort die sowjetische Gegenoffensive an. Innerhalb der Operation Kutusow greifen die West-, die Brjansk- und die Zentral-Front den nördlich von Kursk gelegenen, nach Osten vorspringenden Frontbogen bei Orjol an, mit der parallel anlaufenden Operation Rumjanzew attackieren die Woronesch- und die Steppen-Front (bis zu diesem Zeitpunkt in Reserve gehalten) den südlichen Frontabschnitt mit Generalrichtung Bjelgorod–Charkow. Operation Kutusow beginnt am 12. Juli, und bereits am 5. August ist Orjol befreit. Ein letztes Mal gelingt es den Deutschen, umzingelte Einheiten kurz vor Schließung des Kessels noch zu evakuieren. Schukow kritisiert, dass bei Zuführung angeforderter zusätzlicher Truppen das Entweichen der Deutschen aus dem Kessel hätte verhindert werden können. Stalin beharrt darauf, dass es im Augenblick nicht um große Kesselschlachten, sondern um Territorialgewinn gehe.

Operation Rumjanzew soll am 23. Juli beginnen. Doch Schukow überzeugt Stalin, dass die in den heftigen Abwehrkämpfen bei Kursk im Zentrum befindlichen Sowjettruppen noch etwas Vorbereitungszeit brauchen. Daher startet der Angriff erst am 5. August. Am selben Tag gelingt schon die Einnahme von Bjelgorod – zur Feier der Rückeroberung von Orjol und Bjelgorod wird in Moskau erstmals (das wird dann Tradition bei größeren Erfolgen) aus 120 Geschützen Salut geschossen. Charkow wird am 23. August befreit, auf dem imposanten Industriepalast Gosprom (Derschprom) am heutigen Freiheitsplatz, damals Platz der Leibstandarte SS (unter deutscher Besatzung), einem der wesentlichen, herausragenden Zeugnisse sowjetischer Architektur der zwanziger Jahre, seit Oktober 1941 mit dem Hakenkreuz beschmutzt, weht jetzt wieder die rote Fahne der Sowjetunion. Die Stadt hat in 18 Monaten viermal während heftiger Schlachten den Besitzer gewechselt, was auf beiden Seiten hohe Blutzölle nach sich zog. Speziell nach der deutschen Rückeroberung der Stadt im Frühjahr 1943 intensivieren sich die deutschen Kriegsverbrechen dort nochmals (nachdem zuvor schon die gesamte jüdische Bevölkerung Charkows ermordet worden war). So werden die in den Krankenhäusern der Stadt vorgefundenen verwundeten Rotarmisten ausnahmslos gefoltert und ermordet, ebenso Tausende von Zivilisten – ein »Denkmal« deutscher »Kultur«, das zumindest östlich der Elbe beziehungsweise der Oder im Gedächtnis der Völker geblieben ist. Zwischenzeitlich beginnt die dritte geplante Gegenoffensive, Operation Suwarow, die auf die Einnahme von Smolensk zielt. Nach einem stürmischen Vormarsch über 300 Kilometer wird die Stadt im September von der West- und der Kalinin-Front befreit. Gerade Charkow verdeutlicht, was ein Sieg der Deutschen auf dem Gebiet der Sowjetunion bedeutet. Bei ihrer Einnahme durch die Deutschen im Oktober 1941 hatte die Stadt noch 700.000 Einwohner. Nach der Rückeroberung 1943 sind davon gerade mal noch 300.000 übrig. 120.000 EinwohnerInnen sind als Zwangsarbeiter nach Deutschland verschleppt worden, um dort die Rüstungsindustrie wieder auf Touren zu bringen. 80.000 sind verhungert und 30.000 erschossen worden. Der Rest ist geflohen.

Angesichts der strategischen und zahlenmäßigen Überlegenheit der Roten Armee über die Reste der deutschen Invasionstruppen steigen Stalins Ansprüche an seine Truppen, was Tempo und Umfang des Vormarschs angeht. Schukows Plan ist es, die Deutschen in weiteren großen Einkesselungen drastisch zu dezimieren, während Stalin skeptisch bleibt und bei Einkesselungen immer heftige Entsatzangriffe oder Ausbrüche fürchtet. Auch aus politischen Gründen bevorzugt Stalin in diesem Moment großflächige Vormärsche zur Befreiung immer neuer Teile der ehemals von Deutschen besetzten Sowjetunion. Am 26. August 1943 beginnt daher der umfassende Angriff der Roten Armee auf die Heeresgruppe Mitte mit der Poltawa-Tschernigow-Operation. Ziel ist es, Kiew einzunehmen und den Dnjepr an vielen Stellen zu überqueren. Mitte September steht die Rote Armee am östlichen Dnjepr-Ufer. Nächstes Etappenziel: große Brückenköpfe am Westufer des Flusses nördlich und südlich der Kapitale Kiew zu schaffen. Der Brückenkopf südlich Kiews wird mit einem ebenso verwegenen wie erfolgreichen Luftlande-Unternehmen zweier Fallschirmjäger-Brigaden der Roten Armee erobert. Die Stawka ernennt Schukow jetzt zum Koordinator der 1. Ukrainischen und der Weißrussischen Front. Eine seiner ersten Amtsmaßnahmen ist es, die Aufteilung des Operationsgebiets so zu verändern, dass die Eroberung Kiews jetzt Watutins 1. Ukrainischer Front zufällt und nicht wie ursprünglich geplant der von Rokossowski kommandierten Weißrussischen Front. Einmal mehr beschwert sich Rokossowski bei Stalin hierüber, findet aber kein Gehör.

Schukow und der mittlerweile wieder vor Ort befindliche Politkommissar Chruschtschow, beide bei der 1. Ukrainischen Front, wollen den Glanz des Sieges, der Eroberung Kiews auch auf sich selbst lenken. Stalin hat Schukow den Auftrag erteilt, Kiew bis 7. Oktober einzunehmen. Doch dieses Ziel stellt sich als zu an-

spruchsvoll heraus. Die sowjetischen Fallschirmjäger sind heftigen deutschen Gegenangriffen ausgesetzt, und der gesamte Brückenkopf gerät ins Wanken. Am 24. Oktober muss Schukow Stalin berichten, dass man noch weit von einer Einnahme Kiews entfernt ist, zu deutlich bevorteilt das Geländeprofil die deutschen Verteidiger. Schukow fordert eine Unterbrechung des Angriffs, um Nachschub heranzuführen sowie zusätzliche Divisionen und Panzer. Stalin ist darüber nicht erfreut und erteilt Schukow einen milden Verweis. Neuer Plan: die ukrainische Kapitale bis zum Jahrestag der Oktoberrevolution am 7. November 1943 einzunehmen. Der Hauptstoß soll nun aus dem nördlich Kiews eingerichteten zweiten Brückenkopf am Westufer des Dnjepr erfolgen. Der Angriff beginnt mit einem massiven Artillerieschlag am 3. November 1943, und diesmal sind die Truppen der Roten Armee tatsächlich in der Lage, das angepeilte Ziel im vorgegebenen Zeitrahmen zu erreichen: Schon am 6. November kapitulieren die deutschen Besatzer Kiews.
Bis Ende 1943 ist es gelungen, die Hälfte des von den Deutschen seit Juni 1941 besetzten Gebietes wieder zu befreien. Seit Stalingrad haben die Deutschen 56 weitere Divisionen verloren, 162 sind nahezu ausgeblutet. Die Wehrmacht hat somit keine Mittel mehr zur Verfügung, um großräumige Angriffsoperationen zu gestalten. Dennoch ist sie weiterhin in der Lage, hinhaltenden Widerstand zu leisten. Die Deutschen und ihre Verbündeten können immer noch eine Gesamtstreitmacht von fünf Millionen Soldaten, 55.000 Geschützen, 5.400 Panzern und mehr als 3.000 Flugzeugen aufweisen. Trotz der immensen Verluste seit Juni 1941 verfügt die Rote Armee zu diesem Zeitpunkt aber über 30 Prozent mehr Soldaten, 70 Prozent mehr Geschütze und 230 Prozent mehr Flugzeuge. Dazu kommen die umfangreichen Nachschublieferungen der westlichen Alliierten an die Sowjetunion. Mitte Dezember 1943 kehrt Schukow an die Front zurück, um die Offensive innerhalb der neuen Schitomir-Berditschew-Operation der Roten Armee für die Stawka zu koordinieren. Mit dieser Operation soll

die Befreiung Kiews gesichert und die Gefahr deutscher Gegenangriffe und Rückeroberungen gebannt werden, indem man den Feind möglichst weit Richtung Westgrenze der Ukraine (Lemberg) treibt. Einen Monat später beginnt Koniews 2. Ukrainische Front eine gemeinsame Offensive mit der 1. Ukrainischen Front, um den deutschen Frontvorsprung im Gebiet Korssun-Schewtschenkowski zu beseitigen. Schukow behauptet später, es sei seine Idee gewesen, die Deutschen bei Korssun einzukesseln, obwohl es dafür keine dokumentarischen Belege gibt. Tatsächlich ist diese Umzingelung erfolgreich, jedoch verzögert sich die Eliminierung des Kessels durch den hartnäckigen Widerstand der deutschen Truppen. Stalin zeigt sich ungehalten über die Verzögerung. Er beauftragt daher Koniew explizit damit, den Kessel auszuräumen und die deutschen Truppen darin entweder niederzukämpfen oder gefangen zu nehmen, während Schukow mit Watutin den Kessel von außen gegen deutsche Entsatzversuche absichern soll. Koniew braucht eine ganze Woche, um den Kessel auszuräumen. Als es endlich geschafft ist, wird in Moskau wieder Salut geschossen zu Ehren der 2. Ukrainischen Front. Schukow beklagt sich später, dass damals in der Siegesmeldung kein Wort über Watutins 1. Ukrainische Front geschrieben worden ist. Schließlich habe nur der unermüdliche Einsatz beider Fronten, einmal beim Ausräumen des Kessels, einmal bei der Absicherung des Kessels gegen Außenangriffe, den Erfolg der Operation herbeigeführt.
Kurz darauf trifft ein Anschlag ukrainischer NS-Kollaborateure die Rote Armee schwer. Es gelingt den Banditen, Watutins Fahrzeugkolonne zu stoppen und ihn durch Gewehrschüsse schwer zu verletzen. Während die medizinische Abteilung der Roten Armee in Kiew versucht, Watutins Leben zu retten, wird Schukow zum Kommandeur der 1. Ukrainischen Front ernannt. Stalin lässt die Chefärzte der Roten Armee nach Kiew bringen, doch alles ist vergeblich. Watutin stirbt zwei Wochen später, am 14. April 1944, im Alter von 43 Jahren, ohne noch einmal das Bewusstsein erlangt zu haben. Die 1. Ukrainische Front ist Schukows erstes

Frontkommando seit der Schlacht von Moskau. Seine Aufgabe ist es jetzt, die Westukraine zu befreien, das Ostufer des Dnjestr zu erreichen und so den Rückzug der Heeresgruppe Süd nach Rumänien abzuschneiden. Die Kämpfe dort beanspruchen während der nächsten Wochen einen Großteil von Schukows Aufmerksamkeit. Doch dieser ist parallel dazu bereits dabei, das nächste »große Ding« der Roten Armee vorzubereiten.

## Operation Bagration: Die schlimmste deutsche Niederlage aller Zeiten

Es geht um nichts weniger als die bislang ehrgeizigste Operation der Roten Armee. Ihr Ziel: die Einkesselung und Gefangennahme der gesamten deutschen Heeresgruppe Mitte. Der letzte halbwegs intakte Großverband der Wehrmacht blockiert den Weg der Roten Armee nach Westen, zur Befreiung Weißrusslands und zur langersehnten Bekämpfung des Feindes auf seinem eigenen Territorium, bis zur bedingungslosen Kapitulation Deutschlands, wie sie auf der Konferenz von Casablanca unter den Alliierten als einzigmögliche Bedingung für die Beendigung der Kampfhandlungen vereinbart worden war. Auch in diesem Fall ist bis heute umstritten, wer tatsächlich die Idee für den Operationsplan von Bagration hatte. General Schtemenko schreibt nach dem Krieg, das Vorhaben sei im April/Mai 1944 vom Generalstab ausgearbeitet worden unter Einbeziehung der betroffenen Frontkommandeure. Besonders hervorzuheben sei der Beitrag Rokossowskis, der entscheidende Hinweise gegeben habe. Schukow selbst schreibt in seinen Memoiren, er habe den Plan zur Umfassung der Heeresgruppe Mitte Stalin am 22. April 1944 präsentiert. Im Dienstkalender Stalins findet sich allerdings im gesamten März und April 1944 kein Eintrag über ein Treffen mit Schukow.

Fest steht, dass Stalin Schukow am 15. Mai 1944 von der vertretungsweisen Leitung der 1. Ukrainischen Front entbindet, um ihn mit der Leitung der Gesamtoperationen der westlichen Fronten zu beauftragen. Koniew übernimmt jetzt das Kommando der 1. Ukrainischen Front. Zwischen 25. und 27. Mai 1944 nehmen Schukow, Wassilewski, Schtemenko und Antonow an drei längeren Besprechungen mit Stalin teil. Offenbar wird erst zu diesem Zeitpunkt der endgültige Schlachtplan verabschiedet. Am 31. Mai gehen die detaillierten Pläne den Stäben der beteiligten Fronten zu. Unterschrieben sind die Pläne von Stalin und Schukow. Benannt nach einem der Helden des Widerstands gegen die Invasionstruppe Napoleons 1812, Piotr Iwanowitsch Bagration (1765–1812), der in der Schlacht von Borodino fiel, sieht das Vorhaben kombinierte Offensivoperationen aller vier Fronten im Operationsgebiet vor: der 1., 2. und 3. Weißrussischen Front sowie der 1. Ukrainischen Front. Die Aufgaben sind folgendermaßen verteilt: Die 1. Weißrussische Front soll Richtung Baranowitschi-Brest-Warschau vorgehen, die 2. Weißrussische Front die Landeshauptstadt Minsk befreien, die 3. Weißrussische Front ist dazu ausersehen, Wilna zurückzuerobern. Unterstützt werden soll diese umfassende Operation von der Leningrad- und der Baltikum-Front sowie von Koniews 1. Ukrainischer Front. Geplant ist, die Offensive mit dem Angriff der Leningrader Front Richtung Finnland Anfang Juni zu beginnen, sie mit einem Überraschungsangriff auf Weißrussland Ende Juni fortzusetzen, der dann von einer weiteren Attacke der 1. Ukrainischen Front Richtung Lemberg ergänzt werden soll, um Truppenzuführungen der Wehrmacht aus dem südlichen Frontabschnitt zu unterbinden.
Den vier Fronten stehen hierfür 2,4 Millionen Soldaten, 5.200 Panzer, 36.000 Geschütze und 5.300 Flugzeuge zur Verfügung. Damit kommen die sowjetischen Truppen auf eine Zwei-zu-Eins-Überlegenheit im Hinblick auf die ihnen gegenüberstehenden Wehrmachtseinheiten. Noch ein weiteres Moment schlägt zugunsten der Roten Armee aus: Der Beginn der Operation Bagration ist

mit den westlichen Alliierten abgestimmt, die zeitnah ihre seit langem geplante, aber immer wieder – zum Ärger der Sowjetführung, die schon deutlich früher auf eine Entlastung ihrer die Hauptlast der Kämpfe auf dem europäischen Kriegsschauplatz tragenden Armee und Bevölkerung gehofft hatte – verschobene Landung an der französischen Nordküste (Operation Overlord – englisch für Lehnsherr, Oberherr: den Deutschen sollte gezeigt werden, wer Herr im Haus ist auf dem westeuropäischen Kriegsschauplatz; übrigens benötigten die alliierten Truppen ebenfalls genau sechs Wochen, um Frankreich einschließlich Paris von den Deutschen zu befreien, also genauso lange wie die Wehrmacht bei ihrem »Wundersieg« im »Blitzkrieg« 1940).

Mit dem zeitgleichen Beginn beider Großoperationen – der Landung in der Normandie und der Offensive an der Ostfront – sollen die deutschen Truppen unter maximalen Druck gesetzt werden, um an beiden Fronten (beziehungsweise inklusive der 1943 bereits auf Sizilien gelandeten und sich in Italien nach Norden vorkämpfenden alliierten Einheiten, an drei Fronten) möglichst große Erfolge gegen die nach wie vor gefürchtete Abwehrstärke der Wehrmacht zu erzielen. Einmal mehr legt Schukow auch äußersten Wert auf eine umfassende Bereitstellung aller benötigten Nachschubgüter und die organisatorische Vorbereitung von deren Verteilung während der Kämpfe. Große Mengen an Nahrungsmitteln, Treibstoff und Munition stapeln sich bald in frontnahen Vorratslagern. Mitte Juni werden die Angriffsvorbereitungen einer letzten Überprüfung unterzogen und abschließende Übungen angesetzt. Dabei sollen die Frontkommandeure eng mit den Stabsoffizieren zusammenarbeiten, um auch hier zu einer engeren und reibungsloseren Zusammenarbeit zu kommen. Denn schließlich steht nichts weniger als die komplette Verdrängung der feindlichen Truppen aus Weißrussland auf dem Plan.

Eine der Einheiten der 1. Weißrussischen Front, die Schukow während der Angriffsvorbereitungen inspiziert, ist die 65. Armee unter dem Kommando von General Batow. Dieser zeichnet in seinen 1962 veröffentlichten Memoiren ein wenig schmeichelhaftes Bild Schukows (dieser war gerade mal wieder in Ungnade gefallen). Er stellt ihn als rücksichtslosen Rüpel dar, der wegen kleinster Kleinigkeiten ausrastete, Korpskommandeure feuerte und Divisionskommandeure wegen Nickligkeiten in Strafbataillone schickte. Schukow, das ist bekannt, konnte tatsächlich in seinem – später in seinen Memoiren halbherzig bedauerten – Aggro-Verhalten schnell verletzend und beleidigend werden. Als Choleriker an der Grenze zur Bipolarität ein übliches Verhaltensmuster. Die generelle Aggressivität und Gewaltbereitschaft gegenüber Kollegen und Untergebenen verbindet ihn mit vielen anderen Offizieren der Roten Armee, wo das in manchen Einheiten zum üblichen Umgangston gehörte – ein Erbe des Bürgerkriegs und der frühen, prägenden Phase der Sowjetgeschichte mit ihren anspannungsreichen, teilweise verzweifelten Kämpfen gegen Feinde an Fronten in allen Himmelsrichtungen. Schukow macht sich mit diesem »forschen« Auftreten viele Feinde, und viele beneiden ihn auch um die öffentlich bekannte Nähe des Star-Militärs zu Stalin. So erklärt sich, dass nach Kriegsende und nochmals nach Stalins Tod viele Gelegenheiten genutzt werden, Schukow eins auszuwischen beziehungsweise ihn anzuschwärzen. Es gibt jedoch auch begeisterte Anhänger Schukows, so wie Bagramian und Wassilewski. Selbst Koniew erkannte rückblickend trotz aller Kritik Schukows militärisches Talent an, wie umgekehrt Schukow auch Koniew schätzte.

Auf der Basis des mittlerweile eingerichteten funktionierenden Verbindungsnetzwerks beginnen direkt von Moskau aus geleitete Sabotageoperationen, von denen eine der wichtigsten die im Sommer 1943 beginnende »Operation Eisenbahnkrieg« darstellt. Hauptziel ist die Störung des deutschen Nachschubs durch Sprengung der Eisenbahnlinien im Hinterland der Front. Damit wird die Bewegungsfreiheit der Deutschen stark eingeschränkt und der Frontnachschub deutlich reduziert. Die dritte Phase der Operation Eisenbahnkrieg setzt kurz vor dem Beginn der Operation Bagration ein. In der Nacht vom 19. auf den 20. Juni zünden Partisaneneinheiten Tausende von Sprengsätzen an den für die Versorgung der Heeresgruppe Mitte vorhandenen Bahnlinien Pinsk–Luninez, Borissow–Orscha und Molodetschno–Polozk. Insgesamt 150.000 Partisanen sind im Einsatz. Obwohl etwa ein Drittel der Sprengsätze von deutschen Minenräumungstrupps entschärft werden kann, wird der Nachschub für die deutschen Truppen für 48 Stunden komplett unterbrochen. Es handelt sich dabei um die größte koordinierte Sabotageaktion von Partisanen im gesamten Zweiten Weltkrieg. Doch damit ist der Einsatz der Partisanen während der Operation Bagration keineswegs beendet. Nach dem Beginn der sowjetischen Offensive beginnen sie, die Angriffe der Roten Armee aktiv zu unterstützen. Sie bringen auch im Alleingang einzelne Ortschaften unter ihre Kontrolle, wie etwa in Dokschizy. Als Vergeltungsmaßnahme brennen die deutschen Truppen den Ort nieder, rauben den gesamten Viehbestand und verschleppen sämtliche arbeitsfähigen Einwohner. Die restlichen überlassen sie – ihrer Behausungen und ihres Viehbestands beraubt – ihrem Schicksal.

An der Hauptkampflinie werden nach dem Ende der Kesselschlacht von Kamenez-Podolsk im April 1944 alle Offensivoperationen von sowjetischer Seite bis Anfang Juni 1944 gestoppt, um umzugruppieren und die notwendigen Truppenansammlungen für die Großoffensiven zusammenzustellen, zu verproviantieren und in kurzen Übungen auf den Angriff vorzubereiten. Allerdings ziehen sich die Kämpfe um die Halbinsel Krim gegen die deutsche 17. Armee noch bis in den Mai hin, bevor sie mit der Eroberung der Hafenstadt Sewastopol und der Gefangennahme der restlichen deutschen Soldaten ihren Abschluss finden. Von Sommer 1943 bis April 1944 tragen die Verbände der dortigen Heeresgruppe Süd die Hauptlast der Kämpfe an der Ostfront. Sie sind nun deutlich dezimiert und weitgehend von sowjetischen Territorien verdrängt. Die Wehrmachtführung selbst verfügt seit der Niederlage von Stalingrad und dem Scheitern des Unternehmens

Zitadelle (Kurst) über keine Voraussetzungen mehr, die noch zu einem Sieg im Deutsch-Sowjetischen Krieg hätte führen können. Ihr Ziel besteht seit Sommer 1943 nur noch darin, eine totale Niederlage und damit das Ende des NS-Regimes abzuwenden beziehungsweise hinauszuschieben. Zu diesem Zweck sollen der Roten Armee im Rückzugskampf möglichst hohe Verluste zugefügt werden, bis diese einwilligt, den Krieg in einem Remisfrieden zu beenden. In der deutschen Führungsebene herrscht aber Uneinigkeit darüber, wie dieser Verhandlungsfrieden erreicht werden soll. Für die Befehlshaber der Wehrmacht ist klar, dass Weißrussland auf Dauer nicht gehalten werden kann. Daher werden Pläne ausgearbeitet, um die ungefähr tausend Kilometer lange weißrussische Frontlinie, die halbkreisförmig nach Osten verläuft, durch einen örtlichen Rückzug deutlich zu verkürzen, um Reserven zu gewinnen und bessere Abwehrmöglichkeiten feindlicher Offensiven zu schaffen. So zumindest lautet der entsprechende Antrag des Heeresgruppenbefehlshabers Generalfeldmarschall Busch. Doch Hitler ist aus politischen und ideologischen Gründen nach wie vor nicht bereit, Rückzüge in größerem Umfang zu genehmigen. Mit dem von ihm befohlenen Konzept der als »Wellenbrecher« gedachten »festen Plätze« glaubt er, die noch unter deutscher Kontrolle befindlichen sowjetischen Gebiete halten zu können. Gleichzeitig soll der Kräftevorteil der Roten Armee, die hier »ausbluten« soll, eliminiert werden. Hitler befiehlt daher am 8. März 1944, die Städte Witebsk, Orscha, Minsk, Mogilew und Bobruisk zu »festen Plätzen« zu machen. Sie sollen – so die völlig irreale Vorstellung – zu einem späteren Zeitpunkt als Ausgangspunkt für erneute deutsche Offensiven Richtung Osten dienen. Für den Bau von Panzergräben und Ähnlichem werden die noch im Frontgebiet vorhandenen Zivilisten zwangsrekrutiert. Die Übrigen werden zur Zwangsarbeit ins Reichsgebiet verschleppt, nicht arbeitsfähige oder kranke Bewohner in Wehrmachts-KZs (wie dem KZ Osaritschi) zusammengepfercht und ohne weitere Versorgung an Lebensmitteln oder Medikamenten ihrem Schicksal (Hungertod) überlassen. Ein weiteres entsetzliches Verbrechen mehr, welches das Verhalten vieler Soldaten der Roten Armee zu Beginn der Eroberung des deutschen Reichsgebietes verständlich macht. Die Wehrmachtsführung erwartet nach dem Ende der Frühjahrsschlammperiode die nächste größere Offensive der Roten Armee. Die Wehrmachtsspionageabteilung »Fremde Heere Ost« prognostiziert, dass der Hauptangriff weiter südlich erfolgen werde. Dort ist die Front nur noch 250 Kilometer Luftlinie von der polnischen Hauptstadt Warschau entfernt. Die Wehrmachtsführung nimmt an, dass die Rote Armee hier zwischen den Heeresgruppen Nord und Mitte durchstoßen will, um so den Zusammenbruch der gesamten deutschen Ostfront herbeizuführen. Diese deutsche Fehlanalyse der gegnerischen Truppenbewegungen stellt die schwerwiegendste während des »Russland-Feldzugs« dar.

Obwohl die Fronttruppen den Anmarsch zusätzlicher sowjetischer Kräfte im Bereich der Heeresgruppe Mitte melden, zieht das Oberkommando des Heeres (OKH) starke Verbände aus der Heeresgruppe Mitte ab und verlegt sie nach Süden, wo aufgrund der sowjetischen Täuschungsmanöver der Hauptangriff vermutet wird. Im Gefolge der alliierten Landung in der Normandie werden weitere Einheiten der Heeresgruppe Mitte abgezogen und zur Verstärkung nach Frankreich verlegt. Zudem muss die Heeresgruppe Mitte große Mengen an Munition für die Wehrmachtsverbände in Italien abgeben. Das erste Hauptziel des sowjetischen Angriffs ist die Einnahme der »festen Plätze« Witebsk und Orscha. Diese Aufgabe wird der 1. Baltischen Front unter dem Kommando Bagramians in Koordination mit der benachbarten 3. Weißrussischen Front unter Tschernjachowski übertragen. Der zweite Schwerpunkt der sowjetischen Offensive ist ein Angriff der 2. Weißrussischen Front bei Mogilew. Der dritte Angriff zielt auf Bobruisk, auszuführen vom nördlichen Flügel der 1. Weißrussischen Front unter Rokossowski. Der südliche Flügel von Rokossowskis Truppen befindet sich vor Kowel und soll zunächst nicht angreifen. In der Lücke zwischen beiden Flügeln liegen die von sowjetischen Partisanen beherrschten Pripjetsümpfe. Die drei Angriffe erfolgen zeitlich gestaffelt. Am 22. Juni 1944 beginnen die Kämpfe bei Witebsk, einen Tag später wird die deutsche 4. Armee angegriffen, und am 24. Juni eröffnet die 1. Weißrussische Front die Offensive im Sektor der deutschen 9. Armee. Ziel der Operation ist eine Zangenbewegung der bei Bobruisk und Witebsk angreifenden sowjetischen Divisionen, die sich bei Minsk treffen und die deutsche Heeresgruppe Mitte in einem riesigen Kessel einschließen sollen. Die Attacke bei Mogilew dient dazu, eine Entlastung der deutschen 3. Panzer-Armee oder der deutschen 9. Armee durch die deutsche 4. Armee zu verhindern. Nach der Einkreisung der deutschen Armeen vor Minsk sollen möglichst große Teile des nun offenen westlichen weißrussischen Gebiets jenseits von Minsk befreit werden. Laut sowjetischen Quellen stehen für den Angriff auf sowjetischer Seite 1,4 Millionen Soldaten der Roten Armee mit 31.000 Geschützen, 5.200 Panzern und 5.300 Flugzeugen bereit, gegen die nominell nur wenig schwächeren 1,2 Millionen Soldaten der deutschen Heeresgruppe Mitte mit 9.500 Geschützen, 900 Panzern sowie 1.350 Flugzeugen anzutreten. Die Wehrmacht verfügt zu diesem Zeitpunkt über keine nennenswerten strategischen Reserven mehr. Zudem geht seit der Schlacht bei Kursk 1943 die Zahl der an der Ostfront eingesetzten deutschen Kampfflugzeuge ständig zurück. Neben den Verlusten in den Luftkämpfen mit der Roten Luftflotte oder der sowjetischen Luftabwehr werden zahlreiche Luftwaffenverbände nach Italien und der Normandie verlegt. Das zwischen den deutschen und sowjetischen Luftstreitkräften bestehende Ungleichgewicht vergrößert sich bis zum Beginn der Operation Bagration noch. Die deutsche Luftflotte 6 (unter Hitlers Lieblingspilot Ritter von Greim, der ihn schon 1920 zur Unterstützung des Kapp-Putsches nach Berlin geflogen hatte, wo Hitler und Greim allerdings zu spät gekommen waren, der Putsch war schon fehlgeschlagen), die zur Unterstützung der Heeresgruppe

Mitte vorgesehen war, verfügt im Juni 1944 nur noch über 61 einsatzbereite Jagdflugzeuge. Die sowjetische Luftwaffe erringt ab Beginn der Offensive die absolute Luftüberlegenheit und behält sie für den Rest des Krieges.
Der Angriff der Roten Armee beginnt am Jahrestag des deutschen Überfalls, am Donnerstag, den 22. Juni um 4:00 Uhr früh mit dem stärksten Artilleriefeuer dieses Kriegsschauplatzes. Beginnend mit 15 Minuten Feuer auf deutsche Verteidigungsstellungen bis in eine Tiefe von drei Kilometern, folgt 90 Minuten Feuer auf aufgeklärte Ziele sowie bekannte Stellungen von Artillerie und schweren Waffen, 20 Minuten Feuer auf die deutsche Hauptverteidigungslinie und dahinterliegende Stellungen sowie 24 Stunden gerichtete Feuerschläge auf erkannte Einzelziele. Die Rote Armee hat in den geplanten Durchbruchszonen knapp 200 Artilleriegeschütze pro Kilometer aufgestellt. Dieser massiven Feuerkraft halten die provisorischen deutschen Stellungen nicht stand. Die überlebenden deutschen Soldaten in den Durchbruchskorridoren sind danach nicht mehr in der Lage, wirksamen Widerstand gegen die zahlenmäßig überlegenen sowjetischen Panzer- und Infanterieeinheiten zu leisten. Die Schlacht bei Witebsk dauert vom 22. bis zum 26. Juni 1944. Nach dem vorbereitenden Artilleriebeschuss greift die sowjetische 1. Baltische Front unter Bagramian von Norden mit der sowjetischen 6. Garde-Armee (die von der deutschen Feindaufklärung komplett »übersehen« worden war) und der sowjetischen 43. Armee die deutsche Front bei Witebsk an. Die Angriffe werden von Infanterieeinheiten eröffnet, um Durchbrüche in der deutschen Frontlinie zu schaffen. Dabei stürmen sowjetische Schützen die erste und zweite deutsche Verteidigungslinie. Auf Panzern aufgesessene Soldaten führen den Vorstoß auf die dritte deutsche Linie. Durch die entstehenden Lücken in der deutschen Frontlinie können sowjetische Panzerverbände vorstoßen. Bis zum 24. Juni drängen die sowjetischen Truppen die Einheiten des deutschen 9. Armeekorps 30 Kilometer zurück. Am Abend des 24. Juni bricht die deutsche Frontlinie

nördlich und südlich von Witebsk zusammen. Der »feste Platz« Witebsk wird am 25. Juni eingeschlossen. Ein Ausbruchsversuch scheitert an der Gegenwehr der sowjetischen Truppen. Die Soldaten des deutschen 53. Armeekorps ergeben sich am 27. Juni, als der Abstand zwischen dem Kessel und den noch von den Deutschen kontrollierten Gebieten auf über 80 Kilometer angewachsen ist. Binnen kurzer Zeit entsteht eine etwa 100 Kilometer breite Lücke zwischen der Heeresgruppe Nord und der Heeresgruppe Mitte, durch die sowjetische Truppen der 3. Weißrussischen Front schnell in Richtung Minsk und Umgebung vorstoßen. Der rechte Flügel der von Stawka geplanten Zangenbewegung um die gesamte Heeresgruppe Mitte hat Erfolg. Witebsk ist allerdings nach dem Ende der Kämpfe fast vollständig zerstört. Von ursprünglich 170.000 Einwohnern sind nach deutschen Massakern, Vertreibungen und Verschleppungen zur Zwangsarbeit sowie den Kämpfen in der Stadt im Juli 1944 nur rund 100 übrig geblieben. Im südlichen Frontabschnitt beginnt der von Rokossowski befehligte Angriff am 24. Juni. Die schnellen sowjetischen Verbände im Süden stoßen nach dem am selben Tag erfolgten Durchbruch in südlicher Richtung nach Bobruisk vor. Die langsameren sowjetischen Infanterieeinheiten drehen nach Norden ein und beginnen, die deutsche 9. Armee einzuschließen. Nach dem Bericht eines sowjetischen Soldaten werden dabei südöstlich von Bobruisk weißrussische Kindern von deutschen Soldaten zusammengetrieben, denen Ärzte der deutschen 36. Infanterie-Division große Mengen Blut entnehmen, um verwundete deutsche Soldaten zu versorgen. Die Kinder werden dann erschossen. Die Grube mit den verscharrten Kindern, von denen einige noch leben, wird einen Tag später durch Soldaten der Roten Armee geöffnet, die Überlebenden in ein Krankenhaus gebracht. Ein Teil der deutschen Soldaten am Ostufer der Beresina ergibt sich am 28. Juni. Die am Westufer eingekesselten deutschen Einheiten starten an diesem Tag einen Ausbruchsversuch, der jedoch für die meisten deutschen Soldaten erfolglos bleibt. Die Kämpfe im Ausbruchs-

korridor führen zu hohen Verlusten auf beiden Seiten. Unter den deutschen Soldaten bricht Panik aus, einige versuchten, den Fluss Beresina zu durchschwimmen. Erst jetzt wird dem Oberkommando der Wehrmacht und Hitler das ganze Ausmaß der sowjetischen Generaloffensive klar. Eine hektische Suche nach verfügbaren Reserven beginnt, die vorher Richtung Süden verlegt worden waren oder sich zur Auffrischung im Reichsgebiet befinden. Insgesamt werden bis zum 29. August 1944 acht Panzerdivisionen als Verstärkung zur Heeresgruppe Mitte verlegt. Diese fehlen nun in der Abwehrfront gegen die US-Invasion in der Normandie (Hitler hoffte – vergeblich – auf einen »Blitzsieg« gegen die Landungstruppen, diese gleich nach dem 6. Juni 1944 wieder »ins Meer schmeißen« zu können und dann alle verfügbaren Kräfte wieder gegen den Feind im Osten zu konzentrieren).
Die Front der deutschen Heeresgruppe Mitte wird innerhalb einer knappen Woche auf einer Breite von etwa 300 Kilometern durchbrochen. Die Deutschen ziehen sich nach heftigen Kämpfen am Abend des 30. Juni aus Borissow auf das Westufer der Beresina zurück. SS-Polizeieinheiten ermorden während des Abzuges Zivilisten, die in der Stadt bleiben und sich nicht verschleppen lassen wollen. Am 3. Juli befreien sowjetische Truppen die Landeshauptstadt Minsk. Da hier keine großflächigen Kämpfe stattfinden, wird Minsk deutlich weniger zerstört als andere Orte in Weißrussland. Die östlich von Minsk stehenden deutschen Truppen sind zu diesem Zeitpunkt in einem großen Kessel von knapp 100 Kilometern Durchmesser eingeschlossen. Damit gleicht das Schicksal der deutschen Truppen der Armee Napoleons knapp 132 Jahre zuvor. Am 30. Juni wird aus den zurückflutenden Truppen die »Gruppe Müller« unter dem Kommando des später in der Nationalen Volksarmee der DDR Karriere machenden Generalleutnant Vincenz Müller zusammengestellt. Müller soll versuchen, durch die westliche Kesselfront Richtung Westen an Minsk vorbei durchzubrechen, um dort Anschluss an die deutschen Einheiten herzustellen. Am 6. Juli 1944 unterbrechen

sowjetische Einheiten jedoch die bis dahin offene Rückzugsstraße nach Beresino. Treibstoff und Munition der deutschen Einheiten gehen zur Neige, Verwundete können nicht mehr medizinisch versorgt werden. Müller schätzt die Lage als hoffnungslos ein und schlägt vor, zu kapitulieren. Seine ihm unterstehenden Kommandeure lehnen ab und wollen auf eigene Faust versuchen, nach Westen durchzustoßen. Müller kapituliert am 8. Juli. Der Kampf geht bis zum 11. Juli weiter. Nach sowjetischen Angaben sterben im Kessel von Minsk etwa 70.000 deutsche Soldaten, rund 35.000 werden gefangen genommen. Wenig später sind sämtliche von den deutschen Truppen seit 22. Juni 1941 erzielten Gebietsgewinne endgültig verloren gegangen.

Am 27. Juli 1944 beginnt die sowjetische 2. Panzer-Armee mit etwa 800 Fahrzeugen ihren Angriff auf Warschau. Ziel ist es, den östlich der Weichsel gelegenen Warschauer Vorort Praga zu befreien und weiter im Norden die Narew-Brücken von Zegrze und Serock zu sichern. Unabhängig von den sowjetischen Operationen beginnt die nationalkonservative Armia Krajowa am gleichen Tag den Warschauer Aufstand, um einen unabhängigen polnischen Staat, eine nicht sowjetisch dominierte Stadt Warschau zu erreichen. Den polnischen Kämpfern gelingt es zwar, große Teile der Stadt zu befreien. Strategisch wichtige Abschnitte bleiben aber in deutscher Hand. Der von sowjetischen Truppen eingeschlossene östliche Warschauer Vorort Praga wird ab 28. Juli von eilig herangeführten Teilen der deutschen 1. Fallschirm-Panzerdivision »Hermann Göring« und weiteren deutschen Truppen verteidigt. Bis zum 4. August wird das bei Warschau von Wehrmacht und SS eingeschlossene sowjetische 3. Panzerkorps vernichtet. Damit ist nördlich von Warschau wieder eine deutsche Abwehrfront hergestellt. Der Gegenangriff bei Warschau stellt die letzte erfolgreiche Operation deutscher Panzerverbände während des Krieges dar. Dadurch kann ein sowjetischer Durchbruch Richtung Ostsee bis Januar 1945 verhindert werden. Die sowjetischen Truppen wiederum sind wegen der erbitterten deutschen Gegenangriffe in den ersten Augusttagen nicht in der Lage, den polnischen Aufständischen in Warschau zu Hilfe zu kommen. Von westlicher Seite wird das so dargestellt, als hätten die sowjetischen Truppen – sich langweilend, Sonnenblumenkerne kauend, nägelfeilend – am Ostufer der Weichsel sehenden Auges dem »heldenhaften Kampf« der polnischen Aufständischen zugesehen, um so eine unliebsame Konkurrenz bei der Vorherrschaft im künftigen Polen von den verbrecherischen Nazi-Okkupanten vernichten zu lassen. Diese Darstellung war immer schon ebenso verlogen wie perfide. Die sowjetischen Truppen versuchen im Rahmen ihrer Möglichkeiten, den Aufständischen zu Hilfe zu kommen, sind aber durch die SS-Verbände in Gefahr, selbst der Vernichtung anheimzufallen. Als der Warschauer Aufstand im September immer noch andauert und die sowjetischen Nachschubvorräte in Frontnähe wieder aufgefüllt sind, beginnt die Rote Luftwaffe, Nachschub für die Aufständischen über Warschau abzuwerfen. Darunter 150 Mörser, 500 Panzerbüchsen, 3.000 Maschinenpistolen, 3 Millionen Schuss Munition, 42.000 Handgranaten, 500 Kilogramm medizinischer Ausrüstung und 100 Tonnen Lebensmittel. Der Aufstand endet Anfang Oktober 1944, fast 20.000 Gefallene starben bei den Kämpfen auf polnischer Seite. Unter der Zivilbevölkerung hausten die Deutschen »wie die Hunnen« und ermordeten nochmals rund 200.000 Menschen. Sie zerstören anschließend das gesamte Stadtzentrum Warschaus und machen es unter Verschwendung der letzten Sprengstoffvorräte dem Erdboden gleich. Die überlebende Zivilbevölkerung wird in die Vernichtungslager geschickt. Schukow geht in seinen Memoiren – im Gegensatz zu Rokossowski und Schtemenko – auf das Warschauer Geschehen nur kurz ein. Die dortigen Ereignisse waren für ihn nur Seitenstränge des eigentlichen Ziels, der Niederwerfung Deutschlands. Er ist enttäuscht, dass Stalin seinen zwischenzeitlich eingereichten Vorschlag eines zusätzlichen Angriffs auf Ostpreußen ablehnt. Schukow ist der Meinung, dass damit all die Vorteile, die man sich während Bagration erkämpft hatte, verschenkt wurden.

Die geschwächten sowjetischen Kräfte beschränkten sich zunächst darauf, ihre Stellungen auszubauen und keine weiteren Angriffsoperationen südlich von Warschau durchzuführen. Die deutsche Front ist damit anderthalb Monate nach dem Beginn der sowjetischen Offensive im Bereich der Heeresgruppe Mitte und Nord weit westlich der ursprünglichen Frontlinie wieder stabilisiert. Weitere, bis zum 29. August 1944 vorgetragene sowjetische Angriffe erzielen aufgrund der deutschen Gegenwehr nur geringe Geländegewinne, die sowjetischen Truppen erleiden schwere Verluste. Rokossowski (dessen Schwester in Warschau lebte) bestreitet in seinen Memoiren, die Mittel für eine Unterstützung des Warschauer Aufstands gehabt zu haben. Insgesamt gelang der Roten Armee mit der Operation Bagration ein nicht für möglich gehaltener Erfolg: nichts weniger als der größte militärische Erfolg der Roten Armee während ihrer gesamten Existenz von 1920 bis 1991. Gleichzeitig fügt sie der Wehrmacht beziehungsweise Deutschland die größte militärische Niederlage aller Zeiten zu. Die Heeresgruppe Nord, ein Drittel der im Osten stehenden Wehrmachtseinheiten, wird durch den Durchbruch der Roten Armee im Sommer 1944 von allen Landverbindungen abgeschnitten. Bedingt durch die katastrophale Niederlage verliert die Wehrmacht endgültig ihre operative Handlungsfähigkeit an der Ostfront und ist seitdem nur noch zu hinhaltendem Widerstand gegenüber der Roten Armee fähig.

Die Verluste der Wehrmacht während der Operation Bagration betragen über 500.000 Soldaten (auch wenn dies in der westlichen Militärliteratur seitdem immer wieder herunterzuspielen versucht wird). So sterben im Sommer 1944 rund 380.000 deutsche Soldaten, und 160.000 gerieten in Gefangenschaft. Fast 3.000 Panzer, 600 Flugzeuge, 9.000 Geschütze und 60.000 Kraftfahrzeuge sind vernichtet oder erbeutet worden. Bei der Roten Armee sterben im Verlauf der Operation angeblich 180.000 Soldaten, 500.000 werden verwundet. Die Zahl der Opfer in der weißrussischen, litauischen und polnischen Zivilbevölkerung ist unbekannt. In den drei Jahren der deutschen Besatzung sind dort ungefähr 1,4 Millionen Menschen, also ein Viertel der weißrussischen Zivilbevölkerung, ermordet worden oder verhungert. Bereits im Vorfeld der sowjetischen Sommeroffensive 1944 waren rund zwei Millionen Menschen der jüdischen Bevölkerung in Weißrussland, Ukraine, Litauen und Ostpolen durch deutsche Verbrecherbanden in den Uniformen von Wehrmacht und SS ermordet worden. Die Juden, die 1944 noch am Leben sind, leisten entweder als Partisanen in den Wäldern Widerstand oder werden als Zwangsarbeiter in den Lagern von Wehrmacht und SS ausgebeutet. Der Vormarsch der Roten Armee beendet die Vernichtung der jüdischen Bevölkerung durch die Deutschen, den Holocaust. Viele der noch in den weit im Osten angelegten und nun zerstörten Vernichtungslagern gefangenen Juden werden von den Deutschen ermordet oder ins Reichsgebiet verschleppt, die Lager durch abziehende Wachmannschaften und Sonderkommandos der SS vor dem Eintreffen der sowjetischen Soldaten hastig zerstört. Meist finden die Soldaten der Roten Armee, wie im Vernichtungslager Maly Trostinez, nur noch verbrannte Gebäude und verkohlte Leichen der letzten Häftlinge vor. Die Befreiung durch die Rote Armee bedeutet für die wenigen Überlebenden, dass sie sich zum ersten Mal seit 1941 frei bewegen können. Operation Bagration enthüllt erstmals das ganze Ausmaß der nationalsozialistischen Gräueltaten, da Gebiete befreit werden, in denen sich die Masse der deutschen Konzentrations- und Vernichtungslager befindet. Die Sowjetunion richtet umgehend Sonderkommissionen ein, die sich mit der Untersuchung der deutschen Verbrechen befassten. Trotz der Bemühungen der SS, die Existenz der Lager zu vertuschen, gelingt es den Kommissionen, aufgrund der Aussagen Überlebender auch bereits dem Erdboden gleichgemachte Orte wie das Vernichtungslager Sobibor zu identifizieren. Sowjetische Journalisten wie Wassili Grossman berichten in den sowjetischen Medien über die deutschen Lager. Die Nachrichten und Untersuchungsergebnisse werden auch an die westlichen Alliierten weitergeleitet. Dies hat zur Folge, dass die Alliierten auf der Konferenz von Jalta im Februar 1945 neben der Entmilitarisierung auch die grundlegende »Entnazifizierung« Deutschlands vereinbaren, um solche Verbrechen künftig ein für alle Mal auszuschließen.

Um das Ausmaß des sowjetischen Erfolgs mit der Operation Bagration der Weltöffentlichkeit zu präsentieren, gibt Stalin Anweisung, die während der Operation gefangen genommenen deutschen Soldaten durch Moskau marschieren zu lassen. Damit soll der eigenen Bevölkerung, aber auch der Weltöffentlichkeit vorgeführt werden, was erreicht worden ist. Der Marsch findet am 17. Juli 1944 statt. Rund 60.000 gefangene deutsche Soldaten werden in zwei Kolonnen durch Moskau geführt. An der Spitze der größeren Kolonne marschieren die gefangen genommenen Befehlshaber der Heeresgruppe Mitte zusammen mit weiteren Offizieren und Unteroffizieren. Die zur Bewachung abkommandierten sowjetischen Soldaten haben strikten Befehl, keine Übergriffe der nach all den deutschen Verbrechen aufgebrachten Zuschauermenge zuzulassen. Da viele der gefangenen Landser Durchfall haben, müssen die Straßen nach dem Zug mit Reinigungsmaschinen gesäubert werden. Von Moskau aus werden die Gefangenen in Arbeitslager gebracht. Sie müssen – das ist nur recht und billig – beim Wiederaufbau der von ihnen angerichteten Zerstörungen in der Sowjetunion helfen. Die deutschen Generäle werden vom Rest der Gefangenen getrennt und in ein Moskauer Gefängnis gebracht.

Der rasche Vormarsch der Roten Armee im Osten und die immer ungünstiger werdende Lage der deutschen Truppen in der Normandie im Westen verunsichert große Teile der deutschen Generalität. Der Plan reift, nach eventuellem Putsch gegen Hitler die deutsche Westfront den Truppen der Alliierten zu öffnen. Die dadurch freigewordenen deutschen Einheiten sollen umgehend an die Ostfront verlegt werden, um weiter gegen den Erzfeind, die Sowjetunion, zu kämpfen (was natürlich nach wie vor als sinnvoll angesehen wurde). Eine sowjetische Besatzung Deutschlands – *horribile dictu* – gilt es, so die Überzeugung, unter allen Umständen zu verhindern. Gleichzeitig sollen mit der Sowjetunion Verhandlungen über einen Waffenstillstand begonnen werden. Das letztendlich gescheiterte Attentat vom 20. Juli 1944 (also auf dem Höhepunkt der Operation Bagration) wird allerdings von den meisten deutschen Militärs als »Dolchstoß in den Rücken der kämpfenden Soldaten« betrachtet und führt keineswegs wie erhofft zu allgemeinem Aufstand. Am 12. November 1944 wird Schukow zum Kommandeur der 1. Weißrussischen Front ernannt. Deren bisheriger Kommandeur Rokossowski soll nun die 2. Weißrussische Front übernehmen, südlich davon Koniews 1. Ukrainische Front agieren. Rokossowski wird also einmal mehr von Schukow verdrängt. Doch Stalin tröstet Rokossowski, jeder werde beim Vormarsch auf Berlin dieselbe Chance erhalten. In seinen Memoiren schreibt Schukow, nach dem Kommandowechsel habe die bisherige Freundschaft mit Rokossowski einen Knacks erhalten. Allerdings ist Rokossowski, der ehemalige Chef Schukows zu Zeiten der Kavalleriedivision, schon öfter von Schukow und Stalin herumgeschubst worden (inklusive Verhaftung und Lagerhaft). Schukow geht davon aus, dass Rokossowski glaubte, er, Schukow, habe die Amtsenthebung Rokossowskis beantragt, dies sei allerdings falsch. Es ist aber andererseits schwer nachvollziehbar, dass Stalin einen solchen Wechsel des Armeekommandeurs »einfach so« aus heiterem Himmel beschlossen haben sollte ohne triftigen Grund. Und erfolglos war Rokossowski ja während Bagration keineswegs gewesen. Also bleibt nur die Möglichkeit, dass Schukow tatsächlich seine Finger im Spiel hatte bei dieser Rochade, die ihn wieder in den ersten Rang der öffentlichen Aufmerksamkeit zurückbringt, aus dem er während seiner Koordinatorentätigkeit etwas herausgefallen ist.

## Die Eroberung Deutschlands

Die Eroberung Ostpreußens als erster Schritt auf dem Weg zur Eroberung Deutschlands ist für die Nazipresse und -propaganda, aber auch noch lange nach dem Krieg für die BRD-Presse und die Westblock-Medien ein Alptraum. Dass Rotarmisten es wagen, ihre Füße auf geheiligten deutschen Reichsboden zu setzen! Das muss ja automatisch zu »viehischen Verbrechen« führen! Entsprechend wird bei der Berichterstattung über diese Vorgänge auch eine besonders perfide Form der psychologischen Kriegsführung ins Werk gesetzt. Mit einer Verlogenheit ohne gleichen verkündet die Nazipresse, und in ihrem Gefolge auch später die Westblock-Presse, jahrzehntelang Gräuelmärchen angeblicher sowjetischer Kriegsverbrechen bei der Befreiung Deutschlands 1945. Es ist nicht schwer, das gemeinsame Ziel von Nazipresse und Westblockpresse auszumachen: den Sowjetmenschen, den Sowjetsoldaten als Untermenschen hinzustellen, als grausame, seelenlose, mitleidlose, hirnlose Bestie, die in Deutschland Männer, Frauen, Alte und Kinder schändet, foltert und ermordet. Dass die tatsächlichen Zahlen von Übergriffen sowjetischer Soldaten auf die deutsche Zivilbevölkerung eher im vierstelligen Bereich als im fünfstelligen liegen, und Lichtjahre von den herbeigefaselten Millionen Opfern entfernt sind, spricht Bände.
Speziell im Fall Berlin (»Anonyma«) wurde von Hunderttausenden vergewaltigten deutschen Frauen allein in der Reichshauptstadt fabuliert, dabei scheint es sich eher – wenn man sich mal die Mühe macht, die Zahlen der Krankenhäuser von 1945 zu recherchieren – selbst bei einer hohen zu vermutenden Dunkelziffer um ein paar Dutzend Fälle gehandelt zu haben. Zumal es solche Vorkommnisse auch auf westalliierter Seite gab, über die aber vergleichsweise zurückhaltend berichtet wurde und wird. In Anbetracht der vier Jahre lang von deutschen »Herrenmenschen« auf dem Gebiet der Sowjetunion (aber auch seit 1939 in Polen und anderswo in Osteuropa) begangenen Verbrechen, wo die Bevöl-

kerung nurmehr »Freiwild« für die »Herrenrasse« war, wäre eine andere Verhaltensweise, eine tatsächlich massenhafte Bestrafung der deutschen Bevölkerung für die von ihren Vertretern begangenen massenhaften Verbrechen in der Sowjetunion anzunehmen gewesen. Nur noch mit dem Kopf schütteln und sich Fragen über den Geisteszustand westlicher Historiker stellen kann man, wenn dann versucht wird, die angeblichen Verbrechen sowjetischer Soldaten, die zumeist nur der Phantasie der westlichen Köpfe entsprangen, etwa auf angeblichen Sozialneid zurückzuführen – das höhere Lebensniveau in Deutschland habe den Neid und den Zorn der Sowjetsoldaten hervorgerufen, weil diese das zu Hause nicht hatten, deshalb hätten sie sich an der »unschuldigen« deutschen Bevölkerung (wer hat Hitler gewählt und über zwölf Jahre lang walten lassen?) schadlos gehalten.

Das unterschwellige Motiv für die Intensität dieser schwarzen Propaganda ist unschwer zu verstehen: zum einen den deutschen »Widerstandswillen« anzufachen, indem man den »unschuldigen deutschen Bürgerlein« die Angst vorm schwarzen beziehungsweise roten Mann einbläut, und zum anderen offenbar als Reaktion über die Enttäuschung darüber, dass dieser Widerstandswille sich so überhaupt nicht einstellen will. Wo Sowjetbürger und Sowjetsoldaten in ihrem Heimatland, in ihren Heimatstädten tatsächlich wochen- und monatelang Widerstand leisteten, auch unter ganz aussichtslosen Bedingungen, da wird in Deutschland schneller die weiße Fahne gehisst als die Rotarmisten »Hände hoch« sagen können. Und auch Berlin wird kein umgekehrtes »Stalingrad«. Die sowjetische Armee blutet nicht aus im Häusermeer, wie von Hitler & Co. gehofft. Im Gegenteil, die Einwohner atmen erleichtert auf, als die Rote Armee endlich in ihre Straße einrückt, einige Bewohnerinnen wie die 43-jährige Else Jahn machen sich sogar auf und helfen der vorrückenden Roten Armee, indem sie auf den Panzern mitfahren und den sowjetischen Soldaten zeigen, wo sich deutsche Truppenansammlungen oder Widerstandsnester befinden – und bezahlen das, wie im Fall Else

Jahn, mit ihrem Leben (sie wird von einem SS-Scharfschützen ermordet). So viel zum Thema, wie hoch der Rückhalt der Hitlerei in der Bevölkerung 1945 noch war: gleich null.
Ein besonders abschreckendes Beispiel stellt das angebliche »Massaker von Nemmersdorf« dar, das von den Propaganda-Spezialisten der Goebbels-Truppe im Oktober 1944 eigens für die Weltpresse zusammengelogen und mit »Beweismitteln« zurechtarrangiert wird: Die Leichen der bei einem von der SS provozierten Gefecht um das Dorf umgekommenen Männer, Frauen und Kinder werden für die NS-Propaganda-Fotografen und Kameraleute entlang der Landstraße in einem Graben drapiert, den Frauen unter den Opfern die Röcke hochgeschoben und die Schlüpfer entfernt, um es wie eine Massenvergewaltigung aussehen zu lassen. Prototypisch für die Methode, mit der – vergeblich – der »Wehrwille« des deutschen Volkes angestachelt werden soll, durch angebliche, »unmenschliche« Verbrechen der »Ost-Untermenschen«, wie das hier frei erfundene, sehr wohl aber von den eigenen SS- und Wehrmachtsverbänden praktizierte Annageln nackter, gefolterter Frauen an Scheunentore, psychologisch sehr aufschlussreich, man beschuldigt den Feind der Verbrechen, die man selbst begangen hat. Bei neutralen Recherchen zum Thema gelang es seit den 1950er Jahren nicht, unter den überlebenden und größtenteils in den Westen geflüchteten Dorfbewohnern von Nemmersdorf auch nur einen einzigen Zeugen für die Verbrechen, für die angenagelten nackten Frauen zu finden. »Nemmersdorf« blieb trotzdem in der BRD im Zuge des Kalten Krieges und der permanenten Verleumdung der Sowjetunion noch jahrzehntelang gern genommenes Beispiel für die angeblich unmenschlichen Verbrechen, die die deutsche Bevölkerung beim Einmarsch der sowjetischen Soldaten zu ertragen gehabt habe (heute nur noch in rechtsextremen Kreisen propagiert, die dabei aber in Konflikt mit ihrer prorussischen Haltung aufgrund von Antiamerikanismus kommen). In angloamerikanischen Historikerkreisen ist längst unumstritten, dass demgegenüber Massenvergewaltigungen von Frauen und

Kindern durch deutsche Soldaten auf dem Gebiet der Sowjetunion und sonst wo in Osteuropa (in Westeuropa deutlich weniger) gang und gäbe waren. Den entsprechenden Recherchen zufolge kamen bis Ende 1945 in der Sowjetunion rund eine Million Kinder zur Welt, die das Ergebnis solcher Vergewaltigungen waren. Legt man das anerkannte Verhältnis von zehn Vergewaltigungen zu einer Geburt zugrunde, kann man also von mindestens zehn Millionen vergewaltigter Sowjetbürgerinnen ausgehen.
Doch zurück zum Frontgeschehen. Am 26. Januar 1945 schlägt Stalin Schukow vor, bis Ende des Monats zur Oder vorzustoßen, um den Flussübergang Anfang Februar zu erzwingen und dann Berlin von Norden und Süden zu umzingeln. Tatsächlich gelingt es der 1. Weißrussischen Front Anfang Februar schon, die Oder zu erreichen und einen ersten Brückenkopf am westlichen Flussufer bei Küstrin zu erkämpfen. Allerdings wehren sich die verbliebenen deutschen Verbände heftig, daher muss Schukow umgruppieren, um den geplanten schnellen Vorstoß auf Berlin zur Monatsmitte beginnen zu können. Am 10. Februar schickt er einen entsprechenden Plan an Stalin, dem zufolge soll der Angriff auf Berlin am 19. Februar beginnen. Schukow erhält jedoch am 18. Februar 1945 von der Stawka den Befehl, den Angriff auf Berlin vorerst aufzuschieben. Grund ist die Situation an Schukows nördlicher Flanke. Während Koniew im Süden mit Schukows Vormarschtempo mithält, hinkt Rokossowski im Norden dem ursprünglichen Zeitplan hinterher, denn seine 3. Weißrussische Front hat mit anhaltendem intensiven Widerstand in Ostpreußen zu kämpfen, die 2. Weißrussische Front erhält den Befehl, hier auszuhelfen und Kräfte für den Kampf um Ostpreußen abzustellen. Daher kommt Rokossowski mit den verbliebenen Truppen auf der linken Flanke weniger schnell voran als geplant, und Schukows rechte, nördliche Flanke wird immer länger und verwundbarer. Da in Pommern noch starke Wehrmachtsverbände stehen, fürchtet die Stawka einen klassischen Flankenangriff, der Schukows Armeegruppe gefährden könnte.

Ohnehin sind Schukows Truppen nach einem temporeichen Vormarsch über 500 Kilometer im Februar 1945 erschöpft und müssen pausieren. Dazu müssen die Nachschubsituation geklärt und Vorratslager für die nächste Offensivetappe angelegt werden. Tschuikow behauptet in seinen Memoiren, die in den sechziger Jahren erschienen, Schukow hätte den Krieg durch einen direkten Durchmarsch auf Berlin bereits im Februar 1945 beenden können. Er habe genügend Truppen gehabt, und die Gefahr durch die Wehrmachtsverbände in Pommern sei übertrieben worden. Schukow sei aber von Stalin daran gehindert worden. Tschuikow fügt an, er verstehe bis heute nicht, warum Schukow als Stalins Stellvertreter keinen Versuch gemacht habe, Stalin umzustimmen, zumal seine Offiziere ebenfalls seiner Meinung waren. Schukow räumt später ein, im Februar sei Berlin noch nicht so stark befestigt gewesen wie zwei Monate später, im April 1945, als die sowjetischen Truppen dann tatsächlich zum Sturm auf die Stadt ansetzen. Es sei aber notwendig gewesen, der Versuchung zu widerstehen, mit schnellen Panzerverbänden direkt ins Zentrum Berlins vorzurücken, da nicht sicher gewesen sei, ob die Panzerverbände in der Lage wären, die Stadt auch gegen deutsche Konterangriffe zu halten. Man habe Abenteurertum vermeiden müssen und sich daher schweren Herzens für den richtigen Weg, erst die Flankenbedrohung zu beseitigen, entschieden. Wie heftig der Widerstand ist, wie stark die deutschen Truppen in Pommern sind, kann man daran ermessen, dass die beiden Flügeltruppen von Schukows und Rokossowskis Fronten zwei Monate brauchten, um sie niederzukämpfen. Der Sieg allein hier auf diesem begrenzten Offensivabschnitt kostet die Rote Armee 50.000 Tote und 170.000 Verwundete sowie 3.000 Panzer, Flugzeuge und Geschütze.

Zwischenzeitlich erhält Stalin am 31. März 1945 eine scheinbar ganz harmlose Anfrage des Oberkommandierenden der westlichen Invasionsstreitkräfte, US-General Eisenhower, bezüglich der nächsten Pläne der sowjetischen Militärs für den weiteren Kampf gegen die Reste von Nazideutschland. Er selber habe vor, mit Generalrichtung Erfurt–Leipzig–Dresden vorzustoßen und sich dort mit den sowjetischen Truppen, die von Osten vorstoßen, zu verbünden. Ansonsten gehe der Kampf gegen die im Ruhrkessel eingeschlossenen Wehrmachtseinheiten weiter. Eine weitere Stoßrichtung betreffe Regensburg–Linz, um die südliche Reichshälfte abzuschneiden. Koniew berichtet in seinen Memoiren, am 2. April 1945 habe ein Treffen in Stalins Büro stattgefunden, mit Schukow, Antonow und Schtemenko. Dabei sei ein Telegramm verlesen worden, das von den sowjetischen Aufklärungsdiensten gekommen sei. Darin stand, Amerikaner und Briten bereiteten heimlich eine Offensive vor, um Berlin zu erobern. Damals sei in Stalins Büro beschlossen worden, den westlichen Alliierten unbedingt zuvorzukommen. Zumal den Sowjets damals schon bekannt war, dass die westlichen Alliierten auch eine wirtschaftliche Kriegsstrategie beziehungsweise Konkurrenzstrategie verfolgten, in dem sie wichtige Forschungseinrichtungen in ihrem Frontbereich einsackten und in die USA verschifften, die entsprechenden Patente beschlagnahmten und Konstruktionszeichnungen mitnahmen. Fast schon an Menschenraub grenzte das Verfahren, das von den USA beispielsweise in dem von ihnen kurzzeitig besetzten Jena anwendeten, wo Spezialisten der Glasherstellung von Schott und Zeiss gegen ihren Willen beim vereinbarten Abzug der US-Einheiten einfach mitgenommen wurden, samt allen Konstruktionszeichnungen und den wichtigsten Maschinen, so dass die Sowjets, als sie in die Stadt einrückten, im Hinblick auf die beiden für Rüstungsbelange weltweit führenden Optik-Firmen nur noch leere Hüllen vorfanden.

Stalin beschließt daher mit seinen Generälen, den westlichen Alliierten zuvorzukommen und sicherzustellen, dass die Ehre, die Feindeshauptstadt zu erobern, nur den sowjetischen Truppen zufallen wird (aber damit natürlich auch die militärische Last, die zu erwartenden Verluste), da die Sowjetunion die Hauptlast der Kämpfe getragen habe und sich jetzt nicht um die Früchte des absehbaren Sieges bringen lassen will. Stalin unterschreibt die entsprechenden Befehle und schickt seine Generäle zurück an die Front. Berlin soll jetzt so schnell wie möglich erobert werden, denn mittlerweile bewegen sich die amerikanischen und britischen Angriffsspitzen deutlich Richtung Berlin. Schukow soll mit seinen Truppen Berlin erobern und binnen 12 bis 15 Tagen zur Elbe vorstoßen. Koniew erhält den Auftrag, über Dresden bis Leipzig-Erfurt vorzustoßen. Berlin soll von Schukow in nördlicher Richtung umfasst werden, und Koniew einen Teil seiner Streitmacht nach Norden schwenken lassen, um Berlin von Süden her zu attackieren. Rokossowskis Aufgabe wird es sein, gleichzeitig entlang der Ostseeküste nach Westen vorzustoßen, um Schukows rechte Flanke zu sichern. Angeblich habe Stalin beabsichtigt, damit eine Art Wettrennen zwischen Schukow und Koniew zu initiieren, um so möglichst schnell den Erfolg in Berlin einfahren zu können.

Zwar haben die Luftwaffen der westlichen Alliierten zwischen 1940 und 1945 rund 45.000 Tonnen Bomben über Berlin abgeworfen, die zwischen 12.000 und 30.000 Menschen getötet hatten (die Zahlen sind bis heute umstritten). Doch nur das Stadtzentrum ist stärker zerstört worden, achtzig Prozent der Stadt sind nahezu unzerstört. Um die Stadt ist im März/April ein behelfsmäßiger Verteidigungsring von rund 50 Kilometer Tiefe mit drei gestaffelten Linien gezogen worden. Dazu gehören Schützengräben, Maschinengewehrnester, Minenfelder, Panzergräben und Geschützstellungen. Auch die drei riesigen Flaktürme Berlins mit ihren 8- und 12-Zentimeter-Geschützen sollen im Erdkampf zur Abwehr eingesetzt werden. Insgesamt stehen aufseiten der Wehrmacht die Reste einstiger Ostfront-Divisionen im Umfang von nominell einer Million Soldaten für die Verteidigung Berlins bereit, deren Ausrüstung und Nachschub allerdings nicht mehr den regulären Stand aufweisen. Immerhin noch 1.500 Panzer sind zusammengekratzt worden sowie rund 10.000 Geschütze. Ein Einbruch sowjetischer Truppen ins eigentliche Stadtgebiet soll verhindert werden, so der Plan. Ein Gutteil der Wehrmacht-Einheiten setzt sich jedoch aus Volkssturm-Einheiten zusammen, in denen kaum mehr kampffähige Rentner zusammengefasst werden, sowie Einheiten, die von 16-jährigen Hitlerjungen gebildet werden, deren Kampfwert minimal ist, wiewohl auch solche Einheiten mit Panzerfäusten den sowjetischen Einheiten schmerzhafte Verluste beizubringen in der Lage sind, wie sich beim Kampf um die Pichelsdorfer Brücken an der Heerstraße im Westen Berlins zeigt, wo die von »Sportführer« Carl Diem kurz zuvor noch aufgehetzten »Hitlerjungen« die sowjetischen Einheiten beim Vormarsch aufs Stadtzentrum aufhalten, bevor sie im Kampf sterben (während sich der »Sportführer« längst Richtung Bayern in Sicherheit gebracht hat – unglaublich, dass nach diesem Verbrecher in der BRD jahrzehntelang noch Sportstätten und Sporthallen benannt wurden).

Warum ist dennoch in der »Wehrmacht« selbst in der allerletzten Kriegsphase, bei absehbarer, krachender deutscher Niederlage, die Bereitschaft zu kämpfen statt zu kapitulieren so hoch? Die Antwort ist einfach: Die deutschen Soldaten fürchten die Rache der sowjetischen Sieger für die zahllosen, entsetzlichen, von Deutschen auf dem östlichen Kriegsschauplatz begangenen Verbrechen. Daher kämpfen viele der Wehrmachtseinheiten mit dem Mut der Verzweiflung und fügen den anstürmenden Einheiten der Roten Armee mit den Resten an Munition, Minen und Handgranaten hohe Verluste zu. Diese müssen an vielen Stellen schweres Gerät beziehungsweise hochkalibrige Artillerie einsetzen, um den Widerstand zu brechen. Die »Wehrmachts«-Soldaten hoffen natürlich auch, so viel Zeit zu gewinnen, dass Truppen der westlichen Alliierten, von denen man sich ein milderes Regiment erhofft, als erste eintreffen und die Macht in der Stadt übernehmen. Zudem werden deutsche Soldaten, die den Kampf aufgeben wollten, von »fliegenden Standgerichten« der SS und der »Wehrmacht« kurzerhand ermordet. So hingen beim Endkampf um das Berliner Stadtzentrum, den Bezirk Mitte, entlang

der heutigen Straße des 17. Juni an den von Hitlerarchitekt Speer entworfenen (beziehungsweise im Design geklauten) Kandelabern der Straßenbeleuchtung kilometerlang Leichen von Soldaten mit Schildern um den Hals: »Ich bin ein Feigling, und wurde deshalb hingerichtet«, mit freundlichen Grüßen von der SS.
Schukow stehen für den Sturm auf Berlin insgesamt 77 Schützendivisionen, 3.000 Panzer, 15.000 Geschütze und 1.500 Raketenwerfer zur Verfügung. 40 Fährverbindungen werden eingerichtet und 25 Behelfsbrücken über die Oder geschlagen. Schukows Pioniere bauen auch Modelle der Berliner Innenstadt, man bereitet sich auf Häuserkampf à la Stalingrad vor (zu dem es letztlich bekanntlich gar nicht kommt, wegen fehlendem Kampfeswillen der deutschen Bevölkerung). Das größte Problem ist der Durchbruch aus dem Küstriner Brückenkopf. Hier sehen sich Schukow beziehungsweise die Rote Armee mit einem riesigen natürlichen Hindernis konfrontiert: den Seelower Höhen. Es handelt sich dabei um einen in Nord-Süd-Richtung verlaufenden Höhenzug, der ungefähr 70 Meter höher ist als das Flusstal darunter. Natürlich haben die verbliebenen Reste der »Wehrmacht« die Seelower Höhen so gut es geht in tiefgestaffelte Verteidigungsstellungen verwandelt. Deutsche Pioniere haben zusätzlich flussaufwärts ein Reservoir geöffnet und weite Flächen des Oderbruchs, der Ebene unmittelbar am Flussufer, geflutet. Das Gebiet ist wegen der Frühjahrsschmelze ohnehin sehr morastig und somit nur eingeschränkt für die stärkste Waffe der Roten Armee, die Panzer, nutzbar.

Der Angriff beginnt am 16. April 1945 mit einem Artilleriedauerfeuer von dreißig Minuten. Dazu wurden 40.000 Geschützen auf wenigen Frontkilometern zusammengezogen, vermutlich die stärkste Massierung, das stärkste Trommelfeuer in der Geschichte. Mehr als eine Million Schuss werden in kurzer Zeit abgegeben, ein apokalyptischer Dauerregen an explodierenden Granaten, Explosionslärm, heftigen Druckwellen. Als nächstes soll der Sturmangriff erfolgen, an den sich die Panzeroffensive anschließt.

Doch hier unterläuft Schukow (oder wer auch immer die Idee gehabt hatte) ein folgenschwerer Denkfehler, der viele Rotarmisten das Leben kostet. Um die deutschen Verteidiger zu blenden, werden unmittelbar nach dem Artillerieschlag im Morgengrauen 150 Flakscheinwerfer am östlichen Oderufer aufgeblendet. Doch statt die Verteidiger zu blenden, sorgen die Scheinwerfer dafür, dass sich die angreifenden Rotarmisten, aber auch die auffahrenden Sowjetpanzer wunderbar gegen den taghellen, weißen Hintergrund abzeichnen (zumal das Schlachtfeld von den vielen Granaten in eine Staubwolke eingehüllt ist, durch die das Licht der Scheinwerfer nur nebelhaft durchkommt), und exzellente Ziele für die wenigen Verteidiger und ihre geringen Munitionsvorräte abgeben. Aufgrund der vielen Schwierigkeiten vor Ort dauert es unerwartet drei Tage, um die Höhen zu stürmen und den Durchbruch für die Panzer zu erreichen, die erst dann auf der Hochebene hinter den Höhen nach Westen, Richtung Berlin stürmen können. Koniew hat nun schon drei Tage Vorsprung auf dem Vormarsch Richtung Berlin von Süden, und Schukow muss sich ernsthafte Sorgen machen, dass er den Lorbeer für den wichtigsten, symbolischsten Triumph der Roten Armee diesmal nicht davontragen wird. Erst am 20. April 1945, pünktlich zu Hitlers Geburtstag, können die schweren Geschütze über die Höhen herangeschafft werden zur neuen Frontlinie am Berliner Stadtrand. Von dort eröffnen sie das Feuer aufs Stadtzentrum, wo diese unerwartete, böse Überraschung zu großflächigem Chaos führt, und bei Hitler im Führerbunker zu der Frage, ob die Sowjets jetzt auch über Raketen à la V2 verfügen. Dass sie einfach schon nah genug herangekommen sind, um mit normalen Geschützen das Stadtzentrum Berlins, den Stadtbezirk Mitte unter Feuer nehmen zu können, ist für ihn zu diesem Zeitpunkt einfach unvorstellbar. Wie so vieles andere auch. Beispielsweise, dass seine Herrschaft keine Jahre, keine Monate, keine Wochen mehr, sondern nur noch ein paar Tage dauern wird.

Verteidigt wird das Stadtzentrum, »Zitadelle« genannt, von einigen letzten »Wehrmachtseinheiten« sowie »SS«-Freiwilligen aus Skandinavien und Frankreich, den Resten der »SS-Divisionen« »Nordland« und »Charlemagne«. In der letzten Detailaufteilung der Schlachtordnung wird Schukow von Stalin das Reichstagsgebäude zugesprochen, das Gebiet 100 Meter südlich davon (Tiergarten) Koniew. Hitler hat versprochen, den sowjetischen Truppen in Berlin ihr Stalingrad an der Spree zu bereiten. Und tatsächlich entbrennt hier und ein Häuserkampf, der allerdings nur punktuell ist, zumal die Sowjettruppen sich nur einen Bruchteil so lange aufhalten lassen wie die etwas ungelenke »Wehrmacht« in Stalingrad. Während man dort wochenlang um einen Straßenzug, einen Wohnblock, ein Haus, ein Stockwerk kämpfte, geht es nun um maximal ein paar Stunden, bevor die Sowjets schwere Artillerie herangeschafft haben, um den jeweiligen Häuserblock, der dem weiteren Vormarsch im Weg steht, im direkten Beschuss zu zerstören, und so das Hindernis aus dem Weg zu räumen (auf diese Idee waren die glorreichen Strategen und Generalstabsakademie-Absolventen der »Wehrmacht« unter der Führung des Gefreiten Hitler nicht gekommen).

Das Reichstagsgebäude wird von Schukows Truppen am 30. April 1945 erreicht. Am Nachmittag hissen sie die Fahne auf dem Dach der Parlamentsruine, während sich zeitgleich Hitler im Führerbunker selbst entleibt (nachdem er seinen Lieblingsschäferhund Wolfi getötet hat, um ihn nicht in die Hände der verhassten »bolschewistischen Untermenschen« fallen zu lassen; treu bis in den Tod nimmt sich auch seine langjährige Mätresse Eva Braun, die er Minuten zuvor in einem Pro-forma-Verwaltungsakt ehelicht, das Leben per Giftpille). Am 1. Mai verkündete Stalin, dass seine Truppen Berlin eingenommen haben, am Folgetag geben die letzten Widerstandsnester auf und erklärt der letzte Standortkommandant im sowjetischen Gefechtsstand am Schulenburgring 2 die Kapitulation Berlins. 80.000 Sowjetsoldaten fallen beim Sturm auf Berlin, 90.000 »Wehrmachtssoldaten« teilen ihr Schicksal, 500.000 gehen in Gefangenschaft, 200.000 sind verwundet. Schukows nächste Aufgabe, nach der Säuberung und Befreiung Berlins, ist die Überprüfung von Hitlers angeblichem Selbstmord. Wie Stalin, so ist auch Schukow einigermaßen skeptisch, ob der »Führer« – wie von der Nazipropaganda behauptet – im »Kampf gefallen« ist, ob er sich selbst entleibt oder ob er nicht doch in letzter Minute das Weite gesucht hat. Immerhin ist auch sein engster Mitarbeiter Martin Bormann verschwunden (seine Leiche wird erst 1986 bei Bauarbeiten am Lehrter Bahnhof gefunden, er hat tatsächlich noch die Flucht versucht, nach dem Selbstmord seines Chefs). Schukow besichtigt am 2. Mai die »Reichskanzlei«, Speers kalten, zynischen Pseudoprachtbau, unpraktisch bis dorthinaus und trotz vieler Anläufe nie ganz fertiggestellt, jetzt größtenteils in Trümmern. Dort will er sich die verbrannten Leichen von Hitler und Goebbels zeigen lassen, die dort angeblich gefunden wurden. Doch diese hat schon der sowjetische Militärgeheimdienst beiseitegeschafft, allerdings sagt man ihm, im Bunker seien noch die Leichname der sechs Kinder von Goebbels. Schukow hat zu viel Respekt vor den toten Kindern, um sich an ihrem Anblick zu weiden. Nach weiteren Untersuchungen sowjetischer Spezialisten sind Stalin und Schukow endlich davon überzeugt, dass der Erzbösewicht, die Nemesis, die Quelle des Krieges samt seiner Millionen Toten tatsächlich nicht mehr unter den Lebenden weilt.

Am Reichstag setzt Schukow wie viele andere Rotarmisten seine Unterschrift an eine der Mauern, zur Bestätigung, dass man da gewesen und den übermächtigen Feind, der das eigene Land, die Sowjetunion, vier Jahre lang nach allen Regeln der Verbrecherkunst malträtiert hat, schließlich doch noch besiegte. Schukows Tour zum Reichstag und zur »Reichskanzlei« werden von sowjetischen *Wochenschau*-Filmberichtern aufgenommen. Einige Tage später wird noch ein weiterer ikonischer Moment für die Nachwelt festgehalten: die Unterzeichnung der Kapitulation der deutschen Streitkräfte am 7. Mai 1945 im US-Hauptquartier zu Reims (Frankreich). Da dort nur ein vergleichsweise rangniedriger sowjetischer Militärführer anwesend ist, verlangt Stalin, die Prozedur in Berlin, im sowjetischen Hauptquartier, zu wiederholen. Die »Wehrmachtsführung« um Jodl wird also nach Berlin verfrachtet, wo in der weitgehend unzerstörten Pionierkaserne Karlshorst (heute Deutsch-Russisches Museum Karlshorst) in den frühen Morgenstunden des 9. Mai 1945 ein zweites Mal das Kapitulationsdokument unterschrieben wird, diesmal in Gegenwart Schukows als Stalins Stellvertreter. Als der US-Botschafter in Moskau, Averell Harriman (Sohn des Eisenbahn-Moguls Harriman, Yale-Absolvent, dort mit Prescott Bush in der Studentenverbindung Skull & Bones engagiert, Wallstreet-Banker, Anlageberater von Fritz Thyssen, Council on Foreign Relations/CFR, Gründer des Sun Valley Ski Resort etc.) Stalin zum Sieg über Deutschland und der Eroberung Berlins gratulierte, habe dieser nur achselzuckend gesagt, »[Zar] Alexander kam bis Paris«.

Schukow kehrt am 19. Mai 1945 nach Moskau zurück. Stalin hat zwischenzeitlich beschlossen, Schukow zum Oberkommandierenden der Sowjetischen Streitkräfte in Deutschland zu machen und zum sowjetischen Vertreter im Alliierten Kontrollrat. Noch in Moskau nimmt Schukow an einer ganzen Reihe von Treffen mit Stalin, Antonow, Schtemenko und anderen höheren Offizieren teil. Besprechungsgegenstand ist die weitere Kriegsführung gegen Japan in der Mandschurei. Stalin hat der US-Regierung zugesagt, drei Monate nach der Kapitulation Deutschlands Truppen zur Entlastung der US-Truppen auf dem asiatischen Kriegsschauplatz und zur Eröffnung einer neuen Front gegen Japan zur Verfügung zu stellen. Damit ist August 1945 der Termin, zu dem die sowjetischen Truppen ins Geschehen eingreifen müssen. Kommandeur der Interventionskräfte soll Wassilewski werden. Die Operation beginnt am 8. August 1945. Bereits einige Tage später ist die japanische Kwantung-Armee zerschlagen, der Rest geht in Gefangenschaft. Zeitgleich haben die USA – ohne wirkliche militärische Notwendigkeit, eher um der Sowjetunion ihre waffentechnische Überlegenheit zu beweisen – ihre Atombomben

auf Hiroshima und Nagasaki abgeworfen. Japan kapituliert am 14. August 1945.
Schukow tritt seinen neuen Posten in Deutschland am 30. Mai 1945 an. Am 9. Juni gibt er seine erste Pressekonferenz. Er erläuterte die Details der Schlacht um Berlin aus sowjetischer Sicht, von der sorgfältigen Vorbereitung über das ungeheure Vorbereitungsfeuer der sowjetischen Artillerie bis hin zu den Pontonbrücken, die heimlich über die Oder gelegt wurden. Schukow hinterlässt einen guten Eindruck, was sich in zahlreichen wohlwollenden Artikeln in der Weltpresse niederschlägt. Unter den anwesenden Journalisten ist auch der langjährige britische Moskau-Korrespondent Alexander Werth (BBC/London), der den gesamten Krieg an der Ostfront journalistisch begleitet hat. Schukow habe den Eindruck eines großen Mannes hinterlassen, schreibt Werth. Dabei sei er von einfacher Umgangsart und Freundlichkeit. Schukow habe nicht vergessen, auf Stalins militärische Gesamtführung der Operationen hinzuweisen, aber auch eine sehr hohe Meinung von sich selbst erkennen lassen. In einer eigenartigen Mischung von Bescheidenheit und Protzerei habe er sich entscheidenden Anteil an praktisch allen Siegen der Roten Armee zugeschrieben.
Mitte Juni 1945 kehrt Schukow nach Moskau zurück, um seinen dritten Orden »Held der Sowjetunion« entgegenzunehmen. Am 19. Juni, bei einem Treffen in Stalins Datscha in Kunzewo, fragt dieser ihn, ob er noch zu reiten verstehe. Schukow bejaht, und Stalin nickt zufrieden. Dann soll er die Siegesparade in Moskau abnehmen, die von Rokossowski befehligt werde. Schukow entgegnet, der Oberkommandierende, also Stalin selbst, solle die Parade abnehmen. Stalin meint, er sei zu alt dazu. Am nächsten Tag fährt Schukow zum Moskauer Flughafen, wo das Training für die Parade stattfindet. Dort trifft er Stalins Sohn Wassili, einen Luftwaffenoffizier. Dieser – so schreibt Schukow in seinen Memoiren – habe Schukow erzählt, dass Stalin ursprünglich selbst die Parade abnehmen wollte, sei beim Training aber einige Tage zuvor vom Pferd gefallen, von eben dem Pferd, das Schukow jetzt

reiten solle, einem prachtvollen Schimmel-Hengst. Wassili, der mit seinem Vater nicht das beste Verhältnis hat, ist keine wirklich belastbare Quelle, zumal Schukow während der Parade auf einem eigenen Pferd reitet und die Geschichte schon von daher falsch ist.

Das Pferd, ein weißer Araberhengst namens Tspeki, bekommt Schukow einige Zeit zuvor von Budjonny geschenkt. Die Siegesparade findet am 24. Juni 1945 statt. Als die große Turmuhr an der Kreml-Mauer zehn Uhr schlägt, öffnet sich das Spasski-Tor, und Schukow reitet auf dem herrlichen weißen Pferd über den von Soldaten und Zuschauern umstandenen Roten Platz. Ihn erwarten riesige Karrees angetretener Soldaten aller Waffengattungen. An der Spitze jedes Karrees stehen die Generäle und Marschälle, an deren Seite Schukow die letzten vier Jahre gekämpft hat. Wassilewski, Koniew, Merezkow, Tolbuchin, Bagramian und Jerjomenko. Die Siegesparade ist mit absoluter Sicherheit der Höhepunkt in Schukows Leben. Stalin selbst wohnt der Parade von der Tribüne auf dem Lenin-Mausoleum aus bei, zusammen mit den anderen Mitgliedern der Staatsführung. Ihm zu Füßen werden 200 Nazi- und »Wehrmachts«-Banner auf das vom Regen nasse Pflaster des Roten Platzes geworfen. An die Parade schließt sich ein Empfang für 2.500 höhere Offiziere im Kreml an. Stalin bringt einen Toast auf die Millionen einfacher Bürgerinnen und Bürger des Landes aus, die durch ihrer Hände Arbeit diesen glanzvollen Sieg der Roten Armee erst ermöglicht haben. Vier Tage später wird Stalin zum »Generalissimus« ernannt, einem neuen, bisher nicht gebrauchten Titel, der die oberste Stufe der Militärhierarchie kennzeichnet. Da die Moskauer Siegesparade so gut ankommt, beschließt die Sowjetführung, eine zweite Siegesparade in Berlin zu veranstalten. Sie findet am 7. September 1945 statt und wird wiederum von Schukow abgenommen. Von US-Seite ist diesmal Panzergeneral, Zyniker, Misanthrop und Antisemit George Patton dabei, der kein schmeichelhaftes Porträt Schukows zeichnet, als er über die Veranstaltung berichtet – man muss dabei natürlich im Hinterkopf behalten, dass der Egomane Patton im erfolgsverwöhnten und pressegeförderten Schukow einen großen Konkurrenten um den Nachruhm im Zweiten Weltkrieg sah. Patton schrieb: Schukow sei ihm wie ein Operetten-Buffo vorgekommen mit dem ganzen Ordensblech an seiner Brust, zudem sei er ziemlich klein, fett, habe ein Affengebiss, aber gute blaue Augen.

Schukows Aufgabe zuvor ist die Koordination der Potsdamer Konferenz von Stalin, Churchill und Truman gewesen. Im Juli 1945 kommen dabei letztmalig die Anführer der drei siegreichen Mächte im Zweiten Weltkrieg zusammen. Stalins militärischer Berater während der Tagung ist Antonow, die Besprechungen betreffen die Fortführung des Krieges auf dem asiatischen Schauplatz gegen Japan. Schukow nimmt jedoch an einigen Besprechungen teil. Bei einer dieser Begegnungen sagt Truman beiläufig zu Stalin, dass man eine Atombombe erfolgreich getestet habe und diese demnächst gegen Japan einsetzen werde. Stalin reagiert zum Erstaunen Trumans nicht darauf (dieser wollte mit der Mitteilung Stalin eine Information über den Stand der sowjetischen Atomforschung abnötigen beziehungsweise diesen gleichzeitig einschüchtern), spricht aber anschließend sofort darüber mit Schukow und Molotow und gibt Anweisungen, die von Berija geleiteten sowjetischen Atombombenforschungen zu beschleunigen. In Ostdeutschland, der sowjetisch besetzten Zone, streifen sowjetische Reparationstrupps durchs Land – die sich nun aus Ostdeutschland Ersatz für die unermesslichen Zerstörungen holen, die ganz Deutschland während der vier Kriegsjahre auf dem Territorium der Sowjetunion angerichtet hat. Eigentlich ist vorgesehen (laut alliierten Vereinbarungen), dass die Sowjetunion auch aus den Westzonen Reparationsleistungen erhält (Schienenmaterial, Lokomotiven, Waggons, dazu Maschinen aus der Industrie, Steinkohle etc.), doch die Westalliierten finden erst immer neue Ausreden, warum die vereinbarten Lieferungen nicht in Gang kommen, und stellen diese dann ganz ein, als aus den ehemaligen

Kriegsverbündeten binnen weniger Monate neue Feinde im Kalten Krieg geworden sind.
Als sowjetischer Vertreter im Alliierten Kontrollrat (AKR) spielt Schukow hier eine prominente Rolle, die immer wieder zu Berichten in der Weltpresse führt. Das erste Treffen des AKR findet zwei Monate nach Kriegsende, am 5. Juni 1945 statt. Die westlichen AKR-Mitglieder statten Schukow einen Besuch ab und unterzeichnen eine gemeinsame Erklärung zur Übernahme der obersten staatlichen Aufsicht in Deutschland. Die Westalliierten wollen umgehend mit der konkreten Verwaltungsarbeit beginnen, aber Schukow besteht darauf, dass britische und amerikanische Verbände erst ihre bei Kriegsende erreichten Positionen innerhalb der vereinbarten sowjetischen Besatzungszone räumen. Eisenhower ist über die »Ausrede« Schukows verärgert (aber man stelle sich mal umgekehrt vor, die Sowjetische Armee wäre zu diesem Zeitpunkt noch tief in den künftigen Westzonen gestanden, dann hätten die Westalliierten wohl umso dringlicher auf deren Rückzug gedrungen). Dennoch arbeiten Eisenhower und Schukow im Folgenden gut zusammen, wohl auch, weil sie sich menschlich schätzen. Gegenseitige Ordensverleihungen finden statt, dann besuchen Eisenhower und sein Sohn im August 1945 Moskau. Schukow begleitet sie, dabei haben beide Gelegenheit, sich länger ungestört zu unterhalten. Es geht einmal mehr um die Schlacht um Berlin. Eisenhower bestreitet nachdrücklich jede Absicht, Berlin vor den Sowjets besetzen gewollt zu haben (mittlerweile ist das aktenkundig belegt), und schiebt die alleinige Schuld für solche Überlegungen dem Kommunistenfresser Churchill zu (der zu diesem Zeitpunkt ja bereits über eine Fortsetzung des Zweiten Weltkriegs, nur diesmal gegen die Sowjetunion, nachdachte und entsprechende Planungen seiner Militärs veranlasste).
Churchill hat mittlerweile während seiner Rede in Fulton im März 1946 die UdSSR – mit Goebbels Worten (von diesem bereits 1943 im Völkischer Beobachter publiziert) – als Macht beschrieben, hinter der sich ein Eiserner Vorhang über Osteu-

ropa gesenkt habe, wo die Freiheit nichts mehr gelte etc. Was Churchill eigentlich beklagt, ist, dass die Sowjetunion erfolgreich jegliche Einmischungsversuche der Westalliierten in Osteuropa abwehrte – so wie dies umgekehrt die Westalliierten auch sehr scharf und nachdrücklich in Westeuropa machen, wenn sie tatsächliche oder vermeintliche sowjetische Einmischungsversuche entdecken. Aus sowjetischer Sicht ist die Einrichtung einer Reihe abhängiger Staaten (Polen, DDR, Tschechoslowakei, Rumänien, Bulgarien, Ungarn und – mit Abstrichen – Jugoslawien) eine notwendige Maßnahme zur Absicherung gegen mögliche künftige aggressive Absichten eines wiedererstarkten Deutschlands. Stalin reagiert auf Churchills Rede verärgert, bezeichnet den zwischenzeitlich im Juli 1945 abgewählten ehemaligen britischen Premier als Kriegstreiber und unheilbaren Antikommunisten, der bereits während des Russischen Bürgerkriegs um 1920 einer der Hauptantreiber für die Entsendung westlicher Interventionstruppen zur Vertreibung der Bolschewiken aus Russland gewesen sei. Schukow bleibt nur wenige Monate in Deutschland, bevor er wieder von dort abberufen wird. Eisenhower und Schukow treffen sich ein letztes Mal am 7. November 1945, bevor beide wieder in ihre Heimatländer abreisen.

Schukow hat zuvor die Eckpunkte der sowjetischen Politik gegenüber Deutschland beziehungsweise Ostdeutschland implementiert. So die Entnahme von Reparationsleistungen aus Wirtschaft und Industrie, die Ausrottung der NS-Ideologie, Unterdrückung möglicher NS-Nachfolgeparteien sowie respektvolles Verhalten gegenüber der Bevölkerung als Grundlage für die künftige Zusammenarbeit als Verbündete (soweit Ostdeutschland betroffen war). Dazu sollen alte Feindbilder überwunden werden. Was aber schwierig ist, solange sich ein Teil der sowjetischen Besatzungstruppen nicht regelkonform verhält. Es kommt noch immer in Einzelfällen zu illegalen Handlungen, Raub, und Gewalt gegen die einheimische Bevölkerung. Dies ist zu Kriegszeiten noch tolerierbar gewesen, jetzt in Friedenszeiten nicht mehr, sagt Schukow.

Jeder einzelne solcher Vorfälle habe extrem negative Auswirkungen auf die Zusammenarbeit und werde daher rigoros bestraft. Sollte es notwendig sein, extreme Maßnahmen zu ergreifen, so würden diese ergriffen. Das könne bis zur Hinrichtung überführter Täter gehen. Es war verständlicherweise keine »permanente Indoktrinierung mit Hasspropaganda« seitens der sowjetischen Führung gegenüber ihren Soldaten notwendig (wie von der westlichen Geschichtsschreibung herbeiphantasiert), um diese mit einer gehörigen Portion Hass auf alles, was mit Deutschland zu tun hatte, zu versehen. Bei rund 50 Millionen Toten Sowjetbürgern (bei rund 200 Millionen Gesamteinwohnern also ein gutes Viertel), die auf das Konto Deutschlands in der Sowjetunion gingen, davon der größte Teil unschuldige Zivilisten, bei einer generell unmenschlichen und über jedes Maß hinausgehenden Grausamkeit der Kriegsführung, aber auch der Besatzungspolitik, hat jeder Sowjetbürger, hat jeder Soldat der Roten Armee genug »Anschauungsmaterial« in der eigenen Familie, der eigenen Verwandtschaft vor Augen. Und die Berichte, dass Millionen Sowjetsoldaten in den deutschen Lagern ohne jede Gnade dem Hungertod preisgegeben worden waren, dringen natürlich auch bis zu den Soldaten der Roten Armee. Es ist geradezu ein Wunder, dass angesichts dieser unbestreitbaren Tatsachen so wenig passierte, 1945 und in all den Jahren bis zum Ende der sowjetischen Garnisonen in Ostdeutschland 1994 (wobei die russische Seite von Kohl bei der Aushandlung des Abzugs einmal mehr verarscht worden war, der ja mit vier Milliarden D-Mark vergleichsweise spottbillig die »Einheit« erkaufte – wie er später hohnlachend erklärte, hätte er auch das Hundertfache gern und problemlos bezahlt, angesichts der märchenhaften Gewinne, die sich mit der Vereinigung für Wirtschaft und Staat erzielen ließen, wie Experten in den BRD-Ministerien schon in den Jahrzehnten zuvor ausgerechnet hatten). Zudem haben viele Sowjetsoldaten beim Vormarsch Richtung Deutschland in Weißrussland, dem Baltikum und Polen mit eigenen Augen die deutschen Vernichtungs- und Konzentrationslager gesehen und erlebt, zu was Deutsche fähig sind, wenn man ihnen totalitäre Macht verleiht, wie sie Millionen Unschuldiger in den Lagern grauenhaft misshandelten und auf industrieller Massenbasis ermordeten – wenn das nicht ausreichte, um in den Augen von Außenstehenden aus dem deutschen Volk ein Verbrechervolk zu machen ... Und dennoch bleibt die sowjetische Führung von Anfang dabei, zwischen den Tätern und der Masse des deutschen Volkes – wie berechtigt auch immer – zu unterscheiden, und das Eine vom Anderen sorgfältig zu trennen. Schukow – das ist aktenmäßig nachgewiesen – unternimmt tatsächlich drastische Schritte, um jegliche Übergriffe von Sowjetsoldaten gegen die deutsche Zivilbevölkerung zu unterbinden. So erlässt er am 30. Juni 1945 einen Erlass, dem zufolge Raub und Vergewaltigungen Verbrechen seien, und Sowjetsoldaten, die sich ihrer schuldig machten, mit aller Schärfe der Bestrafung zu rechnen haben. Jeder, der ohne offizielle Anweisung ein deutsches Privathaus betrete, werde verhaftet. Offiziere, in deren Einheiten Unbotmäßigkeiten vorkämen, seien ebenfalls zu bestrafen. Was Plünderungen betrifft, so ist allerdings auch Schukow offenbar selbst nicht frei von Problemen, der Versuchung zu widerstehen. Jedenfalls besagt der offizielle Untersuchungsbericht nach seinem bald erfolgenden Sturz von den höchsten Höhen des Heldenruhms, dass er bei der Abreise aus Ostdeutschland nicht weniger als 70 Teile Goldschmuck, rund 800 Silberschmuckstücke, 50 Teppiche, 60 Bilder, 4.000 Meter Seide und – alter Kürschnergeselle, der er war – über 300 Pelze mitgenommen habe. Er gibt in seiner Stellungnahme an, diese Preziosen gekauft oder sie als Geschenk erhalten zu haben. Jedenfalls lassen sich solche Mengen schlecht mit angeblichen sozialistischen Idealen vereinbaren.

Im Februar 1946 finden Wahlen zum Obersten Sowjet der Sowjetunion statt. Schukow ist als Kandidat aufgestellt und wird nach dem Brauch der Zeit auch gewählt. Kurz nach der Wahl wird Schukow nach Moskau zurückbeordert, um den neuen Posten als Oberkommandierender der sowjetischen Landstreitkräfte anzutreten. Seine Ernennung im März 1946 ist Teil einer umfassenden Beförderungswelle, die viele Weltkriegshelden erfasst. Wassilewski wird erneut Generalstabschef, Bulganin, Schukows Politkommissar während des Krieges, wird Stellvertreter Stalins als Verteidigungsminister. Drei Monate nach seiner Rückkehr fällt Schukow jedoch in Ungnade, wird bestraft, degradiert und in die Provinz verbannt. Ist das schon erstaunlich beziehungsweise befremdlich genug, so ist es doch nur der Auftakt zu weiteren, turbulenten Ereignissen in Schukows Nachkriegsleben.

# 4. Zurück in Moskau

Sie ließ sich vielversprechend an, die Rückkehr Schukows nach Moskau im Frühjahr 1946. In der Innenstadt sind die vereinzelten Zerstörungen, die die wenigen deutschen Luftangriffe angerichtet haben (zu mehr ist die Luftwaffe nicht in der Lage gewesen), längst repariert, der Frühling hält Einzug in die Stadt, Blumen und Bäume blühen. Wie schon bei der Siegesparade im Juni 1945, so nimmt Schukow auch diesmal die Parade zum Siegestag am 9. Mai 1946 auf dem Roten Platz ab. Gleichzeitig tritt er seinen neuen Posten als Oberkommandierender der sowjetischen Landstreitkräfte an. Doch das nahende Unheil hat schon einige Wochen zuvor Gestalt angenommen. Im März 1946 ist Marschall Nowikow als Chef der Sowjetischen Luftstreitkräfte entlassen worden. Nowikow fällt der »Flieger-Affäre« zum Opfer. Dabei handelt es sich um Vorwürfe, die von der sowjetischen Luftfahrtindustrie gefertigten Flugzeuge für die Luftstreitkräfte seien minderwertig gewesen und hätten zu unnötig vielen Todesfällen unter den Piloten geführt. Schukow ist Mitglied der entsprechenden Untersuchungskommission, hat sich dabei aber gemäß den erhaltenen Unterlagen nicht übermäßig exponiert.

Nowikow wird im April 1946 verhaftet und von Geheimdienst-Offizieren verhört. Am 30. April 1946 übermittelt der amtierende Minister für Staatssicherheit, Viktor Abakumow, eine Aussage Nowikows an Stalin, Schukow sei außerordentlich machtverliebt und egomanisch. Schukow liebe den Ruhm, verlange übermäßigen Respekt von seinen Untergebenen, geradezu Unterwürfigkeit, und toleriere nicht den leisesten Widerspruch. Schukow sei während des Kriegs nur an der Steigerung seines eigenen Ruhms interessiert gewesen, und habe die Rolle anderer bei der Erringung von Siegen immer ignoriert oder heruntergespielt. Zudem habe er sich respektlos über Stalin als Oberkommandierendem der Streitkräfte geäußert. Alles in allem eine Aussage, die man in normalen Zeiten wohl als belangloses Geplapper eines Zukurzgekommenen abgetan hätte. Aber die Zeiten hatten sich geändert. Nowikow wurde nach Stalins Tod begnadigt und rehabilitiert. Er sagte damals, seine negativen Aussagen über Schukow seien mittels Folter und Drohungen erpresst worden. Möglicherweise wollte Nowikow sich aber einfach dafür rächen, dass Schukow als Mitglied der Flieger-Kommission nichts zur Rettung Nowikows unternommen hatte.

Einen knappen Monat nach der Siegesparade 1946 sitzt Schukow jedenfalls am 1. Juni 1946 im sowjetischen Innenministerium vor einem Untersuchungsausschuss, dem neben Stalin auch Berija, Bulganin, Malenkow und Molotow sowie viele seiner Kollegen aus der höheren Generalität angehörten, wie Budjonny, Golikow, Goworow, Koniew, Rokossowski, Ribalko, Schtemenko, Sokolowski, Wassilewski und Woronow. Koniew und Sokolowski behaupten später, Schukow vor dem Tribunal verteidigt zu haben. Schukow selbst schreibt, die meisten seiner Militärkollegen hätten ihn unterstützt. Angesichts der Tatsache, dass Stalin selbst anwesend und der Hauptvorwurf mangelnder Respekt gegenüber Stalin ist, lässt es jedoch einigermaßen unwahrscheinlich erscheinen, dass jemand Stalin offen widersprochen haben soll. Leider sind die stenographischen Protokolle des Tribunals nicht erhalten, so dass die einzelnen Redebeiträge nicht mehr analysiert werden können. Schukow gibt alle Vorwürfe zu. Am 9. Juni 1946 erlässt Stalin ein Dekret, mit dem Schukow vom Posten des Oberbefehlshabers abberufen und zum Kommandeur des Militärbezirks Odessa ernannt wird – also für alle klar ersichtlich eine heftige Degradierung des Weltkriegshelden. Zumal in dem Dekret auch ausdrücklich erwähnt wird, dass Schukow sich unwürdigen und schädlichen Verhaltens schuldig gemacht habe. Sein übertriebener Ehrgeiz habe ihn dazu gebracht, alle größeren Siege des Großen Vaterländischen Krieges für sich selbst zu reklamieren. Gerade die Eroberung Berlins durch die Truppen Schukows sei nicht möglich gewesen ohne die flankierenden Angriffe der Truppen von Koniew und Rokossowski (was der Wahrheit entspricht). Schukow habe zugestimmt, dass seine schweren Fehler ein weiteres Verbleiben im Amt als Oberkommandierender unmöglich machen.

Warum entschließt sich Stalin, die wenig aussagekräftigen Hinweise Nowikows auf angebliches Fehlverhalten Schukows für bare Münze zu nehmen und in eine handfeste Anklage zu verwandeln? Warum enthebt er ihn des Postens, auf den er Schukow erst kurz zuvor hievte? Eine Möglichkeit ist, dass Stalin eigene Quellen hat, die die Aussagen Nowikows bestätigen. Alle militärischen und politischen Hochkaräter der Sowjetunion unterstehen zu diesem Zeitpunkt einer nahezu lückenlosen Überwachung durch die staatlichen Nachrichtendienste. Daher fällt es schwer, anzunehmen, dass sich Schukow tatsächlich im kleinen Kreis, aber auch vor Kollegen abfällig über Stalin geäußert haben könnte. Dass er gern mit seinen tatsächlichen und vermeintlichen Großtaten im Großen Vaterländischen Krieg über Gebühr renommiert, ist allgemein bekannt. Ihn derart zu demütigen, scheint wie eine Überreaktion Stalins, ist doch das Renommieren unter Generälen welcher Couleur auch immer – in West und Ost – ein verbreitetes Hobby. Stalin reagiert zu diesem Zeitpunkt aber besonders empfindlich auf jegliches Infragestellen seiner Führungsfähigkeiten. Schukow ist nur ein Opfer unter vielen dieser Stimmungslage. So wird Molotow 1949 als Außenminister entlassen, weil er sich dem Parteiausschluss seiner Frau aus der KPdSU widersetzte (sie war Jüdin, ihr wurde Konspiration mit Israel beziehungsweise dem Zionismus vorgeworfen). Zudem will Stalin offenbar mit Schukows Entlassung dem Militär insgesamt nach dem gewonnenen Krieg und dem damit gestiegenen Selbstvertrauen der Generäle zeigen, wer Herr im Haus ist.

Im Rückblick erklärt Schukow in den sechziger Jahren, Eifersucht sei der Antrieb für seine Entlassung gewesen. Aber nicht so sehr Eifersucht Stalins auf Schukows Erfolge als Militär, sondern Eifersucht in der Umgebung Stalins. Namentlich Berija sei treibende Kraft für seine Entlassung gewesen, auch Bulganin habe versucht, Stalin gegen Schukow aufzuhetzen. Schukow beschreibt, wie er kurz nach seiner Rückkehr nach Moskau mit Bulganin aneinanderrasselte, als es um die Kommandostruktur innerhalb der Streitkräfte und ihre Beziehung zu Stalin ging. Bulganin wird 1947 Nachfolger Stalins als Verteidigungsminister, als dieser das Amt nicht mehr – wie noch in Kriegszeiten – selber ausüben will. Bulganin bestand seinerzeit darauf, Ansprechpartner der Militärs zu sein, während Schukow darauf beharrt, direkt mit Stalin zu konferieren. Pech für Schukow, dass Stalin sich für die Interpretation Bulganins entscheidet und diesem Recht gibt. Schukow verlässt Moskau Mitte Juni und macht sich mit Sack und Pack auf die Reise nach Odessa. Er habe sich vorgenommen, so vertraut er später dem Journalisten Konstantin Simonow an (den er schon aus dessen Zeiten als »embedded« Kriegsreporter am Chalchin Gol kennt), sich von dieser Demütigung nicht unterkriegen zu lassen und wie immer seinen Dienst und die ihm übertragenen Aufgaben bestmöglich zu erfüllen. Denn seine Feinde hätten nur auf einen Fehler von ihm gewartet, darauf, dass er mit Trotz und Aufsässigkeit reagiere oder sich völlig gehen lasse. Im August 1946 tritt er ganz regulär die Ferien an und verbringt diese mit seiner Familie im Seebad Sotschi auf der Krim. Dort trifft er auf viele Kollegen, unter anderem Rokossowski, der dort ebenfalls mit Familie urlaubt. Doch noch ist die Gefahr weiterer Komplikationen für Schukow nicht vorüber. Am 23. August 1946 meldet Bulganin an Stalin, dass sieben Waggons mit 85 Umzugskisten an der polnisch-sowjetischen Grenze gestoppt worden seien. In den Waggons sei deutsches Mobiliar. Als Empfänger sei Schukow in Odessa angegeben. Zunächst wird der Transport wieder freigegeben und wie geplant nach Odessa weitergeleitet. Anfang Februar 1947 wird Schukow allerdings von seinem Status als Kandidat des Zentralkomitees der KPdSU entbunden. Schukow schreibt Stalin am 21. Februar 1947 einen Brief. Darin heißt es, dass ihn diese erneute Degradierung sehr verletzte. Er sei kein Karrierist und habe kein Problem damit, den zweitrangigen Posten in Odessa zu versehen. Er habe die letzten neun Monate seine ganze Energie darauf verwendet, seine Arbeit so gut wie möglich zu machen. Trotz der haltlosen Verleumdungen, die seiner Versetzung zugrunde lagen. Für alle Fehler, die er begangen habe, werde er einstehen. Für seine Arbeit in Odessa gebe er alles. Doch die Verleumdungen seien offenbar noch in vollem Gange. Daher bitte er um eine persönliche Unterredung mit Stalin, um ihm seine Sicht der Dinge darlegen zu können. Stalin werde von bösartigen Menschen in seiner Umgebung getäuscht, und er, Schukow, könne das beweisen.

Doch Schukow erhält keine Antwort. Daher schreibt er Stalin am 27. Februar 1947 erneut. Diesmal gibt er zu, während des Krieges Fehler begangen zu haben. So habe er zu viele Verdienste sich selbst zugeschrieben, und dabei Stalins Bedeutung als Oberkommandierender unterschlagen. Nowikows Behauptungen jedoch, er sei der Regierung gegenüber feindselig eingestellt, seien nach wie vor unhaltbar. Genosse Stalin wisse doch selber nur gut genug, dass Schukow unter Hintanstellung des eigenen Lebens immer versucht habe, die Anweisungen Stalins bestmöglich umzusetzen. Wenn er auch davon absieht, wie andere in seiner Situation, nun zu einer längeren Lobrede auf Stalins Genie anzusetzen, so ist das doch für Schukows Verhältnisse eine schon sehr weitgehende Selbstbezichtigung. Stalin erhält beide Briefe über Bulganin, antwortet jedoch nicht darauf. Die Kampagne gegen Schukow setzt sich fort. Im Juni 1947 wird er gemaßregelt, weil er der Sängerin Lidia Ruslanowa bei ihrem Berlin-Besuch im August 1945 einen Orden verlieh. Schukows Untergebener, General Telegin, der die Auszeichnungsurkunde unterzeichnet hatte, wird ebenfalls gerügt, aber im Gegensatz zu Schukow zusätzlich noch aus der Armee verstoßen. Welche Gefahren im Hintergrund lauern zeigt sich daran, dass Telegin, Ruslanowa und ihr Ehemann, General Krukow, 1948 wegen ihrer Verbindungen zu Schukow sogar inhaftiert werden. In dieser Phase seines Lebens habe er jeden Tag befürchtet, verhaftet zu werden, und immer einen kleinen

Koffer mit Leibwäsche und Dokumenten griffbereit gehabt für diesen Fall, schreibt Schukow später.

Im Januar 1948 genehmigt Stalin die Durchsuchung von Schukows Datscha und seiner Moskauer Wohnung. Grund sind diesmal Vorwürfe, er habe sich unrechtmäßig mit Kriegsbeute bereichert. Am 10. Januar 1948 berichtet der Chef des Komitees für Staatssicherheit, Abakumow, seine Beamten hätten bergeweise Gold, Juwelen, Silberbesteck, Seide, antiquarische Bücher, Pelze und ausländische Möbelstücke gefunden. Insbesondere die Datscha habe den Eindruck vermittelt, es handle sich um eine Villa in Deutschland und nicht um eine Moskauer Datscha, so sehr sei sie mit Beuteplunder vollgestopft gewesen. Dort habe man auch zwanzig handgefertigte Jagdwaffen gefunden, die der passionierte Jäger Schukow offenbar zusammengeklaut habe, darunter eine Büchse der weltbekannten britischen Firma Holland & Holland.

Der Druck auf Schukow verstärkt sich noch durch die Verhaftung einer Anzahl von Offizieren, die mit ihm in Deutschland dienten. Darunter auch Oberst Semotschkin, Schukows Adjutant von 1940 bis 1946. Seine Aussage wird Schukow übermittelt mit der Bitte um Stellungnahme. Schukow antwortet am 12. Januar 1948 an Schdanow, Stalins Ideologie-Chef, der zum Vorsitzenden der Untersuchungskommission zu Schukows unrechtmäßigen Beutebeschlagnahmungen ernannt worden ist. Schukow schreibt, er habe die inkriminierten Beutestücke teils gekauft, teils seien sie ihm geschenkt worden. Er bestreite Semotschkins Behauptung, er habe zusätzliche Mittel aus staatlichen Budgets abgezweigt, um Beute zu kaufen. Die beargwöhnten Möbelstücke in seiner Datscha seien ihm zum Großteil vom Ministerium für Staatssicherheit selbst zur Verfügung gestellt worden. Dennoch entschuldigt er sich dafür, so viele Preziosen für sich und seine Familie gekauft zu haben, das sei mit den Grundsätzen eines überzeugten Proletariers und Kommunisten nicht vereinbar. Er bietet daher an, einen Großteil dem sowjetischen Staat zur weiteren Verfügung zu überlassen. Er will aber auf alle Fälle Parteimitglied bleiben, seine

Fehler korrigieren und beweisen, dass er jeden Tag danach strebe, ein guter Kommunist zu sein.
Die Schdanow-Kommission zeigt sich von Schukows Stellungnahme wenig beeindruckt. Am 20. Januar 1948 entscheidet das Politbüro, die Führungsebene des Zentralkomitees, dass Schukow zwar Parteimitglied bleiben könne, dass aber alle unrechtmäßig angeeigneten Wertsachen dem Staat übergeben werden müssen. Militärisch wird er erneut degradiert und muss den immer noch relativ herausgehobenen Militärbezirk Odessa verlassen. Stattdessen wird ihm am 4. Februar 1948 die Verwaltung des wahrlich unbedeutenden, provinziellen Militärbezirks Ural in Swerdlowsk (Jekaterinburg) auferlegt. Aus Schukows Sicht stecken Abakumow und Berija hinter seiner erneuten Demütigung. Nicht Stalin. Schukow geht sogar soweit, in seinen Memoiren zu vermuten, dass ihn der sowjetische Staatschef selbst vor einer Inhaftierung bewahrt habe. Nach Stalins Tod wird Abakumow verhaftet, wegen Machtmissbrauchs zum Tode verurteilt und wenig später erschossen. Danach gilt er als Sündenbock für viele Säuberungen der Stalin-Ära. Es ist jedoch klar, dass Abakumow nur mit Stalins Rückendeckung gegen jemanden von der Stellung Schukows vorgehen konnte. Auch wenn sie direkt von Stalin ausging, so war die Strafe für Schukow insgesamt doch relativ mild. Der härteste Teil dieser Strafe war, dass die sowjetischen Geschichtsbücher nun entsprechend redigiert werden, und Schukows Beitrag zu den Siegen im Zweiten Weltkrieg nur noch als sehr marginal beschrieben wird, falls er überhaupt noch vorkommt.
In einem 1948 entstandenen Dokumentarfilm zur Schlacht um Moskau 1941 kam Schukow nur kurz vor, beim Tod von General Ribalko wird er überhaupt nicht mehr genannt. Andere Beteiligte der »Schukow-Affäre« trifft es härter. General Gordow, der 1942 seinen Beitrag zum heldenhaften Widerstand in Stalingrad geliefert hatte, und General Ribaltschenko, sein Stabschef im Militärbezirk Wolga, die sich öffentlich negativ über die Degradierung Schukows äußerten, werden nach kurzem Prozess erschos-

sen. Alle Opfer dieser Affäre werden nach Stalins Tod wieder rehabilitiert. Noch zu Lebzeiten Stalins beginnt Schukows eigene Rehabilitierung, vermutlich durch die Ernennung Wassilewskis zum Verteidigungsminister als Nachfolger Bulganins befördert. Immerhin heiratet Schukows Tochter Era den Sohn Wassilewskis, Juri, 1948. Im Oktober 1949 wird Schukow in der Liste der Unterzeichner der Todesanzeige für Marschall Tolbuchin aufgeführt, Zeichen für seine Begnadigung und seine Wiederaufnahme in den inneren Zirkel der Macht. 1950 rückt er mit einer Reihe anderer Offiziere in den Obersten Sowjet auf, in seinem Fall als Repräsentant der Oblast Swerdlowsk. 1951 nimmt er als Delegationsmitglied an einem Besuch sowjetischer Militärs in Polen teil, wo sie sich mit dem damals als polnischer Verteidigungsminister amtierenden Rokossowski treffen. Schukow hält damals sogar eine Rede über die sowjetisch-polnischen Beziehungen, die in der *Prawda* veröffentlicht wird. Auch in der neuen Auflage der Großen Sowjetischen Enzyklopädie erfährt er nun wieder eine positiv Würdigung.

1952 nimmt Schukow als Teilnehmer am 19. Parteikongress der KPdSU teil, dem ersten seit Ende des Zweiten Weltkriegs. Außerdem erhält er den Status eines Kandidaten des Politbüros zurück. Simonow, der ihn damals trifft, berichtet, Schukow sei guter Dinge, wenn auch etwas überrascht, dass man ihm sogar den Kandidatenstatus zurückgegeben habe. Zu diesem Zeitpunkt erscheint Simonows Roman über die Ereignisse am Chalchin Gol im Sommer 1939. Der Name Schukow kommt darin zwar nicht vor, aber ein schmeichelhaftes Porträt des ungenannten Kommandeurs. Simonow wird 1952 ebenfalls ins Zentralkomitee gewählt. Der Autor und Journalist erringt großen, nachhaltigen Ruhm durch sein Gedicht »Warte auf mich« (*Жди меня* / *Schdi minja*), das die *Prawda* 1942 veröffentlicht und das zu einer Art inoffizieller Kriegshymne wird. Dass Schukow von Stalin wieder freundlicher angesehen wird, zeigt sich auch in der Erlaubnis, Schukows Namen im geplanten Roman über die Weichsel-Oder-Operation zu nennen (zuvor war er nur als namenloser »Frontkommandeur« vorgekommen). Stalin soll gesagt haben, Schukow habe seine Fehler und Unzulänglichkeiten, für die er auch kritisiert worden sei. Aber in Berlin habe er gute Arbeit geleistet, das sei wesentlich. Schukow selbst glaubt zeitlebens, hätte Stalin länger gelebt, hätte er ihn vollständig rehabilitiert und sogar wieder zum Verteidigungsminister ernannt.

Doch nicht nur politische Wirren hat Schukow in diesem Abschnitt seines Lebens zu überstehen. Als er nach Odessa versetzt wird, zieht seine Frau Alexandra (die Töchter bleiben in Moskau in der Schule und kommen in den Ferien zu Besuch) mit ihm in die quirlige Schwarzmeer-Metropole. Aber auch seine Geliebte aus Kriegszeiten, Lidia Sacharowa, folgt ihm an seinen neuen Arbeitsplatz. Lidia geht sogar auf dem nächsten Demütigungsschritt nach Swerdlowsk mit. Allerdings wird ihre Treue schlecht belohnt. Schukow trennt sich keineswegs von seiner Ehefrau, um Lidia zu heiraten, sondern trennt sich von beiden Frauen für eine dritte, die er am Rande des Urals kennenlernt. Im Sommer 1950 wird er mit seinem zweiten Herzanfall ins Krankenhaus von Swerdlowsk eingeliefert. Seine behandelnde Ärztin dort ist Dr. Galina Semjonowa. Die junge, attraktive Medizinerin gefällt Schukow von Anfang an, insbesondere ihre schönen, tiefgründigen Augen, ihre gute Figur und ihre Bescheidenheit. In seinen Memoiren erinnert er sich: »Je öfter ich sie sah, umso mehr mochte ich sie. In den folgenden Jahren kamen wir uns immer näher. Bald konnte ich mir ein Leben ohne sie nicht mehr vorstellen.« Anfang 1953 musste Galina für eine medizinische Fortbildung nach Moskau. Schukow folgt ihr wenig später, da er nach dem Tod Stalins im März 1953 wieder begnadigt und nach Moskau zurückberufen wird. Trotz der dramatischen politischen Ereignisse in den folgenden Monaten setzt sich die Beziehung zu Galina fort. Erhalten ist ein Brief vom August 1953, den er ihr schreibt, als sie in einem Sanatorium auf Urlaub ist und er sich auf eine nukleare Gefechtsübung vorbereitet. Darin erkundigt er sich nach ihrem Befinden, schreibt, dass er gern bei ihr wäre, unter südlicher Sonne, und dass er sie sehr vermisse. Offenbar hat sie unter beruflichem und privatem Stress sehr abgenommen, denn er erinnert sie an ihr Versprechen, mindestens fünf Kilo zuzunehmen. Gleichzeitig hat seine bisherige Frau Alexandra seit Jahren mit Übergewicht zu kämpfen. Ende der fünfziger Jahre macht er die – von den staatlichen Sicherheitsbehörden vermutlich längst mitverfolgte – Beziehung offiziell, indem er mit Galina zusammen eine Wohnung bezieht. Seine bisherige Ehefrau Alexandra erfährt von der heimlichen Beziehung angeblich erst 1957, als Galinas Tochter Maria geboren wird, deren Vater der 60-jährige Schukow ist. Nach dem Krieg nimmt Schukow auch die Beziehung zu seiner unehelichen Tochter Margarita wieder auf, die ihn in Odessa und Swerdlowsk besucht. Sie beginnt 1948 ein Studium an der Lomonossow-Universität in Moskau und immatrikuliert sich für Rechtswissenschaften. Era studiert dort zur selben Zeit dasselbe Fach. Daher ist es natürlich, dass sich die beiden über den Weg laufen – Schukow hat den Kontakt hergestellt. Allerdings flippt Alexandra darüber aus und untersagt jede weitere Begegnung zwischen den beiden. Außerdem zwingt sie Schukow, ihr Ehezeugnis zu erneuern, dessen Original in den zwanziger Jahren verloren ging. Damit nehmen weitere Schwierigkeiten in Schukows Privatleben ihren Auftakt, die erst wieder abebben, als er sich Mitte der sechziger Jahre von Alexandra endlich scheiden lässt.

## Stalins Tod und die Verhaftung Berijas

Die erste Auflage seiner Memoiren lässt Schukow mit seiner Rückkehr nach Moskau 1946 enden. Erst nach seinem Tod beziehungsweise nach dem Ende der Sowjetunion werden die unpublizierten Teile der Öffentlichkeit zugänglich gemacht, in denen

Schukow seine Lebensgeschichte bis 1957 fortführt. Darin berichtet er auch von den dramatischen Ereignissen rund um Stalins Tod. Er sei, so schreibt er, am 4. März 1953 in Swerdlowsk von Bulganin angerufen worden, der ihn bat, am nächsten Tag nach Moskau zu kommen. Kaum dort eingetroffen, wird Schukow zu einem Treffen hochrangiger Politiker und Militärs gebracht. Man sagt ihm, dass Stalin schwer krank sei. Tatsächlich stirbt der sowjetische Regierungschef noch am selben Tag. Bei dem parallel stattfindenden Treffen sei eine Reihe von Umbesetzungen in Regierungsämtern und in Armee vereinbart worden. Bulganin soll wieder Verteidigungsminister werden, Schukow und Wassilewski als seine Stellvertreter fungieren. Malenkow soll den Vorsitz des Ministerrats übernehmen, also die Funktion des Ministerpräsidenten, Molotow wieder Außenminister werden. Das Treffen wird von Chruschtschow geleitet, dem neuen starken Mann, der nach Jahren im Hintergrund nun die Gelegenheit sieht, die Macht an sich zu reißen. Schukow ist überrascht von der neuen Aufgabe, die ihm übertragen wird, da er bekanntlich keine besonders hohe Meinung von Bulganin hat. Schukow erfährt später, dass Bulganin sich verzweifelt gegen Schukows Berufung gewehrt habe, aber vom Rest der anwesenden Entscheidungsträger überstimmt worden sei. Schukow sucht dann die offene Aussprache mit Bulganin und sagt diesem ins Gesicht, dass er ihn für seine Degradierungen verantwortlich mache, dass er aber dennoch – als guter Soldat – loyal mit ihm zusammenarbeiten werde. Angesichts der Neigung Schukows, »Schlüsselszenen«, in denen er gute Figur machte, frei zu erfinden, darf man auch den Wahrheitsgehalt dieser Schilderung in Zweifel ziehen.

Schukow steht in der ersten Reihe der militärischen Ehrengarde am Sarg Stalins, der am 9. März 1953 öffentlich aufgebahrt wird. Die Rede für die militärische Führung hält allerdings Wassilewski. Obwohl Stalin ihn nach Kriegsende schlecht behandelt habe, sei er dennoch traurig gewesen, schreibt Schukow in seinen Memoiren. Wie das gesamte Volk, so habe auch er sich verunsichert gefühlt und all seine Hoffnungen auf die Partei gesetzt. Schukows Berufung zum stellvertretenden Verteidigungsminister wird vom Obersten Sowjet am 15. März 1953 bestätigt. Damals wird auch das Kriegsministerium offiziell in Verteidigungsministerium umbenannt und das Marineministerium integriert. Im Mai 1953 darf Schukow erstmals seit Jahren wieder einen Artikel in der *Prawda* veröffentlichen. Es geht um den achten Jahrestag des Sieges über die Nazi-Barbarei. Zwei Dinge fallen an dem Artikel auf: die fortdauernde Lobpreisung Stalins als militärischer Führer während des Großen Vaterländischen Krieges, und das Bekenntnis zur friedlichen Koexistenz mit allen übrigen Staaten, die USA eingeschlossen. Bald schon soll Schukow die Gelegenheit erhalten, eine neue Heldentat seinen Kriegsverdiensten hinzuzufügen. Am Morgen des 26. Juni 1953 erhält Schukow erneut einen Anruf von Bulganin, der ihn bittet, dringend in den Kreml zu kommen. Malenkow, Chruschtschow und Molotow sind schon da, als Schukow eintrifft. Malenkow lässt eine vernichtende Anklage gegen den »Bluthund« Berija vom Stapel, in der dem bisherigen Chef der staatlichen Sicherheit der Sowjetunion alle möglichen Verbrechen vorgeworfen werden. Zudem habe er zuletzt gegen die Parteiführung intrigiert und müsse daher umgehend verhaftet werden. Chruschtschow habe eingeworfen, ob jemand anderer Meinung sei. Schukow habe dann geantwortet, es könne keine Zweifel geben, Berija müsse verhaftet werden. Als Chruschtschow zu Bedenken gab, dass Berija umfassende Machtmittel zur Verfügung ständen, habe Schukow erneut geantwortet, er sei zwar kein Spezialist für Verhaftungen, habe das noch nie gemacht, aber er werde den Auftrag ohne Zögern übernehmen. Schukow und einige andere Militärs werden dann gebeten, in einem Nebenraum auf das vereinbarte Zeichen zu warten. Zwischenzeitlich ist Berija zu einer routinemäßigen Kabinettssitzung im Kreml eingetroffen. Zwei Stunden später kommt das vereinbarte Zeichen, Schukow und seine Militärkameraden stürzen in den Sitzungssaal, packen den völlig überraschten Berija und teilen ihm mit, dass er verhaf-

tet sei. Anschließend führen sie ihn aus dem Raum und bringen ihn in ein Militärgefängnis. Berija wird des Terrorismus, konterrevolutionärer Aktivitäten und der Sabotage angeklagt, zum Tode verurteilt und einige Monate später hingerichtet. Als Schukow gegen Ende seines Lebens gefragt wird, was die wichtigste Tat seines Lebens gewesen sei, antwortet er, die Verhaftung Berijas. Dass Militärs zur Beseitigung des mit dem Tod Stalins obsolet gewordenen Berija hinzugezogen werden, erhellt die Beziehung zwischen Armee und Parteiführung in dieser Epoche der sowjetischen Geschichte. Die Armee wird nach Stalins Tod noch stärker propagandistisch hervorgehoben und gelobt, vor allem für ihre Leistungen im Großen Vaterländischen Krieg. Sie erhält mehr Autonomie und größeres Mitspracherecht in der politischen Entscheidungsfindung. Allerdings immer unter der Voraussetzung, dass das letzte Wort bei der Parteiführung verbleibt. Unter Stalin sind die Truppen des Innenministeriums das wichtigste politische Handlungsmittel gewesen. Nun übernimmt die Armee die Rolle des Garanten für den Fortbestand der Sowjetunion. Daher ist die Wahl Schukows für die Verhaftung Berijas kein Zufall. Als populärer Kriegsheld können die am Staatsstreich gegen Berija beteiligten Parteiführer nicht nur sicher sein, dass damit die Armee auf ihrer Seite ist, sondern auch ein Großteil der Bevölkerung. Schukow wird so zum Symbol der gesteigerten Bedeutung der Armee in der politischen Sphäre, was in diesem Umfang seit den 1920er Jahren nicht mehr der Fall gewesen war.
Schukows viele Aufgaben als stellvertretender Verteidigungsminister sorgen dafür, dass er ausreichend beschäftigt und über längere Zeitstrecken außerhalb der Öffentlichkeit unterwegs ist. Eine seiner Aufgaben besteht darin, die Weiterentwicklung der atomaren Bewaffnung der Sowjetunion zu überwachen. Die UdSSR zündet ihre erste Atombombe im August 1949. In den fünfziger Jahren findet eine Serie weiterer Tests statt, die auch die Explosion der ersten sowjetischen Wasserstoffbombe 1953 beinhalten. Die Existenz der Sowjetunion scheint zu diesem Zeit-

punkt an einem seidenen Faden zu hängen, angesichts eines seit 1945 aufgebauten Arsenals von über tausend atomaren Sprengsätzen der Vereinigten Staaten von Amerika. Dazu gehören auch atomare taktische und Gefechtsfeldwaffen, die in Westeuropa und der Türkei stationiert sind. Für die Sowjetunion ist es also zu diesem Zeitpunkt überlebenswichtig, möglichst schnell eine Parität zur Zahl der US-Sprengköpfe herzustellen. Und währenddessen konventionelle Streitkräfte auf hohem Einsatzniveau und umfangreicher Größenordnung vorzuhalten.

Im August 1953 führt die Sowjetarmee im Militärbezirk Karpaten in der westlichen Ukraine ein großes Manöver durch, das auch einen simulierten Atomangriff auf die sowjetischen Truppen beinhaltet. Kommandeur des Bezirks ist Koniew, der hier seit 1951 amtiert, nachdem er zuvor Oberbefehlshaber und Generalinspekteur der Sowjetarmee gewesen war. Schukow nimmt an der Vorbereitung und Durchführung des Manövers teil. Es wird entschieden, auch eine reale Atomübung abzuhalten, bei der ein echter Sprengsatz zur Explosion gebracht werden soll. Dabei soll die Auswirkungen einer Atomexplosion auf Einsatzfähigkeit und Verhalten der Truppe beobachtet und analysiert werden. Dieser Test findet im September 1954 auf dem Truppenübungsplatz Troizkoie im südlichen Ural statt. Zuvor wird die Zivilbevölkerung der Region evakuiert und mit Instruktionen hinsichtlich des radioaktiven Niederschlags versehen. Die Soldaten werden in zahlreichen Übungen auf den Ernstfall vorbereitet, mit Schutzkleidung ausgestattet, und speziell befestigte Unterstände eingerichtet. Schukow besucht das Testgelände im Vorfeld häufig. Dabei sieht er einmal, wie Panzer im Schritttempo eine als kontaminiert gekennzeichnete Zone durchqueren. Schukow lässt die Panzerkommandanten heranholen und sagt ihnen, sie sollten jetzt mal eine richtige Panzerattacke durchführen, so wie im Frühjahr 1945 auf Berlin. Was denn auch geschieht. Schukows Eindruck ist, dass all die Sicherheitsmaßnahmen die Soldaten gründlich verunsicherten und dass es jetzt Zeit war, sie wieder zu entunsichern.

Der atomare Sprengsatz wird am 14. September 1954 in einer Höhe von 300 Metern über dem Manövergelände gezündet. Die vorderste Linie der Soldaten ist nur sechs Kilometer vom Explosionsort entfernt. Schukow, Bulganin und weitere Mitglieder des Oberkommandos der Streitkräfte beobachten das Geschehen von einem Befehlsbunker aus, der rund sechzehn Kilometer vom Explosionsort entfernt liegt. Schukow schreibt, dass die Explosion gigantisch ist und sie alle durchrüttelt. Das Manöver wird abschließend als großer Erfolg gefeiert. Erkenntnisse daraus fließen ins neue Diensthandbuch der Roten Armee ein, das 1955 in Kraft tritt. Auf Schukows Drängen wird damals die Verantwortung für Herstellung und Lagerung der atomaren Sprengsätze vom Ministerium für Schwerindustrie auf die Armee übertragen. Als stellvertretender Verteidigungsminister versieht Schukow einen wichtigen Posten, der allerdings nicht Teil der obersten Hierarchiestufe ist. Es gibt keine Hinweise darauf, dass er sich in dieser Zeit aktiv in die Verteidigungspolitik des Landes einmischte. Es hätte so für ihn bis zur Rente weitergehen können, doch einmal mehr rücken dramatische Ereignisse ihn erneut in den Mittelpunkt.

# 5. Verteidigungsminister

Im Januar 1955 wird der sowjetische Premierminister Malenkow geschasst. Seine Nachfolge tritt Nikolai Bulganin an. Damit ist der Posten des Verteidigungsministers unbesetzt. Der nächstliegende Kandidat für den Job heißt Schukow. Als die Angelegenheit im Politbüro verhandelt wird, verweist der anwesende Schukow auf Wassilewski, der bereits einmal Verteidigungsminister gewesen sei. Doch Wassilewski verzichtet und sagt, Schukow sei nun an der Reihe. Hintergrund der Personalrochaden ist der weitere Aufstieg Chruschtschows zum neuen Ersten Mann im Staate. Neben politischen Meinungsverschiedenheiten hängt der Sturz Malenkows jedoch mit einer persönlichen Fehde zusammen. Chruschtschow folgte Stalin als Parteichef, während Malenkow die Regierungschef-Position übernahm. Als die beiden dann aneinandergeraten, endet die Sache mit Malenkows Sturz. Ein ähnliches Schicksal steht Molotow (der 1956 geschasst wird) und Schukow selbst bevor. Chruschtschow ist machtbesessen, nicht übermäßig intelligent, aber ehrgeizig, egomanisch, cholerisch, angeberisch und wechselt dazu auch noch häufig seinen Standpunkt. Er schreckt vor keiner Auseinandersetzung zurück (außer vor Stalin zu dessen Lebzeiten) und teilt ungern das Scheinwerferlicht. Wie viele andere Sowjethierarchen ist Chruschtschow Kind ukrainischer Kleinbauern. Er tritt der bolschewistischen Partei 1918 bei, als er 24 Jahre alt ist, und dient in der Roten Armee als Politkommissar während des Bürgerkriegs. In den zwanziger und dreißiger Jahren steigt er in der Parteihierarchie langsam auf und wird 1934 zum Moskauer Parteichef gewählt, eine für den weiteren Aufstieg in der Partei wichtige Zwischenstation. 1937 ernennt ihn Stalin zum Chef der ukrainischen KP, als solcher spielt er eine unrühmliche Rolle während des Katyn-Massakers, bei dem sowjetische Soldaten zahlreiche gefangen genommene polnische Soldaten erschießen. Zudem ist er gemeinsam mit Berija für die zehnjährige Deportation der Angehörigen von Opfern von Ka-

tyn nach Kasachstan verantwortlich, die bis April 1940 umgesetzt wird.
Nach dem deutschen Überfall auf die Sowjetunion wird Chruschtschow wieder Politkommissar der Roten Armee und nimmt als solcher an der Schlacht von Stalingrad und um die Ukraine teil. Stalin holt ihn nach dem Krieg zurück nach Moskau und macht ihn erneut zum Leiter der KPdSU der Oblast Moskau. Daher ist Chruschtschow automatisch einer der Kandidaten für die Nachfolge Stalins, als dieser im März 1953 stirbt. Allerdings haben sich die Männer der zweiten Reihe geeinigt, nach dem Ein-Mann-Stück Stalin nun eine kollektive Staatsführung zu installieren, um die Gefahr einer Personalisierung der Staatsführung für die Zukunft auszuschließen. Diese Lösung wird jedoch nicht von langer Dauer sein. Seine neue Rolle als Parteichef der KPdSU macht Chruschtschow bereits zum Primus inter Pares, zur heimlichen Führungsfigur innerhalb der kollektiven Staatsleitung. Chruschtschow setzt dabei auf die Entstalinisierung als Mittel, um seine eigene Bedeutung, seine eigenen Machtbefugnisse zu erweitern, und so der tatsächliche Nachfolger Stalins als alleiniger Staatslenker zu werden. Chruschtschow beendet offiziell die Phase der Massenrepression und entlässt Millionen aus den Straflagern und Gulags. Damit einher geht eine Tauwetterphase samt Liberalisierung in der Kulturpolitik. Chruschtschow und Schukow sind sich erstmals 1940 begegnet, als Letzterer das Kommando des Sondermilitärbezirks Kiew übernimmt. Auch in Stalingrad und beim Kampf um die Befreiung der Ukraine arbeiten die beiden wieder Seite an Seite. Chruschtschow äußert sich in seinen 1971 erschienenen Memoiren sehr lobend über Schukow, den er als talentierten Organisator und begabten Anführer beschreibt. Auch wenn sich ihre Wege später trennen, habe er immer noch Hochachtung vor Schukows Leistung im Zweiten Weltkrieg. Leider habe dieser jedoch seine Rolle als Verteidigungsminister missverstanden, daher sei die Entlassung die einzige Lösung gewesen. Das habe aber seiner Hochachtung vor dem Soldaten Schukow keinen Abbruch

getan. Für Chruschtschow wie für Stalin ist Schukow das Paradebeispiel für einen machtbewussten, aber loyalen und verlässlichen Partner.

Allerdings nimmt sich Schukow gern immer etwas mehr als die ihm zugestandene Rolle, auch wenn diese unter Chruschtschow schon deutlich größer war als unter Stalin. Zudem ist seine Angewohnheit, mit seinen Kriegstaten anzugeben, dazu geeignet, den ohnehin unsicheren Chruschtschow weiter zu destabilisieren. Zumal der nach außen hin äußerst selbstbewusste Schukow seine Verachtung für den »Polit-Fuzzi« Chruschtschow, was dieser immer für ihn bleibt, auch als Staatschef der Sowjetunion, nur ansatzweise kaschiert. Chruschtschows Reaktion, der von ihm initiierte erneute Sturz Schukows 1957, trifft diesen härter als die Degradierung durch Stalin ein Jahrzehnt zuvor. Doch zurück zum Beginn von Schukows kurzer Karriere als Verteidigungsminister. Berufen wird er am 7. Februar 1955. Am selben Tag gibt er einer Gruppe amerikanischer Journalisten ein ausführliches Interview. Auf die Frage, ob die Schlacht um Moskau wichtiger als der Sieg bei Stalingrad gewesen sei, sagt er, es sei die ganze Reihe gewonnener Schlachten gewesen, die das Kriegsglück auf sie sowjetische Seite zogen: Moskau 1941, Stalingrad 1942, Kursk 1943. Stalingrad hat Schukow zwar mit vorbereitet, durchgeführt wurde die Operation jedoch von Wassilewski. Auf Hitlers Hauptfehler im Krieg angesprochen, antwortet Schukow, dieser habe auf strategischer Ebene die Leistungsfähigkeit der Sowjetunion unterschätzt, während er auf taktischer Ebene das Zusammenspiel der verschiedenen Waffengattungen auf dem Schlachtfeld vernachlässigt habe. Schließlich wird noch die Frage gestellt, ob Atomwaffen ob ihres Abschreckungseffektes die Welt zu einem sichereren Platz machen. Schukow verneint vehement. Die alleinige Existenz der Atomwaffen beinhalte die Gefahr ihrer militärischen Verwendung. Es könne nicht ausgeschlossen werden, dass einige Verrückte soweit gehen könnten, sie tatsächlich einzusetzen. Er werde alles daran setzen, diese Waffengattung zu bannen.

Nicht zuletzt seien die Atomwaffen ein zweischneidiges Schwert, da sie für den Angreifer letztlich genauso gefährlich seien wie für den Angegriffenen. Ein Krieg könne jedenfalls niemals mit Atomwaffen gewonnen werden – ein solcher Krieg führe nur zu allgemeiner Verwüstung und Zerstörung, ohne Sieger.

Im Interview geht es natürlich auch um die angespannten Beziehungen zwischen der Sowjetunion und den USA. Schukow vertritt die offizielle Linie, dass die UdSSR keinerlei Gefahr für die USA darstellt und an einer friedlichen Koexistenz interessiert sei. Er beklagt, dass die USA einen Ring von Militärbasen rund um den sowjetischen Machtbereich ziehen. Zudem ruft er zur Beendigung des sinnlosen Wettrüstens auf. Er erinnere sich gern an die guten Beziehungen zum späteren US-Präsidenten Eisenhower während seiner Zeit als sowjetischer Vertreter im Alliierten Kontrollrat in Deutschland nach 1945. Solche freundschaftlichen Beziehungen sollen die Sowjetunion und die USA jetzt wieder aufnehmen. Trotz seiner meist konventionellen Antworten handelt es sich um ein eindrucksvolles politisches Debut, das Selbstvertrauen und Talent zur wirkungsvollen Selbstdarstellung verrät.

Als frischgebackener Minister sieht sich Schukow einmal mehr einer Fülle dringend zu lösender Aufgaben gegenüber. Die wichtigste ist die Fortsetzung der Truppenreduzierung. Bei Kriegsende 1945 hatte die Rote Armee eine Stärke von 11 Millionen Soldaten. Diese war schrittweise auf drei Millionen reduziert worden. Der Ausbruch des offenen Kalten Kriegs 1947/48 führt allerdings zu einer erneuten Aufstockung auf über fünf Millionen Mann. Nach Stalins Tod reduziert man deren Zahl um über eine halbe Million Soldaten, und im August 1955 kündigt Chruschtschow eine weitere Truppenreduzierung an. So werden im Mai 1956 weitere anderthalb Millionen Soldaten demobilisiert, willkommene Arbeitskräfte für den Wiederaufbau im Land und in der Landwirtschaft. Insgesamt werden während Schukows Amtszeit als Verteidigungsminister mehr als zwei Millionen Mann demobilisiert, eine gigantische logistische und ökonomische Leistung. Grund für diese Truppenreduzierung sind Überlegungen ökonomischer wie strategischer Natur. Schukow ist zur Überzeugung gelangt, dass im Atomzeitalter nur noch geringe konventionelle Streitkräfte vorgehalten werden müssen. Zudem verfügt die Sowjetunion ab der zweiten Hälfte der fünfziger Jahre über strategische Raketenwaffen, was weltweit durch die erfolgreiche Positionierung des ersten Satelliten im Weltraum, des Sputnik 1957, bekannt wird. Chruschtschow will gleichzeitig große Teile der bisher für den Unterhalt der Riesenarmee notwendigen Mittel in die Konsumgüterindustrie stecken, um die karge Mangelwirtschaft der Kriegszeit endlich zu überwinden.

Damit einher geht eine ganze Serie sowjetischer Abrüstungsvorschläge, die in der am 10. Mai 1955 vorgebrachten UN-Initiative zum Verbot von Atomwaffen gipfelt. Gleichzeitig soll ein Abrüstungskontrollgremium geschaffen werden. Alle diese Vorschläge scheitern an der Blockadehaltung der um ihre strategische Überlegenheit fürchtenden Westalliierten unter Führung der USA. Schukow ist sogar bereit, den Amerikanern Spionageflüge über sowjetischem Territorium zur Verifikation der Abrüstungsschritte zuzugestehen, wenn diese im Gegenzug sowjetische Aufklärung der amerikanischen Abrüstungsschritte zulassen, was natürlich rundheraus abgelehnt wird. Der mittlerweile etablierte Westblock von USA, Westeuropa und Westdeutschland verfolgt andere Ziele. Gibt es im Detail auch noch Varianten, so sind die meisten Historiker sich heute einig, dass im Zeitraum zwischen 1942 und 1946 der amerikanische Strategiewechsel hin zu einer Konfrontationspolitik, einer Eindämmungspolitik und sogar einer Zurückdrängungspolitik gegenüber dem sozialistischen Lager einsetzt. Wobei auch das kein wirklicher Strategiewechsel war, denn die USA sind der Sowjetunion gegenüber schon seit deren Gründung 1917 feindlich eingestellt, haben die ersten Interventionstruppen zur Vertreibung der Bolschewiken geschickt, diese nach einer Serie militärischer Niederlagen zurückgezogen, und daraufhin die aktive Bekämpfung des kommunistischen Staats etwas zurückgefahren, aber nie ganz aus dem Auge verloren. Was also nun passiert, ist, dass die generell antisowjetische Haltung der USA nun wieder offen zur Schau gestellt und politisch umgesetzt wird. Auch das Leih-und-Pachtgesetz, mit dem die USA ab 1942 die Sowjetunion militärisch unterstützen, ist hierfür kein Gegenargument. Denn die USA hatten ganz offen zugewartet, ob Hitler den Durchmarsch nach Moskau schaffen würde oder nicht. Erst als die deutschen Truppen im Dezember 1941 vor Moskau während der sowjetischen Gegenoffensive zusammengeschossen und zurückgetrieben werden, und damit klar ist, dass Hitler gegen die Sowjetunion weder in einem Blitzkrieg noch in einem Abnützungskrieg gewinnen wird, gruppiert man gedanklich im Westblock um, und entschließt sich nun, den ersten logischen Schritt zu tun, den Faschismus bis zur bedingungslosen Kapitulation zu bekämpfen (und so auch absehbar direkten Zugriff auf das Gros des deutschen Industriepotentials zu bekommen), und dann in einem zweiten Schritt die vereinten Kräfte auf die Bekämpfung der Sowjetunion zu richten. Denn es war moralisch und propagandistisch nicht möglich, ein Zusammengehen mit dem verbrecherischen NS-Regime öffentlich zu vertreten, um mit diesem gemeinsam den bolschewistischen Erzfeind zu bekämpfen. Selbst wenn das bedeutet, dass man zuvor eine Stärkung der Sowjetunion über die eroberten und dem eigenen Machtbereich als Cordon sanitaire zugeschlagenen Länder Osteuropas und Ostdeutschlands zugestehen muss. Doch man ist in Washington optimistisch, dass man auch diese zusätzliche Hürde überwinden und am Ende als Sieger über das verhasste und in der Zwischenzeit mit allen legalen und illegalen Mitteln bekämpfte kommunistische System dastehen wird, was 1989 beziehungsweise 1991 bekanntlich eintrifft. 1946 beginnend (»Containment-Policy«, George Kennan), wird die von den USA nun offen vorangetriebene Konfrontationspolitik (ab 1947 als »Truman-Doktrin«) prägend für die weiteren Jahrzehnte bis 1989. So gründet man schon 1949 die NATO als verlängerten Arm der US-Army in Europa, als Vereinigung von Hiwis, von Hilfswilligen aus den westeuropäischen Staaten, die ihren Anteil an der Bekämpfung des Kommunismus leisten sollen. Offiziell ist es – natürlich – eine »Verteidigungsgemeinschaft«, tatsächlich jedoch von Anfang an ein Bündnis zur Eindämmung und Vernichtung des Sowjetsystems. So werden neben den bei der Gründung am 4. April 1949 (kein Aprilscherz) versammelten Mitgliedern USA, Belgien, Niederlande, Großbritannien, Island, Frankreich, Italien, Kanada, Norwegen und Portugal schon 1952 Griechenland und Türkei für die Südostflanke mit Stoßrichtung gegen den »weichen Bauch« des sowjetischen Machtblocks (südliche Staaten der Sowjetunion, Volksrepublik China) ins Boot geholt und als Krönung 1955 auch die BRD. Die damit nur zehn Jahre nach dem Ende des verheerenden, von Deutschland vom Zaun gebrochenen Zweiten Weltkriegs wieder (west-)deutsche Soldaten stellen (die Offiziere durchweg mit Wehrmachtshintergrund, ihre »Kampferfahrung« gegen die Sowjetunion war ja willkommenes zusätzliches Knowhow) und Krieg spielen darf. Erst nach 1989 können (west)deutsche Soldaten dann offen aktiv in NATO-Kriegen »dienen« und sterben (Jugoslawien, Afghanistan etc.) – zuvor war das nur in geheimen, sorgfältig vor der Öffentlichkeit verborgenen Kommandounternehmen wie gegen die baltischen Länder der Sowjetunion möglich gewesen. Aus der antisowjetischen wird – weil man einmal dabei war, und es so schwer ist umzudenken, und zudem selbst der nach 1989 reduzierte russische Koloss noch zu groß ist, um ihn einfach so hinzunehmen und nicht westliche Imperialgelüste zu wecken – nach 1989 die antirussische Stoßrichtung, und die osteuropäischen Länder schneller in die NATO aufgenommen, als man das Wort »Vernichtungsstrategie« aussprechen kann. Während man Russland »natürlich« die seit 1989 beziehungsweise 1991 angestrebte Aufnahme in die NATO beziehungsweise eine Nachfolgeorganisation, die während den Verhandlungen zur Auflösung der Sowjetunion in Aussicht gestellt worden war, »nach Tisch« hohnlachend verweigert.

Die NATO mit ihren schrittweisen antisowjetischen beziehungsweise antirussischen Erweiterungen stellt die europäische, die in der westlichen Hemisphäre verankerte Komponente der imperialistischen US-Militärkonzeption dar. Diese erhält »natürlich« schon nach kurzer Zeit das notwendige asiatische Gegenstück. Zunächst mit dem ANZUS-Pakt (Australien, Neuseeland, USA, »Domino-Theorie«). Dann werden schrittweise auch weitere prowestliche asiatische Staaten einbezogen wie die US-Kolonien Japan und Philippinen, dazu Thailand etc. Aus dieser Gruppierung entsteht dann als Ableger die SEATO (South East Asian Treaty Organization) als tatsächliches asiatisches Gegenstück zur NATO, der bis zu seiner Auflösung 1977 (nach dem US-Rückzug der Besatzungs- und Terrortruppen aus Vietnam) besteht. Die Politik der SEATO wird von ASEAN fortgesetzt, dem 1961 gegründeten Wirtschaftsblock prowestlicher asiatischer Staaten. Ergänzt wird das US-Pakt-System durch ein bis dahin in der Weltgeschichte noch nie dagewesenes Netzwerk von über tausend weltumspannend verteilten, riesigen US-Militärbasen, die wie ein eherner Ring den sowjetischen Machtbereich beziehungsweise heute Russland umgaben und umgeben, von Europa bis nach Japan (dort befanden und befinden sich bis heute einige der größten Militärbasen außerhalb der USA, die allergrößte, Ramstein, natürlich in Deutschland, und mittlerweile als Hub für Nachschub und Verwundetenversorgung, aber auch zur Steuerung des illegalen, verbrecherischen weltweiten »Drohnenkriegs« mit der luftgestützten Ermordung von par ordre du mufti vom US-Präsidenten festgelegten Personen samt bereitwillig hingenommener Tötung vieler Tausend unschuldiger Zivilisten als *collateral damage* beziehungsweise Kollateralschaden). Die Krönung und geniale Ergänzung der »harten« US-Militär-Imperial-Strategie ist dann die »weiche« »Ostpolitik«, wie sie in Absprache mit der CIA (die zu den frühen finanziellen und sonstigen Förderern von Willy Brandt gehört) von der BRD-SPD und anderen »sozialdemokratischen« Parteien vorangetrieben wird. Gegen diese »weiche«, aber umso vernichtendere Waffe findet der Ostblock, wie von SPD-Chefstratege Egon Bahr vorhergesehen, kein Gegenmittel. Bahr hat schon 1963 gegenüber US-Senatoren prophezeit, dass der sozialistische Block in den kommenden zwanzig Jahren zusammenbrechen werde – er irrt sich nur um wenige Jahre.

Doch zurück zur Ministertätigkeit Schukows in Moskau Mitte der fünfziger Jahre. Angesichts der aggressiven westlichen Konfrontationspolitik beschließt Moskau, dem eine eigene Organisation zur besseren militärischen Einbindung der osteuropäischen Länder in ihrem Machtbereich entgegenzusetzen. Und so wird sechs Jahre nach Gründung der NATO am 14. Mai 1955 in der polnischen Hauptstadt der Warschauer Vertrag über Freundschaft, Zusammenarbeit und gegenseitigen Beistand unterzeichnet, von den Westblockmedien, gefördert von den Westgeheimdiensten, gern abfällig »Warschauer Pakt« genannt (am 9. Mai 1955 ist die BRD offiziell in die NATO aufgenommen worden). Zuvor hat man schon eine engere wirtschaftliche Zusammenarbeit der prosowjetischen Staaten beschlossen – hier ist man der EU viele Jahre voraus. Bereits am 25. Januar 1949 gründet sich der »Wirtschafts-Sowjet« beziehungsweise »Rat für Gegenseitige Wirtschaftshilfe« (RGW – *Совет экономической взаимопомощи / Sowjet ekonomitscheskoi wsaimopomoschtschi*), der für eine gedeihliche ökonomische Zusammenarbeit der sozialistischen Staaten sorgen soll.

Schukow ist an der Ausarbeitung des Warschauer Vertragswerks zentral beteiligt und sorgt auch dafür, dass eine weniger militärisch-aggressive als vielmehr friedensfördernd-defensive Note enthalten ist. Aber natürlich soll das Bündnis auch eine Kampfkomponente enthalten von insgesamt 85 Divisionen, von denen die Sowjetunion 32 stellt, unter dem Befehl eines gemeinsamen Oberkommandos. Bei der Genfer Abrüstungskonferenz 1955 (die einmal mehr ergebnislos bleibt) ist Schukow Teil der von Ministerpräsident Bulganin angeführten sowjetischen Delegation, in der auch Chruschtschow mitreist. Es ist Chruschtschows erster

Besuch von Staaten außerhalb der Sowjetunion und ihrer Verbündeten. Sein Versuch, dabei auf internationalem Parkett zu punkten, wird überschattet von der Aufmerksamkeit, die man dem »Sieger des Zweiten Weltkriegs«, Schukow, erweist, der dort seinen alten »Kumpel« Eisenhower erstmals seit 1945 wiedersieht. Als Schukow dann auch noch auf der Titelseite des *Time*-Magazine abgebildet wird, ist Chruschtschows Toleranzgrenze überschritten. Schukow nutzt die Gelegenheit einmal mehr zu Abrüstungsappellen an die westliche Adresse, die natürlich ungehört verhallen. Zuvor hat er schon dem britischen Botschafter in Moskau gegenüber geäußert, dass das Wettrüsten völlig sinnlos sei und eine einzige, aberwitzige Verschwendung von Ressourcen. Schukow hat in Genf zwei offizielle Unterredungen mit Eisenhower. Schukow, so der sowjetische Übersetzer, habe sich sehr würdevoll und diplomatisch verhalten. Er habe überhaupt nicht wie der gnadenlose Befehlshaber gewirkt, als der er oft beschrieben wurde. Schukow weist darauf hin, dass Hitler gegen Kriegsende erfolglos versucht habe, die Alliierten gegeneinander auszuspielen. Mittlerweile sei dies jedoch »dunklen Kräften« gelungen. Die Sowjetunion werde als aggressives Land dargestellt, das Angriffsgelüste gegenüber unbeteiligten Drittstaaten hege. Schukow gibt Eisenhower sein Wort als Soldat und Ehrenmann, dass dies nicht der Fall sei. Dies sei auch der einzige Grund für seine Teilnahme an der Reise nach Genf: dass er Eisenhower hiervon persönlich überzeugen will. Eisenhower reagiert wie von seinen Stäben und Geheimdiensten vorgegeben. Die entstandene Konfrontation sei ausschließlich auf aggressive Aktionen der Sowjetunion zurückzuführen (und keineswegs auf die aggressive Konfrontationspolitik des Westblocks unter US-Führung seit 1942). Schukow erwidert, Fehler seien auf beiden Seiten gemacht worden, daher müsse man jetzt den Blick nach vorne richten, statt ewig am Gestern herumzuhadern. Schukow plädiert abschließend einmal mehr für allgemeine Abrüstung und für die Schaffung einer gemeinsamen Sicherheitsorganisation in Europa, um die Spaltung in sich

feindselig gegenüberstehende Blöcke zu überwinden. Eisenhower nennt als Bedingung die Möglichkeit gegenseitiger Kontrollbesuche – Schukow stimmt zu. Er bittet Eisenhower um Anerkennung der Volksrepublik China und Zustimmung zu deren Aufnahme in die Vereinten Nationen. Im Hinblick auf Deutschland sei das Ziel der Sowjetunion eine Wiedervereinigung der beiden getrennten deutschen Staaten als neutraler, entmilitarisierter Staat, der keine Bedrohung mehr für das restliche Europa darstelle und wie alle anderen europäischen Länder Teil eines neuen kollektiven, paneuropäischen Sicherheitssystems werden solle.
Doch schon die Frage, ob man erst über die deutsche Wiedervereinigung oder erst über ein kollektives europäisches Sicherheitssystem sprechen solle, lässt sich nicht einvernehmlich klären. Die Amerikaner wollen zuerst über Deutschland sprechen, die sowjetische Delegation erst über das Sicherheitssystem, das sicherstellen solle, dass von Deutschland keine Gefahr mehr für die UdSSR ausgehe – nur zehn Jahre nach dem Ende des fürchterlichen Zweiten Weltkriegs und der von Deutschland in Osteuropa und der Sowjetunion angerichteten verheerenden Zerstörungen samt Ermordung von 50 Millionen Sowjetbürgern nur allzu verständlich. Eigentlich. Aber nicht für die USA und ihre Gefolgschaft. Eisenhower beschreibt die Begegnung rückblickend deutlich zurückhaltender als Schukow. Sei Schukow zu Kriegszeiten noch unabhängig in seinem Urteil gewesen, der zwar die kommunistische Doktrin vertrat, aber immer in herzlicher Stimmung die Lösung für anstehende militärische Probleme suchte, so sei er jetzt, 1955, Eisenhower als besorgter, unterwürfiger Mann erschienen, der die ihm eingehämmerten Parolen wiederhole, der niemals lächle, keinen Witz mache, was er früher immer getan habe. Sein alter Freund erfülle nur noch Befehle, was Eisenhower traurig mache.
Andrei Gromyko berichtet über die Begegnung, Schukow habe sich enttäuscht geäußert über die Halsstarrigkeit der amerikanischen Seite unter Eisenhower. Der habe nur Plattitüden ab-

gesondert und sich sehr distanziert gegeben. Schukow habe abschließend gesagt, die Sowjetunion tue gut daran, ihre Verteidigungsbereitschaft auf hohem Stand zu halten. Präsident Eisenhower habe mit General Eisenhower nichts mehr zu tun – was vermutlich einen wahren Punkt trifft, war Eisenhower doch zu diesem Zeitpunkt längst zur Geisel des allmächtigen militärisch-industriellen Komplexes der USA geworden, auf den er selbst in seiner letzten Fernsehansprache warnend hinweist. Bei dem vereinbarten Folgetreffen im Oktober 1955 soll über die deutsche Frage und die paneuropäische Sicherheit gesprochen werden. Doch die USA sind zur deutschen Vereinigung nur bereit, wenn das neue Gesamtdeutschland im westlichen Lager bleibt. Die Sowjetunion verlöre damit einen wichtigen Vorposten, ohne etwas zu gewinnen. Verständlich, dass man das »freundliche amerikanische Angebot« dankend ablehnt.

Innersowjetische Spannungen treten vor allem im Hinblick auf Jugoslawien auf. Stalin und Molotow reagieren kritisch auf den aggressiven Kurs Titos gegenüber Westblockstaaten wie Italien und den USA (samt dem Abschuss von vier US-Transportmaschinen durch die jugoslawische Luftwaffe), und weisen darauf hin, dass die östliche Seite so kurz nach dem verheerenden Zweiten Weltkrieg und angesichts der nuklearen Monopolstellung der USA nicht zu einem größeren Krieg mit dem Westen bereit sei. Tito unterstützt auch offen die kommunistische Befreiungsbewegung während des Bürgerkriegs in Griechenland, der vom Westblock mit allen Mitteln geführt wurde, um Griechenland im Westblock zu halten, während sich Stalin an die mit Churchill vereinbarte Nichteinmischung der Sowjetunion hält. Titos fortgesetzte Eigensinnigkeiten werden schließlich mit dem Ausschluss aus der sozialistischen Staatengemeinschaft beantwortet. Chruschtschow jedoch will die Beziehung zu Jugoslawien (einem potentiellen Vorposten an der Adria direkt gegenüber dem NATO-Land Italien) wieder verbessern. Schukow selbst erwähnt Tito lobend in einem Artikel zum zehnten Jahrestag des Sieges über Nazideutschland. Molotow kritisiert ihn dafür, zieht aber den Kürzeren, da Chruschtschow sich durchsetzt, der die abgebrochenen Beziehungen zu Jugoslawien wiederherstellt. Der Kampf zwischen den Alt-Stalinisten um Molotow und der »Revoluzzer«-Gruppe um Chruschtschow um die Macht im Staate eskaliert während der Vorbereitung des 20. Parteikongress der KPdSU 1955. Chruschtschow will das Forum zu einer finalen Abrechnung mit dem Stalinismus nutzen. Molotow wendet ein, wenn schon, dann solle man Misserfolge und Errungenschaften Stalins gleichermaßen würdigen. Und das möglichst objektiv. Gerade Chruschtschow selbst habe ja bis vor kurzem Stalin noch in höchsten Tönen gelobt. Molotow wird hierin von den Altvorderen Malenkow und Kaganowitsch unterstützt. Aber Chruschtschow verfügt zu diesem Zeitpunkt schon über eine stabile Mehrheit im Politbüro und bereitet daher weiter seine »Geheimrede« vor, die Generalabrechnung mit dem »Stalinismus«, die jedoch schließlich und endlich eine verlogene Selbstbeweihräucherung Chruschtschows wird, vor dem Hintergrund des als wahrer Teufel in Menschengestalt hingestellten Stalin, der sich nicht mehr wehren kann.

Chruschtschow hält seine intern schon hinter vorgehaltener Hand raunend angekündigte Rede während einer nicht-öffentlichen Sitzung des 20. Parteikongresses der KPdSU am 25. Februar 1956. Er beschreibt wortreich und in kräftigen Farben das ganze (vermeintliche) Ausmaß des »stalinistischen Terrors«, der während der dreißiger Jahre kulminiert, kritisiert gnadenlos Stalins angebliche Führungsfehler, und lässt kein gutes Haar mehr am verstorbenen Staatschef. So verantworte Stalin allein, dass das Land auf den Krieg mit Deutschland so schlecht vorbereitet gewesen sei, zudem habe er alle Warnungen vor einer drohenden deutschen Aggression in den Wind geschlagen. Chruschtschow schreckt auch nicht davor zurück, blanke Lügenmärchen zu erzählen, so wie die vom angeblichen Nervenzusammenbruch Stalins am 22. Juni 1941, als ihm die Nachricht vom deutschen

Angriff überbracht worden sei. Er sei tagelang abgetaucht und nur durch das massive Einschreiten verschiedener Politbüromitglieder (darunter – natürlich – Chruschtschow) wieder an seinen Arbeitsplatz im Kreml zurückgekehrt. Schade nur, dass diese Geschichte von anderen, Stalin durchaus kritisch gesonnenen Zeitzeugen nicht bestätigt wird, im Gegenteil. Chruschtschow fährt fort, auch nach seinem Zusammenbruch habe Stalin nicht aufgehört, sich amateurhaft in Militärbelange und die Operationsführung einzumischen (das galt für Hitler und Chruschtschow, aber nicht für Stalin). Nur dank der äußerst talentierten militärischen Führungsgestalten des Landes habe die totale Katastrophe mit Mühe abgewendet werden können – ein verständlicher Kotau Chruschtschows vor der Armee-Elite (Schukow & Co.), die ihn ins Amt hievten und seinen Konkurrenten Berija aus dem Weg schafften. Er, Chruschtschow, habe auch dafür gesorgt, dass böse Absichten von Stalin und Berija im Hinblick auf seinen langjährigen »Freund« Schukow nicht zum Tragen kamen. Stalin habe sich nach dem Krieg den entscheidenden Anteil am Sieg angemaßt, dabei sei dieser das Werk von Volk und Partei gewesen, also von der gesamten Gesellschaft der Sowjetunion, und der heldenhaften Sowjetarmee.

Diese Rede, Geburtsstunde einer neuerlichen schwarzen Legende, die natürlich von der Westblock-Presse begierig aufgegriffen und seitdem unermüdlich wiedergekäut wird, dient im Kern dazu, Chruschtschow als Lichtgestalt dastehen zu lassen, der das Land aus der Dunkelheit der Stalinschen »Sonnenfinsternis« herausführt. Dazu muss natürlich der Bösewicht, Stalin, umso böser aussehen, muss der Schrecken umso furchtbarer dargestellt werden, um die heldenhafte Leistung Chruschtschows umso heller leuchten zu lassen. Man muss diese Rede also mit der gebotenen Skepsis und einer gebührenden Portion Zweifel an den behaupteten Tatsachen lesen und analysieren, um an den tatsächlichen Wahrheitsgehalt zu kommen. Dazu an anderer Stelle mehr. Schukow selbst hat kurz zuvor seinen ersten Auftritt vor dem Kongress und eine Art Rechenschaftsbericht im Hinblick auf die Sowjetarmee abgeliefert. Schukow nutzt die Gelegenheit zu ein paar grundsätzlichen Aussagen zur neuen sowjetischen Verteidigungspolitik im Nuklearzeitalter. Künftige Kriege würden sich von den bisherigen grundlegend unterscheiden. Massenvernichtungswaffen würden mit Flugzeugen und Raketen ins Zielgebiet gebracht, um dort unvorstellbare Zerstörungen anzurichten. Es sei auch mit dem Einsatz von chemischen und biologischen Waffen zu rechnen. Daher müsse die Sowjetunion jetzt verstärkt in die Raketen- und Luftrüstung sowie die Luftverteidigung investieren. Doch auch die konventionellen Streitkräfte bleiben essentiell, da nur sie einen Krieg zum siegreichen Abschluss bringen könnten. Schukow bekräftigt am Schluss seiner Rede einmal mehr die bedingungslose Treue und Loyalität der Armee zu Staat, Volk und Partei.

Auf dem Kongress wird Schukow zum nicht-stimmberechtigten Mitglied des Präsidiums der KPdSU gewählt, also des höchsten Parteigremiums. Damit ist er endgültig auf dem Olymp der sowjetischen Hierarchie-Pyramide angekommen. Schukow reiht sich nun in die Riege der Stalin-Verdammer ein, und hält kurz nach Abschluss des Kongresses vor hohen Offizieren eine Rede über die schädlichen Auswirkungen des Personenkultes auf die Armeeführung und die Funktionsfähigkeit der Armee. Er soll diese Rede dann nochmals vor dem Plenum des Zentralkomitees der KPdSU halten, doch wird sein Beitrag kurz vor Beginn der Sitzung im Juni 1956 abgesagt. Möglicherweise will die Sowjetführung zu diesem Zeitpunkt die umfassende Stalin-Verdammung etwas zurückfahren. Das erhaltene Redemanuskript zeigt, dass Schukow bereit ist, Chruschtschow buchstabengetreu zu folgen. Die verheerenden »Säuberungen« der Roten Armee vor Kriegsbeginn, Stalins Verantwortung für das Debakel zu Kriegsbeginn und operative Fehler in der ersten Kriegshälfte werden aufgezählt. Aber Schukow steuert auch neue Elemente bei, so die Kritik an der völlig ungerechtfertigten Hinrichtung von General

Pawlow und den übrigen Mitgliedern der Führung der Westfront im Juli 1941, und schließt daran eine grundsätzliche Verteidigung der Ehre der Roten Armee gegen Stalins Anschuldigungen an, man habe sich zu leichtfertig zurückgezogen in der Eröffnungsphase des Krieges. Die astronomischen Verluste der Roten Armee in dieser Kriegsphase seien unsinnig gewesen, belegen aber einmal mehr die unverbrüchliche Treue der Armee zum heiligen sozialistischen sowjetischen Vaterland. Auch die Behandlung der zurückkehrenden sowjetischen Kriegsgefangenen kritisiert Schukow, denen mit Misstrauen und Repressionen begegnet worden sei.

Bereits im September 1955 spricht die sowjetische Regierung unter Chruschtschow eine Generalamnestie für die ehemaligen Kriegsgefangenen aus, denen unter Stalin vorgeworfen worden war, sich leichtfertig oder gar bereitwillig in deutsche Gefangenschaft begeben zu haben. Schukow selbst steht einer Kommission vor, die über die Wiederzulassung ehemaliger Kriegsgefangener als Parteimitglied zu befinden hat. In ihrem Abschlussbericht fordert die Kommission, die Diskriminierung der ehemaligen Kriegsgefangenen ein für alle Mal zu beenden. Sie sollen auch eine Entschädigung für die Zeit ihrer Inhaftierung in Deutschland erhalten, sowie einen Rentenanspruch für sich und ihre Familien, zudem soll eine neue Propagandakampagne auf die unermesslichen Opfer aufmerksam machen, die die Kriegsgefangenen während ihrer Horrorzeit in deutschen Todeslagern oder als bis ins Letzte ausgenutzte Zwangsarbeiter in der deutschen Rüstungsindustrie erbrachten. Die Sache mit der Ermordung Pawlows und seiner Kollegen aufgrund des Desasters an der Westfront in den ersten Kriegsmonaten ist schwieriger zu lösen. Ihre Exekution als ungerechtfertigt zu verurteilen und sie postum zu rehabilitieren stellt kein Problem dar. Das gehört damals zum Alltagsgeschäft. Die Beteiligten der angeblichen »Fliegeraffäre« (die zu Schukows Degradierung 1946 geführt hatte) sind schon im Juni 1953 rehabilitiert worden. Im Juli 1954 amnestiert man die führenden

Offiziere der sowjetischen Luftwaffe, die im Oktober 1941 exekutiert worden waren. Tuchatschewski und die Gruppe der Sowjetmarschälle, die angeblich gegen Stalin intrigiert hatten und 1937 erschossen wurden, werden 1957 rehabilitiert. In Pawlows Fall kann man das eingetretene Desaster an der Westfront in der zweiten Jahreshälfte 1941 schwerlich in Abrede stellen. Daher wird vom Generalstab eine Untersuchung durchgeführt, die das konkrete Verhalten der Befehlshaber der Westfront in den ersten Kriegswochen auf Fehler oder kriminelle Fahrlässigkeiten untersuchen soll. Einmal mehr ist das Zaubermittel, alle Fehler dem nicht mehr unter den Lebenden weilenden Stalin in die Schuhe zu schieben. Die Kommission berichtet denn auch im November 1956 erwartungsgemäß, dass es Pawlow aufgrund seiner fehlenden Generalstabsausbildung schlicht gar nicht möglich gewesen sei, die richtigen Entscheidungen als Oberkommandierender im Kriegsfall zu treffen. Ihn allerdings der Feigheit oder der Panikmacherei zu bezichtigen, wie es damals geschah, sei völlig fehl am Platz. Auch habe er seinen Truppen keineswegs leichtfertig die kampflose Kapitulation für den Fall der Einkesselung erlaubt. Diese Beurteilung der damaligen Situation kommt Schukow gelegen, da sie den Fokus auf Pawlow hält und nicht etwa die Fehler des seinerzeit von Schukow geleiteten Generalstabs thematisiert, völlig absurde Gegenoffensiven zu befehlen, die letztlich zum Zusammenbruch der Westfront führen. Pawlow und seine Kollegen werden im Juli 1957 rehabilitiert.

## Ungarn 1956

Als neugewähltes Mitglied des Parteipräsidiums rückt Schukow in den Zirkel der obersten politischen und militärischen Entscheidungsfindung auf. So beispielsweise auch im Fall der »Ungarn-Krise« 1956. Diese ist Folge einer zuvor eingetretenen »Krise« in Polen. In beiden Fällen handelte es sich um vom Westen her »freundlich« »geförderte« »Volksaufstände« – heute würde man von Farbrevolutionsversuchen sprechen, die damals jedoch, anders als 2014 in der Ukraine, wirksam abgewehrt werden. Es ist bekannt, dass CIA und BND in den fünfziger Jahren (und noch bis weit in die neunziger Jahre) große osteuropäische Emigrantengruppen samt paramilitärischer Ableger finanzierten (viele dieser Organisationen hatten und haben ihren Sitz in München, nahe dem ehemaligen BND-Hauptquartier im Münchner Vorort Pullach). Diese werden sowohl in der DDR 1953, in Polen und Ungarn 1956, erneut in Polen 1989 sowie beim Zerfall Jugoslawiens nach 1989 eingesetzt, in den letzteren beiden Fällen bekanntlich erfolgreich.

Ist in Polen der Vatikan das »Gleitmittel«, um Westpropaganda und prowestliche Funktionäre einzuschleusen und die »Bewegung« mit Milliarden Dollar zu finanzieren, so sind es im ehemaligen Jugoslawien alte, aus der faschistischen Ustascha-Bewegung hervorgegangene Rechtsextreme, die in Kroatien und Slowenien die Macht an sich reißen, ihre Kleinstaaten für unabhängig von Jugoslawien erklären und von der BRD (also ihren Finanziers Kohl und Genscher) schon am nächsten Tag mit der diplomatischen Anerkennung belohnt werden – unter Bruch sämtlicher völkerrechtlicher Vereinbarungen und Gepflogenheiten. Diese Operationen werden teils gemeinsam, teils in Konkurrenz von BND und CIA betrieben. Für Ungarn 1956 stehen genügend Exil-Ungarn bereit, »das Ruder herumzureißen«, und aus der sozialen Unzufriedenheit einen Staatsstreich zu machen, wie das 1953 in der DDR versucht worden war, und wie – es ist bereits gesagt worden – es in der Ukraine 2014 »hervorragend« geklappt hat – aber auch nur, weil die gesamte Westblockpresse die ganz offensichtliche Manipulation des Geschehens rund um den Maidan und im westlichen, den rechtsradikalen Hochburgen nahen Teil der Ukraine bewusst ausblendet, und »Fake News« sendet über die angeblich demokratisch gesinnten und dem »europäischen Gedanken« verpflichteten »Demonstranten«, sprich bezahlten Unruhestiftern, die in den Wochen und Monaten zuvor in Polen gezielt auf ihren Einsatz im geplanten prowestlichen Staatsstreich vorbereitet werden, und, weniger der Demokratie als vielmehr den gezahlten Dollar- und Euro-Stundensätzen verpflichtet, sich aus rechtsradikalen, großteils aus der Hooliganszene rekrutierten Schlägertrupps zusammensetzt. Noch einmal soll die Ukraine, das osteuropäische Kernland, nicht dem westlichen Zugriff entgleiten, nachdem die »Farbrevolution« von 2004 nach anfänglichen Erfolgen an der Unfähigkeit ihrer Protagonisten (»Julia« Timoschenko etc.) gescheitert war.

In Budapest werden also 1956 gezielt Exilungarn aus den Kreisen der von westlichen Geheimdiensten geförderten und finanzierten ehemaligen Pfeilkreuzlern und anderen rechtsradikalen Kreisen ins Land eingeschleust, mit dem Auftrag, die friedlichen, zunächst nur auf die Behebung von Missständen zielenden Demonstrationen durch Waffeneinsatz zu eskalieren und zu einem Staatsstreich »weiterzuentwickeln«. Dass eben diese Pfeilkreuzler sich vor 1945 der schlimmsten antisemitischen Pogrome in Ungarn und Serbien schuldig gemacht haben, spielt nun keine Rolle mehr. Dass westliche Historiker und Westblockmedien rückblickend zum Jubiläum 2016 »keinerlei Beteiligung von Pfeilkreuzlern« zu erkennen vermögen, beleuchtet einmal mehr die selektive Wahrnehmung, die große Teile der Westblockmedien befallen hat, und die dazu führt, dass auch in der Ukraine 2014 rechtsradikale Symbole wie die »Wolfsangel« (ehemaliges Abzeichen einer an der Ostfront kämpfenden SS-Division) der proeuropäischen Hooligan- und Schlägertrupps nur mit Achselzucken abgetan und, wenn überhaupt, nur am Rande erwähnt werden.

Die Demonstrationen in Ungarn beziehungsweise hauptsächlich in Budapest beginnen Mitte Oktober 1956 friedlich, am 23. Oktober feuern die »Demonstranten«, mittlerweile verstärkt durch westliche Provokateure und Exil-Faschisten, erstmals auf die Polizei, die dann zurückschießt. Gleichzeitig schwärmen exilfaschistische Greiftrupps aus und machen Jagd auf prorussische Demonstranten und Funktionäre, auf Polizisten, die sich nicht sofort den Anweisungen der westlichen Provokateure unterstellen, und natürlich auf Sowjetsoldaten, von denen Hunderte ermordet und zumeist vorher noch gefoltert (die Pfeilkreuzler hatten ihr Handwerk nicht verlernt) oder nach dem Tod noch geschändet werden. Sowjetische Truppen sind seit dem Ende des Zweiten Weltkriegs in Ungarn stationiert. Zum Zeitpunkt der Unruhen hat die Sowjetarmee (Sowjetski Armee, CA abgekürzt, wie die Rote Armee seit 1946 offiziell hieß) fünf Divisionen in Ungarn stationiert, und ist daher problemlos in der Lage, am 24. Oktober 1956 rund 30.000 Mann mit 1.000 Panzern in Marsch zu setzen, die strategische Punkte in Budapest besetzen und den Nachschub der westlich finanzierten, protegierten und mit Waffen versorgten »Aufständischen« unterbinden, indem sie die ungarisch-österreichische Grenze dichtmachen. Solche Aufstandspläne sind seit dem Aufflackern verschiedener Unruheherde im Ostblock im Juli 1956 vorbereitet worden und erreichen ihr Ziel mit ziemlicher Leichtigkeit. Die Forderung nach Abzug der sowjetischen Truppen aus Ungarn lehnt Schukow am 26. Oktober 1956 ab. Nach der Regierungsübernahme durch den Kompromisskandidaten Imre Nagy spricht sich Schukow am 28. Oktober aber als Geste des guten Willens für einen Teilabzug der sowjetischen Truppen und eine weitere Unterstützung Nagys gegen die fortgesetzten Provokationen westlicher Untergrundkämpfer aus. Am selben Tag ziehen sich die sowjetischen Truppen in Budapest teilweise in ihre Kasernen zurück. Schukow teilt der Presse mit, die Situation habe sich entspannt, das Vertrauen in die neue Regierung sei groß.

Doch schon wenige Stunden später verschärft sich die Lage erneut. Nagy entdeckt »plötzlich« seine Neigung zu völliger ungarischer Unabhängigkeit von Moskau, erklärt, aus dem Warschauer Vertrag austreten und das Land für neutral erklären zu wollen.

Gleichzeitig attackieren britische, französische und israelische Kampfflugzeuge und Bodentruppen die Soldaten der ägyptischen Volksarmee des neuen, sozialistischen Staatschefs Nasser, um die westliche Kontrolle über den als strategisch essentiell angesehenen Suezkanal sicherzustellen. Ägypten ist mit der Sowjetunion über einen Freundschafts- und Beistandspakt verbunden. Die Sowjetunion ist keinesfalls bereit, die als Errungenschaft des Sieges im Zweiten Weltkrieg errungene Vorherrschaft in Ungarn aufzugeben und einen Wechsel Ungarns ins prowestliche Lager, in die geostrategische Interessenzone der USA zuzulassen. Gleiches gilt für Ägypten. Schukow spricht sich nun für eine gründliche Reinigungsaktion in Ungarn aus, die alle prowestlichen Elemente ein für alle Mal unschädlich machen soll. Daher beziehen die sowjetischen Truppen in Ungarn am 4. November 1956 erneut strategische Positionen in und um Budapest und machen die Grenze zu Österreich dicht. Unter dem Befehl Koniews gehen die sowjetischen Truppen nun konsequent gegen jeglichen bewaffneten Widerstand vor. Von westlichen Propagandaschleudern wie den CIA-Sendern *Radio Freies Europa* und *Radio Liberty* aufgehetzt, und in einer verlogenen Hoffnung auf US-Beistand (der niemals geplant war, da die USA wegen Ungarn keinen Atomkrieg mit der Sowjetunion riskieren will, ebensowenig wie wegen Ägypten) gehalten, beginnen die bewaffneten »Aufständischen« nun den offenen Kampf gegen die sowjetischen Truppen. Diese werden auf 17 Divisionen aufgestockt, um das Land flächendeckend unter Kontrolle bringen zu können. Die Kämpfe kosten 700 Sowjetsoldaten und rund 2.500 »Aufständische« das Leben. Innerhalb weniger Tage ist die Ordnung im Land wiederhergestellt. Eine neue Regierung unter Janos Kadar übernimmt die Macht im Land und hält das Land auf prosowjetischem Kurs. Verantwortliche und Anführer der Unruhen wie Imre Nagy und andere werden hingerichtet. Da die Sowjetunion zu Recht eine Dominoentwicklung befürchten muss, wenn man den westlichen Insurgenten erst einmal einen Staat überlässt, kann sie nicht anders reagieren. Das ist das östliche Pendant zur westlichen Domino-Theorie, die in Asien den Verlust einer ganzen Reihe von Ländern befürchtete, sollte der Vietnamkrieg verloren gehen (was ja dann auch zumindest stellenweise – Kambodscha, Laos – eintrat). Letztlich geht es um den gesamten Cordon sanitaire, der mit den Millionen Toten des Zweiten Weltkriegs erkämpft worden ist und der jetzt nicht leichtfertig preisgegeben werden darf.

Schukow erhält in Anerkennung seiner Leistungen bei der Stabilisierung der Lage in Ungarn zu seinem 60. Geburtstag im Dezember 1956 den Leninorden, sein Bild ziert die Titelseiten der sowjetischen Blätter, überall werden Geburtstagsgrüße von Partei und Staatsführung abgedruckt. Im Januar und Februar 1957 stattet Schukow Indien und Burma einen Staatsbesuch ab. Chruschtschow und Bulganin begeben sich aufgrund des großen Erfolgs Ende 1957 auf dieselbe Tour. Ziel ist es, die Beziehungen der beiden kurz zuvor unabhängig gewordenen Staaten zur Sowjetunion zu intensivieren und zu verfestigen. Schukow wird in beiden Staaten sehr freundlich aufgenommen. Nicht zuletzt wohl auch deswegen, weil die Sowjetunion der einzig zugängliche Waffenlieferant ist, der unabhängig vom Westblock (USA und Europa) große Stückzahlen an Klein- und Großfeuerwaffen liefern kann, hat man sich einmal dazu entschlossen, das westliche Lager zu verlassen. Über seine Reise wird ein Dokumentarfilm in Farbe gedreht, der kurz nach seiner Rückkehr in die Kinos kommt und zur weiteren Steigerung des Ansehens Schukows beiträgt. In Indien hält Schukow eine Rede vor dem dortigen Generalstab, in der es auch um die Optionen im Nuklearzeitalter geht. Schukow führt aus, er sehe die Sache so, dass in künftigen Kriegen atomare und thermonukleare Waffen benutzt werden, und warnt einmal mehr vor deren ungebremster Vermehrung und dem damit verbundenen Wettrüsten. Im März 1957 ist Schukow dann in Ost-Berlin zu Gast, um den neuen Beistandsvertrag mit der Deutschen Demokratischen Republik zu unterzeichnen. Auch hier hält er eine Rede, diesmal vor den höheren Offizieren der

Westgruppe der Sowjetischen Streitkräfte, also den in der Deutschen Demokratischen Republik stationierten Sowjetstreitkräften. Diese sind dazu ausersehen, im Falle einer NATO-Aggression den Vormarsch der Westblock-Truppen aufzuhalten und damit dem Anmarsch der zweiten Welle der Streitkräfte des Warschauer Vertrags Zeit zu verschaffen. Sobald eine NATO-Aggression unzweifelhaft erkennbar sei, werde man von sowjetischer Seite aus auch vor Präventivschlägen nicht zurückschrecken und nach der aktuellen Planung binnen zwei Tagen den Ärmelkanal erreichen. Man werde den Fehler von 1941 nicht noch einmal machen. In der veröffentlichten Fassung heißt es dann, die sowjetische Strategie sei auf Gegenoffensiven ausgelegt und sehe von Präventivschlägen grundsätzlich ab, da man grundsätzlich bei Angriffen sofort atomare Verteidigungsstrategien anwenden werde – das war natürlich zur Desinformation gedacht und um die NATO vor unüberlegten Spielchen – die damals auf westlicher Seite im Rahmen von MAD *(mutual assured destruction)* sehr en vogue waren – abzuhalten.

Das Thema Präventivkrieg kommt nochmals bei einer Tagung der höheren sowjetischen Generalität im Mai 1957 in Moskau auf den Tisch. Schukow spricht dabei über die Eröffnungsphase künftiger Kriege, und verweist einmal mehr auf den Fehler von 1941, als man unvorbereitet gewesen sei, und mögliche Chancen für einen Präventivschlag gegen den seit 1940 laufenden deutschen Aufmarsch fahrlässig ausgelassen habe. Das Ziel der Feinde sei damals wie heute die maximale Feuerkraft und Mannstärke in der Eröffnungsphase des Kriegs einzusetzen, um einen schnellen Durchbruch, und damit eine schnelle Entscheidung zu erzielen. Dazu gehöre auch ein konzentrierter Angriff auf die sowjetischen Befehlszentralen. Gerade den Luftabwehrkräften der sowjetischen Streitkräfte obliege daher, permanent einen sehr hohen Grad an Gefechtsbereitschaft an den Tag zu legen, speziell was die Radartruppe und die Raketenabwehr angehe. Es müsse alles daran gesetzt werden, solchen Attacken rechtzeitig durch einen Schlag gegen die gegnerischen Kräfte zuvorzukommen. Bagramian sei sogar dafür, ein System überraschender Präventivschläge zu entwickeln, und damit die Angriffsvorbereitungen des Feindes zu zerschlagen. Darüber könne man jedoch öffentlich nicht sprechen. Das werde intern weiter diskutiert. Innen- und Außenpolitisch ist Chruschtschows dominierende Stellung im Parteipräsidium während der polnischen und der ungarischen »Krise« geschwächt worden. Es wird dafür gestimmt, wieder zu einem kollektiven Führungssystem zurückzukehren. Davon profitiert hauptsächlich Molotow, der von Chruschtschow 1956 als Außenminister geschasst worden, aber Mitglied des Parteipräsidiums geblieben war. Er wird im November 1956 zum Minister für staatliche Kontrolle ernannt und damit beauftragt, die Umsetzung von Regierungsdekreten in der konkreten Alltagsverwaltung zu überwachen. Er nutzt diese neue Stellung, um Chruschtschows Vormachtstellung weiter zu unterminieren, und dies sowohl bezogen auf die Innen- wie auf die Außenpolitik. Molotow wird hierin einmal mehr von den Altvorderen Malenkow und Kaganowitsch unterstützt, um die herum sich nach und nach die Opposition gegen Chruschtschow im Präsidium sammelt. Schukow bleibt in seiner Haltung eindeutig: er ist und bleibt Unterstützer Chruschtschows. Er ist davon überzeugt, dass Chruschtschows Linie für das Land besser ist als die Politik der Altvorderen.

Nach einer Rede Chruschtschows in Leningrad im Mai 1957 eskalieren die führungsinternen Auseinandersetzungen. Chruschtschow prophezeite in der Rede, die UdSSR werde die USA in wenigen Jahren bei der Produktion von Fleisch, Milch und Butter überholen. Diese völlig unrealistische Ankündigung tätigt Chruschtschow ohne jegliche Abstimmung mit dem Präsidium des ZK. Damit hat er einmal mehr seine Politik der einsamen Entscheidungen praktiziert, die schon länger auf Kritik vieler Präsidiumsmitglieder stößt. Auch Bulganin und Dimitri Schepilow, Molotows Nachfolger im Amt des Außenministeriums für wenige Monate, bevor er im Februar 1957 von Andrei Gromyko ersetzt wurde, schließen sich nun der Gruppe der Chruschtschow-Gegner an. Da sie damit nun über eine Mehrheit im Präsidium verfügt, wagt die Molotow-Gruppe den Putsch gegen Chruschtschow. Sie laden den Parteichef zu einer Sitzung am 18. Juni 1957 ein, die eigentlich eine Besprechung des Ministerrats sein soll, aber zu einer spontanen Sitzung des Parteipräsidiums umfunktioniert wird. Chruschtschow kann nach wie vor auf seine Unterstützer zählen, und so findet er Mittel und Wege, den Antrag, seinen sofortigen Rücktritt zu erklären, zunächst abzuwenden. Schukow und Mikojan sind zu diesem Zeitpunkt seine offensivsten Unterstützer. Schukow hat unmittelbar vor Sitzungsbeginn ein Ansinnen Malenkows abgelehnt, ihn auf die Seite der Verschwörer zu ziehen. Schukow schreibt rückblickend, Chruschtschow habe auf der Sitzung einen konfusen und demoralisierten Eindruck gemacht, da die Attacke für ihn völlig überraschend kam. Chruschtschow habe sich nach der Sitzung bei ihm bedankt und ihm gesagt, dass er ihn gerettet habe. Chruschtschow habe hinzugefügt, dass er dies Schukow nie vergessen werde.

Die Wende bringt ein mit Schukows Hilfe zusammengestellter Sondertransport aller Mitglieder des Zentralkomitees mit Militärflugzeugen nach Moskau. Die von Chruschtschow daraufhin einberufene außerordentliche Sitzung des Zentralkomitees gibt den Ausschlag zu seinen Gunsten, da er hier über eine massive Gefolgschaft verfügt, die ihn in die Lage versetzt, die Revoluzzertruppe um Molotow in die Schranken zu weisen. Die von Chruschtschow als »parteifeindliche Gruppe« apostrophierte Molotow-Bande soll sich nun dem Votum des Zentralkomitees stellen. Dessen rund 200 Mitglieder sind auf dem 20. Parteikongress gewählt worden und überwiegend pro Chruschtschow. Die Sitzung findet vom 22. bis zum 29. Juni 1957 statt. Die Molotow-Gruppe sieht sich hier in die Minderheiten-Position gedrängt. Schukow fungiert als Wortführer der Pro-Chruschtschowisten. Gemeinsam mit Partei-Ideologiechef Michail Suslow, einem alten Chruschtschow-Kumpel, wirft Schukow der Molotow-Clique

vor, für alle Fehler der Stalin-Ära mitverantwortlich gewesen zu sein (das gilt natürlich genauso für Chruschtschow und Schukow selbst, wird damals aber nicht thematisiert). Speziell die angeblich rund 40.000 Todesurteile aus der Zeit zwischen Februar 1937 und November 1938 hätten die Unterschriften von Stalin, Molotow und Kaganowitsch getragen. Stalin und Molotow hätten an einem einzigen Tag, dem 12. November 1938, Todesurteile für über 3.000 Menschen unterzeichnet. Molotow, Malenkow und Kaganowitsch sollen sich hierfür endlich einmal rechtfertigen, und die Verantwortung für die Schuld übernehmen, die sie damals auf sich geladen haben. Chruschtschow verfolgt diese Strategie nicht weiter, weil sie zwangsläufig zu seiner eigenen Mitverantwortung an den Verbrechen der Stalin-Ära führt.
Schukow hält während des Plenums keine weitere Rede, beteiligt sich aber als Zwischenrufer, Frager und Stellungnehmer weiter lebhaft an der Diskussion. Speziell seinen alten Widersacher Bulganin zu ärgern, zu unterbrechen, herauszufordern und lächerlich zu machen, scheint Schukow große Freude zu bereiten, wenn man die Transkripte der Redebeiträge liest. Er nutzt die Gelegenheit schamlos, alte Rechnungen zu begleichen. Das Plenum des Zentralkomitees reagiert wie geplant: Molotow, Malenkow und Kaganowitsch werden aus ihren Regierungsämtern entlassen sowie aus dem Präsidium und dem Zentralkomitee abgewählt. Molotow wird auf den Posten des sowjetischen Botschafters in der Mongolei abgeschoben, Malenkow soll künftig einem Elektrizitätswerk in Kasachstan vorstehen und Kaganowitsch sich um die Pottasche-Produktion im hinteren Ural kümmern. Bulganin wird zunächst nur gerügt, aber wenig später als Premierminister abgelöst – Chruschtschow selbst übernimmt jetzt diese Position zusätzlich zum Parteivorsitz. Chruschtschow triumphiert also, der Star der Show ist aber Schukow. Zur Belohnung wird er jetzt Vollmitglied des Präsidiums. Und als ob diese Staatskrise nicht genug wäre, entwickelt sich auch in Schukows Privatleben eine dramatische Zuspitzung. Er wird im Alter von

sechzig Jahren nochmals Vater. Am 19. Juni 1957 bringt Galina die gemeinsame Tochter Maria zur Welt. Schukow ist zu diesem Zeitpunkt im Kreml unabkömmlich, aber schreibt Galina, wie glücklich er sei und dass er sie und das Baby bald wiedersehen will. Maria leidet zunächst unter Gelbsucht (wie viele Neugeborene), jedoch in einem lebensgefährlichen Grad. Doch sie erholt sich bald und überlebt. Nach dem Plenum beginnt die öffentliche Aufarbeitung der Auseinandersetzung mit der »parteifeindlichen Gruppe« um Molotow. Der Beschluss des Zentralkomitees über die weitere Zukunft der Geschassten wird in der Presse veröffentlicht, regionale Parteikonferenzen über die Geschehnisse abgehalten. Schukow selbst spricht auf einer Parteiversammlung des Verteidigungsministeriums am 2. Juli 1957. Anwesend ist die gesamte Prominenz des Ministeriums, einschließlich der Helden des Zweiten Weltkriegs wie Bagramian, Antonow, Wassilewski, Koniew, Merezkow und Rokossowski. Schukow beschuldigt die parteifeindliche Gruppe um Molotow einmal mehr, federführend für die Verbrechen der Stalin-Ära verantwortlich gewesen zu sein, und hebt diesmal speziell Bulganins verbrecherische Rolle dabei hervor. Dieser habe vorgehabt, sich den Zugriff auf den KGB zu verschaffen. Schukow wiederholt seine Vorwürfe nochmals bei seiner Ansprache zu Ehren des Marinetags am 15. Juli 1957 in Leningrad. Hier bekräftigt er Chruschtschows aberwitzige Ankündigung, dass die UdSSR die USA bei der Pro-Kopf-Produktion von Fleisch, Milch und Butter bald überholen werde. Der parteifeindlichen Gruppe wirft er vor, die notwendigen Dezentralisierungsmaßnahmen in wirtschaftlichen und politischen Bereichen zu sabotieren. Zudem habe sich die Gruppe der Bekämpfung des Personenkults um Stalin entzogen. Schukow wird bei seinem Aufenthalt in Leningrad der Presse zufolge von »Frau Schukow« begleitet, ein Beleg mehr für sein Lavieren zwischen den Fronten beziehungsweise Frauen, und dafür, dass Alexandra sich einmal mehr durchzusetzen wusste.

## Der zweite Sturz

Manchmal wenden sich auch Taten gegen ihre Urheber. In der Psychologie würde man von Übertragungsaggression sprechen – Chruschtschow ist offenbar damit überfordert, sich einfach dankbar gegenüber Schukow zu zeigen, dass er ihm den Posten gerettet hat, dass er in einer sehr kritischen Phase von Chruschtschows Karriere dafür sorgte, dass dieser nicht als Kraftwerksdirektor im hinteren Sibirien verschwindet. Stattdessen sinnt Chruschtschow auf anderes, wie sich bald zeigt. Schukow selbst macht sich im Herbst 1957 zu einem weiteren Staatsbesuch, diesmal in Jugoslawien und Albanien auf. Neben den konkret anstehenden Verhandlungen erwartet er sich von der Reise, wie es scheint, eine Wiederholung des Publicity-Erfolgs vom Frühjahr, von seiner Reise nach Indien und Burma. Er reist diesmal mit einer großen Gruppe hoher sowjetischer Militärs an Bord des Zerstörers »Kuibischew« von Sewastopol durch das Schwarze Meer, durch die Dardanellen und quer durchs östliche Mittelmeer bis zum jugoslawischen Hafen Zadar. Bei der Durchfahrt der Dardanellen begegnet sein Schiff der amerikanischen 6. Flotte in Form eines Flugzeugträgerverbandes, was Schukows Zorn hervorruft über die Dislozierung so starker Marineverbände der USA so nahe an der sowjetischen Interessenssphäre.

In Zadar werden sie von Tito mit allen Ehren empfangen. Während Schukow in Jugoslawien mit Tito konferiert und anschließend mit ihm nahe Titos Heimatdorf in Kroatien auf die Jagd geht, bringt die sowjetische Presse dazu – nahezu nichts. Vom anschließenden Besuch Albaniens und dem Treffen mit dem dortigen Staatsführer Enver Hodscha – nahezu nichts. Nur auf den hinteren Seiten wird mit wenigen Zeilen der Fortgang des Besuchs Schukows in den Balkanländern erwähnt. Der Wind hat sich gedreht. Als Schukow per Telegramm nachfragt, warum seine so bedeutende Reise, die zur Wiederanknüpfung auch der militärischen Beziehungen zu Jugoslawien und zur stärkeren Einbindung des Landes ins östliche Lager dienen soll (um gegen die schon damals ständig expandierende NATO ein Gegengewicht zu bilden), von der Presse nur so marginal begleitet werde, und seine, Schukows Reden, die er bei verschiedenen Gelegenheiten während des Besuchs hielt, sowie die seiner Gastgeber im Gegensatz zum Frühjahr nicht mehr komplett, sondern nur in kurzen Auszügen abgedruckt würden, erhält er zur Antwort, gleichzeitig sei eine sowjetische Staatsdelegation in China und man könne den wichtigen Partner China nicht dadurch beleidigen, dass man den Besuch Schukows auf dem Balkan prominenter darstelle als den Besuch im Reich der Mitte. Schukow erwidert, dass er es unklug finde, auf diese Weise kleine, aber strategisch wichtige Länder wie Jugoslawien und Albanien zu beleidigen.

Es zeigt sich, dass Schukows Stern einmal mehr am Sinken ist. Schon im Frühjahr 1957 ist er mit Chruschtschow aneinandergerasselt, als es um die Frage geht, ob die Sowjetunion mit den USA im Zuge von Abrüstungsverhandlungen ein »Open Skies«-(offene Himmel-) Abkommen schließen solle. Damit würde die UdSSR den USA das Recht einräumen, mit Aufklärungsflugzeugen das gesamte Staatsgebiet der Sowjetunion zu überfliegen, so wie die sowjetischen Aufklärungsflugzeuge dann das Recht hätten, amerikanisches Staatsgebiet zu überfliegen und militärische Daten über den Gegner zu gewinnen. Schukow ist dafür, als vertrauensbildende Maßnahme, Chruschtschow dagegen, da er der Überzeugung ist, dass die UdSSR dabei mehr zu verlieren als zu gewinnen hat. Offenbar glaubt er, dass die Sowjetunion durch die Arbeit ihrer Aufklärer über die militärischen Anstrengungen und Rüstungen der USA so genau im Bild seien, dass sie wenig zu gewinnen habe, dass sie aber den Amerikanern einen bisher nicht möglichen Einblick in den aktuellen Stand der Rüstung und der Truppendislozierung gewähren würde, wenn sie ihnen die Überflugsrechte einräumt. Chruschtschow lehnt den Vorschlag daher letztlich ab.

Der neuerliche Sturz Schukows beginnt – man kennt die Bilder schon – durch eine anklagende Rede eines Vertreters der zweiten Reihe, der im Auftrag Chruschtschows Schukow nach Kräften schlecht machte. Als Thema hat man sich diesmal den angeblich bedauernswerten Stand der politischen Arbeit in den Streitkräften ausgesucht. General Scheltow, Chef der politischen Verwaltung der Streitkräfte, hebt an zu einer Philippika. Sein Forum ist eine Sitzung des Parteipräsidiums am 17. Oktober 1957, natürlich in Abwesenheit Schukows, der sich somit nicht ad hoc verteidigen kann. Schukow habe angeblich mehrfach geäußert, er werde dafür sorgen, dass die Militärräte (die politischen Organe der Streitkräfte) für immer den Kommandeuren unterstellt blieben, und habe die Politkommissare im gleichen Atemzug als »Rotbärte« bezeichnet, die alle Kommandeure umbringen würden, besäßen sie die notwendigen Messer dazu. Scheltow selbst sei es untersagt worden, ohne Genehmigung Schukows Truppenbesuche zu veranstalten. Ohnehin behandle ihn Schukow denkbar feindselig. Als Grund nennt Scheltow, dass er bekanntermaßen gegen Schukows Berufung zum Verteidigungsminister gewesen sei, und dass er sich weigere, an der falschen Glorifizierung Schukows mitzuwirken. Es ist schwer vorstellbar, dass Scheltow eine derartige Schukow-Schelte ohne Wissen und Einverständnis Chruschtschows losgelassen hätte. Die anwesenden Marschälle Koniew und Malinowski verteidigen lustlos den Stand der politischen Arbeit in den Streitkräften. Es wird als Allheilmittel beschlossen, eine Kommission zur Kontrolle der politischen Arbeit in den Streitkräften einzusetzen. Schon zwei Tage später ist deren (vorgefertigter?) Bericht fertig und wird dem Präsidium vorgelegt. Man beschließt, die Bedeutung der Militärräte für die politische Arbeit in den Streitkräften zu stärken, zudem sollen die Politkommissare der Streitkräfte bei Treffen in Moskau und Leningrad Gelegenheit erhalten, ihre Sicht der Dinge vorzutragen. Chruschtschow selbst spricht auf zwei dieser Treffen in Moskau, am 22. und 23. Oktober 1957. Es gibt keine direkte Kritik an Schukow, aber es wird deutlich, dass dessen Tage gezählt sind. Ein weiterer Kritikpunkt

Chruschtschows ist der soeben fertiggestellte Dokumentarfilm über die Schlacht von Stalingrad, der Schukow und Wassilewski als die Architekten des Sieges darstellt, während diese Ehre doch bekanntlich Jerjomenko und ihm selbst, Chruschtschow, zukomme. Das Kulturministerium berichtet in diesem Zusammenhang, Schukow selbst habe Einfluss auf den Schnitt des Films genommen, damit dieser den Personenkult um »den Genossen Schukow« noch besser propagiere.
Bei dem Treffen vom 23. Oktober macht Chruschtschow eine rätselhafte Bemerkung. Er teilt mit, dass er General Schtemenko seines Postens als Leiter der sowjetischen Militärnachrichtendienste enthoben habe, da dieser gemeinsam mit Schukow eine Schule zur Ausbildung von Militärsaboteuren ohne Einverständnis der Partei ins Leben gerufen habe. Schtemenko sei ja bereits einmal degradiert worden, seinerzeit wegen seiner engen Beziehungen zu Berija. Schukow habe ihn aber aus der »Verbannung« im Militärbezirk Sibirien zurückgeholt. Ob Schukow noch während seines Aufenthaltes in Albanien mitbekommt, was in Moskau gespielt wird, ist nicht sicher feststellbar. Als er am 26. Oktober wieder in der sowjetischen Hauptstadt eintrifft, plagt ihn eine starke Erkältung, die ihn jedoch nicht von der Teilnahme an der Parteipräsidiumssitzung am selben Tage abhält. Auf die Vorhaltungen angesprochen, hebt er nach dem Bericht von Augenzeugen zu einer leidenschaftlichen Verteidigungsrede an, bestreitet heftig, Partei und Armee auseinanderdividieren zu wollen und fordert die Einberufung einer Untersuchungskommission, die die Vorwürfe gegen ihn aufklären soll. Er räumt allerdings ein, dass es so etwas wie einen Kult um seine Person gebe, dies sei jedoch überhaupt nicht in seinem Sinne, im Gegenteil. Chruschtschow weist anklagend auf Schukows Bereitschaft hin, das amerikanische Angebot der »Open Skies« zu akzeptieren, wiewohl dies für die Sowjetunion und ihre verbündeten Länder nur von Nachteil sei. Dann holt er zum finalen Schlag aus und beantragt die Amtsenthebung Schukows, verbunden mit der Wahl Malinowskis zu seinem

Nachfolger. Dem Antrag wird einstimmig zugestimmt. Schukow ruft Chruschtschow nach der Sitzung empört an und fragt, was das alles zu bedeuten habe. Dieser entgegnet, darüber werde man auf der kommenden Sitzung des Zentralkomitees sprechen. Schukow schreibt in seinen Memoiren, er habe dann geantwortet, die zuvor freundschaftlichen Beziehungen zu Chruschtschow gäben ihm jedes Recht zu fragen, warum dieser ihn auf einmal so feindselig behandle. Chruschtschow habe entgegnet, Schukow solle sich nicht aufregen, man werde einen anderen Posten für ihn finden. Das Zentralkomitee tritt am 28. Und 29. Oktober 1957 zusammen, um die Entlassung von und die Kritik an Schukow zu verabschieden. Das Reden überlässt Chruschtschow diesmal seinem Chefideologen Suslow, dem dabei von einer ganzen Armada von Generälen und anderen Top-Militärs assistiert wurde, die alle noch ein Hühnchen mit dem übermäßig selbstbewussten Schukow zu rupfen haben und gleichzeitig ihre Treue zur Partei unter Beweis stellen wollen. Einmal mehr wird Schukow vorgeworfen, Partei und Armee auseinander dividieren zu wollen, und zu sehr darauf bedacht gewesen zu sein, einen möglichst großen Anteil vom Siegesruhm des Zweiten Weltkriegs auf seine Person zu lenken. Zudem habe er – das war ein neuer Vorwurf – Versuche unternommen, immer mehr Macht in seinem Bereich zu akkumulieren. Scheltow unterstützt die Kritik Suslows, dann erhält Schukow die Gelegenheit, Stellung zu nehmen. Er betont mehrfach seine unverbrüchliche Treue zur Partei, und bestreitet, jemals einen Versuch unternommen zu haben, die Autorität der Partei innerhalb der Armee zu untergraben. Im Gegenteil sei es seine Absicht, mit Hilfe der Generalität, die sich aus vielen langgedienten Kommunisten zusammensetze, die Rolle der Partei innerhalb der Streitkräfte zu stärken. Chruschtschow unterbricht ihn während seiner Rede immer wieder durch Zwischenrufe, so wie dies Schukow selbst zuvor bei anderer Gelegenheit mit Gegnern Chruschtschows machte.

Schukows Kollegen aus dem Ministerium und dem Generalstab

häufen Anklage auf Anklage gegen Schukow. Sokolowski sagt aus, Schukow habe eigenmächtig den Wortlaut eines offiziellen Dokuments des Generalstabs, der besagt, dass die Sowjetunion niemals als erste einen Krieg beginnen werde, dahingehend abgeändert, dass sich die Sowjetunion das Recht auf Präventivkriege vorbehalte. Timoschenko bekräftigt, Schukow sei machtgierig und beanspruche für sich Unfehlbarkeit. Koniew betont, er habe Schukow 1946 gegen Stalins Angriffe verteidigt, sei aber jetzt auch zu der Überzeugung gelangt, dass Schukow selbst einen Personenkult um sich herum planmäßig erzeuge. Jerjomenko, der mit Chruschtschow zusammen während der Schlacht von Stalingrad diente, kritisiert einmal mehr Schukows angebliche Behauptung, die entscheidenden Beiträge zur Operationsplanung der Kesselschlacht verfasst zu haben. Tschuikow beklagt, der Personenkult um Stalin sei durch den Personenkult um Schukow abgelöst worden. Rokossowski lässt eine Wutrede vom Stapel über Schukows Primitivität, sein übergriffiges Verhalten gegenüber anderen Offizieren, der unaufhörliche Strom von Beleidigungen, der sich aus seinem Mund über seine Umgebung ergossen habe. Er zitiert als Beispiel eine Episode aus der Schlacht um Moskau im Dezember 1941. Schukow sei nicht nur grob und rüde gewesen, er habe sich obszöner Fäkalsprache bedient, unaufhörlich Flüche und Beschimpfungen ausgestoßen, und in den Pausen dazwischen alle Anwesenden und Abwesenden mit Erschießung gedroht. Malinowski bekräftigt diesen Vorwurf überbordender Vulgarität Schukows, so habe er Schukow nie anders reden hören als mit Obszönitäten. Wassilewski nimmt an der Sitzung nicht teil, weil er krank war (ob die Krankheit echt war oder »strategisch«, ist bislang unbekannt). Am Ende der Sitzung erhält Schukow nochmals das Wort. Er dankt den Mitgliedern des Zentralkomitees für die ihre offene Kritik und gibt zu, Fehler begangen zu haben. Nur in einem Punkt gibt er nicht nach. Er betont nochmals, dass die Vorwürfe, die ja auch schon 1946 gegen ihn erhoben worden seien, verlogen und falsch seien.

Das letzte Wort gehört Chruschtschow. In seiner typischen, aufgebrachten cholerischen Sprechweise ergänzt er die bisher vorgebrachten Kritikpunkte um Schukows Verhalten im Krieg, speziell während der Niederlage in Kiew 1941, dem Debakel in Charkow 1942 und der Schlacht von Stalingrad 1942/43. Schukow verstehe nichts von moderner Militärführung und daher habe er auf seinem bisherigen Posten nichts mehr verloren. Die Versammlung stimmt dem Antrag auf Entlassung als Minister erneut zu, ebenso dem Ausschluss aus Zentralkomitee und Parteipräsidium. Die einzige Gnade, die ihm gewährt wird, ist, dass er weiterhin Mitglied der KPdSU bleiben darf, trotz der angeprangerten Verfehlungen. Im Anschluss an die Sitzung wird die Kritik durch die Gremien fortgesetzt, in Armee, Partei und den sowjetischen Medien. Bei einer Versammlung von Moskauer Parteimitgliedern am 31. Oktober 1957 sagt Marschall Moskalenko, Schukows Eitelkeit, Egoismus, grenzenlose Arroganz und Narzissmus seien unerträglich gewesen, Malinowski betont einmal mehr Schukows fatale Dickköpfigkeit, seinen Despotismus, seinen ungezügelten Ehrgeiz und seine Selbstverherrlichungs-Sucht. Die schwersten Vorwürfe kommen von Schukows Kriegskamerad Bagramian, der gesagt haben soll, Schukow sei schlicht psychisch krank, die permanente Selbstbeweihräucherung sei ihm mit keinem bekannten Mittel auszutreiben.

Dass Schukow durch Malinowski als Verteidigungsminister ersetzt worden ist, wird sogar schon vor dem Plenum in einer kurzen Meldung der *Prawda* vom 27. Oktober 1957 bekanntgegeben. Am 3. November 1957 veröffentlichen die sowjetischen Medien die Resolution des Zentralkomitees Über die Verbesserung der Parteipolitischen Arbeit in der Sowjet-Armee und der Sowjet-Marine, mitsamt der Mitteilung, dass Schukow entlassen worden sei, da er die Parteiarbeit in den Streitkräften zunehmend behindert habe. Kritisiert wird erneut der Personenkult rund um Schukow und dessen verzerrende Auswirkungen auf die wahre Geschichte des Großen Vaterländischen Krieges.

Kritisch vermerkt wird auch Schukows »Abenteurertum« in Angelegenheiten der Außenpolitik – offenbar ein Hinweis auf die Auseinandersetzung mit Chruschtschow in Sachen Abrüstungsverhandlungen mit den USA. Am selben Tag veröffentlicht die *Prawda* einen langen Artikel zu Schukows vermeintlichen und wahren Kriegsverdiensten, unter dem der Name Koniews steht. Darin wird betont, Schukow sei Chef des Generalstabs gewesen zum Zeitpunkt des deutschen Überfalls 1941, und also zentral für die verheerenden Niederlagen der anfänglichen Kriegsphase mitverantwortlich. Zudem habe sich Schukow völlig ungerechtfertigt Verdienste für den sowjetischen Sieg bei Stalingrad und den Sturm auf Berlin zugeschrieben. Der Sieg im Großen Patriotischen Krieg sei den Frontkommandeuren (wie Koniew selbst) und weniger Stalin, der Stawka oder Schukow zuzuschreiben. Schukows Einsatz gegen den Personenkult um Stalin sei nur dazu gedacht gewesen, den Personenkult um Schukow zu vergrößern.
Rückblickend äußert sich Schukow dahingehend, dass für ihn das Wort der Partei immer heilig gewesen sei. Daher seien die Vorwürfe, er habe die politische Arbeit der Partei in den Streitkräften behindern wollen, damals wie heute absurd. Die Arbeit der Politkommissare sei ihm immer sehr wichtig gewesen, ebenso wie die führende Rolle der Partei in den Streitkräften. Schukow geht es nur um die Frage, wie diese Rolle interpretiert werden soll. Seit den Reformen der zwanziger Jahre ist Schukow ein Verfechter der Ein-Mann-Kommando-Struktur (zuvor hatten die Politkommissare Einspruchs- beziehungsweise Vetorecht gegenüber den militärischen Beschlüssen der Kommandeure). Wie Frunse ist er der Ansicht, die Kommandeure sollten militärische Entscheidungen ohne Einmischung der Partei fällen können. Die führende Rolle der Partei werde dadurch gewährleistet, dass die Kommandeure selbst Kommunisten seien. Zudem soll die militärische Ausbildung der Politkommissare intensiviert werden, damit diese genauso gute Soldaten abgäben wie die üb-

rigen Soldaten. Schaut man sich die Erlasse Schukows während seiner Zeit als Minister durch, so wird deutlich, dass es solche zur Stärkung der Entscheidungshoheit des Kommandeurs, aber auch solche zur Stärkung der politischen Rolle der Partei in den Streitkräften gab. Letztlich ist die Kritik, Schukow habe den Einfluss der Partei auf die Armee einschränken wollen, nur vorgeschoben.

Schukow ist zeitlebens davon überzeugt, dass Chruschtschows Feindseligkeit ihm gegenüber persönliche Gründe hat. Sie hat sich an Schukows geistiger Unabhängigkeit und seiner Weigerung, dem Personenkult um Chruschtschow zu huldigen, entzündet. Chruschtschow fürchtet offenbar tatsächlich politische Ambitionen seines bekanntesten Generals, ähnlich wie sie General Eisenhower, Schukows »guten Freund« aus Kriegstagen, dazu führten, sich auf die politische Laufbahn zu begeben und schließlich sogar US-Präsident zu werden. Schukow schreibt in seinen Memoiren: »Das war nie meine Sache. Ich hatte keinerlei Ambitionen auf ein Amt im zivilen Bereich, in der Politik, in der Partei- oder Staatsführung. Ich bin mit Leib und Seele Soldat, und habe mich immer in der Armee zu Hause gefühlt, und sonst nirgends.« Er fügt noch an, letztlich habe ihn die Attacke Chruschtschows wenig überrascht, da er sie über Monate und Jahre habe kommen sehen. Das ist aber recht unglaubwürdig. Alle erhaltenen Dokumente und Zeitzeugnisse deuten darauf hin, dass er in derselben Mischung aus politischer Naivität und persönlicher Selbstüberschätzung gefangen war wie 1946, als ihn Stalin schasste. Im Westen verursacht sein Sturz ein nicht geringes Aufsehen und langdauernde Spekulationen über Gründe und Hintergründe dieser Vorgänge in Moskau. In einer wenig später erstellten CIA-Analyse heißt es, Gründe für seinen Sturz seien in seiner selbstdefinierten, außerordentlichen Hingabe an seine militärische Aufgabe, seinem Mangel an politischem Taktgefühl und seinem offen vertretene Anspruch auf höchste Partei- und Staatsämter zu suchen. Der indische

Botschafter in Moskau hält in seinem Tagebuch dazu fest, dass unabhängig von der gegenwärtigen Situation früher oder später Schukows Name in einer Reihe mit den übrigen russischen Nationalhelden wie Suwarow, Kutusow und Alexander Newski genannt werde.

# 6. Pensionär und Memoirenschreiber

Schukow ist nach seiner zweiten Entlassung entschlossen, sich auch diesmal nicht zum Opfer machen zu lassen, sich nicht gehen zu lassen, sondern den Versuchen, seine Persönlichkeit zu untergraben, zu widerstehen. Zusätzlicher Stress ergibt sich aus seiner nach wie vor ungeklärten privaten Situation. Kurz nach seinem Sturz findet Alexandra heraus, dass sein Verhältnis zu Galina nicht nur die Abreise aus Swerdlowsk überdauert, sondern auch noch eine Tochter zum Resultat hat. Schukow selbst hat dazu beigetragen, da er Alexandra um ihre Erlaubnis fragen muss, um Maria offiziell zu adoptieren. Wenig später zieht er aus der großen Wohnung in der Granowski-Straße aus und mietet stattdessen eine Wohnung für Alexandra und die Töchter an, während er selbst mit Galina die Datscha bezog und sich dort dauerhaft mit seiner neuen Lebensabschnittsgefährtin einrichtet. Die offizielle Scheidung kommt für die Töchter 1965 angeblich völlig überraschend. Sie haben die räumliche Trennung nicht mit einer familiären Trennung gleichgesetzt. Sie sind so schockiert, dass sie ein Jahr jeden Kontakt zu Schukow einstellen. Der 70-jährige Schukow nutzt die neue Freiheit, um 1966 Galina zu heiraten und so ihr Verhältnis in geordnete bürgerliche Bahnen zu bringen.

Generell fällt er nach seinem Sturz weich. Zwar bekommt er entgegen Chruschtschows Zusage keine vergleichbare Stelle mehr, sondern wird ins Rentnerdasein geschickt, dies aber zu vergleichsweise komfortablen Bedingungen. Er erhält die hohe Ministerpension, dazu behält er die umfassende medizinische Betreuung sowie seine Leibwächter (ein Statussymbol, da in der damaligen Sowjetunion Anschläge auf Prominente vergleichsweise selten waren). Zudem darf er seine (kleinere) Stadtwohnung und die Datscha behalten und bekommt obendrein noch einen Pkw zur privaten Nutzung. Allerdings wird er auch vom KGB nach wie vor eng überwacht. In den erhaltenen Berichten tritt Schukow als vehementer Kritiker Chruschtschows auf. So wird überliefert, dass er 1959 beim Begräbnis von General Krukow (dem Ehemann der Sängerin Lidia Ruslanowa, deren Auszeichnung mit einem Orden durch Schukow während seiner Zeit in Berlin Vorwand für seinen ersten Sturz gewesen war) die Behandlung der Militärpensionäre kritisiert und die Einmischung der Partei in die Angelegenheiten der Armee als übermäßig bezeichnet habe. Im Mai 1963 verzeichnet ein Bericht, dass Schukow seinen Nachfolger Malinowski einen Speichellecker nennt sowie die Finanzausstattung des sowjetischen Raumfahrtprogramms als völlig überhöht darstellt. Schukows Zorn rufen damals auch die in seinen Augen übertriebenen Geschenke für ausländische Staatsbesucher hervor. Die unter Chruschtschow herausgegebene offizielle Geschichte des Großen Vaterländischen Krieges, die ab 1960 publiziert wird, findet keine Gnade in den Augen Schukows. Ihr zufolge sind die amerikanischen Hilfslieferungen für den Ausgang des Krieges höchst unbedeutend, während Schukow sie als entscheidend dafür ansah, dass es der UdSSR ermöglicht wird, sich auf die Produktion essentieller Dinge wie Panzer zu konzentrieren, da man Lokomotiven und rollendes Material in hoher Stückzahl von den westlichen Alliierten erhalten habe. Festzuhalten bleibt, dass die Sowjetunion, welche die Hauptlast des Krieges gegen Nazideutschland trug, an US-Hilfslieferungen nur ein Drittel (Wert: 11 Milliarden Dollar) dessen zugeteilt bekommt, was Großbritannien (Wert: 31 Milliarden Dollar) erhält. Die Sowjetunion bezahlt die Lieferungen, die sie bekam, komplett (im Gegensatz zu Großbritannien). Insgesamt machen die US-Hilfslieferungen rund vier Prozent der sowjetischen Rüstungsproduktion aus.

Im Juni 1963 wird der aufsteigende Star am Moskauer Polithimmel, Leonid Breschnew, zu Schukow geschickt, um ihm auf den Zahn zu fühlen beziehungsweise ihn zu verwarnen. Wenn er mit der Dauerkritisiererei nicht aufhöre, müsse er sich auf Parteiausschluss und Inhaftierung gefasst machen. Schukow gibt sich

uneinsichtig. Der ZK-Beschluss vom Oktober 1957 sei idiotisch, man habe ihm nicht ausreichend Gelegenheit zur Stellungnahme gegeben. Und die Vorwürfe an sich seien an den Haaren herbeigezogen. So sei er des Abenteurertums bezichtigt worden. Wo man denn hierfür Belege habe, will Schukow wissen. Er habe in vier Kriegen fürs Vaterland gekämpft und dabei seine Gesundheit ruiniert. Zudem sei er seit vier Jahrzehnten Parteimitglied und habe die Partei noch nie öffentlich kritisiert. Wer so etwas behaupte, lüge. Man solle ihm die Gelegenheit geben, den Urhebern solcher Anschuldigungen persönlich gegenüberzutreten, um diese Vorwürfe ein für alle Mal ausräumen zu können. Er werde auch künftig immer loyal zur KPdSU stehen und sich bei der Abfassung seiner Memoiren immer seiner historischen Verpflichtung gegenüber Armee, Partei und Vaterland bewusst sein.
Dieser Punkt ist Breschnew besonders wichtig. Denn es ist in staatlichen Führungskreisen bekannt, dass Schukow seit seinem Sturz immer wieder an einer Aufzeichnung seiner Erinnerungen arbeitet. Für Schukow ist es die Gelegenheit, den Kritikern und Verleumdern durch seine eigene Darstellung, seine Sicht der Dinge den Wind aus den Segeln zu nehmen. Koniews großem Schmähartikel in der *Prawda* kurz nach seinem Sturz im Oktober 1957 war ja nur der Auftakt gewesen. 1958 hatte der leitende sowjetische Militärhistoriker, General Boltin, Schukow erneut für sein angebliches Versagen angesichts der mangelhaften Vorbereitung der Roten Armee auf den Krieg kritisiert. Seine Misserfolge als Generalstabschef wurden auch im zweiten Band der offiziellen Kriegsgeschichtsschreibung zusammen mit einer Kritik des damaligen Verteidigungsministers Timoschenko breit ausgewalzt. Auf dem 21. Parteikongress 1959 schreckt Schukows Nachfolger Malinowski nicht davor zurück, einen der schwerwiegendsten Vorwürfe gegen Schukow zu erheben: dieser sei anfällig für Bonapartismus, was in der Sowjetunion als anfällig für die Vorbereitung von Staatsstreichaktionen der Armee gegen die Parteiführung verstanden wurde. Chruschtschow wiederholt diesen Vorwurf ein-

mal mehr auf dem 22. Parteikongress 1961 – man erkennt daran, wie lange die Partei- und Staatsspitze sich an Schukow abzuarbeiten hat.

In der sowjetischen Geschichtsschreibung dieser Zeit wird denn auch ein äußerst negatives Bild von Schukow gezeichnet, wenn er überhaupt Erwähnung findet. Er sei ein Primitivling, der die Fülle seiner Aufgaben als Generalstabschef überhaupt nicht verstanden, und sich im Umgang mit Offizieren und Soldaten durch Grobheit und rüdes Benehmen ausgezeichnet habe. Schukow beschwert sich hierüber offiziell im Februar 1964 bei Chruschtschow. Eine Darstellung der Belagerung Leningrads aus dem Jahr 1958 erwähne seinen Namen überhaupt nicht, ebenso die 1961 erschienene offizielle Darstellung der Operationen 1945 in Ostpommern. Dort wird zwar die 1. Weißrussische Front erwähnt, aber nicht deren Kommandeur – Schukow. Darstellungen der Ereignisse am Chalchin Gol erwähnen immerhin seinen Namen, aber ohne seine Führung der Operationen dort zu vermerken. Marschall Sokolowski, Schukows früherer Stellvertreter als Verteidigungsminister und ebenfalls ehemaliger Generalstabschef, veröffentlicht 1962 das neue Grundlagenwerk der Sowjetarmee zum Thema Militärstrategie. Auch in diesem Buch wird Schukow nicht erwähnt. Weder in Bezug auf den Zweiten Weltkrieg noch in Bezug auf Schukows Amtszeit als Verteidigungsminister, als er den wichtigen Übergang der Sowjetunion von konventionellen zu nuklearen Verteidigungskonzeptionen aktiv begleitet hatte.

Rokossowski fungiert 1965 als Herausgeber der offiziellen Darstellung der Schlacht um Stalingrad. Schukow wird darin nur kurz als Repräsentant der Stawka in Stalingrad während der ersten Phase der Schlacht erwähnt. Dies nimmt Schukow nun zum Anlass, um in seinen Memoiren gehörig gegenzuhalten und in aller Ausführlichkeit seine Verdienste, Erfolge und Siege zu beschreiben, seine Misserfolge und Niederlagen aber nur am Rande zu nennen, wenn überhaupt. Das Blatt wendet sich für Schukow bereits im Oktober 1964, als das Parteipräsidium Chruschtschow nach einer

Reihe innen- und außenpolitischer Misserfolge und angesichts seines monokratischen Führungsstils absetzt. Chruschtschow zieht sich beleidigt auf seine Datscha zurück und schreibt nun ebenfalls seine Memoiren. In den siebziger Jahren auch im Westen publiziert, sorgen diese für eine Sensation und bestimmten für lange Zeit die Wahrnehmung der Sowjetunion durch westliche Politik und Medien. Im zweiten Band, 1974 veröffentlicht, widmet Chruschtschow der Entlassung Schukows 1957 ein ganzes Kapitel. Er wiederholt darin, dass Schukow seiner Ansicht nach bonapartistische Tendenzen aufgewiesen habe, und dass daher gar keine andere Möglichkeit bestand, als ihn zu entlassen. Dennoch zollt er ihm an dieser Stelle auch Respekt, und betont, er habe Schukow unabhängig von allem anderen immer für seinen Intellekt und seinen gesunden Menschenverstand geschätzt. Als Soldat sei Schukow außergewöhnlich zugänglich und flexibel gewesen.

Im März 1965 wendet sich Schukow brieflich ans Parteipräsidium und verlangt seine Rehabilitierung, sprich die öffentliche Rücknahme der seinerzeit gegen ihn erhobenen Vorwürfe, da er bekanntlich wie viele andere ein Opfer der diktatorischen Tendenzen Chruschtschows geworden sei. Auf dieses Schreiben erhält er keine offizielle Antwort. Stattdessen publiziert die *Prawda* einen Monat später einen Artikel Koniews, in dem dieser Schukow als Mann mit gewissen Schwächen beschreibt, der aber nichtsdestotrotz ein großartiger Kommandeur gewesen sei, dem bei den anstehenden Feierlichkeiten zum 20. Jahrestag des Sieges im Großen Vaterländischen Krieg ein gebührender Platz zustehe. Am 8. Mai hält der neue sowjetische Staats- und Parteichef Breschnew im Kreml eine Rede zum anstehenden Jubiläum. Schukow ist als Gast geladen und wird mit stürmischen Ovationen begrüßt, als er den Veranstaltungsraum betritt. Ein weiterer großer Applaus folgt der Nennung von Schukows und Stalins Name in Breschnews Rede. Am nächsten Tag steht Schukow wie selbstverständlich in der Reihe der sowjetischen Spitzenmilitärs auf dem Leninmausoleum, um die Siegesparade abzunehmen. Als er beim anschließenden Festbankett den Saal im Kreml betritt, gibt es erneut herzlichen Applaus. Am selben Tag hält Schukow eine kurze Rede vor dem Moskauer Schriftstellerverband, die den Autor und Schukow-Freund Konstantin Simonow ob ihrer Bescheidenheit und Zurückhaltung beeindruckt. Die Jahre der permanenten öffentlichen Angriffe und Herabwürdigungen haben offenbar das Ansehen Schukows in weiten Teilen von Bevölkerung und Sowjetführung nicht nachhaltig schmälern können. Er ist und bleibt der General, der die Sowjetunion 1941 vor einer katastrophalen Niederlage bewahrte und das Land zu einem großen Sieg führte.

Im November 1966 nimmt Schukow mit einer Reihe anderer »Marschälle des Sieges« wie Koniew, Rokossowski und Tschuikow an einer Konferenz zum 25-jährigen Jahrestag der Schlacht um Moskau teil. Als die Militärs die Bühne betreten, gibt es minutenlangen Applaus. Im selben Monat wird Schukow am Vorabend seines 70. Geburtstags sein fünfter Leninorden verliehen. Bereits im Juni 1965 publiziert das militärgeschichtliche Journal der Sowjetunion Schukows Antwort auf Tschuikows kritische Anmerkungen zu seiner angeblichen Rolle bei der Einnahme Berlins. Seitdem ist er wieder in Gnaden aufgenommen und kann bis an sein Lebensende permanent publizieren oder über Interviews zu verschiedenen Fragen Stellung nehmen. Diese betreffen nicht nur die Vergangenheit – Schukow äußert sich auch kritisch über die moskaufeindliche Haltung der Volksrepublik China und warnt vor einer möglichen Annäherung zwischen Peking und Washington (die ja dann auch tatsächlich wenig später im Zuge der »Pingpong«-Politik der Nixon/Kissinger-Administration eintritt und von den USA als willkommenes Druckmittel gegenüber Moskau benutzt wird).

Ansonsten genießt er sein Privatleben, kümmert sich um seine Frau Galina und Töchterchen Maria, geht mit seiner Frau häufig aus, ins Bolschoi-Theater, in die Oper. Auch die Beziehung zu seinen Töchtern Era und Ella stellt er wieder her (während Alexandra keinen Kontakt mehr mit ihm möchte). Er verbringt viel Zeit im

Garten und sammelt Pilze in den umliegenden Wäldern. In seiner Datscha ist ein Raum für Filmvorführungen eingerichtet, und die Familie sieht sich oft zusammen Filme an (statt TV zu schauen). Zudem liest er, nicht nur militärgeschichtliche Werke, sondern auch die Klassiker der russischen Literatur. Außerdem geht er nach wie vor gern fischen und jagen. Im Juli 1965 wird er dann von Anna Mirkina angesprochen, ob er für den APN-Verlag der Presseagentur *Nowosti* nicht seine Memoiren schreiben wolle. Das ist natürlich mit der Staatsführung abgesprochen, schmeichelt Schukow aber dennoch. Bei APN hat sich zuvor ein französischer Verlag gemeldet, um gemeinsam eine Reihe von Memoiren militärischer und politischer Sowjetprotagonisten zu publizieren. Schukow hat zuvor schon Kontakt mit *Nowosti* gehabt. Anfang 1965 beauftragte ihn die Agentur, einen großen Artikel zur bedingungslosen Kapitulation Deutschlands zu verfassen. Der Artikel wird dann zwar nicht zur Publikation freigegeben (die Sowjetunion befindet sich gerade in wichtigen wirtschaftlichen Verhandlungen mit der BRD und will das gute Einvernehmen nicht durch die Betonung der früheren Niederlage des kapitalistischen Deutschlands trüben), stellt aber eine Basis für die Memoiren dar.

Schukow lädt Mirkina ein, ihn auf seiner Datscha in Kunzewo (gleich neben Stalins Datsche) zu besuchen und über das Projekt zu sprechen. Es handelt sich dabei um eine vergleichsweise große Datsche, eher eine zweistöckige Villa. Die Eingangshalle ist mit großformatigen Fotos dekoriert, die Schukow und seinen Stab während der Schlacht um Moskau zeigen. Nachdem man sich über die Grundzüge des geplanten Textes einig ist, zeigt sich Schukow glücklich, jetzt die Gelegenheit zu bekommen, vor großem Publikum (eine hohe Auflage war geplant) seine Sicht der Dinge zu präsentieren und vieles zurechtzurücken, was in der Vergangenheit verzerrt wiedergegeben worden sei. Der Vertrag wird im August 1965 abgeschlossen, im Herbst 1966 liefert Schukow pünktlich ein Manuskript mit 1.500 Schreibmaschinenseiten ab. Er hat das Manuskript handschriftlich verfasst, der Text ist dann von Galinas Mutter Klawdija Ewgenija abgetippt worden. Seit Mitte der sechziger Jahre hat Schukow auch wieder Zugang zum Archiv des Verteidigungsministeriums in Podolsk, außerhalb Moskaus, wo er rund 1.500 Dokumente einsehen kann, die seine Tätigkeit während des Krieges und danach betreffen. Während er an seinen Memoiren schreibt, korrespondiert er intensiv mit ehemaligen Kriegskameraden wie Wassilewski, Bagramian und Rokossowski. Dabei versucht er auch, Rokossowski von einigen Ungenauigkeiten zu überzeugen, die dieser in eigenen Publikationen begangen hatte. Was allerdings nicht zum Ziel führt, da Rokossowski diese Schreiben Schukows ignoriert. Ertragreicher dagegen ist sein wieder aufgenommener Kontakt mit General Antipenko, seinem ehemaligen Nachschuboffizier bei der 1. Weißrussischen Front, der auch mit ihm zusammen in Deutschland diente. Mit ihm bespricht er nicht nur Details seiner Memoiren, sondern nimmt auch wieder freundschaftlichen Kontakt mit ihm auf, der gemeinsame Jagd- und Fischzüge beinhaltet. Antipenko macht sich seit Chruschtschows Sturz für Schukows Rehabilitierung stark und weist in Schreiben an Breschnew und andere darauf hin, dass ein solcher Zug sowohl innen- wie außenpolitisch äußerst gewinnversprechend sei. Nach der Veröffentlichung der ersten Ausgabe von Schukows Memoiren 1969 schreibt Antipenko sogar an die Parteizeitung *Kommunist* und fordert, das Verdikt von 1957 zu widerrufen. Das Schreiben wird weder publiziert, noch erhält er sonst irgendeine Antwort darauf.

Das Problem ist, dass die nun herrschende Truppe um Breschnew während der Chruschtschow-Ära bereits im Machtzentrum gelangt ist, und das Verdikt gegen Schukow mittrug. Es jetzt zu widerrufen, käme einem Schuldeingeständnis gleich. Zumal Protagonisten der Angriffe gegen Schukow wie Chefideologe Suslow nach wie vor in Amt und Würden sind. Auch die kurz vor Schukow und mit Schukows Hilfe gestürzten Molotow, Malenkow und Kaganowitsch kämpfen um ihre Rehabilitierung, die Schukow und seine Unterstützer nun keinesfalls mitbefördern wollen.

Schukow hat wenige enge, wirkliche Freunde. Antipenko zählt dazu, aber auch Bagramian. Zeitweise fühlt sich Schukow auch Wassilewski eng verbunden, doch verzeiht Schukow ihm nicht die Angriffe nach seinem Sturz. Zumal sich Era in dieser Zeit auch von Wassilewskis Sohn Juri scheiden lässt, was sicher die Freundschaft der beiden Väter nicht befördert. Nachdem er es geschafft hatte, den gigantischen Text zu Papier zu bringen, muss Schukow damit noch durch die Mühlen der Zensur. Wie in vielen anderen, komplexen Fällen zieht sich das obligatorische Freigabeverfahren lange hin. Da Schukow an einer zügigen Publikation liegt, appelliert er brieflich persönlich an Breschnew, das Verfahren zu beschleunigen und positiv abschließen zu lassen. Als das nichts hilft, wiederholt er den Vorgang im Februar 1968. Doch erst im April 1968 legt die mit der Begutachtung beauftragte Gruppe von Spitzenmilitärs um Marschall Gretschko ihren Bericht vor. Bei generell positivem Eindruck vermerkt die Gutachtergruppe erneut negativ die Tendenz Schukows, die eigene Bedeutung und die eigene Rolle in verschiedenen Kriegsepisoden sehr großzügig zu eigenen Gunsten auszulegen. Die Rolle der Partei und ihrer Führung werde demgegenüber unterbewertet, gerade was ihren Einfluss auf die militärische Entscheidungsfindung angeht. So habe er die von der Partei angeordneten umfangreichen Verteidigungsmaßnahmen in der unmittelbaren Vorkriegszeit 1939/40 völlig unterschlagen. Außerdem habe er die negativen Auswirkungen der Säuberungen um 1938 sehr übertrieben. Insgesamt empfiehlt man also die Publikation des Werks, aber nur nach weiteren Änderungen und Verbesserungen.

Diese Korrekturen soll eine Gruppe von Lektoren um den Historiker Georgi Deborin mit Schukow aushandeln. Die Deborin-Gruppe trifft sich von nun an in regelmäßigen Abständen mit Schukow, um über die notwendigen Anpassungen des Textes zu sprechen und diese in kleinen Schritten voranzubringen. Mit dabei bei diesen Verhandlungen ist ein Verlagsmediator, der bei prominenten Autoren immer für die notwendige Vermittlung zwischen beiden Seiten sorgt (in diesem Fall Waleri Komolow, hauptamtlicher Journalist bei APN). Komolow beschreibt den Prozess rückblickend als sehr nervenaufreibend, da Schukow häufig mit Wutausbrüchen auf die Vorschläge zur Änderung der monierten Stellen reagierte. Trotz allem liegt der fertige Text im Sommer 1968 zur Drucklegung vor, der auch das Plazet des Zentralkomitees erhält. Schukow hat Hunderte von Fotos herausgesucht, die er ebenfalls im Buch abgedruckt haben will und die ebenfalls die Zensur passieren müssen. Das fertige Buch erscheint schließlich im April 1969. Zunächst ist eine Auflage von einer halben Million Exemplaren vorgesehen, doch Papiermangel führt zu einer Kürzung auf 100.000 Exemplare. Weitere 200.000 Exemplare erscheinen in einem seitensparenden abweichenden Umbruch. Das Buch ist sofort ein Renner, und die ersten Auflagen sind schon bald ausverkauft. Weitere Auflagen folgen und die Zahl der verkauften Exemplare übersteigt binnen kurzer Zeit die Millionengrenze. Auch außerhalb der Sowjetunion stößt das Buch auf großes Interesse und wird in zahlreiche Sprachen übersetzt. Schukow erhält allein aus der Sowjetunion Tausende von Leserbriefen mit Glückwünschen, Korrekturvorschlägen und Hinweisen für künftige Auflagen. Von offiziell-staatlicher Seite gibt es dagegen zunächst keine Reaktionen, da das Zentralkomitee im Erscheinungsmonat den sowjetischen Medien den Abdruck von Rezension oder Auszügen aus Schukows Memoiren untersagt. Man will nicht noch zusätzlich für das Buch werben. Dieser Beschluss hält jedoch nicht lange, und schon im Juli erscheint im Parteiblatt *Kommunist* eine lange und sehr wohlwollende Besprechung des Buches aus der Feder von Schukows Kriegskumpel Wassilewski, der vor allem Schukows Patriotismus sowie seine Loyalität zu Partei und Staat in der Sowjetunion betont (die spezifischen Verdienste Schukows an den jeweiligen sowjetischen Siegen lässt er aus guten Gründen weitgehend außen vor). Im November erscheint eine weitere positive Kritik im militärgeschichtlichen Fachanzeiger der Sowjetunion.

# 7. Triumph und Tragik

Ist also die Publikation der ersten Auflage seiner Memoiren trotz aller Kürzungen und Änderungen ein Triumph, so holt Schukow gleichzeitig eine private Tragödie ein. Während eines harmlosen Eingriffs bei Galina im Dezember 1967 wird zufällig festgestellt, dass sie Krebs hat. Ihre Lebenserwartung wird auf maximal fünf Jahre geschätzt. Im selben Monat erliegt Alexandra, seine erste Frau, einem Hirnschlag. Schukow ist zu diesem Zeitpunkt selber krank und kann an Alexandras Beerdigung nicht teilnehmen, schließt sich dafür aber den ganzen Tag in seinem Zimmer ein und will mit niemandem Kontakt. Einen Monat später erleidet Schukow während eines Sanatoriumsaufenthalts im nahe gelegenen Archangelskoie selbst einen Hirnschlag, der eine linksseitige Lähmung hinterlässt. Mehr als einen Monat ist er auf intensive medizinische Betreuung angewiesen. Nachdem er sich etwas erholt und Rehabilitationsmaßnahmen durchlaufen hat, blieben leichte Sprachstörungen und Gehschwierigkeiten. Bereits im Dezember 1968 bittet er brieflich bei Breschnew darum, statt seiner fünfzehn Jahre alten Zil-Limousine ein neues Exemplar der Marke *Gaz*, Modell *Tschaika* (Möwe, eine Luxuslimousine) zu erhalten. Ob Breschnew darauf reagiert, ist nicht bekannt. Galinas Krankheit und Schukows gesundheitliche Einschränkungen zwingen das Paar zu längeren Phasen des Getrenntlebens. Galina bringt eine Tournee durch eine ganze Reihe von Kliniken hinter sich, in der Hoffnung, doch noch Heilung für ihre Krankheit zu finden. Anfang November 1973 verschlechtert sich ihr Gesundheitszustand jedoch rapide, und sie stirbt noch im selben Monat, im Alter von gerade mal 47 Jahren. Schukow hat sie vor ihrem Tod nicht mehr im Krankenhaus besuchen können und grämt sich deswegen. Sie wird auf dem Moskauer Nowodewitschi-Friedhof beerdigt, der VIP-Begräbnisstätte für Künstler und Wissenschaftler. Auch Chruschtschow wird dort 1971 beerdigt (statt wie für Sowjetstaatschefs üblich an der Kremlmauer, da

man ihn in dieser Hinsicht auch nach seinem Tod noch degradieren will). Zum Begräbnis schleppt sich Schukow auf Krücken, begleitet und gestützt von seinem alten Freund Bagramian.
Galinas Tod ist ein schwerer Schlag für Schukow. Doch er kämpft sich noch einmal zurück ins Leben, in ein aktives Dasein, trotz aller Schicksalsschläge und gesundheitlichen Rückschritte. Er bereitet die zweite, verbesserte, korrigierte Version seiner Memoiren vor, die auch ganz neue Kapitel enthält zu Kriegsabschnitten, die in der ersten Fassung zu kurz kamen: die Belagerung von Leningrad, die Schlacht von Jelnja, die Arbeit der Stawka und des sowjetischen Oberkommandos. Beim Stawka-Kapitel hilft ihm der Historiker Jewgeni Zwetaiew, der schon General Schtemenko zur Seite stand, um dessen Memoiren druckfertig zu machen. Die konkrete Vorbereitung der zweiten Auflage beginnt 1973, verzögert sich aber aufgrund des schlechten Gesundheitszustands Schukows. Die Ärzte haben ihm verordnet, nur eine Stunde pro Tag am Buch zu arbeiten. Zwetaiew will von Schukow eine detaillierte Darstellung der Stawka, doch Georgi Konstantinowitsch erwidert, er schreibe Memoiren und keine wissenschaftliche Abhandlung. Dennoch entsteht dabei ein Text, der für westliche Historiker lange Zeit die Grundlage zum Verständnis und der Analyse der Arbeit des sowjetischen Oberkommandos bleibt. Schukows Gesundheitszustand verschlechtert sich in den kommenden Monaten laufend, und so kommt sein Tod am 18. Juni 1974 nicht überraschend. Er ist einige Tage zuvor ins Kreml-Krankenhaus eingeliefert worden, doch dort kann man ihm nicht mehr helfen. Er stirbt damit einige Wochen, bevor die zweite Auflage seiner Memoiren, in die er nochmals so viel Kraft gesteckt hatte, erscheint.
Die Todesnachricht wird von der *Prawda* am 20. Juni 1974 veröffentlicht. Zu den Signataren gehören Staats- und Parteichef Breschnew sowie alle höheren Partei-, Staats- und Militärfunktionäre. Darin heißt es, der Verlust für das sowjetische Volk sei schwerwiegend. Die Kommunistische Partei habe ihn an die

Brennpunkte des Krieges geschickt, wo die schwersten Aufgaben im Kampf gegen die deutschen Invasoren auf Schukow warteten. Er habe die Verteidigung von Leningrad und Moskau organisiert, die Kämpfe bei Stalingrad und am Don koordiniert, eine herausragende Rolle bei der Vernichtung großer Feindkräfte im Raum Kursk gespielt sowie bei der Befreiung der Ukraine und Weißrusslands. Im Schlussstadium des Krieges habe er als Kommandeur der 1. Weißrussischen Front zusammen mit den anderen beteiligten Fronten den Sturm auf Berlin geführt. Welchen Auftrag man ihm auch gab, Schukow habe Willensstärke, Mut und Organisationstalent gezeigt, als wahrer Sohn der Leninistischen Partei, als tapferer Soldat und als begnadeter Feldherr, der für immer in den Herzen der sowjetischen Völker weiterleben werde. Ein zweiter rühmender Nachruf stammte aus der Feder von Wassilewski. Dieser betonte die Vollendung, mit der Schukow operative Aufgaben bewältigt habe, im Geiste der russischen Operativ-Kunst sei er wie kein zweiter in der Lage gewesen, komplexe strategische Situationen zu verstehen und eine zutreffende Analyse der vermutlichen Abfolge von Ereignissen zu erstellen.

Schukow wird in Moskau im Haus der Sowjetischen Streitkräfte aufgebahrt, und schon wenige Stunden später stehen Tausende Schlange, um von ihm Abschied zu nehmen. Am 21. Juni wird seine Urne an der Kreml-Mauer beigesetzt, in Anwesenheit von Breschnew und Verteidigungsminister Gretschko. Sein Begräbnis stellt den Beginn einer neuerlichen Welle der Popularität Schukows dar, der seitdem aus der sowjetischen Geschichte des 20. Jahrhunderts nicht mehr wegzudenken ist. Schukows Begräbnis ist gleichzeitig die größte Trauerfeierlichkeit der Sowjetunion seit dem Begräbnis Stalins. Zu den Ehrengästen gehören auch alle vier Töchter – Era, Ella, Margarita und Maria –, die hier erstmals und letztmals zusammentreffen. Als bekanntester Sowjetgeneral des Zweiten Weltkriegs erhält seine Geburtsstadt seinen Namen, ebenso ein Planetoid, der 1980 entdeckt wird. Zu seinen Ehren schreibt die berühmteste zeitgenössische russische Militärkom-

ponistin, Alexandra Pachmutowa, einen eigenen Marsch. Seine Töchter Era und Ella publizieren in den Folgejahren private Briefe, die er an sie schrieb, seine Tochter Maria publiziert Auszüge aus seinem privaten Nachlass, der ihr zugefallen ist. Sie sorgt auch für eine Neuauflage seiner Memoiren, die nun alle von der Sowjetzensur gestrichenen Passagen enthält, die allerdings am Gesamtbild der geschichtlichen Ereignisse, wie sie Schukow sah, nichts wesentliches ändern. Konstantin Simonow publiziert 1987 seine Bruchstücke einer Biographie Schukows, auf der Basis der Gespräche, die er seit dem Beginn ihrer Bekanntschaft während der Schlacht am Chalchin Gol bis in die sechziger Jahre mit ihm führte. Der frühere Herausgeber der militärhistorischen Zeitschrift der UdSSR, Generalleutnant Pawlenko, veröffentlicht nun eine Artikelserie über Schukow, in der er ihn vor der ungerechten Behandlung durch die Parteiführung nach 1945 in Schutz nimmt, bis hin zur Unfähigkeit der Sowjetführung unter Breschnew, Schukow vollständig zu rehabilitieren. So sei Schukow vom 24. Parteikongress ausgeschlossen worden, obwohl er in einem gültigen Quorum als Delegierter gewählt worden sei. Breschnew habe damals befürchtet, Schukows Ruhm und Anerkennung werde seinen eigenen Auftritt überstrahlen.
Als die Sowjetunion 1991 zusammenbricht, werden neue, unverbrauchte, unsowjetische Helden gebraucht. Schukow ist hierfür aufgrund seiner Probleme mit Partei- und Staatsführung der ideale Kandidat. Als Held des Großen Patriotischen Krieges, der auch nach dem Ende der Sowjetunion weiterhin als das wichtigste Ereignis der russischen Geschichte des 20. Jahrhunderts gilt, ist er prädestiniert, an führender Stelle in die Reihe neuer, russischer Heldenfiguren aufgenommen zu werden. Es beginnt mit der Sonderprägung eines Silber-Rubels, die 1994 von Jelzin in Auftrag gegeben wird, und setzt sich fort mit dem Bau eines Museums in seiner mittlerweile nach ihm benannten Heimatstadt Schukow zum 50. Jubiläum des Sieges 1945, und setzt sich fort bis zur Einführung einer neuen, nach Schukow benannten Or-

densklasse. Zudem wird auf dem Roten Platz ein Reiterdenkmal Schukows aufgestellt, das an seinen Ritt über den Roten Platz bei der Siegesparade am 24. Juni 1945 erinnert. Das Museum in Schukow wird zu seinem 100. Geburtstag im Jahr 1996 eröffnet. In der Schlussphase seiner von Skandalen geprägten Präsidentschaft hebt Jelzin alle jemals gegen Schukow erhobenen Vorwürfe (von 1946 und 1957) als unberechtigt auf, gleichzeitig werden die Transkripte der Sitzung des Zentralkomitees vom Oktober 1957 veröffentlicht, in der Schukow sich gegen die Anwürfe verteidigte.

Hinzu kommt eine Fülle von Ausstellungen, Veranstaltungen, Dokumentarfilmen, Fernsehserien, Gedichte und Lieder zu seinen Ehren. Zudem erscheinen nun jährlich von Mal zu Mal mehr Bücher über ihn, in denen er überwiegend als »Marschall des Sieges« gefeiert wird. Allerdings setzt wenig später auch eine deutlich volumenmäßig geringere, aber teilweise die öffentliche Aufmerksamkeit auf sich ziehende Welle von Veröffentlichungen ein, die Schukow sehr kritisch bis feindselig gegenüberstehen. Schukow ist für die dort vertretenen Autoren kein Kriegsheld, sondern ein Übeltäter, ein skrupelloser Gefolgsmann Stalins, der als Kommunist und Symbol der sowjetischen Vergangenheit in die Rumpelkammer der Geschichte gehöre, aber nicht auf den Olymp neuer russischer Superhelden. Nobelpreisträger Solschenizin veröffentlichte 1995 eine Kurzgeschichte über Schukow, die sich wesentlich um seine Beziehung zu Stalin dreht. Schukow sei zunächst ein Untergebener gewesen, aber mit dem Krieg sei sein Selbstbewusstsein gewachsen, und daher habe Stalin ihn schließlich 1946 geschasst, weil Schukow sich nicht mehr unterordnen will. Solschenizin gründet seine Geschichte auf eine Fülle biographischer Details Schukows, die er sich angelesen hat, trifft den Kern, wo er Schukow als überzeugten Kommunisten beschreibt, der das Soldatenleben liebt und dessen brutaler Befehlsstil aus der Not geboren ist. Allerdings unterstellt Solschenizin seinem Protagonisten, 1957 mit einem Coup gegen die Partei geliebäugelt zu

haben, was bei dem zeitlebens überzeugten Kommunisten Schukow schwer vorstellbar ist.
Seine letzte Herausforderung als Autor war für Schukow, ein neues Nachwort für die zweite Auflage seiner Memoiren zu verfassen. Er stellt den Text kurz vor seinem Tod fertig. Das erste Nachwort bestand noch aus einer konventionellen Huldigung an die Partei, das wohltätige sozialistische System, die wunderbaren Sowjetmenschen samt Würdigung des großartigen Sieges über Nazideutschland. All diese Punkte bleiben auch in der Neufassung erhalten, aber Schukow fügt ein neues Element hinzu. Er erinnert an die immensen Verluste, die Hekatomben von Toten, die der Krieg beziehungsweise der deutsche Überfall verursachte. Daher sollen die Nachkommenden Milde gegenüber den manchmal vielleicht verbitterten Veteranen walten lassen, und die notwendigen Lehren aus der Geschichte ziehen, gerade was die Erfolge, aber auch die Fehler der Vorfahren betrifft. Er beschreibt abschließend seine Kindheit, und welch fundamentalen Wandel die Russische Revolution in sein Leben brachte, dass sie ihm eine Chance bot, den vorgezeichneten Lebensweg als Teil der depravierten Landbevölkerung zu verlassen (das ist ein bisschen nach unten geschönt, Schukow gehörte vor der Revolution und dem Eintritt in die zaristische Armee zum gehobenen Bürgertum Russlands, dem andere Türen für Karriere offengestanden hätten) und stattdessen ein interessantes Leben voller aufregender Erfahrungen und wichtiger Taten zu leben.
Auch im heutigen Russland spielt die Erinnerung an Schukow noch immer eine große Rolle. Das ist leicht zu verstehen. Unter den vielen talentierten, tapferen, siegreichen sowjetischen Generälen des Zweiten Weltkriegs ragt Schukow nach wie vor deutlich heraus. Nur Schukow ist an fast allen Entscheidungsschlachten in der einen oder anderen Form beteiligt, die Russland und die Sowjetunion vor einer drohenden Niederlage gegen Hitler bewahren. Schukow wird für immer der »Marschall des Sieges« bleiben, der 1945 bei der Siegesparade auf dem Schimmel über den Roten

Platz ritt, nach einem Krieg, der die Sowjetunion nach neuesten Schätzungen fünfzig Millionen Menschen gekostet hat, in dem ein Drittel des nationalen Grundvermögens vernichtet und Zehntausende von Städten, Dörfern und Weilern zerstört wurden. In mancher Hinsicht ist es ein Pyrrhussieg, aber die Alternative, als Sklavenvolk dem totalitären Terrorsystems Hitlerdeutschlands zum Opfer zu fallen, war weitaus schlimmer. Während des Krieges musste Schukow in manchen seiner Operationen Niederlagen hinnehmen, und die Truppen unter seinem Kommando erlitten furchtbare Verluste auf dem Weg zum Sieg. Aber eben dieser Sieg relativiert letztlich alle möglichen Fehler und die Kritik an Einzelentscheidungen Schukows. In Russland wird Schukow immer ein Held bleiben, einfach weil er trotz aller Fehler oder Niederlagen am Ende den Sieg errungen hat beziehungsweise symbolisch für den umfassenden Sieg steht, den das sowjetische Volk über die Nazi-Barbaren errang.

In der russischen Militärgeschichtsschreibung wird heutzutage hauptsächlich auf seine unerschöpfliche Energie in kritischen Situationen verwiesen, sein umfassendes operatives Verständnis und die Flexibilität im Angesicht notwendiger Entscheidungen, minutiöse Planung und Vorbereitung kommender Angriffsunternehmungen, sowie Mut und Entschlossenheit, seine Ziele zu erreichen. Dabei komme ihm nur Alexander Suwarow gleich, der zaristische General, der nie eine Schlacht verlor. Schukow war – das ist unumstritten – ein großartiger Kommandeur. Allerdings war er gleichzeitig kein Militärgenie. Er verfasste keine Beiträge zum strategischen Theoriegebäude oder zu Militärdoktrinen. Auch hinterließ er keine tiefschürfenden Betrachtungen des modernen Kriegswesens. Er hat in vielen Situationen auf brillante Weise richtig entschieden – am Chalchin Gol, während der Schlachten um Moskau und Stalingrad, auf dem Weg nach Berlin in der letzten Kriegsphase. Aber sein Talent lag in der Truppendisposition, nicht in der innovativen Kreativität oder dem einfallsreichen Spürsinn während der Schlacht. Und sein rüder, grober bis brutaler Führungsstil hatte seinen Sinn in Kriegsphasen existenzieller Krisen, darüber hinaus ist es fraglich, ob er damit wirklich sein Ziel erreichte, das Maximum aus seinen Leuten herauszuholen. Viele andere Sowjetgeneräle folgten einem deutlich anderen, aber möglicherweise noch erfolgreicheren Führungsstil. Das herausragende Beispiel hierfür ist Rokossowski, der überzeugt davon war, dass man weitaus eher mit Ermutigung und Motivation und gutem Zureden Erfolge erzielen kann, und der dennoch tadellose Disziplin in den ihm anvertrauten Verbänden erreichte.

Was Schukow von allen anderen Sowjetgenerälen unterschied, war sein unbedingter Siegeswille. Zeit seines Lebens verwendete er einen Großteil seiner Energie darauf, selbstgesteckte Ziele zu erreichen, verbunden mit dem Willen, angefangene Dinge auch zu Ende zu bringen. Schukows grenzenlose Entschlossenheit flößte seiner Umgebung Zuversicht auch in den dunkelsten Stunden des Krieges ein. Deutlich wie nie wurde das während der kritischen Sommermonate 1941 und nochmals im Sommer 1942, als das Schicksal der Sowjetunion auf Messers Schneide stand. Schukow erlaubte sich keinen Moment der Schwäche, des Zweifels, der Niedergeschlagenheit angesichts scheinbar unvermeidbarer Niederlagen, und seine Entscheidungen blieben in jeder Phase klar und unmissverständlich, sowohl für seine Truppen wie auch für die Nazi-Invasoren, die an diesem Bollwerk an Entschlossenheit verzweifelten. Schukows Gelassenheit angesichts scheinbar unüberwindbarer Schwierigkeiten beruhten weniger auf persönlicher Courage (obwohl es ihm an Mut nicht mangelte), als vielmehr auf großer Selbstdisziplin. Eben diese Selbstdisziplin, Selbstkontrolle und Gehorsam erwartete Schukow auch von seinen Offizieren und Mannschaften auf allen Ebenen. Er kämpfte verbissen innerhalb der Stawka und des Oberkommandos für die von ihm getroffenen Entscheidungen und für die dafür notwendigen Ersatztruppen und Nachschubmengen, um diese auszuführen. Sobald die Entscheidungen getroffen und die entsprechenden Befehle hinausgegangen waren, hielt sich Schukow strikt an die getroffenen Absprachen, auch wenn diese nicht seinen Vorschlägen entsprachen, und erwartete das auch von jedermann um ihn herum.

Diese Charakterzüge Schukows – Entschlossenheit, Disziplin, Entscheidungsfreudigkeit und Selbstsicherheit auch unter Feuer – wurden durch verschiedene intellektuelle Eigenschaften Schukows ergänzt: Klarheit der Vision und der Ziele kombiniert mit der Bereitschaft, aus Fehlern zu lernen. Alle großen Generäle müssen die Fähigkeit besitzen, die Komplexität strategischer Situationen zu durchdringen und das Durcheinander auf dem Schlachtfeld zu durchschauen, um kritische Positionen frühzeitig zu erkennen und entsprechende effektive Maßnahmen zu ergreifen. Die hartnäckige Verfolgung ins Auge gefasster Ziele benötigt dabei zwangsläufig auch die Bereitschaft, Entscheidungen zu ändern, wenn es die Lage erfordert. All das sind Eigenschaften, wie sie Schukow seit seiner Jugend als Jäger entwickelt hat, der das Wild aufspüren, in die Abschussposition bringen muss, und dann das Wildbret auch noch in seinen Besitz bringen muss – wie ein General auf dem Schlachtfeld, der gegnerische Truppen in die Enge zu treiben versucht, um ihnen den vernichtenden Stoß zu versetzen, und anschließend das, was von den feindlichen Kräften übrig geblieben ist, gefangen zu nehmen.

In den ersten Abschnitten des Krieges zeigt Schukow einige Male nicht die notwendige Flexibilität, die eigenen Handlungsweisen an veränderte Situationen auf dem Schlachtfeld anzupassen. So etwa während der Eröffnungsphase des Krieges, als er als Oberkommandeur auf Angriffsoperationen der sowjetischen Truppen in den westlichen Landesteilen gegen die Nazi-Invasoren bestand, obwohl er diese dadurch nur in die sich öffnenden Kessel und damit in die Vernichtung trieb. Stattdessen wäre eine flexible Defensivtaktik mit rechtzeitigen Rückzügen in die Tiefe des Rückraums bei gleichzeitiger maximaler Bewahrung der eigenen Truppenstärke die angemessenere Strategie gewesen. Das hätte auch die Gelegenheit zu massierten Schlägen gegen die deutschen Angriffsspitzen gegeben, die den deutschen Angriffselan trotz Luftüberlegenheit schon früh hätten erlahmen lassen. Ein weiteres Negativbeispiel sind die äußerst verlustreichen Angriffe während der wiederholten Offensivoperationen im Raum Wjasma-Rschew vom Frühjahr bis zum Herbst 1942. Sie führten zu aberwitzigen Zahlen an Gefallenen, Verletzten und Vermissten, auch wenn Schukow (wie Hitler in vergleichbaren Situationen) darauf beharrte, dass durch das Opfer dieser Truppen die anschließenden Triumphe von Stalingrad, Kursk, und Charkow möglich wurden. Das Ziel, die deutschen Truppen daran zu hindern, zu den von der Führung der Roten Armee gewählten zentralen Angriffszielen (Stalingrad, Kursk, Charkow) umzugruppieren, hätte man auch mit weniger verlustreichen Angriffsvarianten erreichen können. Doch Schukows Denkweise war zu eng, zu utilitaristisch, um modernen Ansprüchen an Soldatenleben schonendes Operativmanagement auf dem Schlachtfeld zu genügen. Doch selbst ein Schukow lernte im Verlauf des Krieges, dass zwischenzeitliche Rückzüge durchaus Sinn machen können, wenn sie die eigene Position für den nächsten Gegenangriff verbessern, statt die eigenen Truppen sinnlos frontal gegen einen gut verschanzten Gegner anrennen zu lassen.

Die Größe seiner strategischen Vision ist ein weiteres Kennzeichen von Schukows Charakter. Er hat die sowjetische Doktrin der »Operation in der Tiefe« des gegnerischen Raumes bis zur Vollendung verinnerlicht. Wenn er Angriffsoperationen plante, dann in großem Maßstab. Während der Schlacht um Moskau im Dezember 1941 hoffte er etwas überoptimistisch, die Deutschen nicht nur zurückschlagen, sondern gleich wieder bis zur Landesgrenze und darüber hinaus zurücktreiben zu können, überschätzte dabei aber die eigenen und unterschätzte die feindlichen Fähigkeiten zur Umgruppierung und zum Aufbau neuer Widerstandslinien. Die Einkesselung der deutschen Sechsten Armee in Stalingrad war als Auftakt zur Umfassung gleich der gesamten deutschen Heeresgruppen Mitte und Süd gedacht (erneut etwas zu optimistisch). Die Operation Polarstern im Januar 1943 war nicht nur dazu gedacht, die Belagerung Leningrads zu durchbrechen, sondern die gesamte Heeresgruppe Nord einzukesseln und zu vernichten. Die beabsichtigten Erfolge konnten zu diesem Zeitpunkt noch nicht errungen werden, die sowjetischen Operationen unter Leitung Schukows legten allerdings die Grundlage für die Erfolge der Operation Bagration (die im Sommer 1944 zur Vernichtung der Heeresgruppe Mitte führte) und der anschließenden Weichsel-Oder-Operation (die zur Vernichtung der Heeresgruppe Weichsel führte). Er konnte sich dabei er Zustimmung Stalins und der Stawka sicher sein, nicht zuletzt in der Tradition der sowjetischen Grands Projets der Transformation eines ganzen Riesenlandes.

Schukow hatte das Glück, unter einem sehr effizienten Oberkommandierenden zu dienen. Im Gegensatz zum Amateur Hitler, der nie über seine Grabenkämpfer-Gefreiten-Perspektive hinauskam (die Glücksfälle zu Kriegsbeginn, die geglückten Feldzüge gegen Polen, Frankreich, Dänemark, Norwegen, Jugoslawien, Griechenland, Belgien, Niederlande etc., hatten ihn übermütig gemacht – dabei hatte er keinen wesentlichen Anteil an diesen militärischen Erfolgen), war Stalin in der Lage, aufgrund seiner langjährigen Verbundenheit mit den sowjetischen Streitkräften (seit dem Bürgerkrieg) die Lage angemessener zu beurteilen als Hitler. Schukow wiederum stellte zu keinem Zeitpunkt Stalins Autorität in Frage oder zeigte über den konkret angesteuerten Sieg hinausgehende Ambitionen. Er war in diesem Sinne tatsächlich »Stalins General«. Ein Vergleich Schukows mit seinen Kollegen aus der Militärführung wie Koniew, Rokossowski und Wassilewski ist dabei unstatthaft, da diese nicht in vergleichbarer Weise an so vielen verschiedenen Brennpunkten der Gesamtfront und in so vielen verschiedenen Funktionen eingesetzt wurden. Wassilewski kommandierte erst zu Kriegsende eine eigene Front. Koniew und Rokossowski erzielten ähnlich wie Schukow viele Siege, erlitten aber auch bittere Niederlagen in verschiedenen Schlachten. Speziell Koniew und Rokossowski beklagten sich nach dem Krieg über die ihrer Meinung nach übertriebene Einmischung der Stawka und des Oberkommandos in die Belange der Frontkommandeure (die hätten mal unter Hitler dienen sollen, der ab Herbst 1941 bis in die einzelnen Regimentsformationen hineinbefahl). Zudem waren Koniew und Rokossowski nie mit der Aufgabe konfrontiert, Frontübergreifende Operationen von zentraler Stelle aus zu koordinieren und zu lenken. Es ist also müßig, darüber zu spekulieren, ob sie es anders oder besser gemacht hätten.

Schukow und Koniew wiederum waren sich in vielem sehr ähnlich. Das begann mit ihrem eher rüde-ruppigen bis brutalen Führungsstil, die Art und Weise, ihre Truppen ohne Rücksicht auf Verluste auf das einmal gesetzte Ziel zuzutreiben, auch wenn das viele Soldaten das Leben kostete (der Wettlauf nach Berlin in den letzten Kriegswochen auf dem europäischen Kriegsschauplatz brachte nochmals diese schlechten Eigenschaften bei beiden, die sich Konkurrenz machten, wie von Stalin gewollt, überdeutlich zum Vorschein). Beide waren aggressive, der Offensive verpflichtete Offiziere, lernten aber mit der Zeit, dass es auch Sinn machen kann, eine Offensive abzubrechen und umzugruppieren, wenn das Ziel auf dem zunächst eingeschlagenen Weg nicht erreichbar war. Rokossowski hatte einen etwas subtileren und intellektuellen Ansatz, insbesondere was seine Umgebung und die von ihm befehligten Einheiten anging. Er erinnerte auch in seinen Memoiren daran, dass selbst Stalin dazu in der Lage war, mal mit Verständnis statt nur mit Wut und Zorn zu reagieren, wenn es angebracht war. Obwohl gerade Stalin natürlich auch in der Lage war, à la Schukow und Koniew mit Flüchen und Schimpfworten zu reagieren, und auch mal mit Dingen um sich zu werfen.

Schukow selbst verglich sich gern mit Eisenhower, ebenfalls ein General, der übergroße Operationen mit Millionen Soldaten zu leiten imstande war. Beide umgaben sich hierfür mit ebenso talentierten wie loyalen Mitarbeitern. Eisenhower hatte Schukow jedoch die diplomatischen Fähigkeiten voraus, die er – wo notwendig – einzusetzen verstand. Beide machten nach dem Krieg auch in der Politik Karriere, doch Schukow schien der politisch naivere der beiden zu sein. US-General Patton errang zweifelhafte Berühmtheit dadurch, dass er in ein US-Militärhospital eindrang und Soldaten ohrfeigte, von denen er annahm, dass sie Drückeberger und Simulanten waren. Auch Schukow soll seine Untergebenen manchmal geohrfeigt haben, eine Praxis, die er aus der zaristischen Armee mitgenommen hatte. Patton und Schukow verband das gemeinsame Verständnis der Bedeutung kontinuierlichen Trainings, kontinuierlicher Ausbildung der Soldaten für die ihnen gestellten, komplexen Aufgaben auf dem Schlachtfeld. Beide liebten die Offensive mehr als die Defensive und vermittelten ihren Truppen die Notwendigkeit, den Feind wütend zu attackieren, um ihn zu vernichten. Wie Schukow gelangte auch Patton während des Krieges zu legendärer Berühmtheit und wurde von großen Teilen der Öffentlichkeit wie auch von seinen Truppen verehrt. Beide waren gern nah bei ihren Soldaten und am liebsten direkt an der Hauptkampflinie.

Ein Gegenbeispiel für diesen Führungsstil auf westlicher Seite war der britische Feldmarschall Montgomery, der mit Respekt, Zuneigung und Vertrauen führte, und darin Rokossowski ähnlicher war als Schukow und Patton. Wie Schukow liebte auch Montgomery minutiöse Planung und Vorbereitung von Frontunternehmungen. Beide wussten um den Vorteil massiver eigener Überlegenheit an Soldaten und Artillerie, um den geplanten Sieg sicher zu erringen. Beide Männer erregten Neid und Eifersucht unter ihren Kollegen in der Generalität, aber auch Respekt und Freundschaft von anderen Kommandeuren. Schukow speziell war sauer auf die überlebenden deutschen Generäle, die in ihren Memoiren ein ums andere Mal Hitler, dem russischen Klima und der sowjetischen zahlenmäßigen Überlegenheit die Schuld für den verlorenen Krieg zuschoben, und die eigene Verantwortung für die krachende Niederlage 1945 regelmäßig bis zur Unkenntlichkeit herunterspielten. Was sie dabei verschwiegen, war laut Schukow, dass sie im Kern den Krieg gegen die überlegene sowjetische Kriegskunst des sowjetischen Oberkommandos verloren hatten. Der einzige deutsche General, der es an Popularität während und nach dem Krieg (postum) mit Schukow aufnehmen konnte, war Rommel. Aber Rommel war ein Schlachtfeld-Taktiker, kein großer Stratege oder Schlachtenlenker. Während der Kriegsphase in Nordafrika kommandierte Rommel nie mehr als ein paar im sogenannten »Afrikakorps« der »Wehrmacht« zusammengefasste Divisionen. Standard-Operationen wiederum waren nie die Sache von Schukow, aber seine flexible Durchsetzungsfähigkeit, die er am Chalchin Gol und in Jelnja unter Beweis stellte, waren mit Rommels größten Siegen vergleichbar. Rommel konnte sich laut Schukow glücklich schätzen, nie an der Ostfront eingesetzt worden zu sein, wo viele seiner deutschen Kollegen Leben und / oder Reputation verloren.

Von den überlebenden Nazi-Generälen schrieben Guderian und Manstein-Lewinski Memoiren, die sich vor allem um ihre Erlebnisse an der Ostfront drehten. Ihre Namen kommen häufig in Schukows Memoiren vor. Er zitiert ihre Bücher als Beleg für die Heftigkeit der Kämpfe und für die Wahrhaftigkeit seiner eigenen Darstellung. Leider schrieb er nie eine zusammenfassende Beurteilung ihrer Fähigkeiten aus seiner Sicht. Einzig Manstein gesteht er zu, durch seine oftmals überraschenden Winkelzüge »unterhaltsam« gewesen zu sein. Während seiner Zeit im Kampf gegen die Nazi-Invasoren standen Schukows Truppen oft denen von Guderian direkt gegenüber. Guderian lamentierte ausführlich, der Sieg vor Moskau sei wegen des schlechten Wetters verloren gegangen. Schukow wies demgegenüber zu Recht darauf hin, dass das schlechte Wetter und die – phasenweise – große Kälte auch die sowjetischen Truppen trafen. Ein Vergleich Schukows mit dem US-Haudegen MacArthur ist ebenfalls aufschlussreich. Wie Schukow wurde auch er von der Wucht der feindlichen Angriffe (in diesem Fall der Japaner) überrascht und musste eine

Serie eklatanter Niederlagen hinnehmen, nur um dann eine Reihe von umso strahlenderen Siegen zu erringen. Auch MacArthur vertraute wie Schukow seiner eigenen Intuition mehr als den Lagebeurteilungen anderer. Und wie Schukow hatte auch MacArthur Schwierigkeiten damit, eigene Fehler einzugestehen. Allerdings ging Schukow nie so weit wie der egomanische MacArthur, zu sagen, er habe nie einen wesentlichen militärischen Fehler begangen.

Schukow ist möglicherweise nicht der beste General aller Zeiten, aber er war mit Sicherheit der beste General im Zweiten Weltkrieg. Er verband Tüchtigkeit und Mut auf dem Schlachtfeld mit anspruchsvollen strategischen Zielen, Entschlossenheit und Organisationsfähigkeiten. Er war stoisch gegenüber Niederlagen und überschwänglich bei Siegen. Er hatte scheinbar unerschöpfliche Energie und den Willen, zum Erfolg zu kommen, wie herausfordernd auch immer die jeweiligen Umstände waren. Als er nach 1945 von Stalin und dann von Chruschtschow attackiert und degradiert wurde, kamen ihm diese Fähigkeiten zugute, um sich nicht unterkriegen zu lassen. Er behielt die Nerven, blieb sich selbst treu und schaffte zweimal ein Comeback. Schukows Strapazierfähigkeit in der Nachkriegszeit ist daher mindestens so eindrucksvoll wie jene der Kriegszeit. Und wie im Krieg ging er auch hier aus krachenden Niederlagen als mehr oder weniger strahlender Sieger hervor.